高等职业教育建筑材料工程技术专业系列教材
云南省普通高等学校“十二五”规划教材

Routing Inspection Technology for Cement Production Equipment

水泥生产设备巡检

（第2版）

主　编　和春梅　杨晓杰
副主编　丁　丹　涂国栋

武汉理工大学出版社
Wuhan University of Technology Press

内 容 提 要

本书为高等职业教育建筑材料工程技术专业系列教材暨云南省普通高等学校“十二五”规划教材。

本书以工作过程为导向，以巡检岗位能力要求为目标，从水泥设备巡检工作应具备的基础知识入手，围绕水泥设备巡检典型工作任务，将水泥设备巡检工作分为生料制备工段巡检、熟料煅烧工段巡检及水泥制成工段巡检。每一工段按巡检线路讲述主要设备工作原理、结构，设备的开、停机检查与维护及运行中的检查，常见故障的分析与排除方法。

本书既可作为我国高职高专院校、中等职业学校“建筑材料工程技术”专业及相关专业的教学用书，也可作为现代水泥企业设备巡检人员的岗位培训教材。

图书在版编目(CIP)数据

水泥生产设备巡检/和春梅，杨晓杰主编. —2 版. —武汉：武汉理工大学出版社，2018.4

ISBN 978-7-5629-5717-1

Ⅰ.① 水… Ⅱ.① 和… ② 杨… Ⅲ. 水泥-化工生产-化工设备-巡回检测-教材 Ⅳ.① TQ172.6

中国版本图书馆 CIP 数据核字(2018)第 066950 号

项目负责人：田道全　　**责 任 编 辑**：田道全

责 任 校 对：夏冬琴　　**封 面 设 计**：兴和设计

出 版 发 行：武汉理工大学出版社

社　　址：武汉市洪山区珞狮路 122 号

邮　　编：430070

网　　址：http：//www.wutp.com.cn

经　　销：各地新华书店

印　　刷：荆州市鸿盛印务有限公司

开　　本：880×1230　1/16

印　　张：14.5

字　　数：430 千字

版　　次：2018 年 4 月第 2 版

印　　次：2018 年 5 月第 1 次印刷

印　　数：1—3000 册

定　　价：36.00 元

凡购本书，如有缺页、倒页、脱页等印装质量问题，请向出版社发行部调换。

本社购书热线电话：027-87515778　87515848　87785758　87165708(传真)

前　言

本书为高等职业教育建筑材料工程技术专业系列教材暨云南省普通高等学校“十二五”规划教材。

当前，我国水泥行业的主要技术装备，已经达到了世界先进水平。在总体产能规模和单线生产能力不断扩大的同时，技术水平不断提升。以悬浮预热和预分解技术装备为核心，以先进的环保、热工、粉磨、均化、储运、在线检测、信息化等技术装备为基础的现代水泥生产设备，具有大型化、高负荷、高效率、工况条件苛刻、操作高度自动化等特点。为充分发挥设备的效能，提高设备运转率，减少故障或降低事故率，节约维修成本，以设备状态监测、维护保养、隐患发现与排除为基础的设备巡检，在现代水泥生产中的作用日益彰显出来。现代水泥生产企业，迫切需要能与中央控制室操作员相互配合的，具备机械、电气、水泥工艺等专业基础知识，掌握电工、电焊工、钳工、仪表工等工种所需掌握的基本技能的设备巡检人员。

为满足现代水泥生产企业对高水平巡检人员的需求，我们在对多家水泥生产企业调研的基础上，对国家示范性高职院校建设项目成果教材《新型干法水泥设备巡检》进行了全面修订，从而编写了高等职业教育建筑材料工程技术专业系列教材之一——《水泥生产设备巡检》。

本教材的主要学习内容和职业教育特色，在于打破了以知识传授为主要特征的传统学科教材模式，从水泥生产巡检岗位的实际工作入手，围绕设备巡检岗位职业核心能力，开发了以下5个学习项目：生产准备、水泥机械设备常用动力与控制装置的巡检、生料制备工段设备的巡检、熟料煅烧工段设备的巡检和水泥制成工段设备的巡检等。对每个学习项目，都配备了相应的“实训内容”，使理论知识与技能操作训练紧密结合。在本教材的编写工作中，我们聘请了现代水泥生产企业具有丰富实践经验的兼职教师参与，使职业教育的教学内容和企业实际更加吻合，充分体现了“工学结合”的职业教育特色。

本书既可作为我国高职高专院校、中等职业学校“建筑材料工程技术”专业及相关专业的教学用书，也可作为现代水泥企业的设备巡检人员的岗位培训教材。

本教材的具体编写分工如下：由昆明冶金高等专科学校和春梅、杨晓杰担任主编，丁丹、涂国栋担任副主编。参加编写工作的还有昆明冶金高等专科学校朱敏、梁旗，云南创兴建材有限公司罗玉银，云南瑞安建材投资有限公司王学俊，广西理工职业技术学校黄宁康、陶建权，山西综合职业技术学院高建荣。在本教材的编写过程中，我们得到了相关院校领导和校外实训基地领导与兼职教师的支持和帮助，在此一并表示感谢。

在本教材的编写过程中，我们参考了大量的文献资料，在此对文献作者表示深深的谢意。

由于编者水平有限，时间仓促，书中难免有不当之处，恳请读者提出批评和改进意见。

编　者

2017年10月

目　　录

项目1 生产准备

【项目描述】

(1) 了解新型干法水泥生产的基本知识、水泥生产巡检工职业概况、润滑的基本原理及分类；

(2) 熟悉新型干法水泥生产流程、水泥生产巡检工的职责和水泥设备采用的润滑方式；

(3) 掌握各工段设备巡检线路及润滑油的更换时机。

任务1.1 新型干法水泥生产工艺流程

任务描述:

(1) 了解水泥生产原料、燃料及生产设备发展概况；

(2) 熟悉新型干法水泥生产过程；

(3) 掌握新型干法水泥生产流程。

知识目标:

(1) 基本能表述水泥生产原料、燃料及生产设备发展概况；

(2) 正确表述新型干法水泥生产过程；

(3) 熟练表述新型干法水泥生产流程。

能力目标:

能绘制新型干法水泥生产各工段流程图。

水泥是一种水硬性的胶凝材料，是主要的建筑材料之一。水泥的生产过程通常分为生料制备、熟料煅烧和水泥制成三个阶段，即"两磨一烧"。新型干法水泥生产的技术核心是悬浮预热和预分解技术，包括原料矿山计算机控制开采和预均化、生料均化、新型节能粉磨、高效低阻预热器和分解炉、新型箅冷机、高耐热耐磨及隔热材料、计算机与网络化信息技术等。现代水泥生产工艺的进步重点体现在设备的更新换代上。

1.1.1 水泥生产原料、燃料及生产设备发展概况

1.1.1.1 水泥生产的原料和燃料

水泥生产中，提供水泥熟料中氧化钙成分的主要是石灰质原料，而氧化硅、氧化铝、氧化铁主要由黏土质原料提供，某些成分不足可用校正原料来补充。如硅质原料砂岩、河砂；铝质原料煤矸石、铝矾土；铁质原料铁矿石等；一些工业废渣也进入到了水泥生产的原料行列，如粒化高炉矿渣、铜渣、磷渣等。新型干法水泥生产一般是用煤作燃料，也可用石油和天然气。我国大多数新型干法水泥企业使用烟煤作燃料。近年来，高风速多风道燃烧器的使用，使无烟煤也得到成功应用。随着绿色技术的发展，废塑料、废轮胎等也可代替部分燃煤使用。燃料中的灰分自然地成为水泥熟料的一部分。

由于硅酸盐水泥熟料中的 $3CaO \cdot Al_2O_3$ 有快速凝结的特性，基于施工进程等要求，在水泥制成环节，熟料中需要掺入缓凝剂。我国主要是掺天然石膏，另外还掺入高炉矿渣、粉煤灰、火山灰、石灰石等混合材料，以改善水泥性能，提高产量，降低成本，同时降低工业废渣对环境的污染。

针对我国固体废弃物生态化处置的需求，利用水泥窑独有的高温、长流程与碱性环境特点无害化协同处理生活垃圾、市政污泥等固体废弃物，处理后的产物也可全部作为水泥生产原燃料。

1.1.1.2　*水泥生产设备发展简史*

1824 年 10 月 21 日，英国利兹(Leeds)城的泥水匠阿斯普丁(Joseph Aspdin)，获得英国第 5022 号"波特兰水泥"专利。此后 190 多年，科学技术和工业化生产的最新成果不断应用于水泥生产的全过程，其生产设备也在逐步发展更新。

最初，煅烧熟料的设备是土立窑。1885 年，F. Ransome 在英国取得了第 1 个回转窑煅烧水泥熟料的专利权，窑规格为 ϕ0.46 m×4.57 m；1930 年，德国伯利休斯公司研制了立波尔窑；1951 年，德国洪堡公司受流态化技术发展的启发，将生料粉送入相互串联的一组换热单元中，生料粉在气-固稀相悬浮状态下进行热交换，回收窑尾烟气的热量，因此建成了 4 级旋风预热器窑；1971 年，日本石川岛播磨重工业公司与秩父水泥公司合作，在立波尔窑尾增设分解炉，建成了当代主流窑型——预分解窑，从此预分解窑生产技术在世界范围内有了突飞猛进的发展。1976 年，我国建成了水泥熟料生产能力为 600 t/d、800 t/d 的预分解窑新型干法水泥生产线。20 世纪 90 年代以来，我国新型干法水泥生产技术取得了跨越式发展，预计 2020 年新型干法水泥的产量将占水泥生产总产量的 90%，甚至更高。

物料粉磨设备，也在逐渐改进。1891 年 6 月 30 日，Konow 和 Davidson 从法国巴黎向德国专利机关提出了第 62871 号"中心喂料切向卸料球磨"的专利申请，为现代球磨的诞生奠定了基础。20 世纪初，球磨的最大规格仅为 ϕ1.2 m×6 m。此后，磨机规格逐渐加大。目前，我国最大球磨机的规格为 ϕ7.9 m×13.6 m。20 世纪 20 年代，德国研制出第 1 台立磨，它具有的独特优点，吸引了各国设备制造公司进行开发，经一个世纪的发展，立磨粉磨技术已经成熟，在水泥工业领域的应用规格逐步大型化，目前最大的立磨产能可达 840 t/h。

辊压机的研究，始于 1984 年 11 月。在国外，德国 Karlsruhe 大学的 K. Schoert 等人，在建立模型试验和半工业试验的基础上，率先证实了"料床粉碎"的实用意义。他们在与伯利休斯公司合作后，制成了首台大直径辊压机。1985 年 5 月，世界上首个辊压机加球磨机水泥粉磨系统在德国 Leimen 水泥厂投入运营，取得了增产 25%、节电 25%的效果。在我国，辊压机的研究起步于 1985 年，几乎与世界同步。在引进德国洪堡公司辊压机生产技术的基础上，通过消化吸收，1990 年首批国产辊压机，分别在湖南东江水泥厂、江阴水泥厂投入应用。

在水泥生产过程中，参数合理的匹配与稳定很难把握。例如，物料配比、喂煤量与温度等。所以，自动控制装置，就成为支持系统稳定、优化、提高水泥质量不可或缺的工具。随着设备的进步，自动控制技术得到发展，主要体现在计算机应用于水泥工业控制。

计算机应用于水泥工业控制，始于 20 世纪 50 年代。1959 年，实现了采用小型计算机对单台设备(例如，窑或磨机)的运行控制；1966 年以后，在美国、德国、日本和苏联等国家的一些小型水泥厂中，实现了计算机全厂自动化和部分设备的自动控制，出现了直接数字控制，继而发展了以小型和微型计算机为基础的分级控制系统。例如，美国加利福尼亚州的波特兰水泥公司，在 20 世纪 60 年代就采用了一种全厂控制系统。从 20 世纪 90 年代初开始，随着计算机技术的迅猛发展，集散控制系统和 PLC 控制，在水泥厂得到了广泛应用。

1.1.2 新型干法水泥生产流程

1.1.2.1 新型干法水泥生产过程

熟料中水硬性矿物的生成是一个高温化学反应过程，依据物料物理和化学形态的变化过程，可把新型干法水泥生产过程大致分为三个工段，即生料制备工段、熟料煅烧工段和水泥制成工段，而且这三个工段是连续的，工艺参数也是连续、稳定且有一定波动的。水泥生产中，物料在煅烧工段的最高温度可达 1450 ℃，而火焰的温度达到 1600～1800 ℃。粉磨设备正在向大型化发展，故对设备的材质、润滑、冷却条件要求较高。

根据工艺加工的要求，新型干法水泥厂是一个有序的立体布局，原料石灰石、砂岩、石膏等都经过破碎后再入磨；为了保证生料成分的稳定，石灰石、黏土、砂岩、原煤进厂后都先进入预均化堆场，由于采用特殊的堆料取料方法，出来的原料和燃煤虽然粒度没有变化，但成分已变得较为均匀。堆场上的物料输送到生料的配料站，配料站每个储库底部都有定量喂料的调速电子皮带秤，由人工给定多种原料的配比；计量后的物料落在带式输送机上，经输送喂入生料磨；物料经粉磨变成细粉，由分级设备分选，粗粉回磨，合格的细粉输送到生料库并采用气力搅拌使之混合均匀；经计量后再经提升喂入煅烧系统。

进入旋风预热器的生料，在悬浮状态下与上升热气流进行热交换，在 30 s 内温度由 50 ℃上升到 880 ℃左右，$CaCO_3$ 大部分分解，并发生固相反应。然后进入回转窑进行高温煅烧，制得合格熟料，出窑熟料经冷却、破碎，输送到熟料库。熟料与石膏、混合材配料后，再次粉磨，制成水泥成品。

1.1.2.2 新型干法水泥生产工艺流程

新型干法水泥生产工艺流程，如图 1.1 所示。

在一条水泥生产线上至少有：3 台磨，生料磨、煤磨、水泥磨；1 台窑，预分解窑，通称为主机。在一个工段，为了输送原料、燃料及产品，满足环保收尘要求，提高主机效率，完成物料的工艺处理，主机与辅机构成一个系统，联合工作。设备是为物料生产工艺服务的，这种以主机为中心、按一定工艺流程配置的系统能较好地完成物料加工的工艺目标。因此可根据物料性能、产品指标、产量、电耗、热耗、投资及是否便于操作与维护等因素，选择适当的系统。如在粉磨工段有开路或闭路系统，在煅烧工段有预分解系统、熟料煅烧系统、熟料冷却和输送系统、废气处理系统等。

认识流程应以认识物料工艺和单个设备的结构、原理入手。设备是位置相对固定的物料加工工艺条件的提供者，同时也是实现工艺的物质条件和基础。设备的完整性、功能是否正常被称为设备的安全性，它也是保障设备效率和运转率的基础。巡检工应对设备的安全性负责，其具体工作就是巡视、检查并确认设备是否处于安全、正常状况。

储库或堆场的作用是稳定供料，均化生料和原煤。一条水泥生产线至少在 6 个环节有堆场和储库（料仓），分别位于生料制备、熟料煅烧、水泥制成和煤磨系统的两端。它们是生料预均化堆场（配料站）、生料库，煤堆场（原煤仓）、煤粉仓，熟料库（水泥磨配料站）及水泥库。巡检工作从原料配料站开始到生料库顶属于生料制备工段，生料库底到熟料库顶是熟料煅烧工段，水泥磨配料站到水泥库顶属于水泥制成工段。巡检区域的划分往往就是从一个库开始到另一个库结束，并相互衔接，以完成一条生产线的巡检工作。

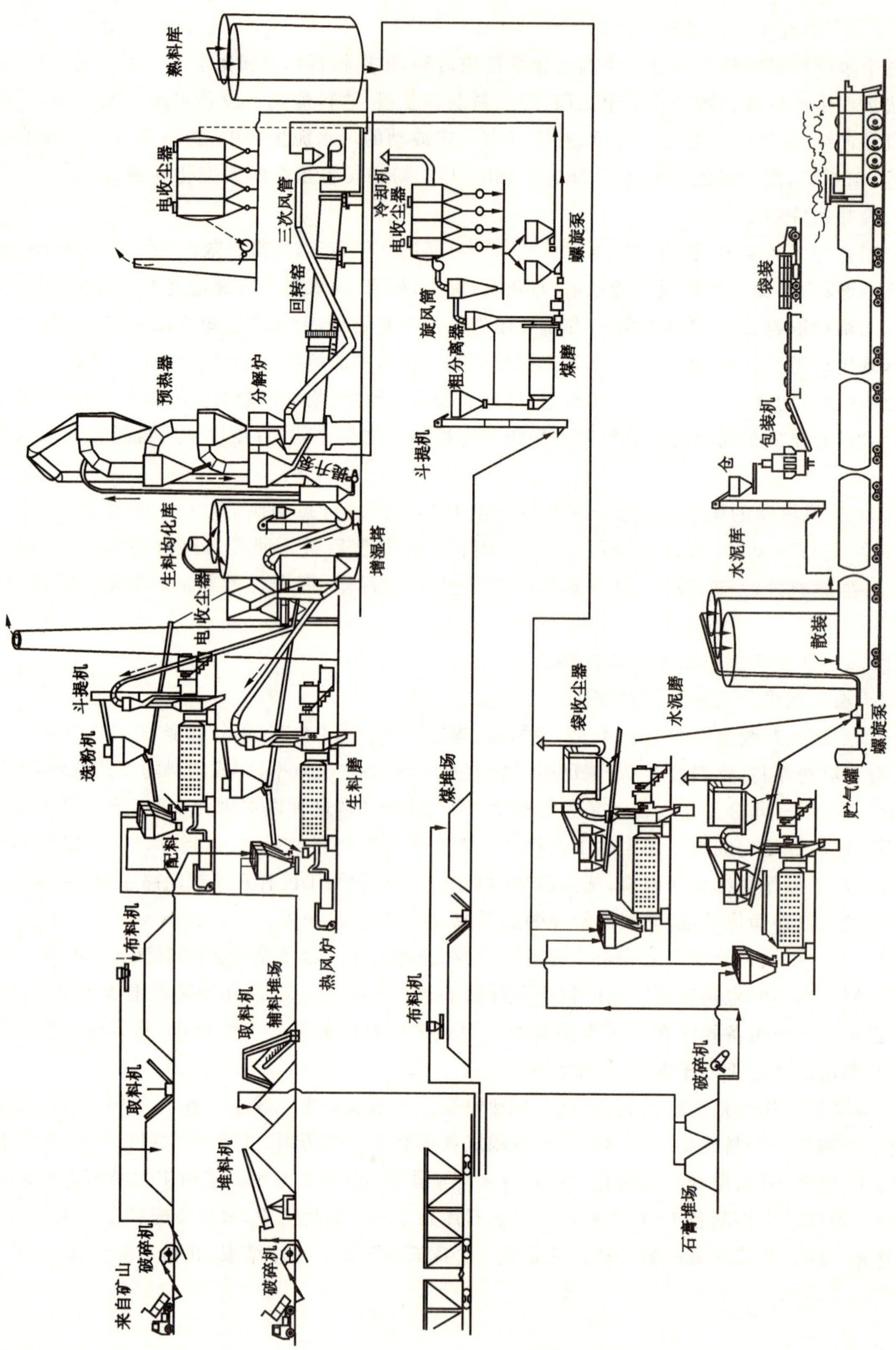

图1.1　新型干法水泥生产工艺流程

思　考　题

1.水泥生产过程中所使用的原燃料有哪些?

2.原燃料的品质对水泥的生产有什么重要作用?

3.简述水泥生产设备的发展情况。

4.简述新型干法水泥生产的特点。

5.绘制新型干法水泥生产各工段流程图。

任务1.2　水泥生产巡检工职业概况与巡检线路

任务描述:

(1) 了解水泥生产巡检工职业概况;

(2) 掌握新型干法水泥生产生料制备、熟料煅烧及水泥制成工段的巡检线路及设备配置。

知识目标:

(1) 能熟练表述水泥生产巡检工的工作内容、职责;

(2) 能熟练表述新型干法水泥生产设备配置情况;

(3) 能熟练表述水泥生产巡检工配备的检验仪器及工具。

能力目标:

能基本绘制新型干法水泥生产各工段巡检线路。

1.2.1　巡检工职业概况

1.2.1.1　工种的产生

“巡检工”这一工种,是随着计算机自动控制技术在水泥厂的推广应用,新型干法水泥生产线“水泥厂中央控制室操作员”的上岗而一同产生的。巡检工与中央控制室操作员的工作相辅相成,一个在设备现场,一个在中央控制室,通过二者配合,共同完成生产任务。开机前,巡检员要到现场确认设备是否完好;运行中,巡检员要负责发现工作设备的隐患,并对简单隐患及时排除;发现大的隐患时,巡检员可以手动紧急停机,停机后巡检员要负责设备的检查并协助修理工修理;巡检员还要负责设备的日常润滑、清洁等维护工作,使设备管理工作的重点从原来的定期检修和计划检修管理模式向预防式设备检修管理模式转变。总之,在水泥生产制造现场,粉磨设备、煅烧设备及输送设备等机械、电气设备的巡视检查和维护任务就落到了巡检员身上,它为水泥生产设备的安全运转提供了保障。

1.2.1.2　巡检工的工作内容

巡检工作指对长线路、一系列设备进行巡视和检查,确保设备安全运转,提高生产效率,延长设备使用寿命。在设备开机前、运行中和停机后的三个时段,巡检工都要对巡检线路上的每台设备进行不同内容的巡检维护。

巡检工的工作内容主要有:

(1) 整理:整理设备现场,将用不上的东西、旧配件等清理到规定的地方。

(2) 准备:将巡检所需用的工具,如润滑油、小配件、巡检记录簿等准备齐全。

(3) 清洁:保证现场和设备的清洁,擦洗设备,清扫现场。

(4) 润滑:按说明书或润滑规范进行设备润滑,润滑油要求高度清洁,润滑操作过程中同样必须高度清洁,保证润滑机械和水冷却系统正常运转。在设备维护中,正确润滑是核心问题,即适时、适所和适量地给油,油多放油、油少补油、油污换油。

（5）检查：巡检员按巡检制度进行检查，用“耳听、手摸、鼻嗅、眼看”和现代化先进的红外线测温仪、测振仪、测厚仪、便携式动平衡仪、油质检测仪等诊断技术监测设备，完成运行时的检查与维护。要求做到：“四无”，即无积灰、无杂物、无松动、无油污；“六不漏”，即不漏油、不漏水、不漏灰、不漏气、不漏电、不漏风。检查内容包括停机时的检查与维护。

（6）紧固：对设备固定连接部分的松动进行紧固工作。

（7）安全：设备和环境风险的规避。检查安全保险设施是否动作灵敏、齐全、可靠、完好，保证人身安全。

1.2.1.3 巡检工的职责

水泥生产过程中，巡检工的任务是使设备能得到正确的维护保养，实现其功能，并尽可能延长设备的使用寿命。巡检工要能识别设备运行中存在的隐患，并且会动手处理比较简单的隐患，从而实现设备在无隐患状态下运转的要求。

巡检工作对巡检人员的素质、知识技能有一定的要求。巡检工作关乎设备的安全性，责任重大，细心、责任心成为巡检工作必备的素质之一；巡检员应当具备机械、电气、水泥工艺等专业的基本知识，最好能多掌握电工、电焊工、钳工、起重工、仪表工等工种所需掌握的基本技能，做到“一专多能”。巡检工作注重实际操作能力和实践经验，需要的是能解决实际问题、具备动手操作能力的技工。

巡检工要系统学习巡检工职责、巡检安全规程、巡检作业规程、设备润滑标准，并在工作中接受培训；要逐步积累经验，阅读相关技术期刊，收集同类型厂家的巡检资料，拓宽与丰富自己的知识面。

巡检工需要与中控操作员相互配合，保障设备安全运转并确保设备运转率高。其工作职责如下：

① 严守工作岗位，努力完成任务，按照安全操作规程做到安全生产。

② 严格执行巡检规程，正确检查和维护设备；按设备润滑制度做好设备润滑工作；监控设备运转情况，识别设备安全隐患，及时排除故障，保证设备的安全运转。

③ 与中央控制室操作员配合，检查处理异常情况。

④ 对物料储备、运输的情况进行检查、通报。

⑤ 打扫环境卫生，降低消耗，延长设备使用寿命。

⑥ 积极提出提高工作质量的建议，参与巡检安全规程、巡检作业规程相关文件的修订。

⑦ 填写生产记录，按制度交接班。

设备运转率是考核巡检工作的核心指标。为了实现设备高运转率的目标，每台设备不允许带着隐患运转，不允许因为无人及时发现隐患而酿成事故，巡检人员应按相关的设备巡检制度巡视检查设备，及时检查、发现设备存在的隐患并排除故障。

1.2.1.4 巡检工配备的检验仪器及工具

现代生产设备的巡检，除了依靠人的感官认知外，还配备了检验仪器和工具。巡检员配备的检验仪器及工具如下：

（1）检验仪器

带有数据分析软件的冲击波测量装置，用以评定滚动轴承及润滑状态。

超声波测量装置，用以评定设备磨损状态。

带有盒式磁带的电子听诊器，用以测定噪声。

振动分析仪，用以评定设备运行的平稳度。

万能电工用表，用以检查电机电流及仪表输出的信号电流等。

（2）工具

6寸、8寸、12寸扳手各一把；6寸、12寸螺丝刀各一把；2.5磅锤头一把；电工工具一套；电焊工具及切割工具一套；0.5 t、1 t起重葫芦各一支；钢丝扣、绳等。后两组工具不必随身携带，需用时取用，其余工具与上述检验仪器应随身携带，由专用工具袋放置。

所有检验仪器及工具应该作为交接班内容完好地在各班之间交接。

1.2.2 巡检线路

以原料、燃料进厂后的加工输送路线为线索，工艺流程成为巡检员行走的基本方向，将整条生产线分为生料制备、熟料煅烧、水泥制成三个工段进行巡检。其线路特征是“跟着物料走，跟着气流走”。巡检时沿途巡视检查机械、电气设备，同时观察料、气运动情况。对于多层建筑上的设备，一般是逐层巡检。

1.2.2.1 生料制备工段的巡检线路

由于回转窑和生料磨的联合运作，生料制备工段的巡检包括了部分窑废气处理系统。各厂工艺布局不尽相同，下面给出的是某厂生料制备工段 1 次/2 h 的巡检线路。

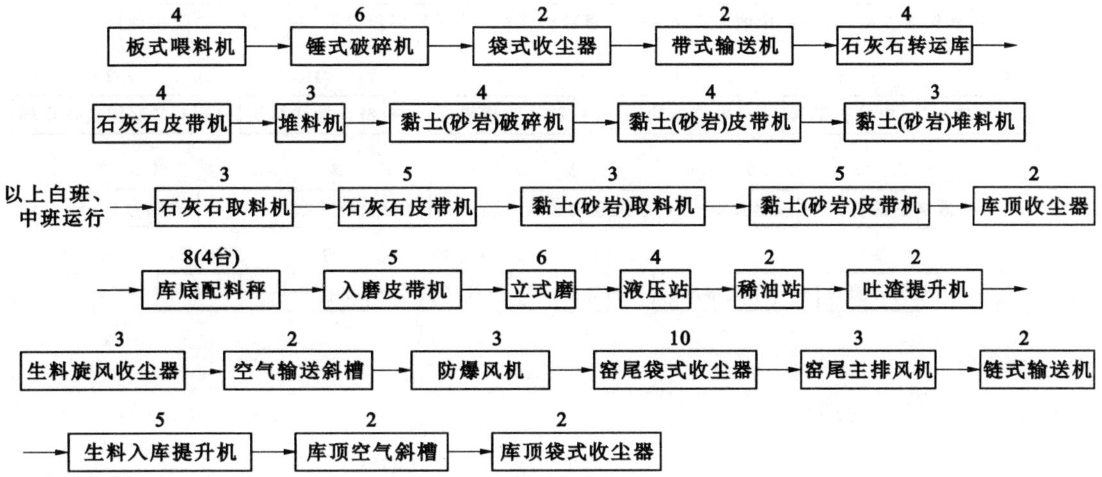

注:阿拉伯数字代表检查用时间，单位为min。行走时间未标明，下同。

合计巡检时间：113 min。

破碎作业没有夜班，实际是在原料堆料机之前设置破碎作业区巡检工，巡检时间 36 min，巡检频率 1 次/1 h；在取料机之后设置生料工段巡检工，巡检时间 77 min，巡检频率 1 次/2 h。

1.2.2.2 熟料煅烧工段的巡检线路

熟料煅烧工段的巡检通常涵盖煤磨，有些工艺故障如分解炉结皮、预热器堵塞、掉窑皮、箅冷机“堆雪人”、大料球的处置等也需要现场巡检工的处理和配合。由于设备可靠性的差异，各厂的巡检频率不尽相同。

(1) 某厂熟料煅烧工段 1 次/4 h 的巡检线路

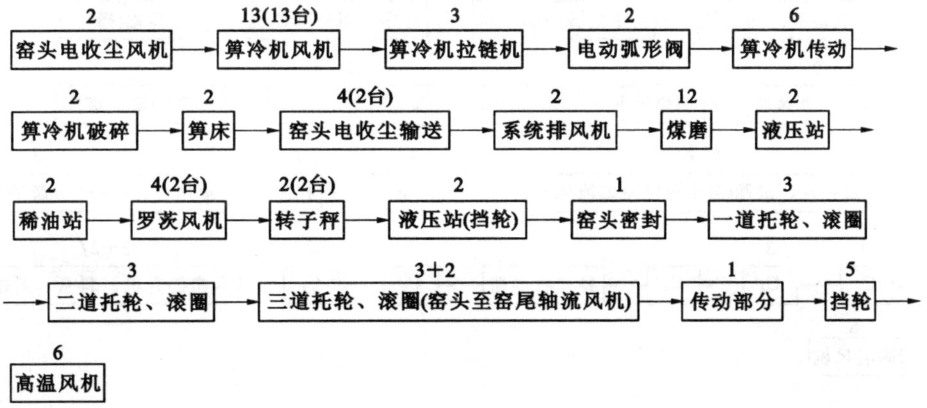

合计巡检时间：84 min。

（2）某厂 1 次/4 h 的巡检线路

5 高温风机 → 2 增湿塔底部 → 2 增湿塔水泵 → 2 窑灰链式输送机 → 6 均化库底罗茨风机、风阀 →

4 库底流量阀 → 1 入窑链式输送机 → 3 入窑提升机底部 → 5 提升机头部、斜槽 → 1 刚性叶轮喂料机 → 15 C_1—C_5翻板阀

→ 3 分解炉 → 10 清烟室 → 1 窑尾密封 → 2 挡轮 → 4 窑传动 →

15 3条挡轮带、12个托轮 → 1 窑头密封 → 1 燃烧器 → 2 罗茨风机 → 5 电收尘器 → 4(2台) 轮带冷却风机

→ 2 挡轮液压站 → 2 窑头电收尘风机 → 13(13台) 箅冷机风机 → 2 熟料破碎机 → 6 一段、二段传动 →

4 风室、箅床 → 4 电动弧形阀 → 4 电收尘输送 → 3 链斗输送机尾 → 10 链斗输送机头 → 2 1、2库袋式收尘器

→ 5 原煤皮带机 → 5 煤提升机 → 2 原煤仓袋式收尘器 → 2 煤粉仓袋式收尘器 → 1 原煤仓 →

2 喂料计量秤 → 2 系统排风机 → 15 煤磨 → 4(2台) 罗茨风机 → 2 煤粉仓 → 2(2台) 转子秤

合计巡检时间：188 min。

（3）某厂 1 次/8 h 的巡检线路

15 斜拉链头 → 2 袋式收尘器 → 2 窑头电收尘风机 → 13(13台) 箅冷机风机 → 5 袋式收尘器 →

3 箅冷机拉链机 → 2 风室、灰斗 → 2 电动弧形阀 → 6 箅冷机传动 → 2 风室 → 2 箅冷机破碎

→ 2 箅床 → 4(2台) 窑头电收尘输送 → 5 联合储库煤皮带机 → 5 煤提升机 → 3 煤皮带机 →

2 原煤仓上袋收尘 → 2 煤粉仓上袋收尘 → 1 原煤仓 → 2 原煤皮带机 → 2 系统排风机 → 12 煤磨

→ 2 液压站 → 2 稀油站 → 4(2台) 罗茨风机 → 2 煤粉仓 → 2(2台) 转子秤 → 1 阀门 →

2 窑头滚圈冷却风机 → 2 窑中滚圈冷却风机 → 2 窑尾滚圈冷却风机 → 2 液压站(挡轮) →

2 窑头一次风机 → 1 喷煤管 → 1 窑头密封 → 3 头道托轮、滚圈 → 3 二道托轮、滚圈 →

3+2 三道托轮、滚圈(窑头至窑尾轴流风机) → 4 传动部分 → 1 挡轮 → 1 窑尾密封 → 3 分解炉

→ 3 C_5 → 3 C_4 → 3 C_3 → 2 袋式收尘器 → 3 C_2 → 3 C_1 → 3+2 入窑提升机、料仓、斜槽

6 高温风机

合计巡检时间：167 min。

1.2.2.3　水泥制成工段的巡检线路

下一示例是某厂水泥制成工段1次/2 h的巡检线路。

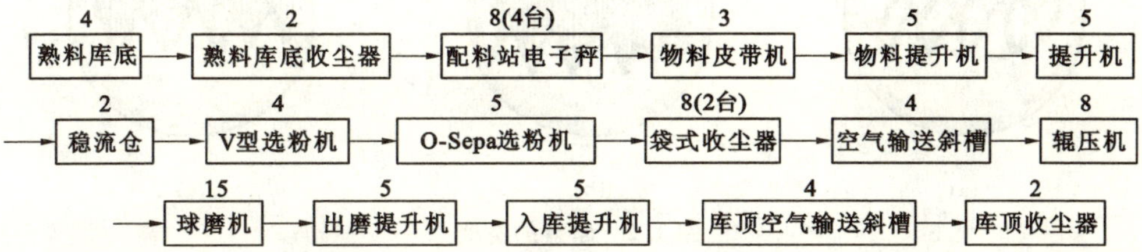

合计巡检时间:89 min。

巡检工作是一项具有一定劳动强度的技术性工作,巡检员要有清醒的头脑,同时需要一定的体力,有敏锐的感观,积极的反应,要在保障人员安全的前提下去排除设备的故障,认真努力地完成设备巡检的工作任务。

思考题

1.一个合格的巡检人员应具备哪些知识和技能?

2.巡检工的职责是什么?

3.水泥设备巡检工作的内容有哪些?

4.巡检员配备的检验仪器及工具有哪些?

任务1.3　新型干法水泥生产设备的润滑

任务描述:

(1) 了解摩擦的类型、磨损的相关知识及润滑的作用和类型;

(2) 掌握水泥生产设备常用的润滑材料、润滑方式和装置及水泥生产设备润滑管理。

知识目标:

(1) 能熟练表述摩擦的类型、磨损的相关知识;

(2) 能熟练表述润滑的作用和类型、水泥生产设备常用的润滑材料、润滑方式及装置;

(3) 能正确表述水泥生产设备润滑管理要点。

能力目标:

能在水泥生产企业从事水泥设备润滑管理工作。

据统计,一般机器中80%的零件是因磨损而报废的,大约1/3~1/2的能源是为克服摩擦而消耗的。摩擦会使机器效率降低,零件磨损、发热,造成设备故障。润滑则是减小摩擦和磨损的有效措施。

1.3.1　摩擦的类型

机器在运转中,两个互相接触并做相对滑动的零件表面之间必定会产生摩擦。如图1.2所示。

按摩擦表面的接触情况和润滑剂的工作情况,可分为干摩擦、边界摩擦、流体摩擦和混合摩擦等四类。

(1) 干摩擦

两接触表面之间没有润滑剂的摩擦,称为干摩擦。其特点是摩擦力大,磨损严重,发热量大,会使零件使用寿命大大缩短。因此,除了要利用摩擦作用工作的零件,如带传动件、摩擦离合器和制动器的摩擦件、球磨机衬板、颚式破碎机齿板等以外,都应防止零件之间出现干摩擦。

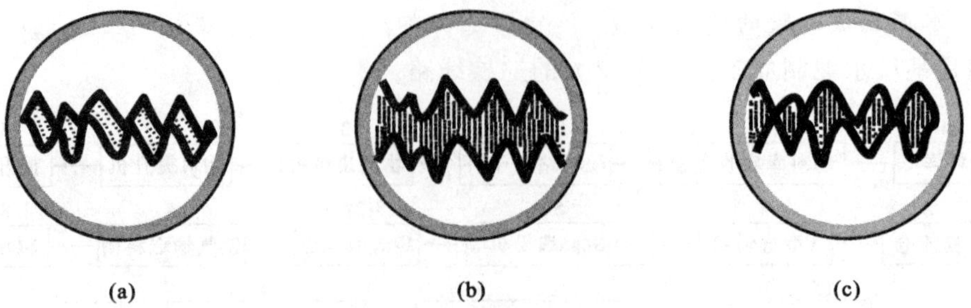

图 1.2　摩擦的类型

(a) 边界摩擦；(b) 流体摩擦；(c) 混合摩擦

(2) 边界摩擦

两个摩擦表面由于润滑油和金属表面产生物理化学作用，金属表面会吸附一层极薄的称之为边界膜的油膜，将其大部分覆盖，但因边界膜很薄、强度低，仍可能有两表面的凸峰直接接触。这种在边界膜状态下的摩擦，称为边界摩擦。如图 1.2(a)所示。边界摩擦中的润滑状态，叫边界润滑。它的特点是，由于边界膜的作用，摩擦系数大大降低，磨损也比干摩擦状态显著减小，但它并未达到好的润滑状态。

(3) 流体摩擦

两个表面被一层具有压力的、连续的、有足够厚度的油膜隔开，不存在表面凸峰直接接触的摩擦，称为流体摩擦。如图 1.2(b)所示。其润滑状态，称为流体润滑，也即液体润滑。它的特点是摩擦系数和摩擦力很小，理论上几乎无磨损，是一种理想的润滑状态。摩擦面之间如能形成流体润滑，便可显著延长零件的使用寿命。

(4) 混合摩擦

混合摩擦是介于边界摩擦和流体摩擦之间的一种摩擦，如图 1.2(c)所示。其润滑状态，称为混合润滑。它的特点是两表面之间有凸峰直接接触，又有一定压力的厚润滑油膜存在，混合摩擦对磨损的影响，也介于边界摩擦和流体摩擦之间。

1.3.2　磨损相关知识

磨损是在摩擦力作用下物体相对运动时，表面逐渐分离出磨屑并不断损伤的现象。磨损将导致表面凸峰的破坏、金属粉末的脱落、摩擦面形状和尺寸的变化、配合间隙的增大等。磨损和物体的表面状态，材料的成分、结构和机械性能及物体表面之间、表面与环境的交互作用有密切联系。

1.3.2.1　磨损的分类

根据磨损延续时间的长短，磨损可分为自然磨损和事故磨损两大类。

(1) 自然磨损

自然磨损是机件在正常工作条件下，在相当长时间内积累的磨损。造成自然磨损的原因是零件配合面间摩擦力的作用、冲击负荷的作用、高温氧化的作用、介质的化学和电化学的作用等。

(2) 事故磨损

事故磨损是机件在不正常的工作条件下，在很短的时间内产生的磨损。这种磨损的特点是磨损量不均匀地、迅速地增加，引起机器工作能力过早降低，甚至会突然发生机器或零件损坏的事故。事故磨损是由下列因素造成的：机器构造有缺陷；零件材料的质量低劣；零件的制造加工不良；部件或机器的装配不正确；违反机件的安全操作规程和润滑规程；修理不及时或维修质量不高。一般情况下，当自然磨损达到一定的极限值，而又没有得到及时的修理时，就会发生事故磨损。

1.3.2.2　影响磨损的因素

(1) 材料的影响

机件摩擦面材料的耐磨性能与材料的刚性和弹性有关。材料的刚性高，强度就高，硬度就高，耐磨性就好。但是，当刚性过高时，其脆性就会增加，弹性下降，易使材料表面产生磨粒状剥落，使磨损增加。

(2) 表面加工质量的影响

表面加工质量是指加工表面不平度的大小。表面不平度愈大，磨损就愈大；但表面不平度也不是愈小愈好。实验证明，小的磨损并不是在表面不平度最小时获得的，而是根据机件的负载性能、速度特性、工作温度范围和润滑条件不同，有一个相应的最佳表面不平度，只有在这个表面不平度的情况下，才能得到最小的磨损量。

(3) 机件工作条件的影响

机件的工作条件，即受力的大小、温度的高低、速度的快慢、摩擦运动的性质等，对磨损都会有影响。一般情况下，压力大，速度快，温度高，机件磨损就增加，尤以机件运动速度对磨损的影响最大。另外，机件的周围环境，如腐蚀性气体、水分、灰尘、化学物质等，也会对磨损产生一些不同程度的影响。

(4) 润滑的影响

在摩擦接触面间加入润滑剂，使之在摩擦面间形成油膜，形成液体摩擦条件，避免了金属摩擦面直接接触。这样不但可防止磨损，还可提高机件的耐磨性能。但在实际工作中，由于工作条件的变化，如负荷的变化，温度的变化，启动、制动、逆运转等运动性质的变化，都将对液体润滑膜产生破坏性影响，严重时会破坏液体润滑膜，使摩擦面直接接触，引起磨损。

(5) 装配质量的影响

装配质量是指机械各部件是否正确地装到应有的位置。它直接影响机械的正常运转和使用寿命。如装配不正确，将会引起负载不均衡，使应力集中，运转不灵活，产生振动、噪声，结果使摩擦过快，过早地磨损，严重时还会损坏机械。

(6) 维护保养的影响

维护保养能防止和减少摩擦副的磨损，消除磨损引起的故障及隐患。

1.3.2.3 防止磨损的主要措施

(1) 润滑

润滑是防止磨损的有效手段。良好的润滑是通过正确运用润滑原理、选用合适的润滑材料、合理设计润滑方式和润滑系统、研制开发新型有效的润滑材料等途径来实现的。

(2) 选用适当的耐磨材料

根据不同的磨损类型来选择适当的耐磨材料作为摩擦面间的材料。

(3) 进行材料表面改性

零件使用整体耐磨材料通常比较昂贵，某些材料能满足摩擦零件对耐磨性方面的要求，但不能满足其对强度、刚度、韧性等方面的要求。采用表面改性的方法，可以充分发挥材料表面和芯部不同机械性能的作用。

1.3.3 润滑相关知识

润滑指在发生相对运动的两摩擦面之间加入润滑材料，使摩擦面之间形成润滑油膜，将原来直接接触的两摩擦面分隔开来，变干摩擦为润滑材料分子间的摩擦，达到减少摩擦、降低磨损、延长机械设备使用寿命的目的。

1.3.3.1 润滑的作用

(1) 控制摩擦

在两个相对摩擦的表面之间加入润滑材料，形成一个润滑油膜的减磨层，可以降低摩擦系数，减小摩擦阻力，降低功率消耗。对摩擦副进行润滑后，由于润滑剂介于摩擦表面之间，摩擦状态改变，相应摩擦系数及摩擦力也随之改变。试验证明，摩擦系数和摩擦力的大小是随着干摩擦、边界摩擦、混合摩擦、流体摩擦的顺序递减的，即使在同种润滑状态下，也会因润滑剂种类及特性不同而不同。

(2) 减少磨损

摩擦副的黏着磨损、磨粒磨损、表面疲劳磨损及腐蚀磨损等，都与润滑条件有关。在润滑剂中加入油性和极压抗磨添加剂，可以有效地减轻黏着磨损和表面疲劳磨损；而加入抗氧化剂和抗腐蚀添加剂，有利于抑制腐蚀磨损；流体润滑剂对摩擦副具有清洗作用，可减轻磨粒磨损。

(3) 降温冷却

机械设备在运转过程中，为了克服摩擦力所做的无用功转化为热能，其结果使金属产生热变形，以致达到熔点，使摩擦面产生黏着。采用液体润滑剂不但可以减少摩擦热的产生，而且还可以将摩擦面上产生的热量及时地散发出去。

(4) 防止腐蚀及锈蚀

摩擦副不可避免地要与周围介质接触，引起腐蚀、锈蚀而破坏。在摩擦副表面上，若有含防腐、防锈添加剂的润滑剂覆盖时，能有效阻隔金属表面与空气、水、腐蚀性气体及液体、灰尘等的接触，从而阻止金属表面的生锈及腐蚀。

(5) 密封作用

半固体润滑剂具有自封作用，它不仅可以防止润滑剂流失，而且还可以防止水分和杂质等的侵入。在蒸汽机、压缩机和内燃机等设备上使用的润滑剂，不仅能保证润滑，而且使气缸与活塞之间处于高度密封的状态，使之在运动中不漏气，起到密封作用并提高了效率。

(6) 传递动力

不少润滑剂具有传递动力作用，如液压传动，其动力不是由一个部件传到另一个部件的，而是通过液压油传递的。齿轮在啮合时，其动力也不是齿间直接传递，而是通过一层润滑剂来实现的。

(7) 减振作用

所有润滑剂都有在金属表面附着的能力，且本身的剪切阻力小，所以在摩擦副表面受到冲击载荷时，也都具有吸振的能力。如汽车的吸振器利用的就是油液减振的原理，当汽车车体上下振动时，就会带动吸振器中的活塞在密封液压缸中上下移动，缸中的油液则逆着活塞运动的方向，从活塞的一端流向另一端，通过液体摩擦将机械能吸收而达到稳定车体的目的。

1.3.3.2 润滑的分类

根据研究对象和内容的不同，润滑的分类也不同。下面介绍两种主要的分类：

(1) 根据润滑介质分类

① 气体润滑

气体润滑一般采用高压气体如空气、水蒸气或氮气、氦气等一些惰性气体作为润滑剂，将摩擦表面隔开。气体润滑的优点是摩擦系数极小，几乎接近于零，且气体的黏度不受温度影响，因而气体润滑的轴承阻力小、精度高。如航空用的惯性陀螺仪轴承、高速磨头的轴承采用的就是气体润滑。

② 液体润滑

液体润滑使用的润滑剂包括矿物润滑油、合成润滑油、乳化油等不同黏度和品质性能的液态油剂。液体润滑剂品种多、性能好，适于各种工作条件下的摩擦副，亦较易实现全膜润滑的要求和各项润滑作用，所以在工矿企业的机械设备中广泛采用。

③ 半固体润滑

半固体润滑是指使用一种介乎流体与固体之间的、呈塑性状态或膏脂状态的半固体物质——润滑脂。润滑脂一般有矿物脂、合成脂、动植物脂等。半固体润滑具有黏附性好，不流失、不滴落，抗压性好、密封防尘性好、抗腐蚀性强等特点，故应用也非常普遍，是仅次于液体润滑的一种润滑类型。

④ 固体润滑

固体润滑指采用具有特殊润滑性能的固态物质作为润滑剂，这种润滑剂一般有石墨、二硫化钼、二硫化钨等。固体润滑剂温度适应性强，既可在高温下也可在低温下工作；形成的润滑膜较稳定，既耐压又不易变质和老化，可以在高负荷、低转速的条件下工作。故这类润滑方式多在上述三类润滑方式难以胜任的场合应用，例如高温、高压、高真空等工作条件。

（2）根据摩擦副表面之间的润滑状态分类

① 液体润滑

摩擦副的摩擦面之间有一层完整的润滑膜，将摩擦表面完全隔开，使摩擦变成润滑膜的内部分子之间的内摩擦，而不是摩擦副表面间的外摩擦，叫液体润滑，它是一种理想的润滑状态。根据摩擦面间油膜形成的原理，可把液体润滑分为液体动压润滑、液体静压润滑及液体动、静压润滑三种类型。

a. 液体动压润滑

液体动压润滑是通过轴承副轴颈的旋转将润滑油带入摩擦表面，由于润滑油的黏性和油在轴承楔形间隙形成的流体动力作用而产生油压，形成承载油膜，实现液体动压润滑的。

径向滑动支撑轴承副的液体动压润滑油膜形成过程，如图 1.3 所示。

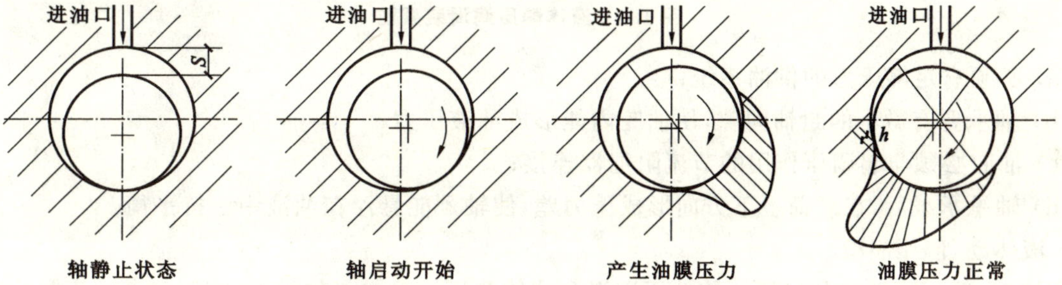

图 1.3 径向滑动支撑轴承液体动压润滑油膜形成过程

轴在静止状态下，轴的中心在轴承中心的下面，与轴承下端接触，上端形成轴承间隙最小值 S；若轴按箭头方向旋转，当轴开始启动时，轴先靠向右边轴承内壁，在摩擦力的作用下开始转动；润滑油从进油口进入并浇在旋转的轴颈上，由于旋转方向的作用，润滑油进入右侧楔形间隙形成油压，将轴挤向左边，油连续不断地进入，油压逐渐加大，达到承载压力时轴被托起，在左侧下方位置形成运转中的油膜厚度最小值 h，将两摩擦表面隔开，实现径向滑动轴承的液体动压润滑。

液体动压润滑应满足的条件：

（a）摩擦表面具有收敛楔；

（b）轴颈具有足够的转速；

（c）润滑油具有适当的黏度；

（d）外载荷不得超过最小油膜所能承受的限度。

b. 液体静压润滑

液体静压润滑与液体动压润滑不同，不是利用轴的旋转，而是通过一套高压的液压供油系统实现的。如图 1.4 所示。将具有一定压力的润滑油经节流阻尼器强行输送到未启动的摩擦表面的油腔中，将两摩擦表面完全隔开，强制形成油膜，实现润滑。

油泵提供的高压油经滤油器、节流阻尼器进入轴承的各个油腔，将轴浮在轴承中央。当轴承受载荷时，轴颈中心在轴承中心下端，泄油阻力增大，进油压力上升；上端由于间隙加大，泄油阻力降低，进油压力下降。这时轴在上下两个方向的压力不相同，因而产生压力差使轴平衡，从而保证液体润滑状态。

满足液体静压润滑的条件：

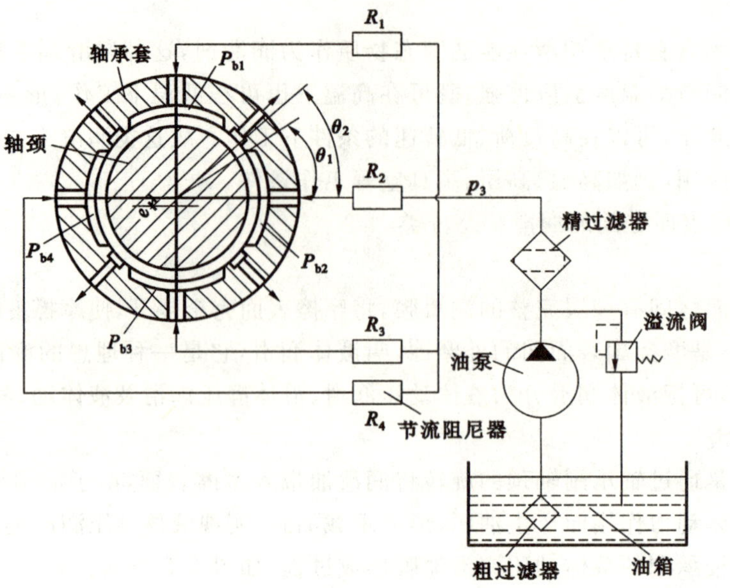

图 1.4　液体静压润滑装置图

(a) 必须有足够压力的供油系统；

(b) 轴承要有微小的封油间隙，使油腔内能形成油液压力；

(c) 油腔必须与起调压作用的节流阻尼器连接；

(d) 轴承承载后，在载荷上下方向形成压力差，使轴颈能悬浮在油液中保持平衡。

c. 液体动、静压润滑

液体动、静压润滑充分发挥液体动压润滑和液体静压润滑二者的优点，克服二者的不足。其主要工作原理是在轴承副的启动和制动过程中，采用液体静压润滑的方式，将高压油压入轴承承载区，把轴颈浮起，保证了液体润滑条件，从而避免了在启动和制动过程中因速度变化不能形成动压油膜而使金属摩擦表面直接接触的问题。当轴承副进入稳定运转时，可以使静压供油系统停止，而靠动压润滑形成动压油膜，仍能保持轴颈在轴承中的液体润滑条件。

② 边界润滑

摩擦表面上仅存在一层很薄的油膜，这层油膜靠静电吸引和分子吸引作用牢固地吸附在金属表面上，不能自由运动，其厚度甚至不到 0.1 μm，是有润滑和无润滑的最后分界，所以称为边界润滑。边界润滑的摩擦系数，一般在 0.03～0.1 之间，大大小于干摩擦系数（干摩擦系数大约是 0.5）。因此，边界润滑在润滑中也占有相当重要的地位。

按边界润滑油膜的形成原理，边界润滑膜分为物理吸附膜、化学吸附膜及化学反应膜。

a. 物理吸附膜

物理吸附膜是当润滑油中的极性分子与金属接触时，在静电吸引力和分子吸引力作用下，分子团内的分子相互平行并具有一定的方向牢固地吸附在金属的表面，形成的一层极薄的边界膜。“油性”大（油性反映吸附能力、油膜强度、摩擦系数和抗磨损能力），吸附性好（动物脂肪“油性”最好，植物油次之，矿物油最差）。温度升高，吸附的牢固程度下降。物理吸附膜适用于工作温度较低、相对速度较低的摩擦运动副中。

b. 化学吸附膜

化学吸附膜是在物理吸附的基础上，通过极性分子的有价电子与基体表面的电子发生交换而产生化学结合力，使金属皂的极性分子定向排列，吸附在金属表面上。温度升高（不宜过高），吸附能力增强。化学吸附膜在中等温度、载荷及相对滑动速度条件下具有良好的润滑性能。

c. 化学反应膜

大多水泥生产设备的摩擦副都处在重载、高温、有冲击载荷条件下(极压状态)工作,润滑油中的极压添加剂(含有硫、磷、氯等元素)与金属表面发生反应,生成一层化学反应膜,将两摩擦表面隔开,从而起到润滑的作用。

极压状态下,原有的边界膜会因承受高压而破裂,这时润滑油中的极压添加剂便及时与破裂后的金属表面发生化学反应,生成新的边界膜。这种破裂、生成的不断循环往复,使设备的润滑得以连续。

1.3.4 水泥生产常用润滑材料

凡是能够在做相对运动、相互作用的摩擦表面间起到减小摩擦、降低磨损作用的物质,均可以称为润滑材料,亦称润滑剂。水泥企业常采用的润滑剂有润滑油和润滑脂两类,目的是提高零部件的承载能力、延长使用寿命、节约能源和提高生产效率。

1.3.4.1 润滑油

润滑油属于液体润滑剂,主要以矿物润滑油为主(占润滑剂总量的90%以上)。矿物润滑油是以矿物油为基础油,通过加入添加剂形成的常用的润滑剂。基础油是润滑油的主要成分,决定着润滑油的基本性质;添加剂则可弥补和改善基础油性能方面的不足,赋予某些新的性能,是润滑油的重要组成部分。

(1) 润滑油的主要质量指标

① 颜色

润滑油的颜色与基础油的精制程度及所加的添加剂有关。但在使用或储存过程中润滑油会因氧化而变质,从而颜色改变,且变色程度与变质程度有关。如呈乳白色,则表示有水或气泡存在;颜色变深,则表示氧化变质或污染。优质润滑油应该颜色均一,澄清而不混浊,没有沉淀物。精制的油颜色浅,透明度好。使用过的油颜色变深,光感暗淡。

② 黏度

黏度表示润滑油内摩擦阻力的大小。润滑油黏度的大小不仅直接影响摩擦副的运动阻力,而且对润滑油膜的形成及承载能力有决定性作用。黏度过小,会形成半固体润滑或边界润滑,从而加速摩擦副磨损,且易漏油;黏度过大,流动性差,渗透性与散热性差,内摩擦阻力大,设备启动困难,消耗功率大。因此,合理选择黏度,是摩擦副充分润滑的保证。

动力黏度:单位是Pa·s,表示相距1 m的2个面积各为1 m^2 的两层流体,如果以1 m/s的速度做相对运动时,阻力为1 N。

运动黏度:在一定温度下,流体的动力黏度与密度的比值,用符号 υ 表示:

$$\upsilon = \frac{\eta}{\rho}$$

式中 υ——运动黏度,m^2/s;

η——动力黏度,Pa·s;

ρ——液体的密度,g/cm^3。

国际标准规定以40 ℃时的运动黏度标定润滑油的牌号,ISO国际标准黏度等级为VG 2、3、5、7、10、15、22、32、46、68、100、150、220、320、460、680、1000、1500共18个等级,另外还有辅助黏度等级24个,最高黏度可达4600。其单位为cSt(1 cSt $=10^{-6}$ m^2/s),因此可以根据不同的机器设备选择润滑油的黏度。

③ 黏度指数

润滑油具有随温度变化而变化的性能,温度升高,黏度降低,反之则提高。国际上使用黏度指数来评价黏度受温度变化影响的程度。以石蜡烃为基础油的润滑油,黏度指数比较高,一般在95左右。

以烷烃及芳香烃为基础油的润滑油，黏度指数比较低，一般在 45 左右。黏度指数没有加成性，即一半黏度指数为 95 的润滑油与另一半黏度指数为 45 的润滑油混合后其黏度指数并不等于 70。一般黏度指数在 90 的油品黏温性能比较好；黏度指数在 70 左右的油品黏度随温度的变化比较大，不宜用于循环润滑系统。为了改善黏温性能，可调配黏度指数高于 100 的润滑油，如数控机床用油要求使用中的黏度变化较小，黏度指数必须高达 175，有些合成油黏度指数高达 200 以上，但也有的黏度指数为负值。

根据黏度指数不同可将润滑油分为三级：35～80 为低黏度指数润滑油；80～110 为高黏度指数润滑油；超过 110 即为特高黏度指数润滑油。现在轿车上使用的发动机油都要求是特高黏度指数润滑油。

④ 闪点

在规定条件下加热润滑油，当油蒸气和空气混合气体与火焰接触时发生闪火现象的最低温度称为闪点。闪点是润滑油的一项安全指标，表示润滑油的高温指标。一般要求润滑油的工作温度低于闪点 20～30 ℃。矿物油的闪点在 150～300 ℃之间。

⑤ 凝点

润滑油在规定条件下冷却到失去流动性时的最高温度称为凝点。凝点表示润滑油的低温性能。我国北方冬季，特别是那些安装在露天的设备，应注意选择凝点比环境温度低的润滑油。凝点越低，适用范围越宽，但炼制越困难。

⑥ 油性

油性是润滑油中极性分子湿润或吸附于摩擦表面形成边界油膜的能力。油性越好，吸附能力越强。

⑦ 极压性

极压性指润滑油中活性分子与金属表面形成化学反应膜的能力。极压性越强，油膜化学稳定性越好。低速重载的机械，要采用极压性好的润滑油。

(2) 水泥企业常用润滑油

① 工业齿轮油

齿轮油用于润滑齿轮，其主要作用是在相互啮合的齿面间起润滑和冷却作用，从而减少摩擦、降低磨损，同时也有缓和冲击与振动、防止腐蚀生锈，以及清洗摩擦面尘粒与污染物的作用。

齿轮油的代号用“C”表示，按国家标准 GB/T 7631.7—1995 将工业齿轮油分为两大类，即闭式齿轮润滑油和开式齿轮润滑油。

a. 闭式齿轮油

常用的闭式齿轮油：

L-CKB 齿轮油：在精制矿物油中加入抗氧化添加剂、防腐蚀添加剂和抗泡添加剂，用于轻负荷运转的齿轮；

L-CKC 齿轮油：在 L-CKB 油中加入极压抗磨添加剂，用于在正常或中等恒定温度和重负荷下运转的齿轮；

L-CKD 齿轮油：在 L-CKC 油中加入提高热氧化安定性的添加剂，使其能用于较高温度和重负荷下运转的齿轮。

水泥企业轻负荷、高速运转的减速装置润滑一般采用 L-CKB 齿轮油，黏度有 100、150、220、320 四级。

闭式中负荷工业齿轮油主要指 L-CKC 极压齿轮油，黏度等级有 68、100、150、220、320、460、680 七级，用于正常或中等恒定油温和重负荷下运转的齿轮，适用于水泥企业齿面接触应力不大于 1100 MPa的齿轮传动。

闭式重负荷工业齿轮油主要指 L-CKD 极压齿轮油，黏度等级有 100、150、220、320、460、680 六级，适用于水泥企业齿面接触应力大于 1100 MPa 和较高温度、重负荷下运转的齿轮。

b. 开式齿轮油

普通开式齿轮油是以矿物油馏分油为基础油，加入防锈剂及适量的沥青质制成的非稀释型开式齿轮油。

常用的开式齿轮油：

L-CKH 齿轮油：含有沥青的抗腐蚀性产品，用于中等环境温度和轻负荷下运转的齿轮；

L-CKJ 齿轮油：在 L-CKH 油中加入极压添加剂，用于重负荷下运转的齿轮。

水泥企业常使用 L-CKJ 100、150、220 三种开式齿轮油。

齿轮的运行条件规定：轻负荷即齿轮的接触压力小于 500 MPa 时，齿面的滑动速度应小于 1/3 齿轮节圆速度；重负荷即齿轮的接触压力大于 500MPa 时，齿面的滑动速度应大于 1/3 齿轮节圆速度。更低温度即小于－34 ℃；低温即－34～－16 ℃；正常温度即－16～70 ℃；中等温度即 70～100 ℃；高温即 100～120 ℃；更高温度即大于 120 ℃。

c. 蜗轮蜗杆油

蜗轮蜗杆属于齿轮的一种，常用来传递两交错轴之间的运动和动力。蜗轮与蜗杆在其中间平面内相当于齿轮与齿条，蜗杆又与螺杆形状相似。它具有体积小、运转平稳、噪声小、蜗轮输出转矩大的特点，在水泥工业中被广泛应用。但在传动过程中，其滑动力及滑动速度均较大，齿面油膜易被挤掉而产生干摩擦，引起发热，传动效率低，蜗轮易磨损。因此在设计制造时，多采用青铜和黄铜的蜗轮与硬质钢的蜗杆相匹配，以克服相同材质容易产生黏着的弊病。由于蜗轮外缘的材质为铜质有色金属，润滑油中加入活性太大的添加剂易引起腐蚀，加速蜗轮的磨损。因此，通过加入“油性”添加剂，可改善摩擦副的摩擦条件，使摩擦系数明显降低，且具有抗氧化、防腐、防锈、抗泡等特点。

L-CKE/P：具有低摩擦系数的蜗轮蜗杆专用油，黏度等级有 220、320、460、680、1000 五种。

水泥企业蜗轮蜗杆传动系统常使用 L-CKE/P 320 和 L-CKE/P 460 两个品种。

② 抗磨液压油

液压传动系统由液压泵、控制阀、执行机构和辅助设备等元件组成，具有高压、功率大、油泵负荷重等特点，因此要求油品具有优良的抗磨性能、更好的抗泡性和热氧化安定性，同时要求油品具有更高的清洁性和过滤性。

水泥生产企业常用的抗磨液压油（L-HM 液压油）是在防锈、抗氧化液压油的基础上发展而来的，按 40 ℃时的运动黏度分为 22、32、46、68 四个牌号。

③ 压缩机油

水泥企业大多使用往复式空气压缩机，由于其润滑点工作条件不同，润滑分为内部（活塞）用油和外部（轴承）用油两类。一般空气压缩机内部用油受到高温高压作用，工作条件比较苛刻，要用专门的空气压缩机油，而外部用油可用一般轴承用润滑油。

空气压缩机油的主要特点是有较好的抗氧化安定性，主要有 L-DAA 和 L-DAB 两种。

L-DAA：用于排气压力不大于 1 MPa、排气温度不大于 160 ℃或排气压力大于 1 MPa、排气温度不大于 140 ℃的空气压缩机；

L-DAB：用于排气压力不大于 1 MPa、排气温度小于 160 ℃或排气压力大于 1 MPa、排气温度不大于 160 ℃的空气压缩机。

黏度等级有 32、46、68、100、150 五个牌号。水泥企业常用 L-DAA 68 和 L-DAB 68 的空气压缩机油。

④ 轴承用油

轴承用油主要用于滑动轴承，这类油要求黏度稳定，长期运行时有一定的防腐蚀性能。它是以高度精制的矿物油为基础油，添加抗氧化剂、抗泡剂及适量的极性添加剂而制成的。轴承和闭式齿轮用润滑油所要求的理化性能基本相同，因此水泥厂常用闭式齿轮油作轴承润滑油。

水泥生产企业常用润滑油的使用性能参考指标，如表 1.1 所示。

表 1.1 水泥生产企业常用润滑油的使用性能参考指标

序号	油品名称	代号	黏度等级/cSt	黏度指数	闪点/℃	凝点/℃	备注
1	抗磨液压油	L-HM	32	95	160	−15	
			68	95	180	−9	
2	蜗轮蜗杆油	L-CKE/P	320	106	306	−14	
			460	105	296	−13	
3	闭式中负荷齿轮油	L-CKC	68～100	90	180	−8	
			150～460	90	200	−8	
			680	90	220	−5	
4	开式齿轮油	L-CKJ	100		200		
			150、220		210		
5	压缩机油	L-DAA L-DAB	68		195	−9	

1.3.4.2 润滑脂

润滑脂俗名干油，是在常温下呈黏稠半固体膏状的润滑剂。它是在润滑油（基础油）里加入稠化剂和抗氧化剂、极压抗磨剂、防锈剂等添加剂制成的具有塑性的半固体膏状润滑剂。润滑脂即使在垂直表面上也不易流失，并能在敞开或不良的摩擦部位进行润滑。此外，它的密封和保护性能也比润滑油好，因此，在一些不适于用润滑油的摩擦部位（特别是电机轴承）多用润滑脂来润滑。

（1）润滑脂的组成

润滑脂主要由稠化剂、基础油、添加剂三部分组成。一般润滑脂中稠化剂含量约为 10％～20％，基础油含量约为 75％～90％，添加剂及填料的含量在 5％以下。

① 基础油

基础油是润滑脂分散体系中的分散介质，它对润滑脂的性能有较大影响。一般润滑脂多采用中等黏度及高黏度的矿物石油润滑油作为基础油，也有一些为适应在苛刻条件下工作的机械润滑及密封的需要，采用合成润滑油作为基础油，如酯类油、硅油、聚 α-烯烃油等。

② 稠化剂

稠化剂是润滑脂的重要组分，稠化剂分散在基础油中并形成润滑脂的结构骨架，使基础油被吸附和固定在结构骨架中。润滑脂的抗水性及耐热性主要由稠化剂决定。用于制备润滑脂的稠化剂有两大类：

稠化剂分类
- 皂基稠化剂（脂肪酸金属盐）
- 非皂基稠化剂（烃类、无机类和有机类）

90％的润滑脂是用皂基稠化剂制成的，其分类如下：

a. 单皂基脂：使用一种皂作为稠化剂制成的润滑脂。如以钙皂（脂肪酸钙）作为稠化剂制成的脂称为钙剂润滑脂；还有钠基、锂基、铝基、钡基润滑脂等。

b. 混合皂基脂：为提高润滑脂的性能，将两种皂作为稠化剂制成的润滑脂。如钙-钠基脂、钙-铝基脂、铝-钡基脂等。

c. 复合皂基脂：除采用皂基外，再加入提高性能的复合剂制成的润滑脂。如用钙皂加醋酸制成的润滑脂称为复合钙基脂。

③ 添加剂和填料

一类添加剂是润滑脂所特有的，叫胶溶剂，它使油皂结合更加稳定。胶溶剂是一些极性较强但分子比较小的化合物，如有机酸、甘油、醇、胺等，水也是一种常用的结构改善剂。胶溶剂能吸附在皂分子极性端，使皂纤维中的皂分子的排列距离相应增大，基础油膨化到皂纤维内的量增大。此外，皂纤维内外表面增大，将使皂油间的吸附作用也随之增大。因此，胶溶剂可使皂和基础油形成较稳定的胶体结构。

另一类添加剂是为了弥补和改善基础油性能方面的不足，如抗氧化剂、抗磨剂和防锈剂等，但用量一般较润滑油中多。

有时，为了提高润滑脂抵抗流失和增强润滑的能力，常添加一些石墨、二硫化钼和炭黑等作为填料。

(2) 润滑脂的特点

① 承受负荷大

润滑脂在金属面上的附着力比润滑油强，能形成牢固的油层，可承受较大的负荷。

② 缓冲性能好

由于润滑脂是膏状润滑剂，所以机械在运动中，当运动方向、速度和负荷大小改变时所产生的冲击或振动能被润滑脂缓冲而减小。

③ 附着力强、不易流失

润滑脂在工作表面或不密封的旋转工作表面上，虽然受到重力和离心力的作用，但由于脂的附着力强，不会滴落和飞溅，可以保持正常的润滑。

④ 密封性和防护性能好

除了具有润滑作用外，润滑脂还可以充填部件间隙，起到密封作用，防止水分和灰尘及腐蚀物质的侵袭，保持摩擦面的清洁，不受污染和腐蚀。

⑤ 稠度受温度影响小，使用温度范围大

⑥ 散热和冲洗作用差

(3) 润滑脂的主要质量指标

① 外观

良好的润滑脂具有均匀的颜色和稠度，没有结块和析油现象，表面没有干硬皮层。不同的润滑脂有不同的外观，如钠基质纤维粗糙，钙基质呈奶油状，光滑且半透明，铝基质光亮透明。

② 滴点

滴点表示润滑脂在测试容器中受到加热后，滴下第一滴油时的温度。它表明润滑脂的抗热指标，滴点越高，耐温性越好。润滑脂的最高工作温度应低于滴点 20 ℃以上。

③ 锥入度

锥入度是鉴定润滑脂的稠度指标，根据锥入度等级定润滑脂牌号。将 150 g 的标准圆锥体沉入加热至 25 ℃的被测润滑脂中，5 s 后测得锥体沉入的深度，以 0.1 mm 为单位。

锥入度表示润滑脂的软硬程度，锥入度越大，则润滑脂越软，压缩性越好，但在重负荷下容易从摩擦表面间被挤出来。

④ 稠度

稠度是指润滑脂在外力作用下抵抗变形的程度。稠度一般用锥入度来表示，稠度愈大，锥入度愈小，塑性强度愈大。

润滑脂的锥入度分为 9 个稠度等级(表 1.2)，干油站的润滑脂的锥入度一般控制在 290 以上。

表 1.2 润滑脂的稠度等级与锥入度

稠度等级	6	5	4	3	2	1	0	00	000
锥入度/0.1 mm	85～115	130～160	175～205	220～250	265～295	310～340	355～385	400～430	445～475

(4) 常用润滑脂的性能

稠化剂是润滑脂命名的依据，例如由钠皂稠化出来的，称为钠基脂，由钙、钠两种皂稠化出来的，则称为钙-钠基脂，复合钙基脂则是钙皂再加复合剂稠化制得的，二硫化钼锂基脂则是用脂肪酸锂皂稠化再加极压添加剂二硫化钼制成的。

① 钙基脂(俗称黄油)

钙基脂的耐水性好，遇水不易乳化变质，但耐热性差，在国际上属趋于淘汰的产品，但在我国用量还很大。

② 钠基脂

钠基脂耐热性较好，长时间在较高温度下使用也能保持其润滑性，但耐水性差，遇水易乳化。

③ 锂基脂

锂基脂具有良好的抗水、防锈性能，耐热性好，滴点高，属于长寿命、多用途的润滑脂，可取代钙基、钠基及钙钠基脂。它是这些润滑脂的换代产品，属于万能润滑脂。

常用润滑脂的使用性能指标和特性，如表 1.3 所示。

表 1.3 常用润滑脂的使用性能指标和特性

序号	润滑脂名称	代号	滴点/℃	锥入度/0.1 mm	水分	外观	特性
1	钙基脂	ZG-1	80	310～340	<2.0%	黄油状	55 ℃以下使用，适用于集中给脂系统，耐水
		ZG-3	85	220～250	<2.5%		70 ℃以下使用，适用于中、重负荷
2	钠基脂	ZN-2	140	265～295	<0.4%	纤维及黄油状	耐高温
		ZN-3	140	220～250	<0.4%	淡黄至暗褐色	耐高温
3	锂基脂	ZL-1	170	310～340	痕迹	淡黄至暗褐色	耐水、机械安定性好
		ZL-2	175	265～295	痕迹	淡黄至暗褐色	耐水、机械安定性好
4	二硫化钼锂基脂	ZL-2E	175	280～320	痕迹	灰黑色	抗挤压性、润滑性好
5	高温润滑脂	7014-1	280	62～75	<15%		
6	辊压机轴承脂		180	310～340	<5%		抗压抗磨、泵送性好
7	重负荷开式齿轮润滑脂	0	192	385			泵送性、抗挤压性好
		00	190	426			

1.3.4.3 固体润滑材料

固体润滑材料就是在两个有载荷作用的相互滑动表面间，用以减小摩擦、降低磨损的固体状态的物质。固体润滑材料涉及面很广，包括金属材料、无机非金属材料和有机材料等。

固体润滑材料具有以下特点：

① 润滑油、润滑脂的使用温度范围一般为－60～350 ℃，而固体润滑材料能适应－270～1000 ℃的工作温度范围。

② 固体润滑材料的承载能力高于润滑油和润滑脂。

③ 在高真空、强辐射、活性或惰性气体环境中及水或海水等流体中，润滑油、润滑脂容易失效，需

借助于固体润滑材料。

④ 固体润滑材料在储存、运输和使用过程中，对环境和产品的污染比润滑油和润滑脂小得多；固体润滑材料的时效变化小，保管较为方便。

⑤ 固体润滑材料摩擦系数一般比润滑油、润滑脂的大；但摩擦界面上的热量不易被带走或逸散，容易产生碎屑、振动和噪声等，且润滑膜一旦失效就难以再生。

常用的固体润滑材料有层状固体材料（如石墨、二硫化钼、氮化硼等）、无机化合物（如氟化锂、氟化钙、氧化铅、硫化铅等）、软金属（如铅、铟、锡、金、银、镉等）、高分子聚合物（如尼龙、聚四氟乙烯、聚酰亚胺等）和复合材料。

1.3.4.4 润滑材料的使用和选择

（1）润滑材料的使用场合

① 润滑油的内摩擦较小，形成的油膜比较均匀，特别是对摩擦副具有冷却和冲洗作用，清洗换油和补充加油又比较方便，废油还能再生利用，所以对于多数摩擦副应优先选用润滑油。

② 对于长期工作而又不易经常换油、加油的部位或不易密封的部位，应尽可能选用润滑脂。

③ 摩擦面处于垂直或非水平方向时，要选用高黏度润滑油或润滑脂。

（2）润滑材料选用原则

① 运动速度

摩擦副的运动速度高时，应选择黏度低的润滑油和锥入度大的润滑脂，反之则选用黏度高的润滑油和锥入度小的润滑脂。

② 载荷大小

摩擦副承受的载荷大时，应选用“油性”好、有极压性能、黏度高的润滑油和锥入度小的润滑脂；反之则选用黏度低的润滑油和锥入度大的润滑脂。水泥企业的球磨机、回转窑等大型设备选用润滑材料时应考虑载荷大小的影响。

③ 工作温度

高温条件下应选择闪点高、黏度高的润滑油和锥入度小、滴点高的润滑脂；反之应选择凝点低、黏度低、不含水分的润滑油和锥入度大、滴点低的润滑脂。温度变化范围大时应选用黏度高的润滑油；低温时应使润滑油凝点低于工作温度 10 ℃左右。

④ 工作环境

潮湿环境下应选用抗乳化能力强、“油性”好的润滑油和耐水的润滑脂；粉尘大的环境下应采用液压循环稀油站。

⑤ 摩擦副间隙大小

摩擦副间隙小，润滑材料不易流失，应选用黏度低的润滑油和锥入度大的润滑脂，反之则选用黏度高的润滑油和锥入度小的润滑脂。

⑥ 设备的加油方式

人工间歇加油部位应选用黏度高的润滑油；循环润滑或油芯、毛毡滴油，则要求有较好的流动性，应选用黏度低的润滑油和锥入度大的润滑脂；液压循环润滑、飞溅润滑、油雾润滑等应选择抗氧化安定性好的润滑油和润滑脂；干油站应有良好的泵送性，宜选用锥入度大的润滑脂。

1.3.5 水泥生产设备润滑方式及特点

1.3.5.1 润滑方式

润滑方式及装置的选择主要根据机器零部件的用途和特点、工作条件、摩擦副尺寸、采用的润滑剂及供油量要求等来决定。机器设备常用的润滑方式，如图 1.5 所示。

- 设备的润滑
  - 简单润滑
    - 无压润滑
      - 手工润滑
        - 人工涂抹
        - 油壶淋浇
      - 滴油润滑—油芯滴油
      - 油环润滑
        - 弹簧盖油杯
        - 针阀式注油油杯
    - 压力润滑
      - 旋压注油润滑
        - 旋盖油杯
        - 旋套油杯
      - 油枪注油润滑—压注油杯
  - 复杂润滑
    - 无压润滑
      - 油浴、溅油润滑
      - 油盘润滑
      - 油链润滑
      - 油环润滑
    - 压力润滑
      - 利用压缩空气
        - 油雾润滑
        - 喷射润滑
      - 利用油泵
        - 稀油站
          - 单点润滑
          - 多点润滑
        - 干油站
          - 单点润滑
          - 多点润滑

图 1.5　设备的润滑方式

低速、轻载、工作时间短或不连续运转等需油量较少的机械，一般采用手工定期加油、加脂，滴油或油绳、油垫润滑，尽可能选用各种标准油嘴、油杯、油枪等；中速、中载、较重要的机械，要求连续供油并起一定冷却作用，常用油浴、油环、飞溅润滑或压力供油润滑；高速、轻载机械零部件，如齿轮、轴承等，发热量较大，采用喷雾润滑效果较好；高速、重载、供油量大的重要零部件应采用压力供油循环润滑。当有大量润滑点和自动化程度较高的重要机械设备或车间、工厂建立自动化润滑系统时，可使用集中润滑装置。

水泥生产设备中常用的润滑方式大致有以下几种。

(1) 手工润滑

手工润滑最简单的方法是直接在需要润滑的部件加工出加油孔，用油壶、油枪进行加油。也可在油孔处装设油杯。

油杯的类型，如图 1.6 所示。其中，旋套式注油杯[图 1.6(a)]和压配式注油杯[图 1.6(b)]用于加注润滑油；旋盖式油杯[图 1.6(c)]用于供给润滑脂，润滑脂是靠杯盖的旋拧被挤出的；压注油杯[图 1.6(d)]也用于供给润滑脂，但需要用专用油枪。

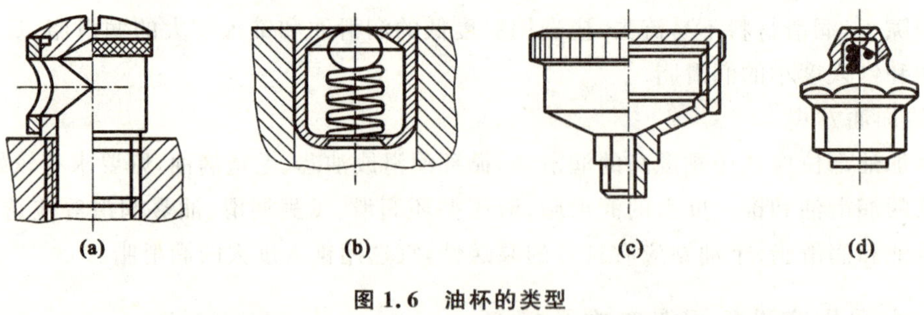

图 1.6　油杯的类型

(a) 旋套式注油杯；(b) 压配式注油杯；(c) 旋盖式油杯；(d) 压注油杯

油杯除能储存一定的油(脂)量外，还可以防止污物进入，但其供油时间较短，可靠性不高，主要用于低速的开式齿轮、链条、钢丝绳等运转精度要求不是很高的机械设备中。

（2）滴油润滑

滴油油杯，如图 1.7 所示。手动滴油油杯[图 1.7(a)]，是在机器启动前按下手柄，使活塞杆向下运动将油压出，预先供给摩擦副几滴油作润滑用。弹簧用以使活塞杆回升。这种装置主要用于间歇工作机器的轴承（多为滑动轴承）。针阀式注油油杯[图 1.7(b)]，是利用手柄竖直或水平来操纵针阀的开闭，调节螺母可调节针阀提升高度，从而调节油孔开口大小和滴油量。这种装置常用于要求供油可靠的机器中。因供油量有限且润滑油为耗损品，滴油润滑的应用在水泥机械设备中受到限制，以往在小型球磨机滑动轴承中有所应用。

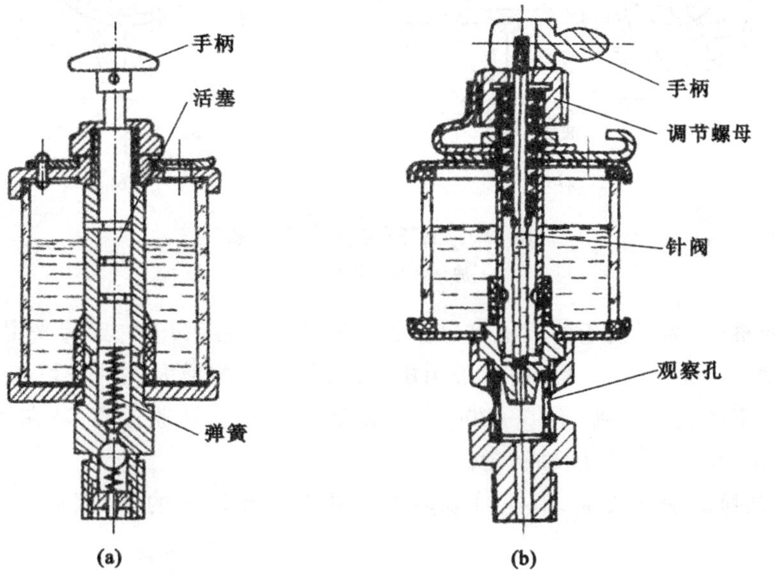

图 1.7　滴油油杯

（a）手动滴油油杯；（b）针阀式注油油杯

（3）油绳和油垫润滑

油绳和油垫润滑采用油绳、油垫或泡沫塑料等材料浸在油中，利用毛细管的虹吸作用进行供油，如图 1.8 所示。油绳和油垫本身具有过滤作用，能使油保持清洁，供油连续均匀，但润滑油量不易调节。这种方式常用于低、中速和轻载机械上。

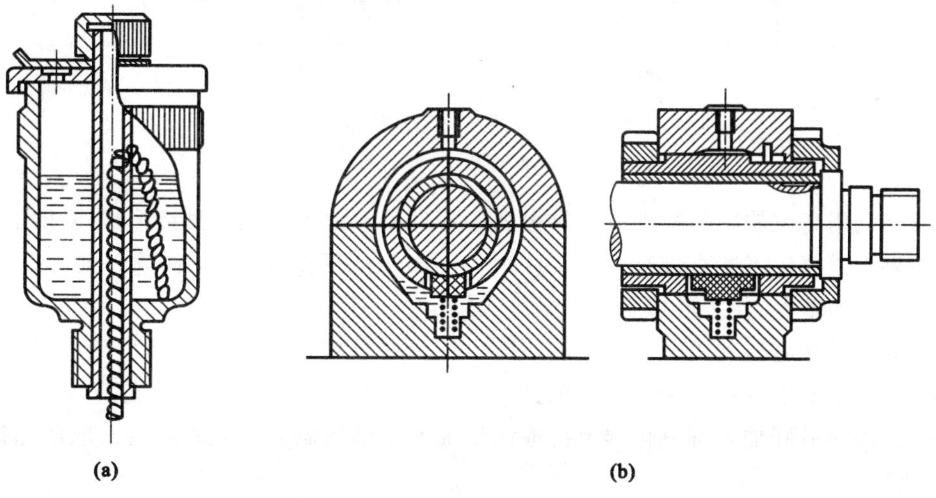

图 1.8　油绳和油垫润滑

（a）油绳式油杯；（b）靠弹簧压在轴上的毛毡油垫润滑

(4) 油环和油链润滑

油环和油链润滑，指依靠套在轴上的环或链把油从油池中带到轴上，再流向润滑部位。如图 1.9 所示。

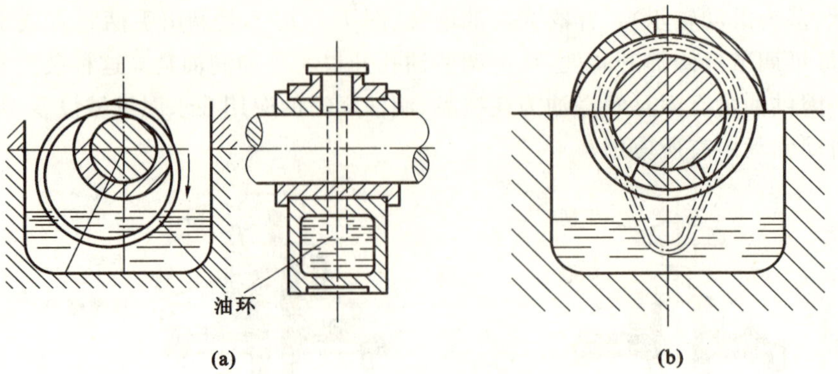

(a)　　(b)

图 1.9　油环和油链润滑示意

(a) 油环润滑；(b) 油链润滑

油环最好做成整体，为了便于装配也可以做成拼装结构，但接头处一定要平滑以免妨碍转动。油环的直径一般比轴直径大 1.5～2 倍，通常采用矩形截面，如需要增大供油量可在环的内表面加工出几个圆槽。油环润滑适合于转速为 50～3000 r/min 的水平轴。转速过高，环在轴上激烈跳动；转速过低，则带油量不足，甚至环无法随轴转动。

油链与轴、油的接触面积较大，低速时能随轴转动且带起较多的油，因此油链润滑最适合低速机械。

(5) 浸油及飞溅润滑

浸油润滑是将需要润滑的零部件如齿轮、链轮、凸轮、滚动轴承等的一部分浸在油池中，转动时可将油带到润滑部位。如图 1.10 所示。

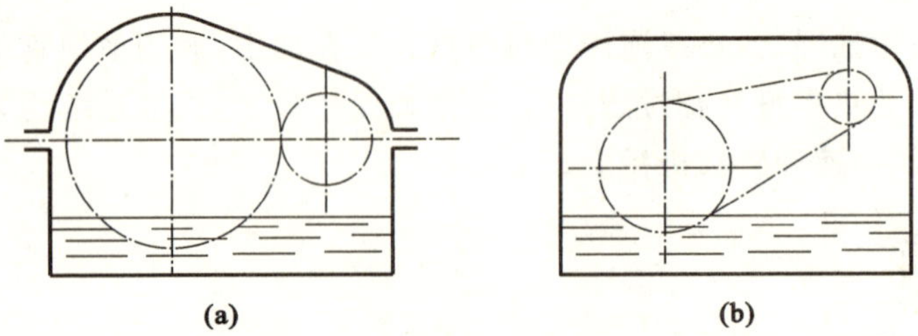

(a)　　(b)

图 1.10　浸油及飞溅润滑示意

(a) 齿轮传动的浸油润滑；(b) 链传动的浸油润滑

飞溅润滑是利用高速旋转的零件或依靠附加的零件使油池中的油飞溅或形成飞沫向需要润滑的部位供油。如果润滑部位不能直接被油溅到[如图 1.10(a)中所示的滚动轴承]，则可以利用齿轮转动使油飞溅到箱盖内壁上，使之沿特制的沟槽进入轴承。

这两种润滑方式都需要利用转动件带油，带油量过少，且转速太高，会使油产生大量的泡沫和热量，迅速氧化变质，一般推荐在 1～15 m/s 的速度范围内使用。油池要有一定的深度，使油中杂质和水分得以沉淀。油中最好加入抗氧化剂及抗泡沫添加剂。油的温升过高时还要采取散热措施。

(6) 油勺润滑

油勺润滑是将几个油勺固定在转轴上，油勺随轴旋转，转至下面时在油池中舀油，转至上面时将油倒入布油盘中，如图 1.11 所示。润滑油通过布油盘中的许多小孔淋在轴上，对轴及轴瓦进行润滑。油勺润滑装置在回转窑托轮支承轴瓦和球磨机中空轴轴瓦润滑中均有所应用。

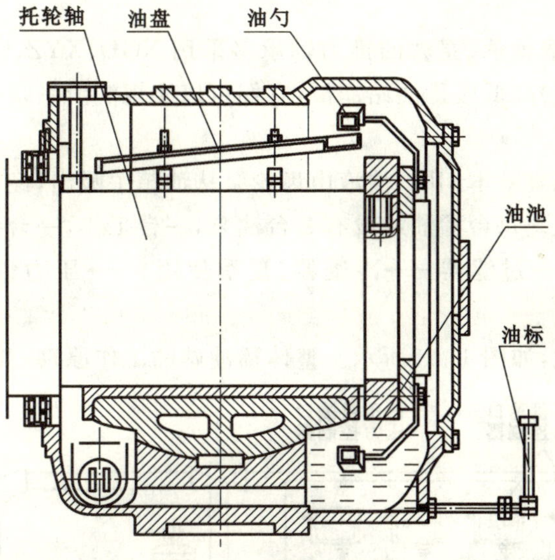

图 1.11 油勺润滑示意

(7) 喷涂润滑

喷涂润滑是使用喷枪利用压缩空气将加热成流态的沥青润滑剂喷到齿面上的一种润滑方式。当流态沥青喷到齿面上后会迅速降温,冷凝为固态膜,因而不会发生泄漏。沥青膜很耐压,故适合低速、重载的开式及半开式齿轮润滑,水泥厂中沥青喷涂润滑可用于边缘传动的球磨机和回转窑传动的齿轮齿圈。

(8) 油雾润滑

油雾润滑装置原理,如图 1.12 所示。以压缩空气为动力,使油液雾化成 2 μm 以下的微粒,由管道输送到布置在润滑点上的凝缩嘴,通过嘴上细长的小孔,将油雾微粒变成较大的、湿润的油粒子,投向润滑位置,从而实现润滑。气体及微小粒子则经排气孔排入大气。

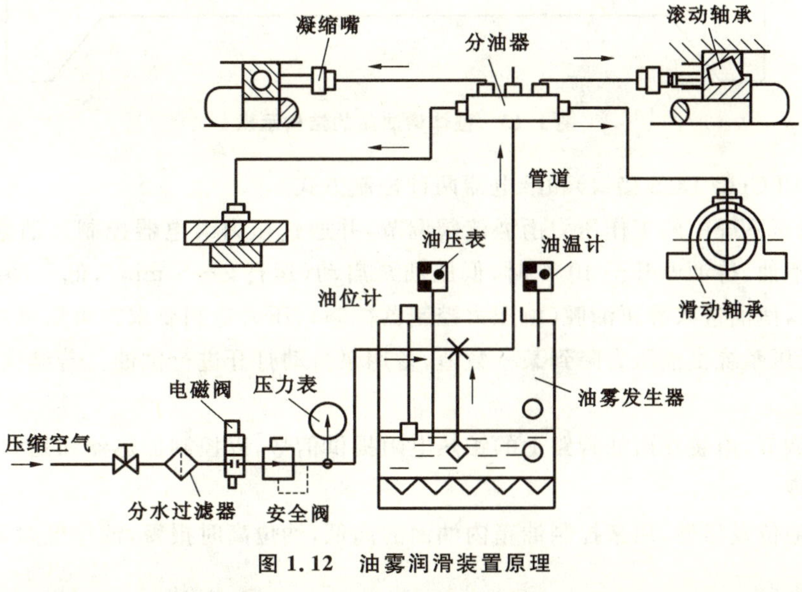

图 1.12 油雾润滑装置原理

油雾润滑多用于大型、重载、高速的滚动轴承、闭式齿轮、涡轮等装置的润滑。油雾装置是由分水过滤器、电磁阀、安全阀、油雾发生器、油雾输送管道、凝缩嘴(布置在润滑点上)及控制仪表组成的一套润滑系统,因此使用的气源必须清洁干净。

(9) 稀油站

球磨机的主轴承、滑履磨轴承、立磨的推力轴承多采用 XGD、XYZ、GDR 等系列的整体式(各润滑元件统一安装在油箱顶上)高低压稀油站润滑，它们可以实现润滑系统中流量、压力、温度的自动调节和控制及杂质的滤除等。

各系列稀油站的工作原理基本相同，油液由齿轮泵从油箱中吸出，经单向阀、双筒网式过滤器、换热器被直接送到设备润滑点。每台稀油站设有 2 台油泵，一台工作，一台备用。润滑油流程：

工作油泵⟶单向阀⟶过滤器⟶冷凝器(夏季使用)⟶压力继电器⟶主机设备润滑点⟶油箱⟶油泵

整体稀油站的结构示意，如图 1.13 所示。整体稀油站的工作原理，如图 1.14 所示。

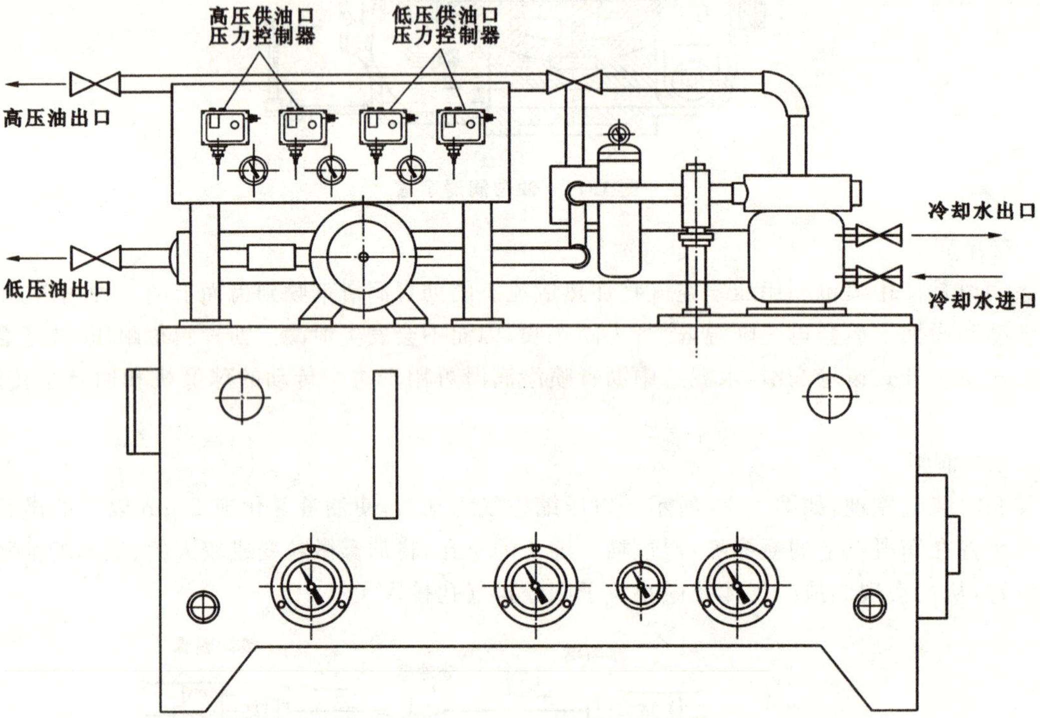

图 1.13　整体稀油站的结构示意

稀油站采用 PLC(带 DCS 接口)和继电器两种控制方式。

工作时，高低压系统中的工作压力由溢流阀调节，并通过压力继电器控制。油温低时，电加热器先行启动加热润滑油，待油温升至 40 ℃时，低压油泵启动(运行 3～5 min)，低压油泵供油压力正常后，启动高压油泵，使油进入静压油腔(由压力控制器控制)，压力达到要求方可启动主机。

运行时，当低压系统供油压力降到某一数值，备用泵自动打开进行供油。若继续下降到某一数值则自动报警。

供油温度的调节，由装在出油管路上的铂热电阻提供信号，以控制加热器和列管式冷却器的自动开停和报警来实现。

油箱上装有液位发讯器，用来控制油箱内油面的高低，油位高时报警，油位低时发停车信号，采用人工加油。

(10) 干油站

在水泥生产设备中，除大部分采用稀油润滑外，还有许多采用润滑脂润滑。润滑脂由于自身的特点广泛应用于水泥设备的轴承、开式齿轮、链条等摩擦副的润滑，甚至在闭式齿轮、蜗轮蜗杆传动中也越来越普遍地使用润滑脂。

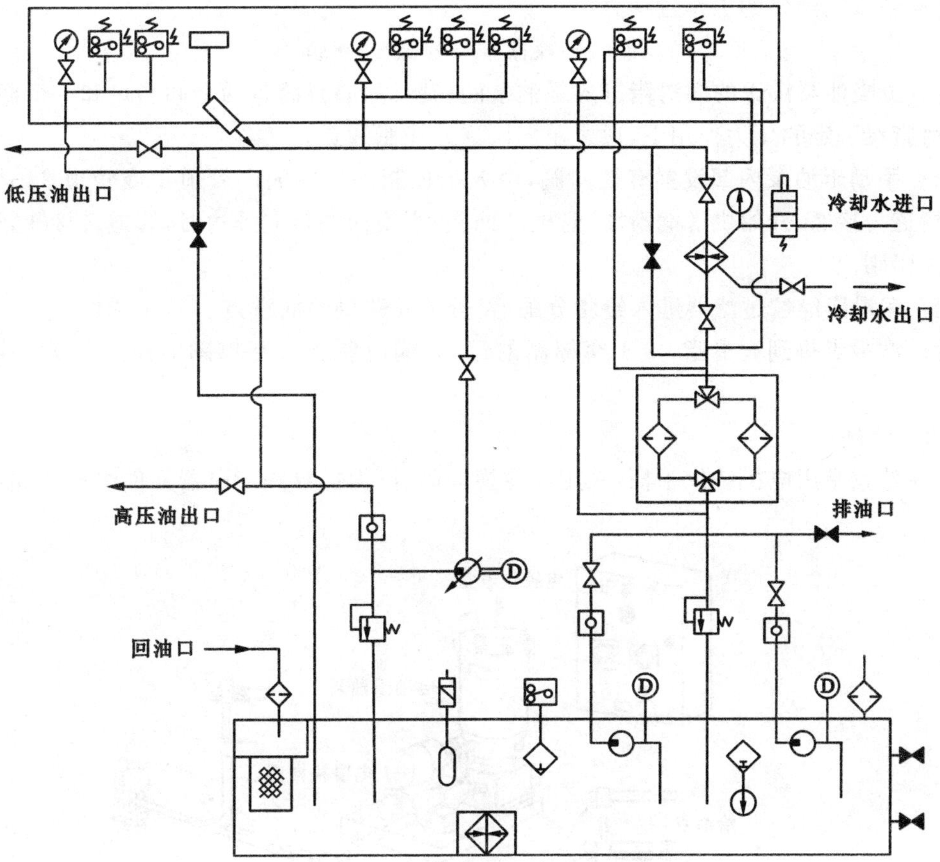

图 1.14 整体稀油站的工作原理

干油站就是采用润滑脂作为机器设备摩擦副的润滑介质，通过一套系统向润滑点供送润滑脂的装置，有手动干油站和自动干油站两类。

① 手动干油站

润滑点不多和不需要连续润滑的机械设备，一般采用手动干油站润滑。如图 1.15 所示。

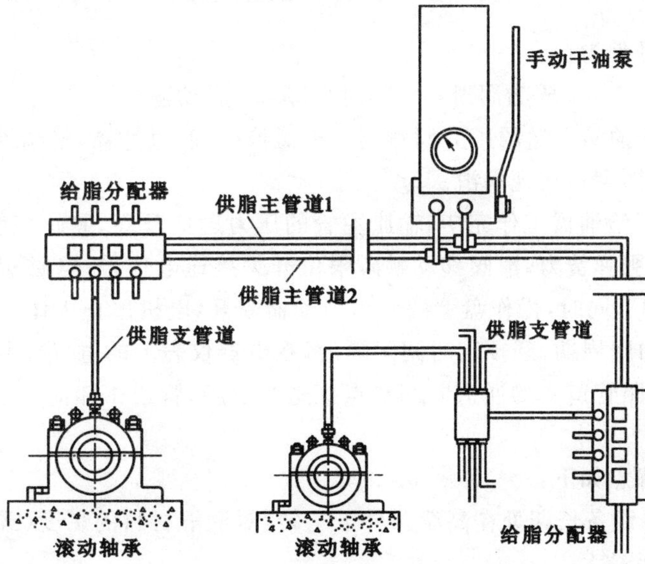

图 1.15 手动干油集中润滑系统

手动驱动柱塞式油泵的工作过程为：

压脂⟶换向⟶分配⟶润滑

a. 压脂。由吸油泵供送的润滑脂进入干油泵的储脂筒，储脂筒有两个卸脂口和一个回脂口，摇动手柄时，润滑脂在一定的压力作用下，通过单向阀进入输脂通道。

b. 换向。手动干油泵内部设置有换向阀，由人工控制润滑脂输向管道 1 或管道 2。当换向阀推向里边时，管道 1 接通，开始供送润滑脂，管道 2 回脂；当换向阀拉向外边时，管道 2 接通，开始供送润滑脂，管道 1 回脂。

c. 分配。润滑脂经过过滤器进入给脂分配器，分成几路供给润滑点。

d. 润滑。润滑点得到润滑脂，由于摩擦副的运动，润滑脂流入摩擦副的楔形间隙，形成油膜，实现润滑。

② 自动干油站

自动干油站就是用电机替代手柄，采用电磁换向阀、压力操纵阀等电器元件组成的润滑系统。如图 1.16 所示。

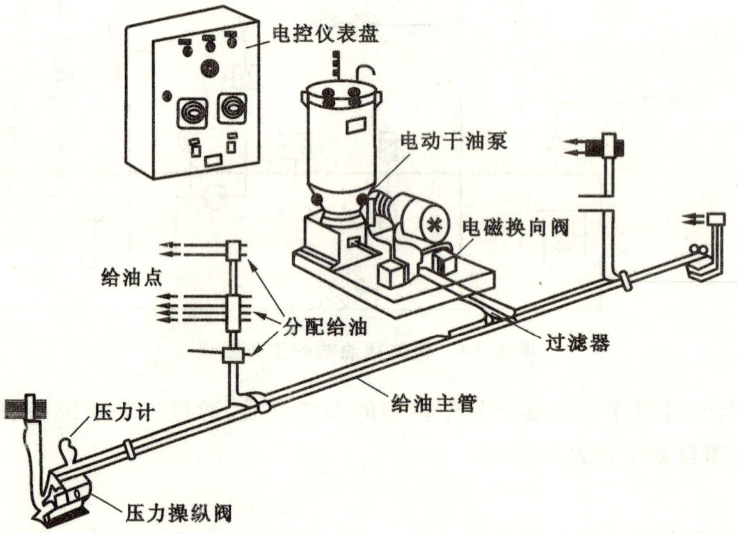

图 1.16　自动干油站润滑系统

自动干油站的工作过程为：

压脂润滑⟶换向等待⟶启动输脂

a. 压脂润滑。电动干油站供送的压力润滑脂经电磁换向阀、过滤器，沿给油主管经给油器由输脂支管送到润滑点（轴承摩擦副），实现润滑。

b. 换向等待。当所有给油器工作完毕，输脂主管的压力迅速升高，装在主管末端的压力操纵阀，由于主管内压力上升，克服弹簧力，滑阀移动触碰限位开关接通电信号，电磁阀换向使输脂通路由原来的管道 1 改变为管道 2。同时，操作盘上的磁力启动器断开，电机停止工作。

c. 启动输脂。按照加脂周期，到预定时间间隔后，在电器仪表上的电气控制器（PLC）使电动机启动，干油站的柱塞泵即按照管道 2 的通道向润滑点压送润滑脂，管道 1 卸荷，多余润滑脂回到储油箱。

1.3.5.2　*润滑特点*

水泥厂设备的润滑特点如下：

（1）水泥生产的主要设备长期处在高温条件下运转，对润滑材料的黏度（或锥入度）、闪点要求较高，材料使用周期短、消耗量大。

（2）设备长期处在恶劣的工作环境中，粉尘多，而且多用水作系统冷却介质；废油渣多含腐蚀性气体，很容易污染设备，使润滑材料变质，加快设备磨损。

(3) 设备多受振动和冲击载荷，不利于润滑部位油膜的形成与维持。

(4) 设备多工作于露天环境或开敞式厂房，都需要较好的通风条件，受季节性温度变化影响大，不同季节使用的润滑材料牌号变化大，润滑材料品种多。

(5) 设备常以冷却水直接冷却润滑部位及外壳，容易造成润滑材料乳化变质。

(6) 开式传动较多，要求润滑材料具有较高的抗污染能力和抗挤压性能。

水泥厂各主要设备所使用的润滑材料，如表1.4所示。

1.3.5.3 新型干法水泥生产线润滑表

新型干法水泥生产线的润滑点、润滑方式和润滑剂的使用情况，如表1.5所示。

1.3.6 水泥生产设备润滑管理

1.3.6.1 润滑油的代用与混用

一般情况下，应尽量避免混用润滑油，因为设备用了混合油，如果出了问题，要查找原因就困难了。

若在润滑油的使用过程中，发生了一种油与另一种油混用的现象，那么，应注意下列事项：

① 同类产品质量基本相近，可把高质量的油混入低质量的油。

② 同一油品不同牌号的润滑油混用，调配出的新油其黏度会发生变化，新油的黏度可按式(1.1)进行计算：

$$\lg N = R_a \lg N_a + R_b \lg N_b$$

$$R_a = \frac{V_a}{V_a + V_b}, \quad R_b = \frac{V_b}{V_a + V_b} \tag{1.1}$$

式中 V_a,V_b——a油与b油的体积；

N_a,N_b——a油与b油的黏度；

N——调配油的黏度。

③ 不同类型的油，如果知道两种对混的油品都不含添加剂或其中一种不含添加剂，或两种油都含添加剂但相互不起反应，一般可以混用。混用后，对高质量的油品来说，质量会有所下降。

④ 对于不了解性能的油品，如果确实需要混用，要求在混合前做混用试验，观察混用油有无异味或沉淀现象，若发生上述问题，则不能混用。

⑤ 两条“戒律”。

a. 有抗乳化要求的油品，不得与无抗乳化要求的油品混用。

b. 抗磨液压油不得与一般液压油混用。

1.3.6.2 润滑油的质量维护与监控

润滑油在使用过程中，难免会不断老化变质，加强对油品的质量维护与监控，可防止油品的异常变质，降低老化速度，延长使用寿命。

(1) 采购、储运过程中的质量维护与监控

① 采购：设备管理部门的采购人员，根据审定的用油计划，负责油品的采购、储存、发放工作。润滑油与润滑脂的采购应确保产品合格，进厂油脂必须有生产厂家的出厂合格证和检验单，严禁无检验单和出厂合格证的润滑材料进入工厂；积极推行定额管理，生产部门应根据历年油脂消耗情况，编制消耗定额，做到计划供应油品，以便设备管理部门做好供应工作；使用部门根据设备管理部门规定的油料，报出需要量和使用时间，经设备管理部门主管人员审核后，制订购置计划。

② 储运：油品的存放应做到室内分类存放，标志准确、清晰，库内保持清洁、干燥、通风，严禁与其他燃料油共同存放，自用和重复使用油桶要有明显标记，专桶专用，以免混桶；切忌长期堆放在露天或高温的地方，防止油品过快氧化变质；对储存时间较长(超过一年)或有沉淀物的油品，需要进行化验，以防使用时油品变质。

表 1.4 水泥厂主要设备所使用的润滑材料

润滑剂代号	润滑剂	选用润滑剂			主要用途	项目指标
		KLUBER	长城	BP		
1	GB 11118.1—2011 L-HM32 抗磨液压油	LARMORA HLP 32	L-HM32 抗磨液压油	100 HLP32	液压油、汽动缸、液力耦合器	1. 黏度变化率达到或超过 15%； 2. 酸值(每克润滑剂中 KOH 的质量，以 mg 计)较新油增加 1.0； 3. 水分含量大于 2.0%； 4. 不溶物含量大于 0.3%； 5. FZG 实验，通过级小于 8
2	GB 11118.1—2011 L-HM68 抗磨液压油	LARMORA HLP 68	L-HM68 抗磨液压油	102 HLP68	锤式破碎机轴承	
3	GB 5903—L-HM N150 中负荷工业齿轮油	KLUBERSYNTH GH 6-150	CKC150 中负荷工业齿轮油	144 OIL 150	减速机	
4	GB 5903—L-HM N220 中负荷工业齿轮油	KLUBERSYNTH GH 6-220	CKC220 中负荷工业齿轮油	145 OIL 220	减速电动机、摆线针轮减速器、减速机	
5	GB 5903—L-HM N320 中负荷工业齿轮油	KLUBERSYNTH GH 6-320	CKC320 中负荷工业齿轮油	147 OIL 320	窑、磨主减速机，电动滚筒，磨主轴承	
6	GB 5903—L-HM N460 中负荷工业齿轮油	KLUBERSYNTH GH 6-460	CKC460 中负荷工业齿轮油	148 XP 460	涡轮减速机、托轮轴承(要求硫铝型)	润滑油更换周期(对于减速机和轴承)： 最初运转 500 h(21 d)或 1 个月换油期，并彻底冲洗内部，关于油过滤，对于齿轮传动要滤去大于100 μm的微粒，对于滑动轴承要滤去大于50 μm的微粒方可使用； 正常运转 5000 h(200 d)或一年，按上表指标检查； 不正常换油是由于有水进入，使油乳化或生料、水泥及金属末等物质进入。 润滑脂更换周期(对于减速机和轴承)： 对于齿轮，每运行 1500～5000 h 或间隔 18 个月更换油脂；对于轴承或油脂密封，每运行 3000～5000 h 更换油脂(或不超过 9 个月)；滚动轴承间应充满油脂，而轴承箱内充满 2/3 空间，当转速低于 60 r/min 时，油脂应充满轴承箱；电动机轴承润滑脂最长三年更换，长时间不用也应更换；减速机润滑脂约 10000 h 更换(1.5 年)，最迟三年内更换
7	GB 5903—L-HM N680 中负荷工业齿轮油	KLUBERSYNTH GH 6-680	CKC680 中负荷工业齿轮油	150 XP 680	磨传动齿轮、联轴节及执行器	
8	SH/T 0363—1992 2 号开式齿轮油	涂底润滑剂 GRAFLOSCON A-G1 ULTRA 磨合润滑剂 KLUBERFLUID B-F1 ULTRA 操作润滑剂 KLUBERFLUID C-F3 ULTRA	100# 开式齿轮润滑油	160 XP 450-2	小型开式齿轮，窑、磨开式齿轮	
9	GB 12691—1990 压缩机油 N68	KLUBERSUMMIT SH 68	DAB68 空气压缩机油	112 DG1000	空气压缩机	
Ⅰ	GB/T 7323—2008 1 号极压锂基润滑脂	CENTOPLEX 2 EP	1 号长城极压 锂基润滑脂	204 No. 1	冷却机集中润滑系统，低、中负荷高速滚动齿轮	
Ⅱ	GB/T 7323—2008 2 号极压锂基润滑脂	CENTOPLEX 2 EP	2 号长城极压 锂基润滑脂	240 No. 2	中、高负荷低速滚动齿轮	
Ⅲ	SH/T 0587—2016 2 号二硫化钼锂基润滑脂	KLUBERLUB BE 41-1501	2 号长城二硫化钼 锂基润滑脂	L21-M	高负荷低速滚动齿轮，窑、磨球面瓦与座之间	
Ⅳ	J2 膨润土润滑脂	WOLFRACOAT TOP PASTE	长城 H 膨润土润滑脂	216 HJB2	高温阀门轴承	
Ⅴ	SH/T 0446—1992 7602 号高温密封剂				回转窑轮带	

表 1.5 新型干法水泥生产线润滑点、润滑方式和润滑剂的使用情况

设备编号	设备名称及规格	润滑部位	润滑点数	润滑剂代号	干油润滑方式			稀油润滑方式			备注
					第1次加油量/kg	加油方式及周期	加油量/kg	第1次加油量/L	第1次更换周期/h	以后更换周期/h	
1	带式输送机	传动滚动轴承	2	Ⅱ	每0.5～2年清洗滚动轴承并加入和第1次加油量一样多的新润滑脂						
		尾部滚动轴承	2	Ⅱ	每0.5～2年清洗滚动轴承并加入和第1次加油量一样多的新润滑脂						
		托辊		Ⅱ	每0.5～2年清洗滚动轴承并加入和第1次加油量一样多的新润滑脂						
		拉紧滚动轴承	6	Ⅰ	每0.5～2年清洗滚动轴承并加入和第1次加油量一样多的新润滑脂						
		电动滚筒	1	2							
		减速机		4							
2	电液动扇形闸门	电动推杆	1	7							
3	袋式收尘器	卸料器		Ⅱ							
		减速电动机		4							
4	离心风机	轴承	2	Ⅱ							
5	板式给料机	头部轴承	2	Ⅱ	手动，每班1次						
		尾部轴承	2	Ⅱ	手动，每班1次						
		滚辊轴承		Ⅱ	手动，每班1次						
		减速机	1	4							
		链轮	2	4				人工涂抹			
		滚轮		Ⅱ							
6	电动蝶阀	电动执行器	1	7							
7	电液动四通分料器	电液推杆	1	7							
8	定量给料机	减速机	1	4							
		振动装置轴承		Ⅱ							

续表 1.5

设备编号	设备名称及规格	润滑部位	润滑点数	润滑剂代号	干油润滑方式			稀油润滑方式			备注
					第1次加油量/kg	加油方式及周期	加油量/kg	第1次加油量/L	第1次更换周期/h	以后更换周期/h	
9	电动百叶阀	电动执行器	1	7							
10	回转喂料器				见设备说明书						
11	辊式磨				见设备说明书						
12	原料磨循环风机				见设备说明书						
13	斗式提升机	轴承	4	Ⅱ		油杯，每班2次					
		止推装置	1	Ⅱ							
		张紧装置	2	Ⅱ							
		减速机	1	4							
		液力耦合器	1	1							
14	压力螺旋输送机	轴承及吊瓦		Ⅱ							
		减速电动机		4							
15	固体流量计				见设备说明书						
16	取样器	电动机	1	4							
17	窑尾收尘器				见设备说明书						
18	窑尾废气排风机				见设备说明书						
19	增湿塔	螺旋输送机轴承	2	Ⅰ		油杯，每班2次					
		锁风阀轴承	4	Ⅰ		油杯，每班2次					
		摆线针轮减速机	2	4							
		减速电动机	1	4							
20	螺旋输送机	轴承及吊瓦		Ⅱ		油杯，每班2次					
		减速机	1	4							

续表 1.5

设备编号	设备名称及规格	润滑部位	润滑点数	润滑剂代号	干油润滑方式			稀油润滑方式			备注
					第1次加油量/kg	加油方式及周期	加油量/kg	第1次加油量/L	第1次更换周期/h	以后更换周期/h	
21	电液动扇形闸门	电动推杆	1	7							
22	取样器	减速电动机	1	4							
23	旋风收尘器	减速电动机	1	4							
24	电动截止阀				见设备说明书						
25	罗茨鼓风机	传动齿轮	1	2							
		滚动轴承	1	Ⅱ		油杯，每班2次					
		张紧装置	2	Ⅱ							
		减速机	1	4							
		液力耦合器	1	1							
26	窑头燃烧器配套装置	小车行走轮	4	Ⅱ							
		行走减速机	1	4							
27	水平推动箅式冷却机	托轮轴承；曲柄轴头；传动轴头密封；拉链机头、尾轮轴承；电动弧形阀轴承		Ⅰ	干油集中润滑						
		主轴承、破碎机主轴承		Ⅰ		人工加油	按需要				
		箅床传动减速机		4							
		箅床传动滚子链		Ⅱ		人工涂抹	按需要				
		弧形阀减速机		4							
28	拉链机	拉链机减速机	2	4							
		拉链机托辊轴承		Ⅰ	每年清洗轴承、更换润滑脂						
		拉链机张紧装置		Ⅰ	每年清洗轴承、更换润滑脂						

续表 1.5

设备编号	设备名称及规格	润滑部位	润滑点数	润滑剂代号	干油润滑方式			稀油润滑方式			备注
					第 1 次加油量/kg	加油方式及周期	加油量/kg	第 1 次加油量/L	第 1 次更换周期/h	以后更换周期/h	
29	冷却机风机	轴承	2	Ⅱ							
		电动执行器	1	7							
30	电收尘(窑头)	振打传动轴承		Ⅱ							
		链轮轴套		Ⅰ							
		链条		4							
		放电极振打减速机	6	4							
		沉淀极振打减速机	5	4							
		拉链机头、尾轮轴承	4	Ⅰ		油杯,每班 2 次					
		张紧装置丝杠	2	Ⅰ		人工涂抹	按需要				
		轴承及吊瓦		Ⅰ							
		螺旋输送减速机	2	4							
		锁风翻板阀轴承	4	Ⅰ		油杯,每班 2 次	按需要				
		摆线针轮减速机	2	5							
31	电动葫芦	行车轮轴承		Ⅱ		油枪	按需要				
		行走减速机	1	4							
		电葫芦	1	Ⅱ	每 2～3 年清洗 1 次轴承						

续表 1.5

设备编号	设备名称及规格	润滑部位	润滑点数	润滑剂代号	干油润滑方式			稀油润滑方式			备注
					第1次加油量/kg	加油方式及周期	加油量/kg	第1次加油量/L	第1次更换周期/h	以后更换周期/h	
32	回转窑	主减速机	2	5							
		辅助减速机	2	5							
		托轮轴承	12	6							
		挡轮轴承	2	6		油杯，每班 1 次					
		大齿圈与小齿轮	2	4							
		挡、托轮与轮带接触面		石墨块							
		轮带内表面与垫板		Ⅴ		喷射，每班 1 次					
		窑尾密封装置		Ⅳ		电动干油泵					
		小齿轮装置轴承	2	Ⅱ		黄油杯	按需要				
		窑头罩滚动轴承		Ⅱ							
		挡轮液压站	1	1							
		液压推杆制动器	2	1							
33	三次风管	高温阀门轴承	2	Ⅲ							
		电动执行器	2	7							
34	链式输送机	头、尾链轮轴承		Ⅱ							
		减速电动机	1	4							
35	电动分料阀	减速电动机	1	4							

续表 1.5

设备编号	设备名称及规格	润滑部位	润滑点数	润滑剂代号	干油润滑方式			稀油润滑方式			备注
					第1次加油量/kg	加油方式及周期	加油量/kg	第1次加油量/L	第1次更换周期/h	以后更换周期/h	
36	窑尾预热器系统	电动执行器		7							
		冷却风机轴承	2	Ⅱ							
		翻板阀轴承		Ⅱ							
		控制阀轴承	2	Ⅱ							
		分配阀轴承	2	Ⅱ							
		电动机	1	4							
37	窑尾高温风机	轴承	2	2				稀油润滑站集中润滑			详细内容以厂家说明书为准
		电动执行器		7							
		主电动机轴承	2	2				稀油润滑站集中润滑			
		液力耦合器		1							
		辅助减速电机轴承	1	4							
38	锤式破碎机	轴承	2	Ⅱ	手动,每班1次						
39	库底卸料装置	电动执行器	1	7							
40	给煤机				见设备说明书						
41	中速辊式煤磨				见设备说明书						
42	煤磨袋式收尘器	卸料器		Ⅱ							
		减速电动机		4							
		气源三连体		5							
43	煤粉通风机	轴承	2	Ⅱ							
44	转子喂料系统		见设备说明书								

续表 1.5

设备编号	设备名称及规格	润滑部位	润滑点数	润滑剂代号	干油润滑方式			稀油润滑方式			备注
					第1次加油量/kg	加油方式及周期	加油量/kg	第1次加油量/L	第1次更换周期/h	以后更换周期/h	
45	熟料汽车散装机	卷筒轴承		Ⅱ							
		减速机	1	4							
		风机轴承		Ⅱ							
		电动推杆	1	7							
46	辊轧机				见设备说明书						
47	水泥磨	主轴承润滑站	4	5							
		主电动机轴承润滑站	2	2							
		主减速机润滑站	1	5							
		辅助减速机	1	5							
48	振动筛				详见厂家产品说明						
49	给料机				详见厂家产品说明						
50	八嘴回转包装机				详见厂家产品说明						
51	接包输送机				详见厂家产品说明						
52	清包输送机				详见厂家产品说明						
53	电动转弯溜子	电动机	1	4							
		电动推杆	1	7							
54	移动式袋装式水泥装车机				详见厂家产品说明						
55	锅炉离心引风机				见设备说明书						
56	槽式输送机	减速机	1	4							
		液力耦合器	1	1							
		头、尾链轮轴承	4	Ⅱ		手动,每班1次					
		拉紧装置顶丝	2	Ⅱ		人工涂抹	按需要				
		输送链各节点		2					手工滴油润滑,每班1次		
		逆止器	1	Ⅱ							

(2) 使用过程中的质量维护与监控

① 使用过程中，应把油温控制在工作温度的最低点。有润滑油冷却器的系统，应经常注意冷却水的情况；没有冷却器的系统，应注意油箱的散热。

② 防止水、气、异物混入润滑系统。如果油中已混入空气和水分，应及时排放；混入杂物，应及时过滤。

③ 积极推广、应用润滑新技术和润滑剂新品种，经常组织有关人员学习润滑业务，掌握润滑技术，提高全员业务技术水平，改进不合理的润滑方式和润滑材料。

④ 油品的选用应注重设备原设计油品，改变品种应慎重考虑。大型主机设备油品、牌号的改变，必须经设备管理部门的同意，特殊情况须由水泥厂经理或总工程师批准。

1.3.6.3 润滑设施与维护

润滑设施包括润滑系统的油泵、过滤器、冷却器、分油器、油管、液压阀、压力表、油标、油箱、加热器，用于润滑的油圈、油杯、油勺、油枪、油毡、油眼、油腔等及各类密封装置。

① 过滤器、分油器、液压阀要定期清洗和检查调整；油箱要定期清洗；压力表、温度表、油管、接头、油圈等要定期检查，发现问题及时处理。

② 建立健全润滑油更换制度，建立“设备润滑卡片”，主机设备要建立润滑技术档案，做到从油品的加入、使用直至报废的全过程系统管理。设备管理部门要对主机用油定期化验，失效油品即使不到换油周期，也应立即更换。

③ 新安装设备或经过大修的设备，必须将内部原有的防锈油(脂)彻底清洗干净。投运后，第一次换油一般不超过 3 个月，第二次换油按设备换油周期进行。大型减速机必须严格按照此规定认真执行。

④ 为避免润滑油的滴、漏、溅现象，必须高度重视设备密封。所有密封零部件均应纳入正常配件管理范畴。

⑤用于润滑的油泵必须做到定期专人检查、检修并做好记录，其配件、备件供应要纳入正常的配件、备件管理渠道。作为油泵配备的电机、联轴器必须工作可靠，做到定期检查，经常维护，电气保护系统要求工作灵敏、动作可靠。

⑥ 润滑系统设施不能随意变更，属于设计不合理及功能不足需要变更时，须征得设备管理部门主管人员同意。大型主机设备润滑系统设施变更，必须征得主管经理或总工程师批准方可实施。

1.3.6.4 润滑油更换

(1) 根据设备运行的经验，发现下列情况时，应考虑对润滑油进行检验：

① 使用中发现润滑油黏度变稀或变稠；

② 发现油质乳化(水进入)变质；

③ 润滑油中有大量尘泥、金属末或其他杂质；

④ 使用中设备转速与负荷未变，但温度短期内波动大且不断上升；

⑤ 齿面在短期内出现点蚀(油品选用无误时)，并发现润滑油老化、变质。

(2) 根据油料检验情况，确定是否更换润滑油。

目前，确定润滑油换油周期比较可靠的方法是对使用中的润滑油进行抽样检验，根据检验结果评定油品质量并确定要不要换油。某企业工业齿轮油的换油指标，如表 1.6 所示，可供参考。

表 1.6　某企业工业齿轮油的换油指标

项　目	换油指标
黏度变化率(%)	±15
酸值(每克齿轮油中 KOH 的质量，以 mg 计)增加	1.0
水分含量(%)	2.0
不溶物含量(%)	0.3
梯姆肯载荷(N)	178

1.3.6.5 设备润滑的“五定”和“三过滤”制度

“五定”和“三过滤”制度，是使日常设备润滑工作规范化和标准化、保证设备良好润滑的有效方法。

(1)“五定”制度

① 定点：确定每台设备的润滑部位和润滑点，实施定点给油。

② 定质：确定设备润滑部位所需的油品、牌号及质量要求，所加油质必须经过化验合格。

③ 定量：确定给油部位每次加油、换油的数量，实行耗油定额管理和定量换油。

④ 定期：确定各润滑部位加油、换油的周期，按规定周期加油、添油和清洗换油，对储油量大的油箱，按规定周期抽样化验，确定下次抽验和换油时间。

⑤ 定人：确定操作工人、维修工人、润滑工人对设备润滑部位加油、添油和清洗换油的分工，各负其责，共同完成设备的润滑。

(2)“三过滤”制度

① 入库过滤：油液经运输入库储存时的过滤；

② 发放过滤：油液发放注入润滑容器时的过滤；

③ 加油过滤：油液加入储油部位时的过滤。

1.3.6.6 设备润滑巡检内容

设备润滑巡检内容主要包括以下事项：

① 润滑装置是否齐全；

② 油品是否正确；

③ 油量(位)是否适当；

④ 油路是否畅通；

⑤ 油温、油压是否正常；

⑥ 油冷却系统工作是否正常；

⑦ 润滑自动控制信号及控制系统是否安全可靠。

1.3.6.7 岗位人员培训

① 定期对岗位人员进行润滑知识的培训，使其充分了解所管辖设备的结构原理、润滑过程、润滑剂种类和牌号，并不断提高岗位人员对润滑剂的使用水平，提倡岗位人员对润滑剂、润滑方式进行合理改进。加强岗位人员的责任心教育，不断完善岗位责任制，保证“五定”制度落到实处。

② 对于主机设备的备用润滑设备，必须始终保持完好，使用部门不得在润滑设备不能正常工作的情况下，强行开车或运转，情况特殊的须报设备管理部门批准；对于主机双保险润滑设备，要切实保证完好，如磨机主轴承的油泵、窑主减速机的电动油泵，设备运转中两者缺一不可，已经不能正常工作的要尽快恢复。

③ 润滑油的使用必须严格按要求进行，更换油时，容器和润滑系统一定要彻底清洗，润滑油添加过程中要注意安全，严禁其他杂品或异物掉进容器；大型减速机装油时，必须经过过滤，整个添加过程须在设备管理部门和使用部门主管技术人员的监督下进行；MoS_2 在滚动轴承上使用时，轴承一定要用清洗油清洗干净，不得有其他油、脂混入轴承内；部门的维修钳工(润滑主管人员)一定要做好润滑系统的定期检查和修理工作，要把检修质量作为重点，逐步完善密封装置，减少润滑油的滴漏现象，改善设备工作环境；设备密封应保持完好，其检修应与设备同步或专门进行，应经常观察密封装置及回转件的工作状况，发现泄漏和磨损要及时调整或修理，已失效的密封装置应及时更换；密封装置不得任意拆除或更改结构，对新型密封结构及密封材料的应用，要遵循可靠、寿命长、结构紧凑、维修方便及标准化、系列化的原则。

1.3.6.8 工厂管理

① 设备润滑管理的基本任务是通过完善设备润滑条件，改善润滑设备，加强现场管理，对润滑剂品种的选择、购买、保管、使用、更换进行全面管理，确保设备安全、正常运转，减少机体磨损和摩擦阻力，降低动能消耗，避免润滑事故发生。

② 润滑管理是一个多部门综合管理工作，各部门要密切配合，正确、合理使用各种润滑剂，认真监督和检查润滑剂在选用、采购、保管、使用过程中的质量情况，严禁不合标准的油品入厂和使用不合格油品。

③ 设备管理部门是全厂的润滑管理部门。其主要职责是制定润滑管理制度，编制各类设备润滑表，指导生产部门正确开展润滑工作，组织技术培训，学习推广润滑管理先进经验。设备管理部门有权停止使用不合格的润滑剂，并制止生产部门继续运转有缺陷的润滑系统。

④ 设备管理部门负责润滑剂品种、牌号的选定，对于主机设备使用的润滑剂，必要时确定生产厂家；使用部门根据需要，可在车间内对部门油品实行短期存放或少量备用；积极推行定额管理。生产部门应根据历年油脂消耗情况，编制消耗定额，做到计划供应油品，以便设备管理部门保证供应。

⑤ 油品发放要严格认真，如有错发，发放人员应立即纠正，以防止不合乎要求的油品进入设备，因发错油品而造成事故者，发放人员要负主要责任；生产部门应根据情况，储存适量的润滑剂，对储存地点和库房应严格管理，要符合安全及存放油脂的要求。

⑥ 编制好设备润滑标准，建立岗位责任制和设备润滑技术档案，做好加油、添油、换油和定期巡回检查记录，并及时入档；积极推行仪表新技术，提高润滑系统“自控”功能，保证设备安全运转。

⑦ 润滑系统的加热器要严加管理，未经设备管理部门主管人员许可，使用单位不得随意加设或拆除。

思考题

1.简述摩擦的类型。
2.影响磨损的因素有哪些？防止磨损的主要措施是什么？
3.简述润滑的作用和分类。
4.什么是液体动压润滑和液体静压润滑？满足液体动压和静压润滑的条件分别是什么？
5.润滑油常用的质量指标有哪些？简述水泥生产中常用润滑油的类型。
6.润滑脂常用的质量指标有哪些？简述水泥生产中常用润滑脂的类型。
7.简述水泥生产设备的润滑方式。
8.水泥设备润滑的巡检内容包括哪些？
9.润滑管理中的“五定”、“三过滤”制度的内容是什么？

项目小结

设备巡检工作的对象是水泥生产工艺流程中的生产设备，因此对水泥生产原料、燃料及生产设备发展概况与新型干法水泥生产流程等水泥生产基础知识的了解和掌握显得尤为重要，它们是完成新型干法水泥设备巡检工作的基础和关键。为使水泥生产设备正常、高效运转，水泥生产巡检工发挥着极其重要的作用。要做好新型干法水泥生产设备的巡检工作，应详细了解巡检工的工作内容、职责，熟悉新型干法水泥生产生料制备、熟料煅烧及水泥制成工段的巡检线路及设备配置情况。润滑是设备维护工作的重要环节。因此润滑剂、润滑方式的选择至关重要。润滑管理是在润滑解决方案的基础上发展出的一种针对设备润滑、维护的全面管理方式，以降低综合成本、延长设备寿命、减少停机时间。

项目实训

实训1 参观新型干法水泥生产工艺流程

任务描述：

在校外实训基地认识新型干法水泥生产工艺流程，重点是生料制备工段、熟料煅烧工段及水泥制成工段的设备配置情况。

实训内容：

(1) 请企业兼职教师讲解水泥生产工艺流程；

(2) 参观水泥生产工艺流程。

实训2 绘制新型干法水泥生产巡检线路图

任务描述：

在兼职教师(或技术人员)的指导下，在校外实训基地了解水泥生产巡检线路，分工段绘制新型干法水泥生产巡检线路图。

实训内容：

(1) 绘制生料制备工段设备巡检线路图；

(2) 绘制熟料煅烧工段设备巡检线路图；

(3) 绘制水泥制成工段设备巡检线路图。

实训3 新型干法水泥生产设备润滑实训

任务描述：

以新型干法水泥生产设备为对象，在兼职教师(或技术人员)的指导下，分组进行生料制备工段、熟料煅烧工段和水泥制成工段主要设备的润滑工作。

实训内容：

(1) 了解新型干法水泥生产线各工段生产设备的工况及润滑特点；

(2) 分小组编制生料制备工段、熟料煅烧工段和水泥制成工段主要设备的润滑点表。

项目2　水泥机械设备常用动力与控制装置的巡检

【项目描述】

(1) 了解水泥机械设备常用动力与控制装置的结构、工作原理、类型等；

(2) 掌握水泥机械设备常用动力与控制装置的检查维护内容及常见故障分析和排除方法。

任务2.1　直流电动机的巡检

任务描述：

(1) 了解直流电动机的结构组成、工作原理及相关性能参数；

(2) 熟悉直流电动机的启动、反转、调速及制动方法；

(3) 掌握直流电动机的检查与维护内容、常见故障分析与排除方法。

知识目标：

(1) 熟练表述直流电动机的结构组成、工作原理及相关性能参数；

(2) 正确表述直流电动机的启动、反转、调速及制动方法；

(3) 熟练表述直流电动机的检查和维护内容及常见故障分析和排除方法。

能力目标：

能在水泥生产企业进行直流电动机的检查、维护及故障排除工作。

2.1.1　直流电动机概述

直流电动机是工矿、交通、建筑行业中常见的动力机械，是机电从业人员的重要工作对象之一。直流电动机具有过载能力强、调速范围宽广、调速特性平滑等特点，常用在许多对调速性能要求较高的场合，如轧钢机、电力牵引机械、挖掘机械、纺织机械等。与交流电动机相比，直流电动机的主要优点是调速性能好、启动转矩大，所以在水泥行业得到广泛使用，如窑主电机(ZSN4系列)，箅冷机箅床一段、二段电机，高温风机等，通常选用直流调速电机。

2.1.1.1　直流电动机的主要结构部件

直流电动机的结构示意，如图2.1所示。

直流电动机的剖面示意，如图2.2所示。

直流电动机的横截面示意，如图2.3所示。

从图2.1～图2.3可见，直流电动机主要由定子和转子两大部分组成。定子用来安置磁极和作电机的机械支撑，它包括主磁极、换向极、机座、端盖、轴承等，静止的电刷装置也固定在定子上。转子上用来感应电动势而实现能量转换的部分称为电枢，它包括电枢铁芯和电枢绕组，还有换向器、轴、通风冷却用的风扇等。

(1) 定子

定子通常指磁路中的静止部分及其机械支撑，包括机座、主磁极、换向极等。某种直流电动机的定子，参见图2.1～图2.3。

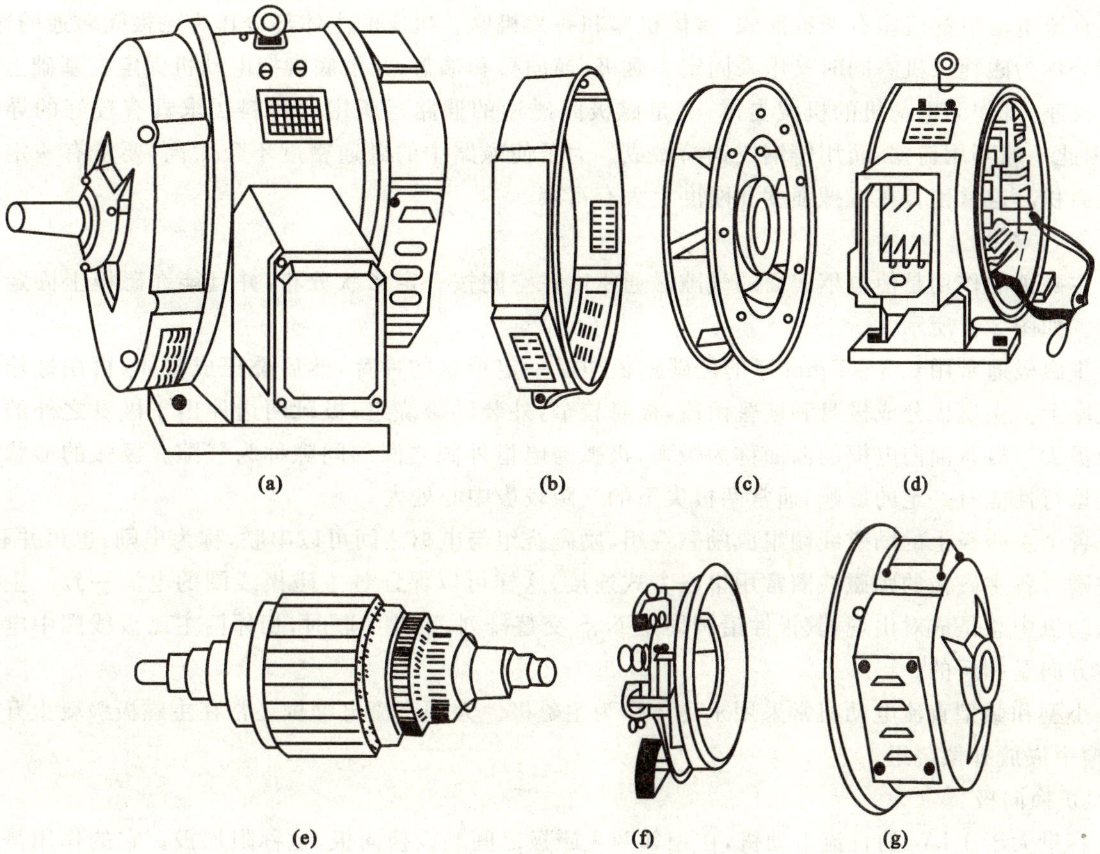

图 2.1　直流电动机的结构示意

(a) 直流电动机外形图；(b) 前端盖；(c) 风扇；(d) 定子；(e) 转子；(f) 电刷装置；(g) 后端盖

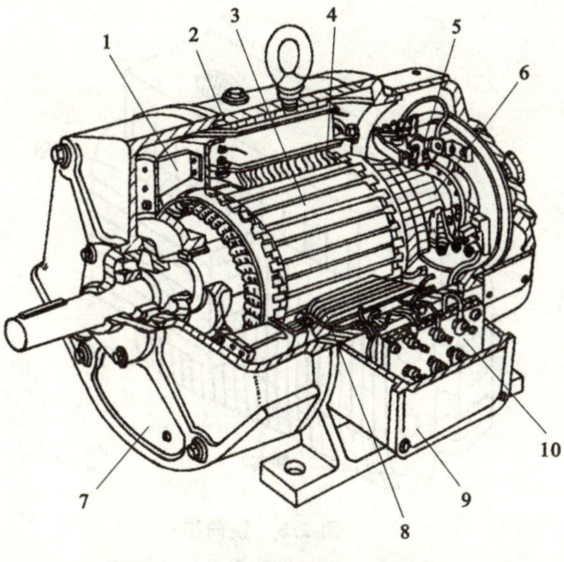

图 2.2　直流电动机的剖面示意

1—风扇；2—机座；3—电枢；4—主磁极；5—刷架；6—换向器；7—端盖；8—换向极；9—出线盒；10—接线板

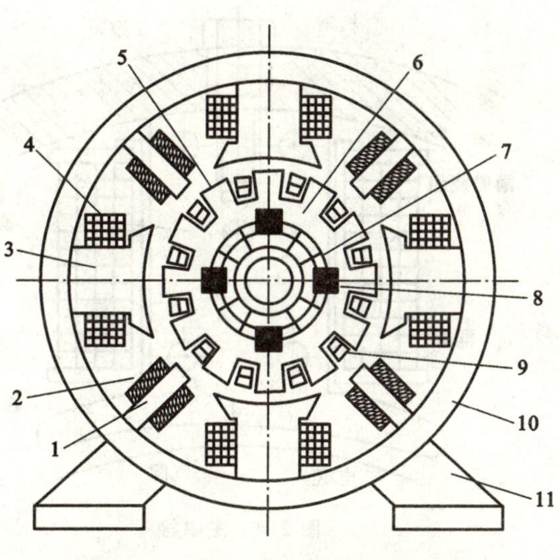

图 2.3　直流电动机的横截面示意

1—换向极铁芯；2—换向极绕组；3—主机铁芯；4—励磁绕组；5—电枢齿；6—电枢铁芯；7—换向器；8—电刷；9—电枢绕组；10—机座；11—底脚

① 机座

直流电动机的机座有两种形式:整体机座和叠片机座。机座的主体部分作为磁极间磁通的通路,这部分称为磁轭。机座同时又用来固定主磁极、换向极和端盖,并借底脚把电动机固定在基础上。

机座,既作为电动机的机械支撑,又是磁极间磁通的通路。所用的材料要求具有较好的导磁性能,因此一般不用铸铁,而用铸钢或钢筒做成。为了使磁路中的磁通密度不致太高,要求有一定的导磁截面积。这常使其在机械强度和刚度上大有富余。

② 主磁极

主磁极的作用是使电枢表面的气隙磁通密度在空间按一定形状分布,并且能在磁极上固定励磁绕组。如图 2.4 所示。

主磁极通常用 0.5～3 mm 厚的低碳钢板冲成一定形状的冲片,然后叠压成整体,再用螺栓固定在机座上。主磁极分成极身和极靴两段,极身较窄,外装励磁绕组;极靴两边伸出于极身之外的部分称为极尖。极靴面向电枢的曲面称为极弧,极弧与电枢外圆之间的间隙称为气隙。极弧的形状对电动机运行性能有一定的影响,通常两极尖下的气隙较极中心处大。

各个主磁极上的励磁线圈组成励磁绕组,励磁绕组与电枢之间可以串联,称为串励;也可并联,称为并励。各主磁极的励磁线圈常用串联方式连接,这样可以保证各主磁极线圈的电流一致。主磁极在电动机中总是成对出现,其极性沿圆周是 N、S 交替排列,因此串联时,相邻两主磁极线圈中电流环绕的方向是相反的。

小型和微型直流电动机常采用永磁体作为主磁极。大型直流电动机还常在主磁极极靴上开一些槽,槽中嵌放补偿绕组。

③ 换向极

容量大于 1 kW 的直流电动机,在相邻两主磁极之间装设换向极,也称附加极。它的作用是帮助换向。换向极形状比较简单,因此常用厚钢板制成。有些电动机的换向极也要求用钢片绝缘后叠装而成。换向极上装有换向极绕组,一般由粗的扁铜线绕成,只有几匝,换向极绕组总是与电枢绕组串联的,如图 2.5 所示。

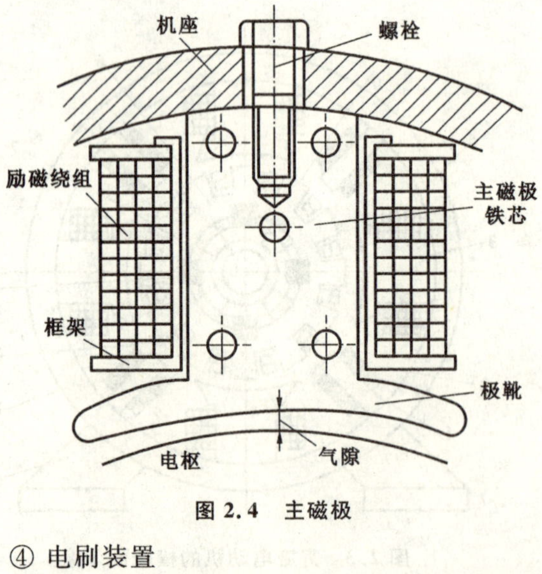

图 2.4　主磁极

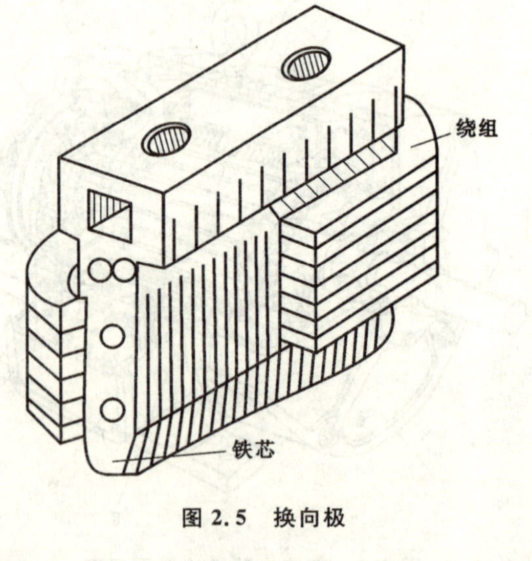

图 2.5　换向极

④ 电刷装置

直流电动机电枢绕组和电流均通过电刷装置与外电路相接。电刷本身是由石墨等做成的导电块,放在刷握内。刷握再装于刷架上,根据电流大小的不同,每个刷架上装有一个电刷或一组并联的电刷,同极性刷架上的电流汇集到一起后,引向接线板,再通向机外,如图 2.6 所示。

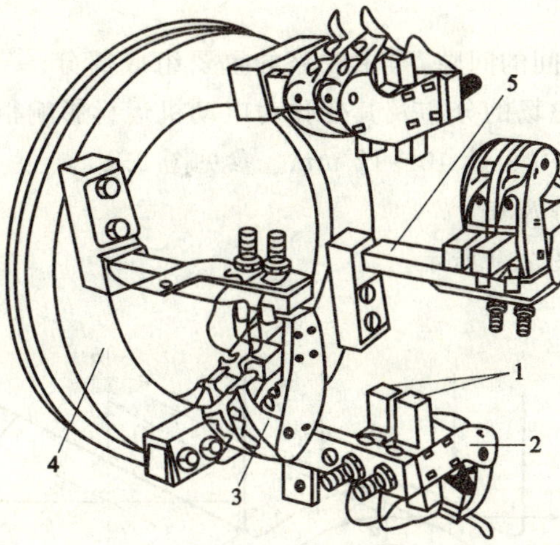

图 2.6　电刷装置

1—电刷；2—刷握；3—弹簧压板；4—刷架座；5—刷杆

电刷顶部有细铜丝编织成的引线(称刷辫)，以便引出电流。电刷装于刷握中时，还压以弹簧，保证电枢转动时电刷与换向器表面有良好的接触。弹簧的压力可以进行调节。

(2) 转子部分

转子部分包括电枢铁芯、电枢绕组、换向器、风扇、转轴和轴承。直流电动机的转子，如图 2.7 所示。

① 电枢铁芯

它提供主磁极下磁通的通路。当电枢在磁场中旋转时，铁芯中的磁通方向不断变化，因而也会产生涡流及磁滞损耗。电枢铁芯通常用 0.5 mm 厚的低碳硅钢片或冷轧硅钢片叠成，片间涂绝缘漆以减少损耗。硅钢片上还冲出转子槽，以便嵌放电枢绕组。

② 电枢绕组

用带绝缘层的铜导线绕成一个个的线圈元件，嵌放在电枢铁芯的槽中，各元件按一定的规律联结到相应的换向片上，所有这些元件就组成了电枢绕组。电枢绕组的联结规律将在后续内容中介绍。

③ 换向器

换向器由许多换向片组成。这些换向片彼此以云母片相互绝缘，全部又以云母环对地绝缘。换向片由铜料制成，尾端开沟或接有联结片(升高片)，以供电枢绕组元件端线焊于其中。如图 2.8 所示。

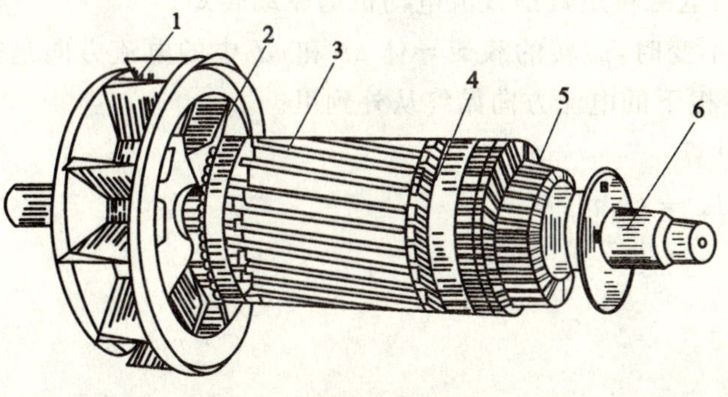

图 2.7　直流电动机的转子

1—风扇；2—绕组；3—电枢铁芯；4—绑带；5—换向器；6—轴

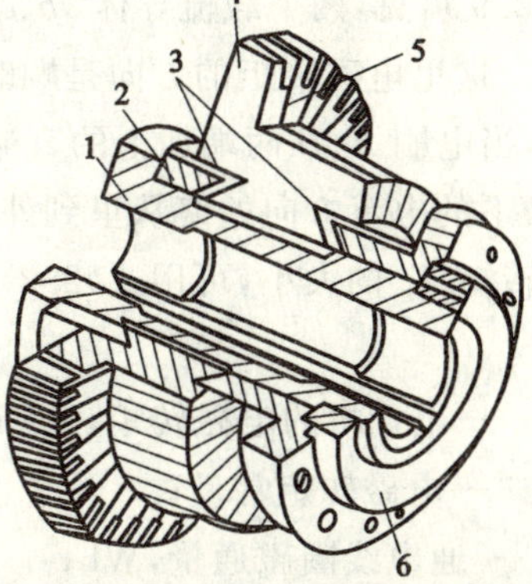

图 2.8　换向器

1—套筒；2—压圈；3—V 形云母环；4—换向片；5—云母片；6—压圈

(3) 气隙

气隙是定子主磁极和电枢之间的间隙，是主磁路的重要组成部分。气隙磁场是电动机进行能量转换的媒介，气隙的大小和气隙磁场的分布及其变化对电动机运行影响很大。在小容量电动机中，气隙约 1～3 mm；在大容量电动机中，可达 10～12 mm。参见图 2.4。

2.1.1.2 直流电动机的工作原理

直流电动机的工作原理，如图 2.9 所示。

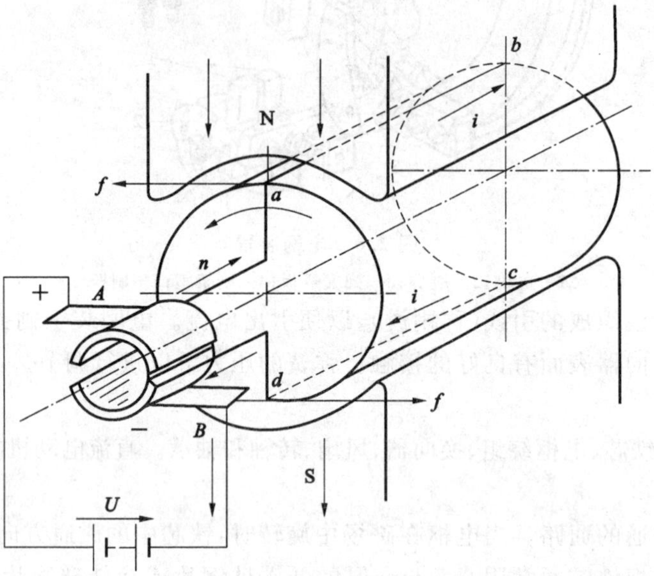

图 2.9 直流电动机的工作原理

如果在电刷 A、B 两端加上直流电压，电刷 A 为"＋"，B 为"－"，则电流 i 的方向为从电刷 A 流进电枢，从电刷 B 流出。根据"毕-萨电磁力定律"，载流导体 ab、cd 所受的电磁力为：

$$f = Bil \tag{2.1}$$

式中 f——作用于载流导体上力的大小，方向用左手定则来确定，N；

B——磁感应强度，T；

i——导体内流过的直流电流，A；

l——导体的有效长度，即每根导体切割磁力线部分的长度，m。

从图 2.9 可见，两个载流导体 ab、cd 所受到的力均为 f，f 与电枢半径的乘积就是转矩，称为电磁转矩（T_e）。这里电磁转矩的方向是顺时针的，电磁转矩就是直流电动机的驱动转矩。

显然，当电刷 A、B 两端加上的直流电压不变时，旋转的载流导体 ab 和 cd 中的电流方向是交变的，即 S 极下的电流方向始终从里到外，而 N 极下的电流方向始终从外到里。

电磁转矩 T_e 的大小，可用式(2.2)进行计算：

$$T_e = C_m \Phi I_a \tag{2.2}$$

式中 T_e——电动机的电磁转矩，N·m；

C_m——电磁转矩常量；

Φ——通电线圈磁通量，Wb；

I_a——电枢电流，A。

2.1.1.3 直流电动机的铭牌数据

每台直流电动机上都有一个铭牌，上面标明电动机的额定数据，它是用户使用电动机的依据。这些数据是：

(1) 型号

例如 Z3—95,“Z”表示直流,“3”表示第 3 次改型设计,“9”表示机座号,“5”表示铁芯长度。

(2) 额定功率

额定功率是在铭牌规定的额定运行条件下的输出功率,符号为 P_N,单位为 W 或 kW。对于发电机,指出线端所输出的电功率;对于电动机,指轴上输出的机械功率。

(3) 额定电压

额定电压指在额定工作情况下电动机出线端的电压值,符号为 U_N,单位为 V。直流电动机的额定电压一般不高。我国生产的中小型直流电动机的额定电压多为 110 V、220 V、440 V,发电机的额定电压为 115 V、230 V、460 V,大型直流电动机的额定电压约为 1000 V。

(4) 额定电流

额定电流是电动机在额定电压下运行,输出功率为额定功率时,通过出线端的线路电流,符号为 I_N,单位为 A。

(5) 额定转速

额定转速是在额定电压下运行,输出功率为额定功率时转子的转速,符号为 n_N,单位为 r/min。对于无调速要求的电动机,一般不允许电动机运行时的最大转速超过 $1.2n_N$。

(6) 额定效率

额定效率是电动机在额定工况下,输出功率与输入功率之比的百分数,符号为 η_N。

(7) 额定励磁电压

额定励磁电压是指电动机在额定工况下,励磁绕组两端的电压,符号为 U_f,单位为 V。

(8) 额定励磁电流

额定励磁电流是指电动机在额定工况下,励磁绕组中的电流,符号为 I_f,单位为 A。

(9) 额定转矩

直流电动机轴上的额定转矩用 T_{2N}表示,其大小为:

$$T_{2N}=\frac{P_N}{\Omega_N}=\frac{P_N}{2\pi n_N/60}=9.55\frac{P_N}{n_N} \tag{2.3}$$

式中,P_N 的单位为 W;n_N 的单位为 r/min;T_{2N}的单位为 N · m。若 P_N 的单位为 kW,则系数 9.55应改为 9550。

2.1.1.4　*直流电动机的启动*

直流电动机从接通电源开始转动,直至升速到某一固定转速稳定运行,这一过程称为电动机的启动过程。直流电动机有全压启动、降压启动和变阻器启动三种方式。

(1) 全压启动

全压启动就是将电动机直接接入到额定电压的电源上启动。由于电动机所加的是额定电压,而电动机开始接通电源瞬间电枢不动,电枢反电动势 E_a 为零,所以启动时电流很大。启动时电动机最大电流为 $I_a=U/R_a$。正因为电动机启动电流很大,所以启动转矩大,电动机启动迅速,启动时间短。不过,电动机一旦开始运转,电枢绕组就有感应电动势产生,且转速越高,电枢反电动势就越大。随着电动机转速上升,电流迅速下降,电磁转矩也随之下降。当电动机电磁转矩与负载阻力转矩相平衡时,电动机的启动过程结束而进入稳定运行状态。

全压启动的优点是不需其他设备,操作简便;缺点是启动电流大。它只适用于小型电动机,如家用电器中的直流电动机。

(2) 降压启动

降压启动就是在启动时通过暂时降低电动机供电电压的办法来限制启动电流,当然降压启动要有一套可变电压的直流电源,这种方法只适合于大功率电动机。

(3) 变阻器启动

变阻器启动就是在启动时将一组启动电阻 R_{st} 串入电枢回路，以限制启动电流，而当转速上升到额定转速后，再把启动变阻器从电枢回路中切除。

变阻器启动的优点是启动电流小；缺点是变阻器比较笨重，启动过程中要消耗很多的能量。

2.1.1.5 直流电动机的反转

录音机和录像机中的电动机必须既能正转，也能反转。直流电动机的正、反转是很容易实现的。由前面可知，改变电枢绕组电流方向，或者改变定子磁场的方向，都可以改变电动机的转向。但对于永磁式直流电动机，只能通过改变电流方向来实现改变电动机转向的目的。

2.1.1.6 直流电动机的调速

直流电动机的速度调节方法有电枢串电阻调速、降压调速、弱磁调速三种。

(1) 电枢串电阻调速

优点：

电枢串电阻调速设备简单，操作方便。

缺点：

① 由于电阻只能分段调节，所以调速的平滑性差。

② 低速时特性曲线斜率大，静差率大，所以转速的相对稳定性差。

③ 轻载时调速范围小，额定负载时调速范围一般为 $D\leqslant 2$。

④ 损耗大，效率低，不经济。对于恒转矩负载，调速前后因磁通不变而使电磁转矩和电枢电流不变，输入功率不变，输出功率却随转速的下降而下降，减少的部分被串联电阻消耗了。

(2) 降压调速

降压调速过程与电枢串电阻调速过程相似，调速过程中转速和电枢电流（或转矩）随时间变化的曲线也相似。

优点：

① 电源电压能够平滑调节，可实现无级调速。

② 调速前后机械特性的斜率不变，硬度较高，负载变化时稳定性好。

③ 无论轻载还是负载，调速范围相同，一般可达 $D=2.5\sim 12$。

④ 电能损耗较小。

缺点：

需要一套电压可连续调节的直流电源。

(3) 弱磁调速

优点：

由于弱磁调速在电流较小的励磁回路中进行调节，因而控制方便，能量损耗小，设备简单，调速平滑性好。弱磁升速后电枢电流增大，电动机的输入功率增大，但由于转速升高，输出功率也增大，电动机的效率基本不变，因此经济性比较好。

缺点：

① 机械特性的斜率变大，特性变软。

② 转速的升高受到电动机换向能力和机械强度的限制，升速范围不可能很大，一般 $D\leqslant 2$。

为了扩大调速范围，通常把降压调速和弱磁调速两种调速方法结合起来，在额定转速以上采用弱磁调速，在额定转速以下采用降压调速。

2.1.1.7 直流电动机的制动

当电磁转矩方向与转速方向相同时，电动机处于启动状态；当电磁转矩方向与转速方向相反时，电动机处于制动状态。

常用的制动方法有能耗制动和反接制动。

2.1.1.8　ZSN4 系列直流电动机介绍

(1) 特点和用途

ZSN4 系列直流电动机是在 Z4 系列直流电动机的基础上，按水泥回转窑负载的工况特点开发的专用系列产品。如图 2.10 所示。

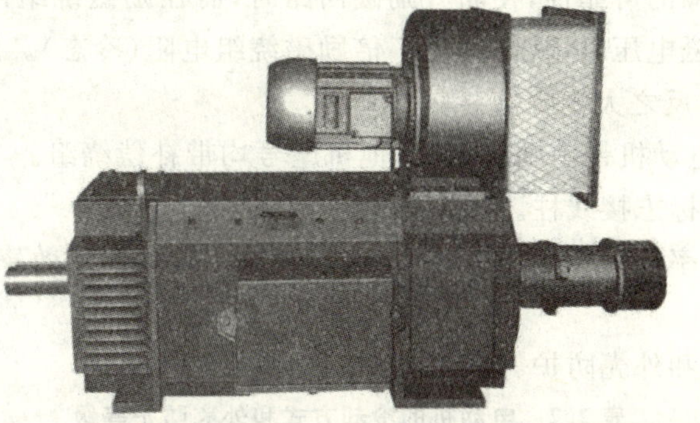

图 2.10　ZSN4 系列电动机

此系列电动机采用八角形结构，定子空间利用率高，定子磁轭为叠片式，能承受脉动电流与电流急剧变化的工况。电机若用三相全控桥式整流电源，则可不外接直流平波电抗器。电机采用 F 级绝缘结构，保证了绝缘性能稳定和散热良好。根据水泥回转窑的特定工况进行设计制造，电动机的启动力矩可达额定力矩的 2.5 倍。采用管道通风的冷却方式，电动机能在粉尘较大的恶劣环境中安全可靠地运行。

(2) 型号说明

以 ZSN4-280-11B 为例：Z 表示直流电动机；SN 表示水泥回转窑；4 表示第 4 次系列设计；280 表示电动机中心高(mm)；第 1 个 1 表示电动机中铁芯长度代号；第 2 个 1 表示端盖代号；B 表示带补偿绕组。

(3) 电动机性能

① 电动机应在下列使用条件下工作

a. 海拔不超过 1000 m(高海拔地区需要提高绝缘等级和增加高压电器的间隙)。

b. 进入电动机的初级冷却介质温度不超过 40 ℃。

c. 电动机为连续工作制(S1)。

d. 电动机的电枢回路和励磁回路可由静止整流电源供电，也适应由直流发电机供电。

e. 对于管道通风冷却的电动机，进风口在电动机非换向器侧端盖上。其风量和风压(静压强)，须满足的相关规定，如表 2.1 所示。

表 2.1　ZSN4 系列电动机的风量和风压

机座号	风量/($m^3 \cdot h^{-1}$)	静压/Pa
ZSN4-225	2880	1400
ZSN4-250	3000	1400
ZSN4-280	4000	1600
ZSN4-315	4680	1600
ZSN4-355	5200	1600

② 电动机绝缘等级为 F 级。

③ 电动机标准电枢电压为 440 V，也可根据具体情况派生出 220 V 或其他电压。减少电枢电压为恒转矩调速。在电枢电流连续的条件下，其最低转速为 20 r/min，此时仍能维持额定转矩，转速平稳。

④ 标准励磁电压为 180 V，其他励磁电压也可依情况而定。

为了确保励磁系统绝缘的可靠性，在断开励磁回路时，需在励磁绕组两端并联一个释放电阻，以防止自感电势。在标准励磁电压时，其值约为 7 倍励磁绕组电阻（冷态）。励磁电压高于标准值时，并联释放电阻值可小于 7 倍，反之大于 7 倍。

⑤ ZSN4-225 机座号电动机带串励绕组，其他机座号均带补偿绕组。

⑥ 电动机提供有接地标志接线柱。

⑦ 技术数据表中的效率值为额定功率、额定电压和额定转速时的效率，它包括励磁损耗。

(4) 结构简介

① 电动机的冷却方式和外壳防护等级，如表 2.2 所示。

表 2.2 电动机的冷却方式和外壳防护等级

冷却方式	单管风(IC17)	双管风(IC37)
防护等级	IP23S	IP44-54

② 电动机安装形式：卧式底脚安装(IMB3)。电动机可制造成双轴伸或单轴伸，单轴伸电动机可在非传动侧安装测速发电机。常用的永磁直流测速发电机型号，如表 2.3 所示。

表 2.3 常用的永磁直流测速发电机型号

型号	额定功率/W	额定电压/V	额定电流/mA	额定转速/($r \cdot min^{-1}$)
ZYS-3A	22	110	200	0～2000
ZYS-100A	8	100	80	0～1000

③ 根据需要，电动机的定子绕组里可埋置过热保护元件。

④ 出线盒的位置，从传动侧看，在机座右侧，根据需要也可以在机座左侧或上方。

2.1.2 直流电动机的检查与维护

2.1.2.1 直流电动机运行前的检查

对新安装使用的电动机或搁置较长时间未使用的电动机，在通电前必须做如下检查：

(1) 检查电动机铭牌、电路接线、启动设备等是否完全符合规定；

(2) 清扫电动机，检查电动机绝缘电阻；

(3) 用手拨动电动机旋转部分，检查是否灵活；

(4) 通电进行空载试验运转，观察电动机转速、转向是否正常，是否有异响等。

以上检查合格后方可带动负载启动。

2.1.2.2 直流电动机运行中的检查

对运行中的电动机进行监测是为了清除一切不利于电动机正常运行的因素，及早发现故障隐患，及时进行处理，以免故障扩大，造成重大损失。巡检的主要项目有：

(1) 监测电动机的温度，以估计电动机运行中是否有过热现象。对于一般常用的小型直流电动机，可用手接触电动机外壳，如明显烫手，则属电动机过热。也可在外壳上滴几滴水，如水滴急剧汽化，并伴有“咝咝”声，说明电动机过热。有的大、中型电动机装有热电偶等测温装置来监测电动机温度。如在电动机运行时，可嗅到绝缘层发生焦臭味，则也属电动机过热，必须立即停机检查原因。

(2) 监测电动机的负载电流，一般不允许超过额定电流，容量较大的电动机一般都装有电流表以利于随时观测。负载电流与电动机的温度两者是紧密联系的。

(3) 监测电源电压的变化，电源电压过高或过低都会引起电动机的过载，给电动机运行带来不良后果，一般电压允许变动范围为额定电压的±(5%～10%)。通常可在电动机的电源上装电压表进行监测。

(4) 监测电动机的换向火花，一般直流电动机在运行中电刷与换向器表面基本上看不到火花，或只有微弱的点状火花，运行条件较差的电动机可允许在电刷边缘大部分或全部有轻微的火花。

(5) 监测电动机轴承的温度，不容许超过允许的数值。轴承外盖边缘处不允许有漏油现象。

(6) 监测电动机运行时的声音及振动情况等。电动机在正常运行时，不应有杂声，较大的电动机也只应听到均匀的"嗡"声和风扇的呼啸声。如运行中出现不正常的噪声、尖锐的啸叫声等应立即停车检查。电动机在正常运行时不应有强烈的振动或冲击声，如出现也应停车检查。

总之，只要当电动机在运行中出现与平时正常使用时不同的声音或振动时，必须立即停车检查，以免造成事故。

2.1.2.3　直流电动机的停机维护

为了保证电动机正常工作，除按操作规程正确使用电动机、运行过程中注意正常监测外，还应对电动机进行定期检查维护，其主要内容有以下几点：

(1) 清擦电动机外部，及时除去机座外部的灰尘、油泥。检查、清擦电动机接线端子，观察接线螺丝是否松动、烧伤等。

(2) 检查传动装置包括皮带或联轴器等有无破裂、损坏，安装是否牢固等。

(3) 定期检查、清洗电动机轴承，更换润滑油或润滑脂。

(4) 电机绝缘性能的检查。电动机绝缘性能差时不仅影响到电动机本身的正常工作，而且还会危及人身安全，因此在电动机使用过程中，应经常检查绝缘电阻，特别是搁置一段时间不用时及在雨季电动机受潮时，还要注意查看电动机机壳接地是否可靠。清扫电刷与换向器表面，检查电刷与换向器接触是否良好，电刷压力是否适当。

2.1.3　直流电动机的常见故障分析与排除方法

直流电动机的常见故障分析与排除方法，如表2.4所示。

表2.4　直流电动机的常见故障分析与排除方法

常见故障	故障原因	排除方法
无法启动	1.电源电流不通； 2.启动时过载； 3.励磁回路断开； 4.启动电流太小	1.检查电动机出线端接线是否正确；电刷与换向器表面接触是否良好；熔断器是否完好；启动设备是否完好； 2.减小电动机所带的负载； 3.检查磁场变阻器及励磁绕组是否断路； 4.检查电源电压是否太低；检查启动变阻器是否合适，电阻是否太大
电机转速不正常	1.并励绕组接线不良或断开； 2.串励电动机轻载或空载运行； 3.电刷位置不对； 4.主磁极与电枢之间的气隙不相等； 5.个别电枢绕组短路	1.励磁电流很小或为零，使电动机转速大增，应找出故障点予以排除； 2.增加电动机的负载； 3.调整电刷位置，需正、反转的电动机电刷位置应位于几何中心线处； 4.检查各磁极的气隙并加以调整，使各磁极的气隙相等； 5.检修电枢绕组

续表 2.4

常见故障	故障原因	排除方法
电刷下火花过大	1. 电枢与换向器接触不良； 2. 刷握松动或安装位置不正确； 3. 电刷磨损过大； 4. 电刷压力大小不当或不均匀； 5. 换向器表面不光洁、有污垢，换向器上云母片突出； 6. 电动机过载； 7. 换向极绕组部分短路； 8. 换向极绕组接反； 9. 电枢绕组出现断路或短路故障； 10. 电枢绕组与换向片之间脱焊	1. 检查电刷与换向器接触面，对电刷和换向器接触面进行研磨，并在轻载下运转约 1 h； 2. 紧固或重新调整刷握位置； 3. 更换同型号的新电刷； 4. 用弹簧秤校正电刷压力为 14.7～24.5 kPa； 5. 清洁或修理换向器； 6. 减小负载； 7. 检修绝缘损坏处； 8. 用指南针检查极性后改正接法； 9. 修理电枢绕组； 10. 查出故障点，重新焊接
电机温升过高	1. 长期过载； 2. 未按规定运行； 3. 通风不良	1. 降低电动机所带负载； 2. 必须按铭牌上的"定额"运行，"短时""断续"运行的电动机不能长期运行； 3. 检查电动机本身所带的风扇是否正常、完好，检查通风道
电枢过热	1. 长期过载或负载短路； 2. 电枢绕组或换向器短路； 3. 电动机磁极与电枢铁芯间的气隙相差过大，造成各并联支路电流不均衡； 4. 转子、定子相擦； 5. 端电压过低	1. 恢复正常负载； 2. 用毫伏表检查电枢绕组是否短路，观察并检测是否有金属屑或电刷炭粉致使换向片短路； 3. 检查并调整气隙； 4. 检查定子铁芯是否松动，轴承是否磨损； 5. 恢复端电压至额定值
磁极绕组过热	1. 并励绕组部分短路； 2. 电动机端电压过高； 3. 串励绕组因负载电流长期过载	1. 用电桥测量每个磁极绕组，找出电阻值低的绕组，查出有故障的磁极； 2. 降低端电压至额定值； 3. 降低电动机所带负载
电机振动	1. 电刷平衡未校好； 2. 检修时风叶装错位置或平衡块移动； 3. 转轴变形； 4. 联轴器未校正； 5. 地基不平或地脚螺栓不紧	1. 重新校平衡； 2. 调整风叶位置，重新校平衡； 3. 修理或更换转轴甚至整个电枢； 4. 重新校正，使两轴线成一直线； 5. 调整使符合要求
机壳带电	1. 电动机受潮后绝缘电阻值下降； 2. 电动机绝缘老化； 3. 引出线碰壳； 4. 电刷灰或其他灰尘积累	1. 进行烘干处理或重新浸漆处理； 2. 拆除，重新进行绝缘处理； 3. 进行绝缘包扎处理，消除碰壳处； 4. 定期进行清理

思 考 题

1. 简述直流电动机的结构。
2. 简述直流电动机的工作原理。
3. 直流电动机的启动与制动方式有哪些？
4. 直流电动机的调速方法主要有哪些？
5. 直流电动机运行中的巡检内容有哪些？
6. 直流电动机常见故障的原因是什么？如何排除？

任务 2.2　三相异步电动机的巡检

任务描述：

(1) 了解三相异步电动机的结构组成、工作原理及相关性能参数；

(2) 熟悉三相异步电动机的启动、调速及制动方法；

(3) 掌握三相异步电动机的检查与维护内容，以及常见故障分析与排除方法。

知识目标：

(1) 熟练表述三相异步电动机的结构组成、工作原理及相关性能参数；

(2) 正确表述三相异步电动机的启动、调速及制动方法；

(3) 熟练表述三相异步电动机的检查与维护内容，以及常见故障分析与排除方法。

能力目标：

能在水泥生产企业进行三相异步电动机的检查与维护，以及故障排除工作。

2.2.1　三相异步电动机概述

三相异步电动机是实现电能和机械能相互转换的一种旋转电动机。异步电动机是把交流电能转变为机械能的一种动力机械。三相异步电动机被广泛用于驱动各种金属切削机床、起重机、中小型鼓风机、水泵及纺织机械等。单相异步电动机由于容量小，性能较差，常用于日常生活中的小家电及小功率电动工具。

2.2.1.1　三相异步电动机的结构

鼠笼式异步电动机的主要部件的拆分示意，如图 2.11 所示。鼠笼式异步电动机的外形示意，如图 2.12 所示。鼠笼式异步电动机的剖面示意，如图 2.13 所示。绕线式异步电动机的剖面示意，如图 2.14所示。

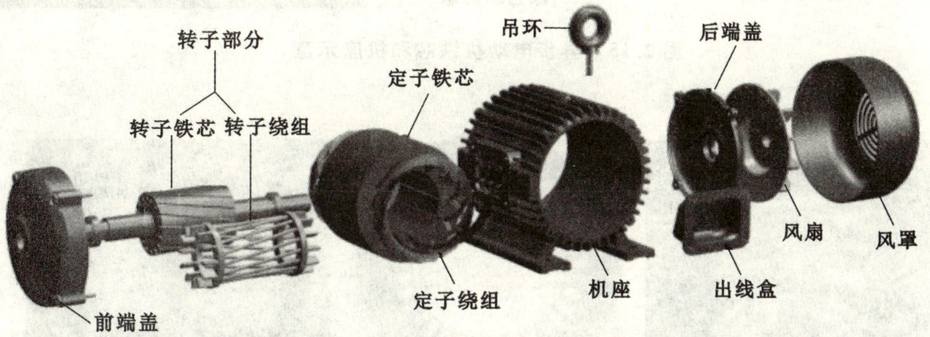

图 2.11　鼠笼式异步电动机的主要部件的拆分示意

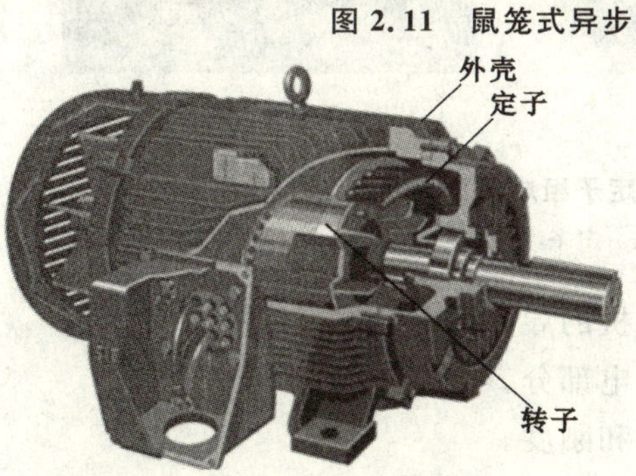

图 2.12　鼠笼式异步电动机的外形示意

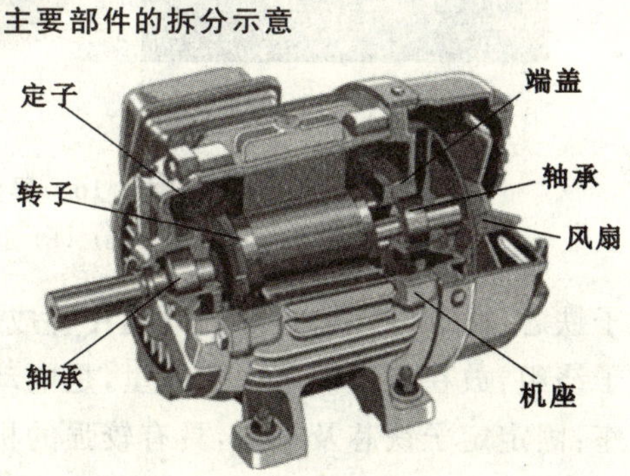

图 2.13　鼠笼式异步电动机的剖面示意

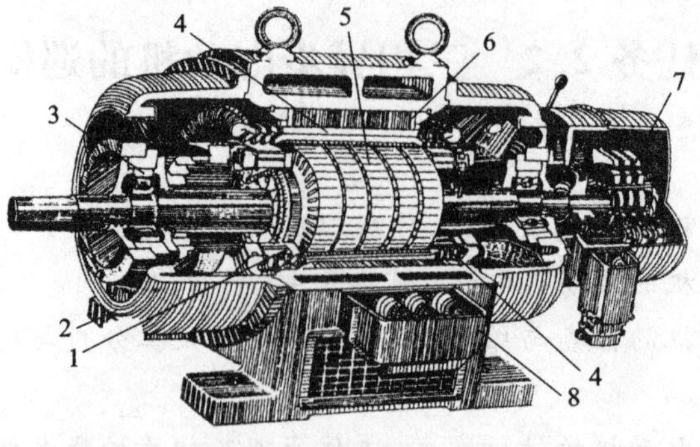

图 2.14　绕线式异步电动机的剖面示意

1—转子绕组；2—端盖；3—轴承；4—定子绕组；5—转子；6—定子；7—集电环；8—出线盒

从图 2.11～图 2.14 可见，三相异步电动机主要由定子、转子、气隙三大部分组成。

鼠笼式异步电动机与绕线式异步电动机的特点比较如下。

鼠笼式：优点——结构简单、价格低廉、工作可靠；缺点——不能人为改变电动机的机械特性。

绕线式：优点——转子外加电阻可人为改变电动机的机械特性；缺点——结构复杂、价格较贵、维护工作量大。

(1) 定子

异步电动机的定子由定子铁芯、定子绕组和基座三部分组成。如图 2.15 和图 2.16 所示。

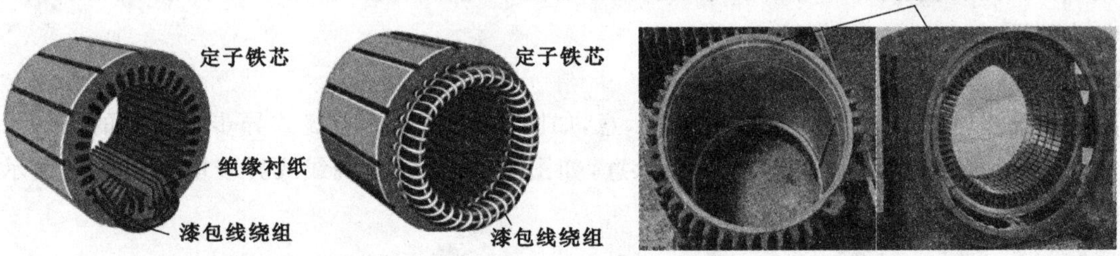

图 2.15　异步电动机铁芯和机座示意

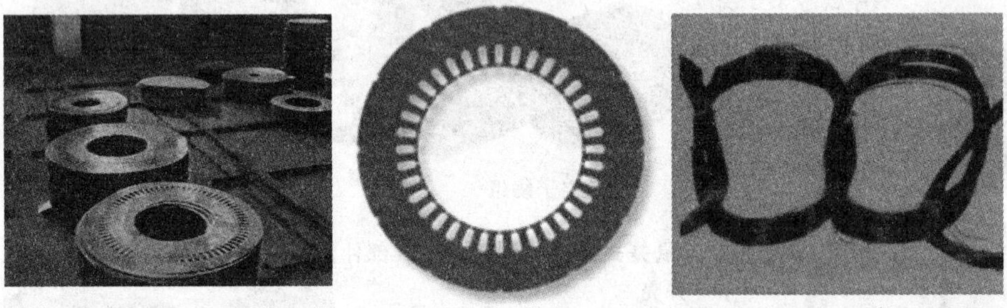

(a)　　(b)　　(c)

图 2.16　异步电动机定子组成示意

(a)、(b) 定子冲片；(c) 定子线圈

定子铁芯：由导磁性能很好的硅钢片叠成，是电动机的导磁部分。

定子绕组：放在定子铁芯内圆槽里，是电动机的导电部分。

机座：固定定子铁芯及端盖，具有较强的机械强度和刚度。

(2) 转子

异步电动机的转子由转子铁芯、转子绕组和转轴组成。

转子铁芯由硅钢片叠成，也是磁路的一部分。

转子绕组主要有两种形式：

① 鼠笼式转子：转子铁芯的每个槽内插入 1 根裸导条，形成 1 个多相对称短路绕组。鼠笼式转子组成，如图 2.17 所示。

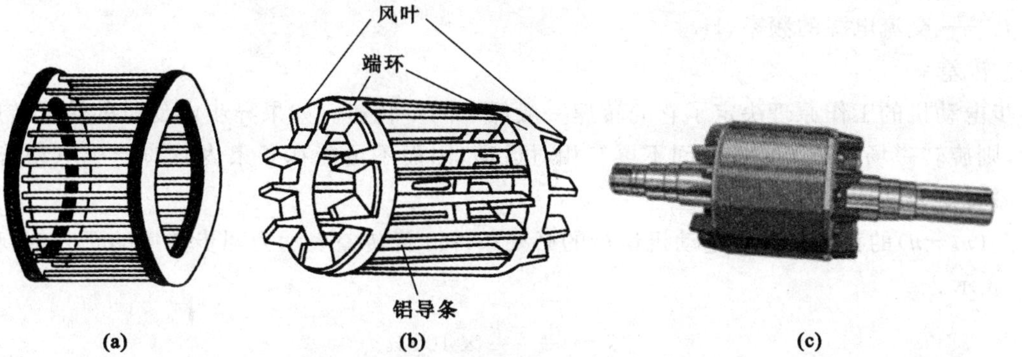

图 2.17　鼠笼式转子组成示意

(a) 铜条鼠笼式转子；(b) 铸铝鼠笼式转子；(c) 鼠笼式转子实物

② 绕线式转子：转子绕组为三相对称绕组，嵌放在转子铁芯槽内。绕线式转子组成，如图 2.18 所示。

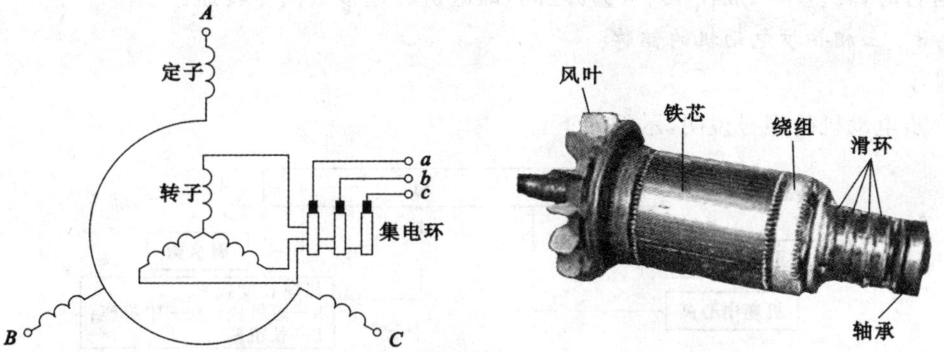

图 2.18　绕线式转子组成示意

(3) 气隙

异步电动机的气隙是均匀的。大小为机械条件所能允许达到的最小值。

2.2.1.2　三相异步电动机的工作原理

(1) 转动原理

① 电生磁：三相对称绕组通过三相对称电流产生圆形旋转磁场。旋转磁场的旋转方向取决于三相电流的相序，任意调换两根电源进线就能改变电动机的转向。

② 磁生电：旋转磁场切割转子导体产生感应电动势和电流。

③ 电磁力：转子载流（有功分量电流）体在磁场作用下受电磁力作用形成电磁转矩，驱动电动机旋转，将电能转化为机械能，如图 2.19 所示。

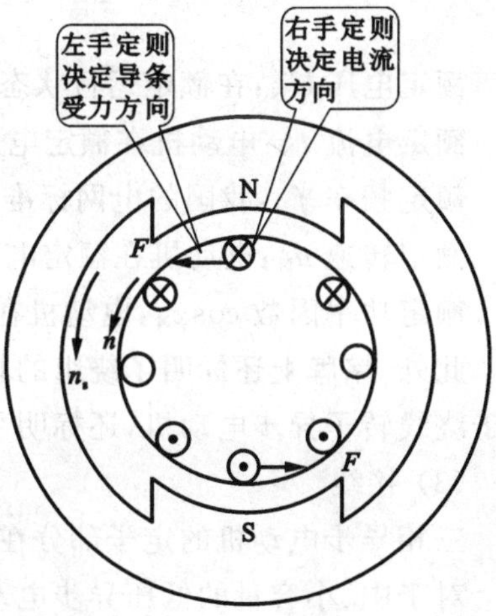

图 2.19　三相异步电动机的工作原理

(2) 转速

旋转磁场的转速 n_s,又称同步转速,其数学表达式为:

$$n_s = \frac{60f_1}{p} \tag{2.4}$$

式中　p——极对数;

f_1——交流电源的频率,Hz。

(3) 转差率

异步电动机的工作原理决定了它的转速一般低于同步转速。如果异步电动机的转子转速达到同步转速,则旋转磁场与转子导条之间不再有相对运动,因而不可能在导条内感应产生电动势,也不会产生电磁转矩来拖动机械负载。

转差(n_s-n)的存在是异步电动机运行的必要条件。将转差表示为同步转速的百分值,称为转差率,用 s 表示。

$$s = \frac{n_s - n}{n_s} \times 100\% \tag{2.5}$$

式中　n_s——同步转速;

n——转子异步转速。

负载越大,转速越低,转差率越大;反之,转差率越小。转差率的大小能够反映电动机的转速大小或负载大小。

额定运行时,转差率一般在1%~6%之间,即电机转速接近同步转速。

2.2.1.3　三相异步电动机的铭牌

(1) 型号

三相异步电动机的型号说明,示例如下:

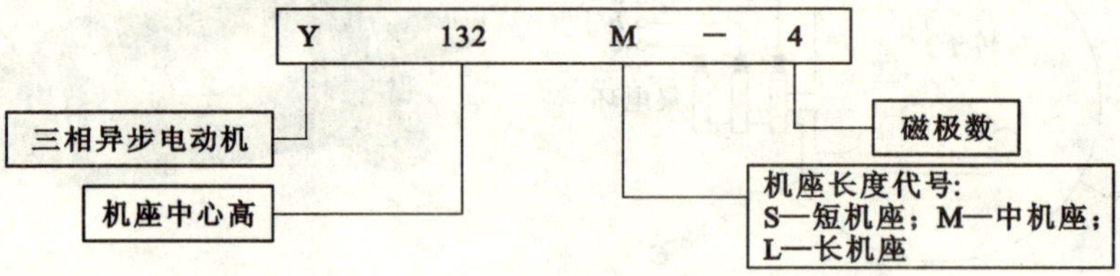

(2) 额定值

额定功率 P_N:电动机在额定运行时,轴上输出的机械功率,单位为 W 或 kW,可用式(2.6)进行计算。

$$P_N = \sqrt{3}U_N I_N \eta_N \cos\varphi_N \tag{2.6}$$

额定电压 U_N:在额定运行状态下,电网加在定子绕组的线电压,单位为 V。

额定电流 I_N:电动机在额定电压下使用,输出额定功率时,定子绕组中的线电流,单位为 A。

额定频率 f_N:我国的电网标准频率为 50 Hz。

额定转速 n_N:电动机在额定电压、额定频率及额定功率下的转速,单位为 r/min。

额定功率因数 $\cos\varphi_N$:电动机在额定运行时定子侧的功率因数。

此外,铭牌上还标明了绕组的相数与接法(星形还是三角形)、绝缘等级、工作方式及允许温升等。对于绕线转子异步电动机,还标明了转子的额定电动势及额定电流。

(3) 接线

三相异步电动机的定子部分在结构上和同步电动机的定子部分完全相同。

对于中、小容量的低压异步电动机,通常定子三相绕组的六个出线头都引出,这样可根据需要灵活地接成 Y 形或△形。如图 2.20 所示。

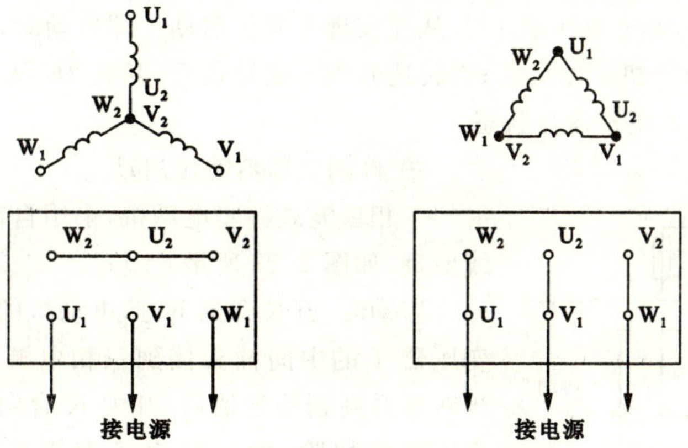

图 2.20　异步电动机 Y 形和△形接法

2.2.1.4　三相异步电动机的启动

(1) 三相鼠笼式异步电动机的启动

① 直接启动

三相异步电动机直接启动是指电动机直接加额定电压，定子回路不串任何电器元件时的启动。

优点：设备简单，操作方便。

缺点：启动电流大，须有足够大的电源。

适用条件：小容量电动机带轻载。

② 降压启动

原理：启动时，通过启动设备使加到电动机上的电压小于额定电压，当电动机转速上升到一定数值时，再使电动机承受额定电压，保证电动机在额定电压下稳定运行。

a. 串电阻(抗)启动

三相鼠笼式异步电动机，在定子回路中串接电抗器(可改接电阻器，但能耗较大，适用于较小容量电机)，降压启动的接线原理，如图 2.21 所示。

三相异步电动机定子串电抗启动。即开关 2K 接到“启动”端，使启动时电抗器接入定子回路；启动后，切除电抗器，即开关 2K 接到“运行”端。

b. Y-△启动

对应运行时定子绕组接成△形的三相鼠笼式异步电动机，在启动时接成 Y 形，Y-△形接线原理，如图 2.22 所示。

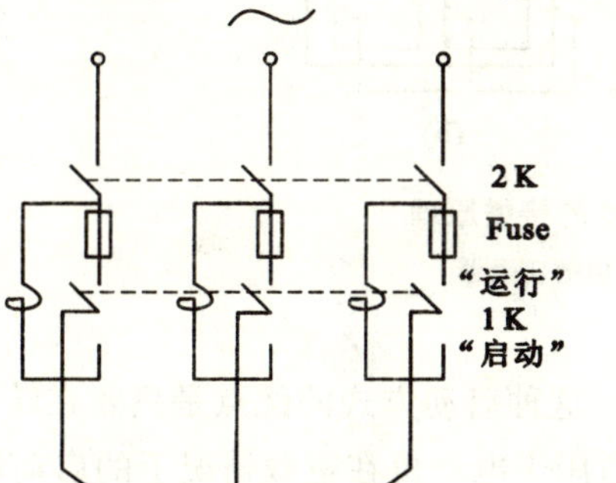

图 2.21　鼠笼式异步电动机的串电阻(抗)启动

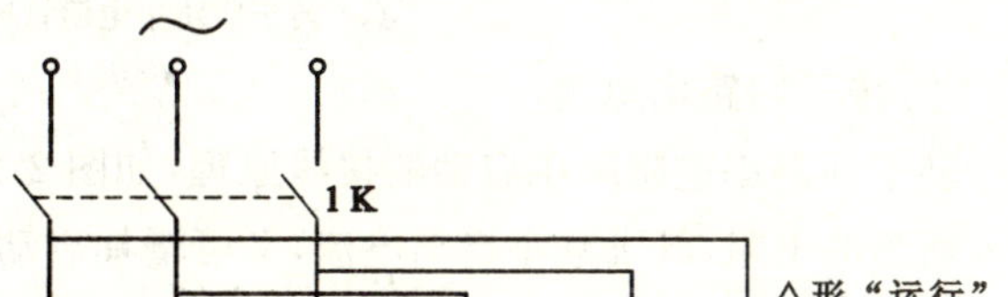

图 2.22　Y-△形接线原理

则定子每相电压降为额定电压的 1/3,从而实现了降压启动。即启动时,开关 2K 合到下方,电动机定子绕组接成 Y 形,电动机开始启动;当转速升到一定数值后,开关 2K 从下方断开合向上方,定子绕组接成△形,电动机进入正常运行状态。

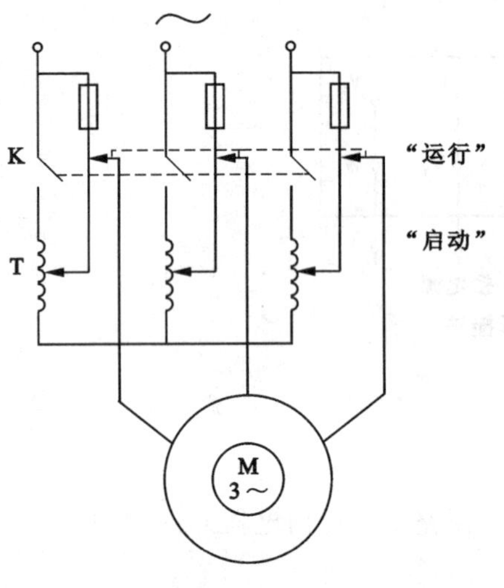

图 2.23　自耦变压器降压启动的接线原理

③ 自耦变压器降压启动

三相鼠笼式异步电动机,采用自耦变压器降压启动,其接线原理,如图 2.23 所示。

启动时,开关合到下方,电动机的定子绕组通过三相自耦变压器 T 的中间抽头接到三相电源上,从而实现降压启动。当转速升高到稳定值后,开关 K 合向上方,即"运行"端,自耦变压器被切除,电动机定子直接接到电源上,电动机正常运行。

(2) 三相绕线式异步电动机的启动

三相绕线式异步电动机启动时,转子回路串接适当的三相对称电阻,既能限制启动电流,又能增大启动转矩,且能使启动转矩等于最大转矩。启动结束后,可以切除外串电阻,电动机的效率不受影响。

对于重载和频繁启动的生产机械,三相鼠笼式异步电动机难以满足要求时,才选用三相绕线式异步电动机。因为绕线式异步电动机与鼠笼式异步电动机相比,结构较复杂,控制维护较困难,制造成本较高,价格较贵。

三相绕线式异步电动机启动的接线原理,如图 2.24 所示。

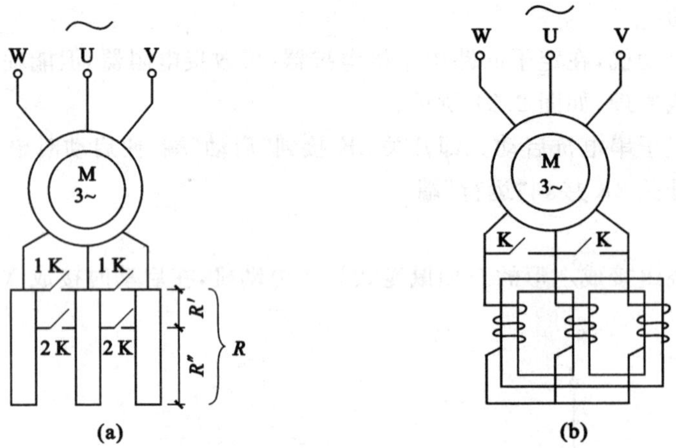

图 2.24　三相绕线式异步电动机启动的接线原理

(a) 转子回路串电阻;(b) 转子回路串频敏变阻器

① 转子回路串电阻

转子回路串电阻降压启动的接线原理,如图 2.24(a)所示。这种启动方式的优点是只要在转子回路串入适当的电阻,既可减小启动电流,又可增加启动转矩。它适用于电动机在重载情况下的启动场合。

② 转子回路串频敏变阻器

转子回路串频敏变阻器启动的三相绕线式异步电动机的接线原理,如图 2.24(b)所示。启动开始,开关 K 断开,电动机转子串入频敏变阻器启动。当电动机转速达到稳定值后,开关 K 接通,切除频敏变阻器,电动机进入正常运行状态。

频敏变阻器是一种铁芯损耗很大的三相电抗器,在启动过程中,能自动、无级地减小电阻,保持转矩近似不变,使启动过程平稳、迅速。这种方式结构简单,运行可靠,维护方便,应用广泛。

(3) 电机水电阻启动

水电阻启动器在工矿企业已得到广泛的应用,可以用它替代生料磨、水泥磨、煤磨等大型绕线式异步电动机启动时所用的频敏变阻器。与频敏变阻器相比,水电阻启动器克服了启动时冲击电流大、难以启动和操作不便等问题,改善了大型绕线式交流异步电动机的启动性能。

若是大、中型鼠笼式异步电动机,则须把水电阻启动器串在电动机定子回路中使用。

水电阻降压启动可将启动电流控制在3倍额定电流以内,对电网和拖动设备冲击小,能连续启动,不会烧毁,维护简单。

2.2.1.5 三相异步电动机的调速

三相异步电动机的转速 n,可按式(2.7)进行计算。

$$n = (1-s)\frac{60f}{p} \tag{2.7}$$

式中 n——三相异步电动机的转速,r/min;

f——三相异步电动机的定子电压供电频率,Hz;

p——三相异步电动机的极对数;

s——三相异步电动机的转差率。

从式(2.2.4)可以看出,调节三相异步电动机的转速有调转差率调速、改变电动机的极对数调速、变频调速等三种方案。此外还有可以在电机转速不变的情况下实现输出转速无级调节的液力耦合器调速。

(1) 调转差率调速

改变转差率的方法很多,常用的方案有改变异步电动机的定子电压调速,采用电磁转差(或滑差)离合器调速,转子回路串电阻调速以及串极调速。前两种方法适用于鼠笼式异步电动机,后者适合于绕线式异步电动机。这些方案都能使异步电动机实现平滑调速,但共同的缺点是在调速过程中存在转差损耗,即在调节过程中转子绕组均产生大量的钢损耗,使转子发热,系统效率降低。

(2) 改变电动机的极对数调速

改变电动机的极对数调速通过改变定子绕组的连接方式来实现。变极调速是改变异步电动机的同步转速 n_s,所以一般称变极调速的电动机为多速异步电动机。

(3) 变频调速

变频调速通过改变定子绕组的电压供电频率 f 来实现。当转差率 s 一定时,电动机的转速 n 基本上正比于电压供电频率 f。很明显,只要有输出频率可平滑调节的变频电源,就能平滑、无级地调节异步电动机的转速。

(4) 液力耦合器调速

液力耦合器调速亦属耗能型低效无级调速方式,调速设备由恒速电动机、液力耦合器组成,液力耦合器安装在恒速电动机和风机中间,通过改变液力耦合器工作腔内液体的充满度(即油压),就可以改变液力耦合器所传递的转矩和输出轴的转速,使液力耦合器电动机端和风机端的转速不一致,从而实现在电动机速度不改变的条件下对风机进行调速,达到调节风量的目的。

① 液力耦合器的结构

液力耦合器是一种液力传动装置,又称液力联轴器。液力耦合器的结构,主要由壳体、泵轮、涡轮三个部分组成。如图2.25所示。

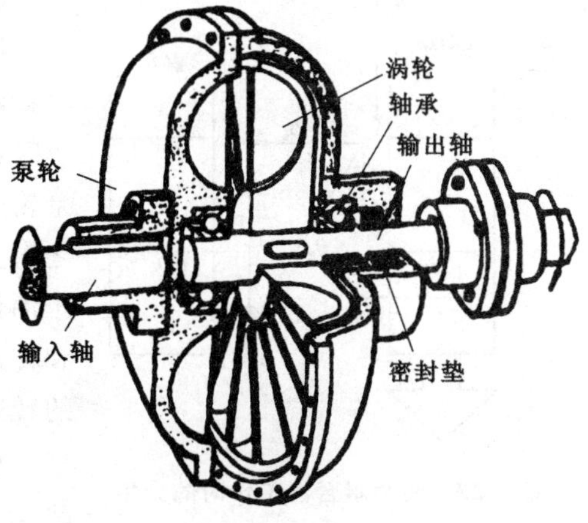

图2.25 液力耦合器的基本构造

泵轮和涡轮相对安装，统称为工作轮。在泵轮和涡轮上有径向排列的平直叶片，泵轮和涡轮互不接触。两者之间有一定的间隙(3～4 mm)；泵轮与涡轮装合成一个整体后，其轴线断面一般为圆形，在其内腔中充满液压油。

② 液力耦合器的安装方式

液力耦合器的输入轴与电动机连在一起，随电动机的转动而转动，是液力耦合器的主动部分。涡轮和输出轴连接在一起，是液力耦合器的从动部分，与负载连在一起。其安装结构示意，如图 2.26 所示。

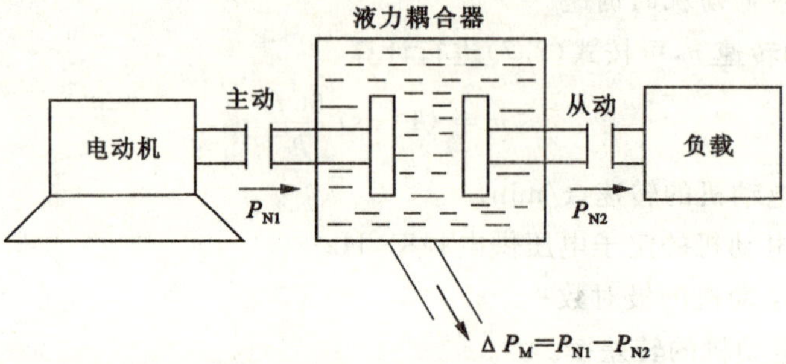

图 2.26 液力耦合器的安装结构示意

安装时，液力耦合器安装在电动机与负载之间，通常由于负载较大，且与其他设备有联锁，采用将电动机后移的方案，在改造方案中须重新做电动机的基础。

③ 液力耦合器的工作原理

电动机运行时带动液力耦合器的壳体和泵轮一同转动，泵轮叶片内的液压油在泵轮的带动下随之一同旋转，在离心力的作用下，液压油被甩向泵轮叶片外缘处，并在外缘处冲向涡轮叶片，使涡轮受到液压油的冲击力而旋转；冲向涡轮叶片的液压油沿涡轮叶片向内缘流动，返回到泵轮内缘，然后又被泵轮再次甩向外缘。液压油就这样从泵轮流向涡轮，又从涡轮返回到泵轮而形成循环的液流。液力耦合器中的循环液压油，在从泵轮叶片内缘流向外缘的过程中，泵轮对其做功，其速度和动能逐渐增大；而在从涡轮叶片外缘流向内缘的过程中，液压油对涡轮做功，其速度和动能逐渐减小。液压油循环流动的产生，是因为泵轮和涡轮之间存在着转速差，使两轮叶片外缘处产生压力差。液力耦合器工作时，电动机的动能通过泵轮传给液压油，液压油在循环流动的过程中又将动能传给涡轮输出。液压油在循环流动的过程中，除受泵轮和涡轮之间的作用力外，不受其他任何附加的外力。根据作用力与反作用力相等的原理，液压油作用在涡轮上的扭矩应等于泵轮作用在液压油上的扭矩，这就是液力耦合器的工作原理。

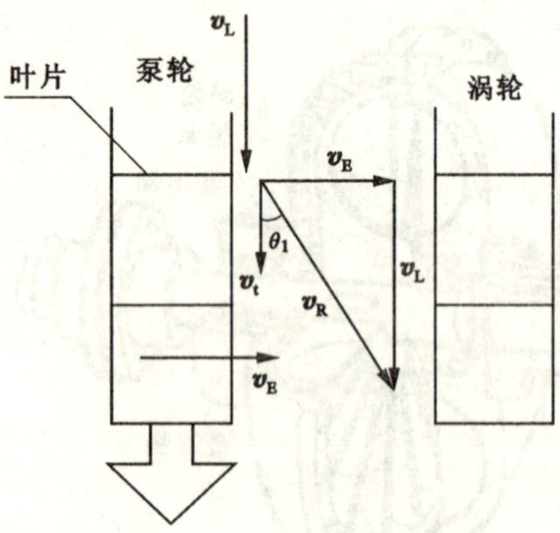

图 2.27 液力耦合器工作时的力矩与速度之间的变化关系

④ 液力耦合器的调速方法

液力耦合器在实际工作中的情形是电动机驱动泵轮旋转，泵轮带动液压油进行旋转，涡轮即受到力矩的作用，当液压油量较小时，其力矩不足以克服负载的起步阻力矩，所以涡轮还不会随泵轮的转动而转动；增加液压油油压时，作用在涡轮上的力矩随之增大，此时涡轮上的力矩足以克服负载起步阻力矩而起步，液压油传递的力矩与负载力矩相等时，转速随之稳定。负载的力矩和转速的平方成正比，随着液压油量的增加，输出力矩加大，涡轮的转速随之加大，从而达到调节转速的目的。

液力耦合器工作时，其力矩与速度之间的变化关系，如图 2.27所示。

液压油螺旋循环流动的流速 v_t 保持恒定，v_L 为泵轮和涡轮的相对线速度，v_E 为泵轮出口速度，v_R 为油液的合成速度。涡轮高速转动，即输出和输入的转速接近相同时相对速度 v_L 和合成速度 v_R 都很小，而合成速度 v_R 与泵轮出口速度之间的夹角很大，这使液流对涡轮叶片的推力变得很小，从而使输出元件滑动，速度降低。当液压油量加大时，相对速度 v_L 和合成速度 v_R 都变大，这就使液流对涡轮叶片的推力变大，直到有足够的循环液压油对涡轮产生足够的冲击力，输出转速变高。

⑤ 液力耦合器的性能特点

a. 调速范围宽，可实现从零调节；没有电气连接，可工作于危险场地，对环境要求不高。

b. 技术成熟，结构简单，操作方便；多年研究，结构合理；全部国产化，维修方便。

c. 价格便宜，对精度要求低；能量转换效率低；结构简单，故障率低；运行时需加专用的冷却系统；液压油老化后需定时更换。

2.2.1.6　三相异步电动机的制动

许多生产机械工作时，为提高生产力和安全起见，往往需要快速停转或由高速运行迅速转为低速运行，这就需要对电动机进行制动。

三相异步电动机的制动是三相异步电动机启动的逆过程。异步电动机的制动就是使电动机的转矩 T 与转速 n 反向，即 T 起反抗运动的作用，使电动机转速由某一稳定值迅速降为零或者使电动机产生的转矩与负载转矩相平衡，从而使电动机的下降转速保持恒定。

三相异步电动机的制动方法有能耗制动、反接制动、回馈制动三种，其制动运动状态有能耗制动状态、反接制动状态、回馈制动状态。

(1) 能耗制动

能耗制动的电路原理，如图 2.28 所示。

三相异步电动机定子绕组切断三相交流电源（1K 断开），同时在定子绕组任意两相上接入直流电流（也称直流励磁电流），即接通开关 2K。能耗制动广泛应用于要求平稳、准确停车的场合。

(2) 反接制动

反接制动的电路原理，如图 2.29 所示。

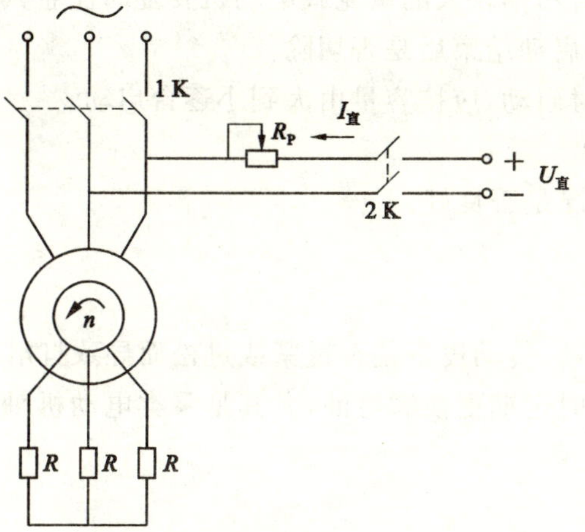

图 2.28　能耗制动的电路原理

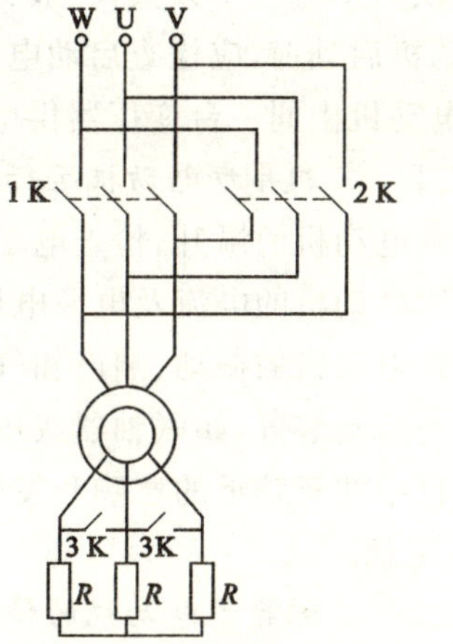

图 2.29　反接制动的电路原理

三相绕线式异步电动机处于正常电动运行状态，当改变三相电源的相序时，将 1K 断开、2K 闭合，则改变了电源相序，电动机便进入了反接制动过程。由于电源相序改变，圆形旋转磁场反向，而转子不可能立即改变转向，因而转子感应电动势反向，电流反向，则电磁转矩也反向，电动机处于制动运行状态，电动机转速迅速下降，直到转速为零，电动机停转，从而实现快速制动停车。

定子电源反接的反接制动广泛用于要求迅速停车和需要反转的生产机械上，多用于三相绕线式异步电动机中。对于三相鼠笼式异步电动机，由于转子回路无法串电阻，则反接制动只能用于不频繁制动的场合。

(3) 回馈制动

回馈制动是在外加转矩的作用下，转子转速超过同步转速，电磁转矩改变方向成为制动转矩的运行状态。回馈制动与反接制动、能耗制动不同，回馈制动不能制动到停止状态。

2.2.2　三相异步电动机的检查与维护

2.2.2.1　三相异步电动机运行前的检查

(1) 安装检查

要求电动机装配灵活、螺栓拧紧、轴承运行无阻、联轴器中心无偏移等。

(2) 绝缘电阻检查

对于额定电压为380 V及以下的电动机，用500 V以上兆欧表检查电动机的绝缘电阻，包括三相相间绝缘电阻和三相绕组对地绝缘电阻，其阻值不应低于10 MΩ。

(3) 电源检查

检查绕组的接法、电源电压与铭牌数据是否相符，一般当电源电压的波动超出额定值的＋10％或－5％时，应改善电源条件后投运。

(4) 启动、保护措施检查

核对启动设备的规格、容量和接线是否与电动机的使用要求相符；电动机所配熔丝的型号是否适合；设备外壳接地是否良好。

以上各项检查无误后，方可合闸启动。启动时应注意如下事项：

合闸后，若电动机不转或转速很低，应迅速、果断地拉闸，以免烧毁电动机；若电动机可以正常启动，则应注意观察电动机、传动机构、生产设备的状态以及电流表、电压表的指示值，如有异常情况，也应立即断电停机。上述情况均须查明故障并排除后，才能重新合闸启动。鼠笼式异步电动机采用直接启动时，次数不宜过于频繁，一般为3～5次。对功率较大的鼠笼式电动机要随时注意其温升；绕线式异步电动机启动前，应检查启动电阻是否接入，启动结束后是否切除。

几台电动机由同一台变压器供电时，不能同时启动，应按容量由大到小逐台启动。

2.2.2.2　三相异步电动机运行中的检查

① 监测电动机的温升，检查电动机的通风情况是否良好。

② 监测电动机的电流及电源电压是否正常。

③ 注意电动机的振动、响声和气味。

④ 检查传动装置，如联轴器或皮带轮有无松动、传动皮带是否过紧或过松而导致打滑现象。

⑤ 运行中注意轴承的声响和发热情况，需及时定期更换润滑油，尤其是泵类电动机轴承，容易进水，须特别注意。

2.2.2.3　三相异步电动机的停机维护

为了保证电动机正常工作，除按操作规程正确使用、运行过程中注意监测和维护外，还应进行定期维护。定期维护分小修与大修，小修属于一般检查和维护，对电动机不做大的拆卸；大修则要拆开电动机进行清理、检查和修理。一般小修每年进行2～3次，大修则进行1次，间隔时间可根据电动机的类型及使用环境决定。维护内容参见电机修理手册。

2.2.3　三相异步电动机的常见故障分析与排除方法

三相异步电动机的常见故障分析与排除方法，如表2.5所示。

表 2.5　三相异步电动机的常见故障分析与排除方法

常见故障	故障原因	排除方法
电源接通后电动机不启动	1.定子绕组接线错误； 2.定子绕组断路、短路或接地，绕线转子电动机转子绕组断路； 3.负载过重或传动机构被卡住； 4.绕线转子电动机转子回路断线(电刷与滑环接触不良，变阻器断路，引线接触不良等)； 5.电源电压过低	1.检查接线； 2.找出故障点； 3.检查传动机构或负载； 4.找出断路点； 5.检查原因并处理
电动机温升过高或冒烟	1.负载过重或启动过于频繁； 2.断相运行； 3.定子绕组接线错误； 4.定子绕组匝间、相间短路或接地； 5.鼠笼式异步电动机转子断条； 6.绕线式异步电动机转子绕组断相运行； 7.定子、转子相擦； 8.通风不良； 9.电源电压过高或过低	1.减轻负载、减少启动次数； 2.检查原因并处理； 3.检查定子绕组接线； 4.检查接地或短路部位； 5.铸铝转子必须更换，铜条转子可修复或更换； 6.找出故障点； 7.检查轴承、转子是否变形； 8.检查风道是否畅通，对不可反转的电动机检查转向； 9.检查原因并处理
电动机振动	1.转子不平衡； 2.皮带轮不平稳或轴弯曲； 3.电动机与负载轴线不对称； 4.电动机安装不良； 5.负载突然过重	1.校正平衡； 2.检查并校正； 3.检查、调整机组的轴线； 4.检查安装情况及地脚螺栓； 5.减轻负载
运行时有异响	1.定子、转子相擦； 2.轴承损坏或润滑不良； 3.电动机两相运行； 4.风叶碰机壳等	1.检查轴承、转子是否变形； 2.更换、清洗轴承； 3.找出故障点； 4.检查并消除故障
电动机带负载时转速过低	1.电源电压过低； 2.负载过大； 3.鼠笼式异步电动机转子断条； 4.绕线式异步电动机转子绕组一相接触不良或断开	1.检查电源电压； 2.核对负载； 3.铸铝转子必须更换，铜条转子可修复或更换； 4.检查电刷压力、电刷与滑环的接触情况及转子绕组
电动机外壳带电	1.接地不良或接地电阻太大； 2.绕组受潮； 3.绝缘层有损坏、有脏物或引出线碰壳	1.按规定接好地线，消除接地不良处； 2.进行烘干处理； 3.修理并进行浸漆处理，清除脏物，重接引出线

思　考　题

1.简述三相异步电动机的结构。

2.简述三相异步电动机的工作原理。

3.水泥生产中三相异步电动机常用的启动与制动方式有哪些？

4.水泥生产中三相异步电动机的调速方式主要有哪些？各有什么优缺点？

任务 2.3 水泥机械设备常用的传动及装置的巡检

任务描述：

(1) 了解水泥机械设备常用的传动形式、类型及工作特点；

(2) 熟悉联轴器、离合器的类型、特点及主要结构；

(3) 掌握水泥机械设备常用减速机的类型、结构、检查维护内容，以及常见故障分析与排除方法。

知识目标：

(1) 熟练表述常用的水泥机械的传动形式、类型及特点；

(2) 正确表述常用联轴器、离合器的类型和特点；

(3) 熟练表述常用减速机的类型、结构、检查维护内容及常见故障分析与排除方法。

能力目标：

能在水泥生产企业进行常用减速机的检查与维护以及故障排除工作。

机器一般都有传动装置，它是将原动机的运动和动力传给工作机的中间装置，它常起以下作用：

① 减速(或增速)

工作机速度往往和原动机速度不一致，利用传动装置可以达到改变速度的目的。

② 调速

许多工作机的转速需要根据工作要求进行调整，而依靠原动机调速往往不经济，甚至不可能，而用传动装置很容易达到调整速度的目的。

③ 改变运动形式

原动机的输出轴常用等速回转运动，而工作机要求的运动形式则是多种多样的，如直线运动、螺旋运动、间歇运动等，靠传动装置可实现运动形式的改变。

④ 增大转矩

工作机需要的转矩往往是原动机输出转矩的几倍或几十倍，通过减速传动装置可实现增大转矩的要求。

⑤ 动力和运动的传递和分配

一台原动机常要带动若干个不同速度、不同负载的工作机，这时传动装置还起到分配动力和运动的作用。

常用的机械传动装置有带传动、链传动、齿轮传动和蜗轮蜗杆传动等。

2.3.1 带传动

带传动是用挠性传动带做中间体而靠与带轮产生的摩擦力工作的一种传动，由两个或多个带轮和紧套在带轮上的环形传动带组成，可分为摩擦传动型和啮合传动型。

2.3.1.1 带传动概述

(1) 带传动原理

① 摩擦型带传动：靠带和带轮间的摩擦力传递运动和动力。由主动轮、从动轮和传动带组成。摩擦型带传动的工作原理，如图 2.30 所示。

② 啮合型带传动：靠带上的齿和带轮上的齿相互啮合传递运动和动力，也称为同步带传动。啮合型带传动的工作原理，如图 2.31 所示。

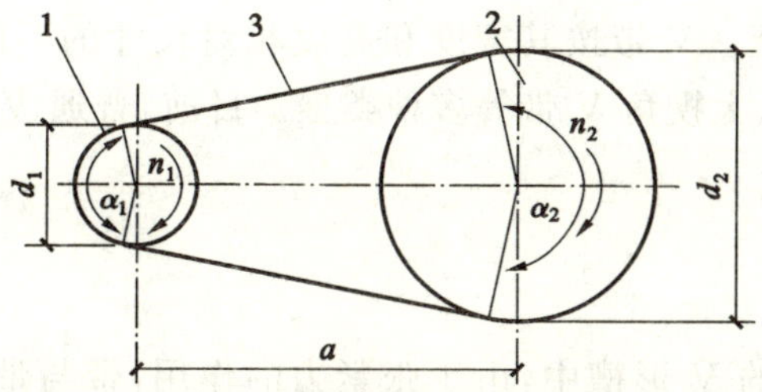

图 2.30　摩擦型带传动的工作原理

1—主动轮；2—从动轮；3—传动带

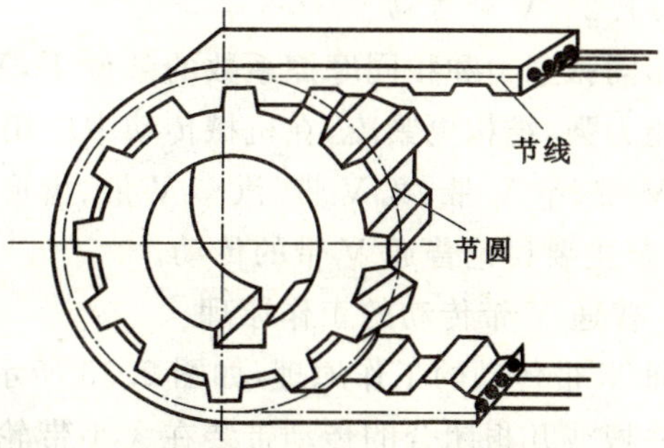

图 2.31　啮合型带传动的工作原理

本任务主要介绍摩擦型带传动。

(2) 摩擦型带传动的类型

带的传动类型和横截面形状，如图 2.32 所示。

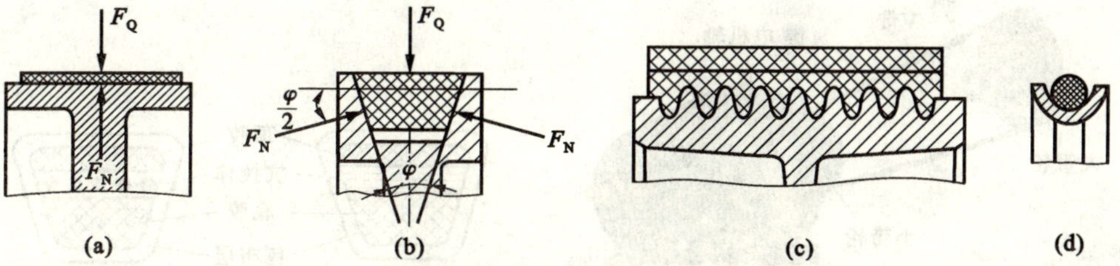

图 2.32　带的传动类型和横截面形状

(a) 平带；(b) V 带；(c) 多楔带；(d) 圆形带

按截面形状的不同，摩擦型带传动分为以下几类：

① 平带传动

平带的截面形状为矩形，内表面为工作表面，如图 2.32(a)所示。平带传动结构最简单，带轮也容易制造，适合中心距 a 较大的情况，应用不太广，如高速磨床。

② V 带传动

V 带的截面形状为梯形，两侧面为工作表面，如图 2.32(b)所示，常多根并用，承载能力大。应用最为广泛。在同样的张紧力下，V 带传动较平带传动能产生更大的摩擦力。

③ 多楔带传动

多楔带是在平带基体上由多个小 V 带组成的传动带，如图 2.32(c)所示。这种传动方式柔性好，摩擦力大，兼有平带传动和 V 带传动的优点，适于传递功率较大而又要求结构紧凑的场合。

④ 圆形带传动

圆形带的横截面为圆形，如图 2.32(d)所示。这种传动属于小功率啮合传动，适于高精度仪器装置中带比较薄、比较轻的场合，如缝纫机。

(3) 摩擦型带传动的特点

摩擦型带传动的主要特点如下：

① 传动带具有弹性和挠性，可吸收振动并缓和冲击，从而使传动平稳、噪声小。

② 当过载时，传动带与带轮间可发生相对滑动而不损伤其他零件，起过载保护作用。

③ 适合于主、从动轴间中心距较大的传动。

④ 由于弹性滑动存在，故不能保证准确的传动比，传动效率较低。

⑤ 张紧力会产生较大的压轴力，使轴和轴承受力较大，传动带寿命降低。

2.3.1.2　V 带传动

在相同张紧力和相同摩擦系数的条件下，V 带产生的摩擦力要比平带产生的摩擦力大，所以 V 带传动能力强，结构更紧凑，在机械传动中应用最广泛。V 带按其宽度和高度相对尺寸的不同，又分为普通 V 带、窄 V 带、宽 V 带、汽车 V 带、齿形 V 带、大楔角 V 带等多种类型。目前，普通 V 带应用最广，本节主要讨论普通 V 带的传动。

(1) 普通 V 带传动的工作原理

普通 V 带传动的工作原理，如图 2.33 所示。

把一根或几根闭合的传动带装在大小带轮对应的 V 形槽中，由于张紧力的作用，带与带轮的接触面产生正压力，当主动轮（一般为小带轮）在电机的带动下回转，借助摩擦力的作用，小带轮便拖动传动带一起运动，而传动带拖动从动轮回转，这样就把主动轴的运动和动力传递给了从动轴。

(2) V 带的构造与标准

标准普通 V 带都制成无接头的环形，由抗拉体、顶胶、底胶和包布组成。标准普通 V 带的构造与标准，如图 2.34 所示。

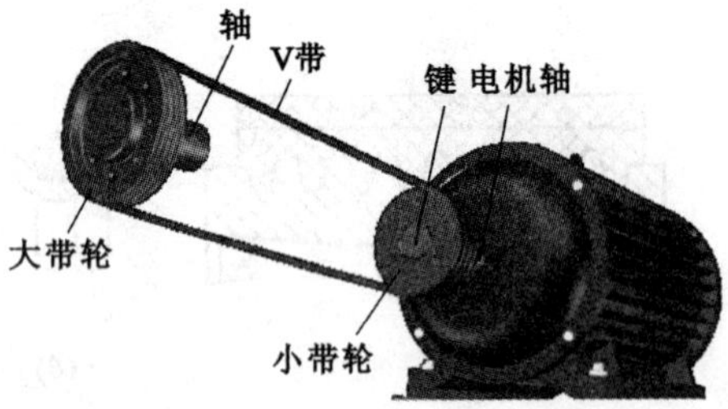

图 2.33　普通 V 带传动的工作原理

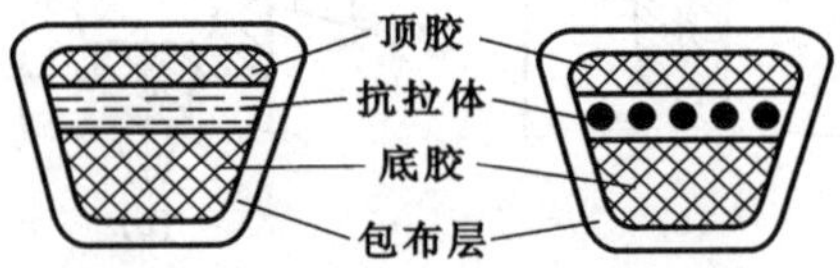

图 2.34　标准普通 V 带的构造与标准

抗拉体是承受负载拉力的主体，分帘布芯和绳芯两种类型，前者制造方便，后者柔韧性好。顶胶和底胶分别承受带弯曲时的拉伸和压缩。包布主要起保护作用。当 V 带弯曲时，带中保持其原长度不变的周线称为节线，由全部节线构成节面。带的节面宽度称为节宽 b_p，V 带受纵向弯曲时，该宽度保持不变。

普通 V 带两侧楔角 α 为 40°，相对高度 h/b_p 约为 0.7，并按其截面尺寸的不同将其分为七种型号，见表 2.6。

普通 V 带已标准化，其周线长度 L_d 为带的基准长度。普通 V 带的基准长度系列，如表 2.6 所示。

表 2.6　普通 V 带横截面尺寸(GB/T 11544—2012)

型号	Y	Z	A	B	C	D	E
顶宽 b/mm	6	10	13	17	22	32	38
节宽 b_p/mm	5.3	8.5	11.0	14.0	19.0	27.0	32.0
高度 h/mm	4	6	8	11	14	19	23
楔角 α/°	40						

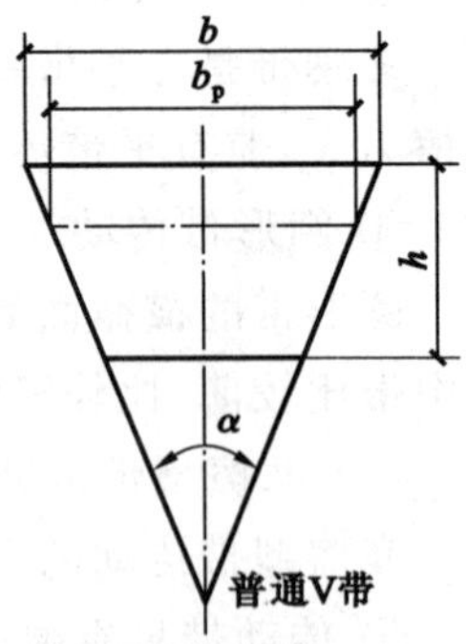

(3) V 带轮材料和结构

带传动一般安装在传动系统的高速级，带轮的转速较高，故要求带轮有足够的强度。带轮常用灰铸铁铸造，有时也采用铸钢、铝合金或非金属材料。当带轮圆周速度 $v<25$ m/s 时，采用 HT150；当 $v=25\sim30$ m/s 时，采用 HT200。速度更高时，可采用铸钢或钢板冲压后焊接；传递功率较小时，带

轮材料可采用铝合金或工程塑料。

带轮通常由三部分组成：轮缘（用以安装传动带）、轮毂（与轴连接）、轮辐或腹板（连接轮缘和轮毂）。

对带轮的主要要求是质量小、分布均匀、工艺性好，与带接触的工作表面要仔细加工，以减少带的磨损。

带轮的典型形式有如下几种，如图 2.35 所示。

① 实心轮用于尺寸较小的带轮[$d_d \leqslant (2.5 \sim 3)d$]。

② 腹板轮用于中小尺寸的带轮（$d_d \leqslant 300$ mm）。

③ 孔板轮用于尺寸较大的带轮[$(d_d - d) > 100$ mm]。

④ 椭圆轮辐轮用于尺寸大的带轮（$d_d > 500$ mm）。

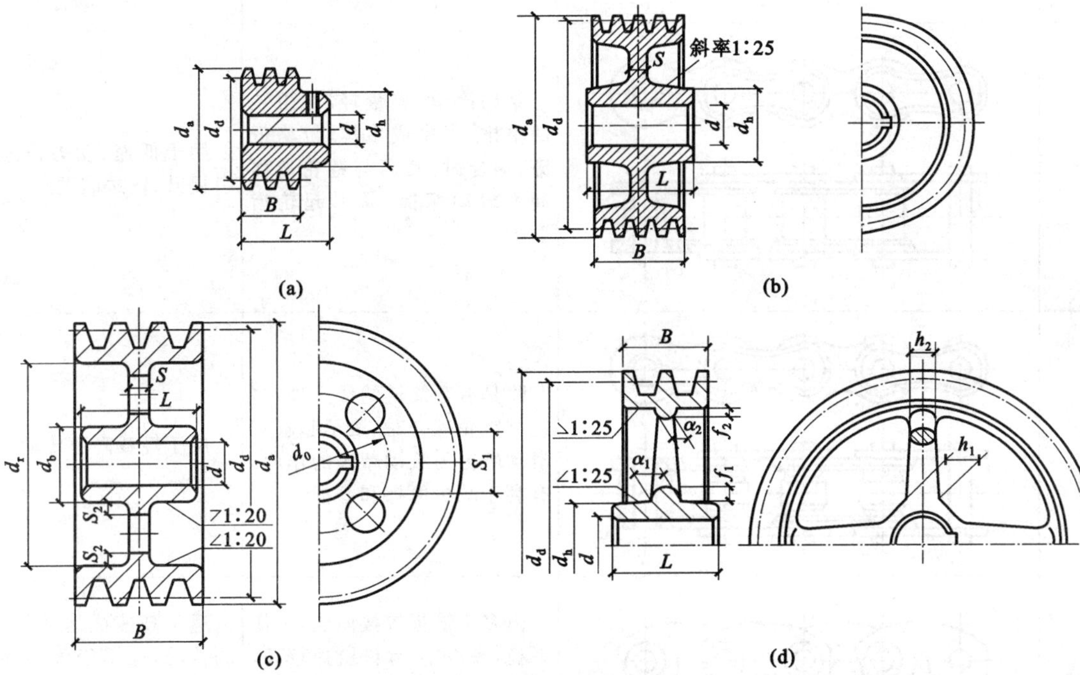

图 2.35　带轮的结构

(a) 实心轮；(b) 腹板轮；(c) 孔板轮；(d) 椭圆轮辐轮

2.3.2　链传动

2.3.2.1　链传动的工作原理和特点

链传动由具有特殊齿形的主、从动链轮和绕在链轮上的中间挠性件（环形链条）组成。如图 2.36 所示。

链轮具有特定的齿形，通过链轮 1、2 与链条 3 的啮合来传递两平行轴间的运动和动力。链传动机构兼有带传动机构和齿轮传动机构的某些特点。

链传动的主要优点：由于是啮合传动，它比摩擦型带传动的平均传动比准确，传动效率高，链条对轴的拉力小，结构尺寸更为紧凑，能在恶劣的环境中工作；由于有链条作为中间挠性元件，所以与齿轮传动比较，能缓冲吸振，结构简单，并适合于大中心距传动。

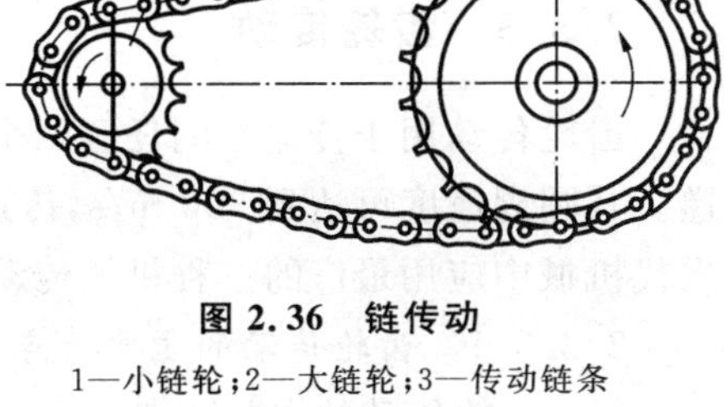

图 2.36　链传动

1—小链轮；2—大链轮；3—传动链条

链传动的主要缺点：过载时不会打滑，故对机件不能起到保护作用；链传动不能保证瞬时传动比恒定；磨损后易发生脱链，高速时尤为严重。

链传动主要用于平均传动比要求准确，且两轴相距较远，工作条件恶劣，不宜采用带传动和齿轮传动的场合。通常传递功率 $P \leqslant 100$ kW，传动比 $i \leqslant 8$，链速 $v \leqslant 15$ m/s，效率为 95%～98%。

2.3.2.2　链条的类型

按用途不同，链条可分为传动链、起重链和曳引链。传动链用于一般机械中传递运动和动力，起重链用于起重机械中提升重物，曳引链用于各种输送装置。

按结构形式划分，链条主要有套筒链、套筒滚子链、齿形链等。几种常用链条的类型、特点及应用，如表 2.7 所示。

表 2.7　几种常用链条的类型、特点及应用

类型	简　图	主要特点	应用场合
套筒链	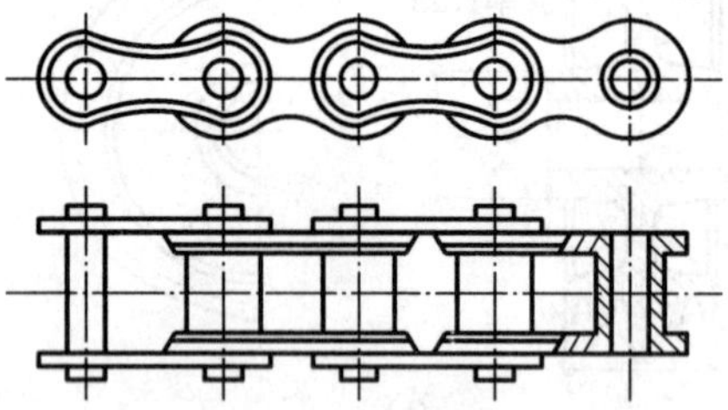	结构简单，重量轻，可组装成单排、双排或多排，价格低廉；啮合时，套筒与链轮齿面间为滑动摩擦，易引起轮齿磨损	用于低速、动力传递、曳引提升、输送装置
套筒滚子链	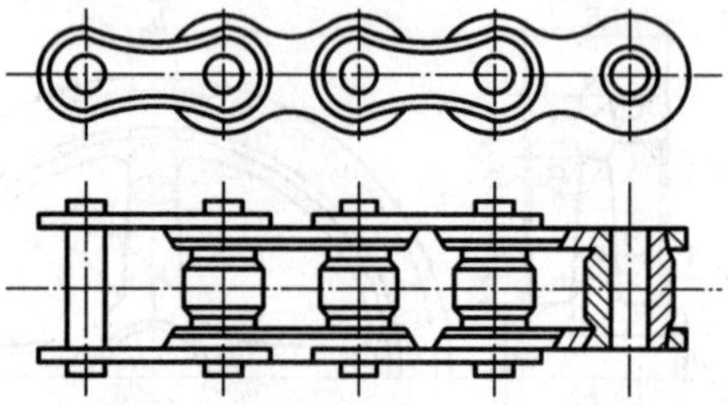	除具有套筒链的优点外，当链与链轮啮合时，滚子起着变滑动摩擦为滚动摩擦的作用，有利于减少摩擦和磨损	用于轻载高速传动
齿形链	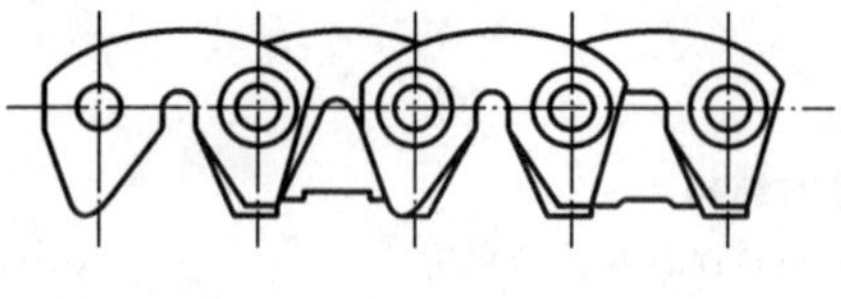	由多个链板铰接而成，工作平稳，噪声小，允许链速较高，可靠性高，价格较贵，重量较重	适于高速或运动精度高的传动，也用于大功率、较大传动比的场合，以及要求平稳、无噪声的传动

2.3.2.3　链条元件和链轮材料

链条元件材料为经过热处理的碳素钢或合金钢，具体牌号及热处理后的硬度值见有关标准。链轮材料应能保证轮齿具有足够的强度和耐磨性，故齿面多经热处理。由于小链轮的啮合次数较大链轮的多，磨损和冲击也较严重，因此小链轮的材料应较好，齿面硬度应较高。链轮常用的材料有：碳素钢(20、35、45)，铸铁(HT200)和铸钢(ZG 310-570)，重要场合可采用合金钢(20Cr、40Cr、35SiMn 等)。

2.3.3　齿轮传动

齿轮传动用于传递空间任意两个轴之间的运动和动力，靠齿和齿之间的连续接触实现运动的传递。其圆周速度可达到 300 m/s，传递功率可达 65 kW，齿轮直径可从不到 1 mm 到 150 m 以上，是现代机械中应用最广的一种机械传动。

2.3.3.1　齿轮传动的主要特点及要求

(1) 齿轮传动的主要特点

① 传动效率高，可达 98%～99%。在常用的机械传动中，齿轮传动的效率最高。

② 结构紧凑。与带传动、链传动相比，在同样的使用条件下，齿轮传动所需的空间一般较小。

③ 与各类传动相比，齿轮传动工作可靠，寿命长。

④ 传动比稳定，无论是平均值还是瞬时值，这也是齿轮传动获得广泛应用的原因之一。

⑤ 与带传动、链传动相比，齿轮的制造及安装精度要求高，价格较贵。

(2) 齿轮传动的要求

齿轮传动是靠主、从动轮的轮齿依次啮合来传递连续回转运动和动力的。因此，为了使传递的回转运动每一瞬时都保持稳定不变的传动比，避免产生振动和冲击，并能够传递一定的动力，使轮齿承受一定大小的力，特对齿轮传动提出以下的要求：

① 传动平稳、可靠，能保证实现瞬时角速比（传动比）恒定。即对不同用途的齿轮，要求不同程度的工作平稳性指标，使齿轮传动中产生的振动、噪声在允许的范围内，保证机器的正常工作。

② 有足够的承载能力。即要求齿轮尺寸小、重量轻，能传递较大的力，有较长的使用寿命。也就是在工作过程中不折齿、齿面不点蚀，不产生严重磨损而失效。

2.3.3.2　齿轮传动的分类

(1) 按两齿轮轴线相对位置分为平行轴齿轮传动、相交轴齿轮传动、交错轴齿轮传动。

(2) 按齿轮工作条件分为闭式齿轮传动、开式齿轮传动。

(3) 按齿面硬度分为软齿面齿轮传动（齿面硬度不大于 350 HBS）、硬齿面齿轮传动（齿面硬度大于350 HBS）。

(4) 按使用情况分为动力齿轮和传动齿轮。动力齿轮以动力传输为主，常为高速重载或低速重载传动；传动齿轮以运动准确为主，一般为轻载高精度传动。

齿轮传动的主要类型、特点和应用，如表 2.8 所示。

表 2.8　齿轮传动的主要类型、特点和应用

分类		名称	示意图	特点和应用
平行轴齿轮传动	直齿圆柱齿轮传动	外啮合直齿圆柱齿轮传动	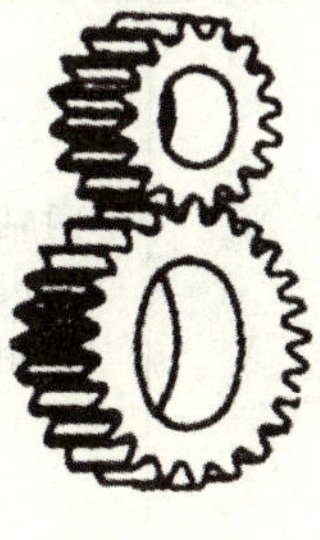	两齿轮转向相反。轮齿与轴线平行，工作时无轴向力。 重合度较小，传动平稳性较差，承载能力较低。 多用于速度较低的传动，尤其适用于变速箱的换挡齿轮
		内啮合直齿圆柱齿轮传动	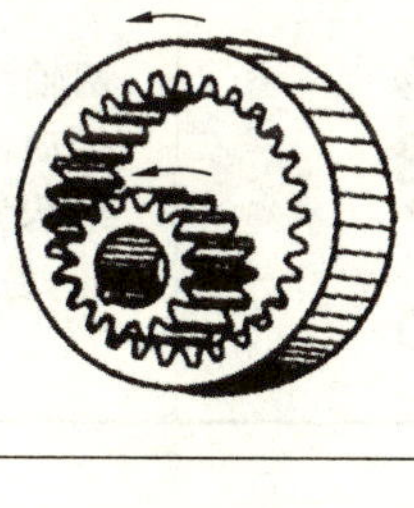	两齿轮转向相同。 重合度大，轴间距离小，结构紧凑，效率较高
		齿轮齿条传动	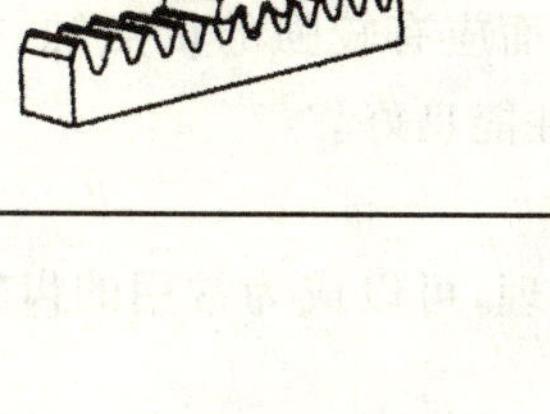	齿条相当于一个半径为无限大的齿轮。 用于连续转动到往复移动的运动变换

续表 2.8

分类		名称	示意图	特点和应用
平行轴齿轮传动	平行轴斜齿轮传动	外啮合斜齿圆柱齿轮传动	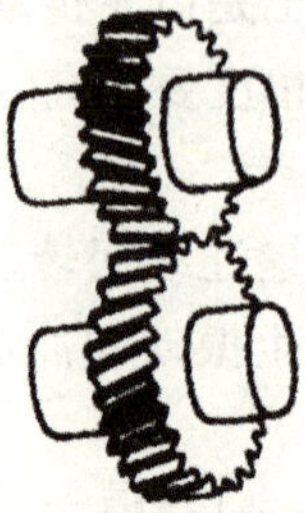	两齿轮转向相反，轮齿与轴线成一夹角，工作时存在轴向力，所需承载较复杂。 重合度较大，传动较平稳，承载能力较强。 适用于速度较高、载荷较大或要求结构较紧凑的场合
	人字齿轮传动	外啮合人字齿圆柱齿轮传动	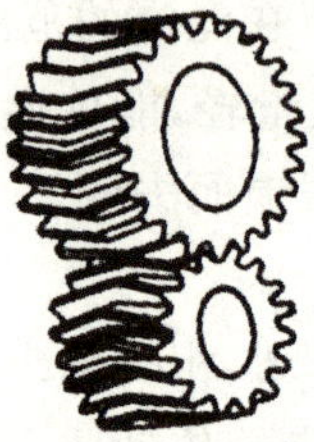	两齿轮转向相反。 承载能力较强，轴向力能抵消，多用于重载传动
相交轴齿轮传动		直齿锥齿轮传动	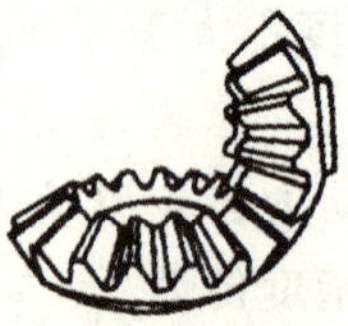	两轴线相交，轴交角为90°的应用较广。 制造和安装简便，传动平稳性较差，承载能力较低，轴向力较大。 用于速度较低（<5 m/s）、载荷小而稳定的传动
		曲线齿锥齿轮传动		两轴线相交。 重合度大、工作平稳、承载能力高。轴向力较大且与齿轮转向有关。 用于速度较高及载荷较大的传动
交错轴齿轮传动		交错轴斜齿轮传动	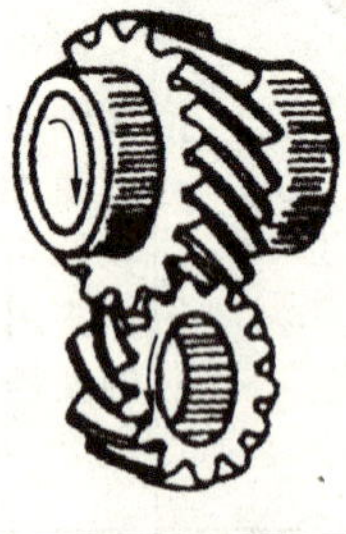	两轴线交错。 两齿轮点接触，传动效率低。 适用于载荷小、速度较低的传动
		蜗杆传动	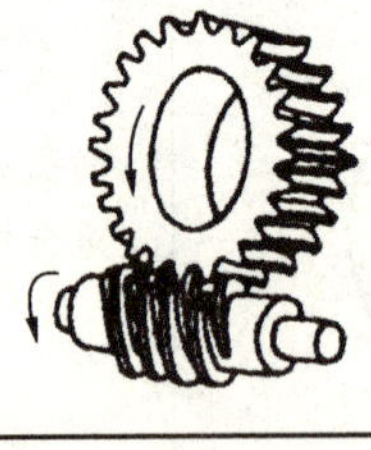	两轴线相交，一般成90°。 传动比较大，一般 $i=10\sim80$。 结构紧凑，传动平稳，噪声和振动小，传动效率低，易发热

2.3.3.3　齿轮材料的基本要求及常用材料

(1) 齿轮材料的基本要求

齿轮的齿体应有较高的抗折断能力，齿面应有较强的抗点蚀、抗磨损和较高的抗胶合能力，即要求齿面硬、芯部韧、加工工艺性能及热处理性能良好。

(2) 齿轮常用材料

钢：许多钢材经适当的热处理或表面处理，可以成为常用的齿轮材料。

铸铁：常作为低速、轻载、不太重要场合的齿轮材料。

非金属材料：适用于高速、轻载且要求降低噪声的场合。

工程上常用的齿轮材料，如表 2.9 所示。

表 2.9　工程上常用的齿轮材料

材料牌号	热处理方法	强度极限	屈服极限	硬度/HBS	
		σ_B/MPa	σ_S/MPa	齿芯部	齿面
HT250		250		170～241	
HT300		300		187～255	
HT350		350		197～269	
QT500-5	常化	500		147～241	
QT600-2		600		229～302	
ZG310-570		580	320	156～217	
ZG340-640		650	350	169～229	
45		580	290	162～217	
45	调质后表面淬火			217～255	40～50 HRC
40Cr				241～286	48～55 HRC

2.3.4　联轴器和离合器

2.3.4.1　联轴器

联轴器通常用来连接两轴并在其间传递运动和转矩，有时也可作为一种安全装置来防止被连接机件承受过大的载荷，起到过载保护的作用。用联轴器连接轴时，只有在机器停止运转，经拆卸后才能使两轴分离。

联轴器所连接的两轴，由于制造及安装误差、承载后的变形及温度变化的影响等，往往不能保证严格的对中，而是存在着某种程度的相对位移。如图 2.37 所示。

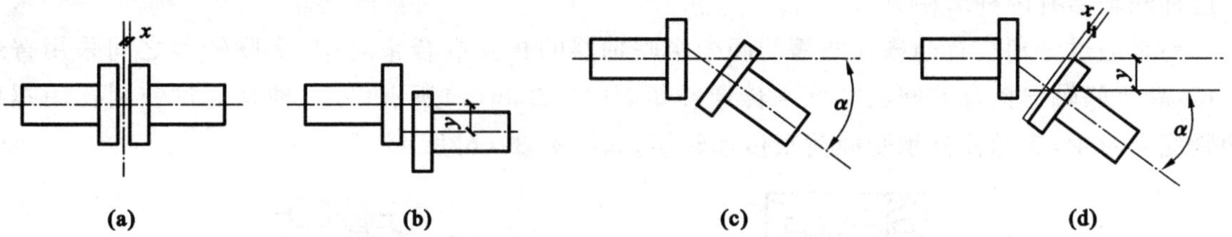

图 2.37　联轴器所连接两轴的偏移

(a) 轴向位移 x；(b) 径向位移 y；(c) 偏角位移 α；(d) 综合位移 x、y、α

因此，设计联轴器时要从结构上采取各种不同的措施，使联轴器具有补偿上述偏移量的性能，否则就会在轴、联轴器、轴承设计中引起附加载荷，导致工作情况恶化。

根据联轴器补偿两轴偏移能力的不同，可将其分为刚性联轴器和挠性联轴器两大类。

① 刚性联轴器

这种联轴器不能补偿两轴的偏移，用于两轴能严格对中并在工作中不发生相对位移的场合。

② 挠性联轴器

这种联轴器具有挠性，可补偿两轴的相对位移。根据联轴器补偿位移方法的不同，又可分为无弹性元件挠性联轴器和有弹性元件挠性联轴器两种。

a. 无弹性元件挠性联轴器

无弹性元件挠性联轴器，是利用联轴器工作元件间构成的动连接来实现位移补偿，但因是无弹性元件，故不能缓冲减振。

b. 有弹性元件挠性联轴器

有弹性元件挠性联轴器，是因联轴器中装有弹性元件，不仅可以补偿两轴间的相对位移，而且具有缓冲减振的能力。弹性元件所能储蓄的能量越多，则联轴器的减振能力越强。这类联轴器的品种多，应用广泛。

(1) 刚性联轴器

常用的刚性联轴器，有套筒联轴器和凸缘联轴器等。

① 套筒联轴器

套筒联轴器，如图 2.38 所示。

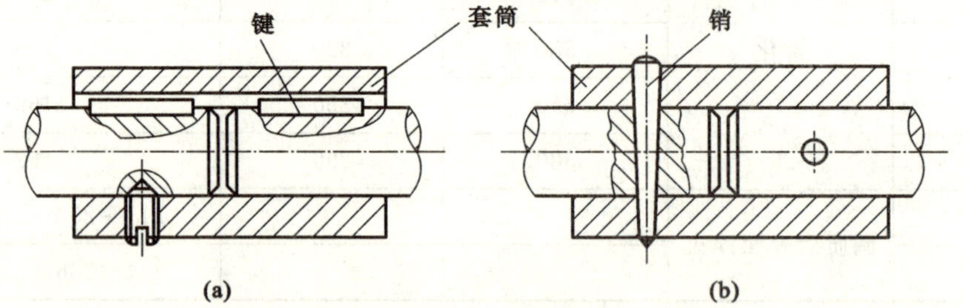

图 2.38 套筒联轴器

(a) 键连接；(b) 销连接

套筒联轴器是利用套筒及连接零件(键或销)将两轴连接起来，图 2.38(a)中的螺钉用作轴向固定；图 2.38(b)中的锥销当轴超载时会被剪断，可起到安全保护的作用。套筒联轴器结构简单，径向尺寸小，容易制造，但缺点是装拆时因被连接轴需做轴向移动使维修不太方便。套筒联轴器适用于载荷不大，工作平稳，两轴严格对中并要求联轴器径向尺寸小的场合。此种联轴器目前尚未标准化。

② 凸缘联轴器

凸缘联轴器由两个带凸缘的半联轴器和一组螺栓组成。如图 2.39 所示。

这种联轴器有两种对中方式：

一种是通过分别具有凸槽和凹槽的两个半联轴器的相互嵌合来对中，半联轴器之间采用普通螺栓连接，靠半联轴器接合面间的摩擦来传递转矩，如图 2.39(a)所示；另一种是通过铰制孔用螺栓与孔的紧配合对中，靠螺栓杆承受载荷来传递转矩，如图 2.39(b)所示。

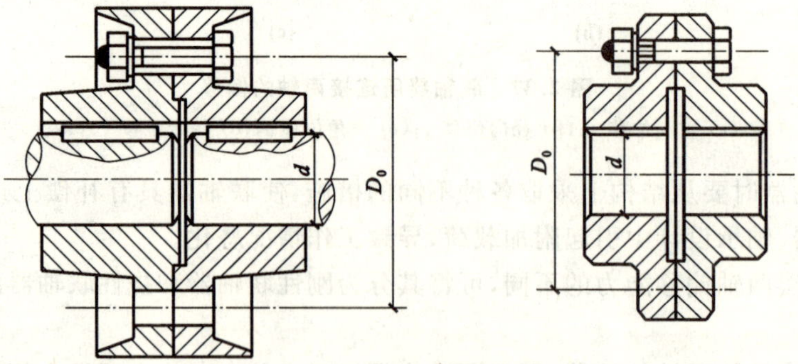

图 2.39 凸缘联轴器

(a) 通过分别具有凸槽和凹槽的两个半联轴器的相互嵌合来对中；(b) 通过铰制孔用螺栓与孔的紧配合对中

当尺寸相同时，后者传递的转矩较大，且装拆时轴不必做轴向移动。

凸缘联轴器结构简单、价格低廉、使用方便，能传递较大的转矩，但要求被连接的两轴必须安装准确，严格对中。它适用于工作平稳、刚性好和速度较低的场合。凸缘联轴器已标准化。

(2) 无弹性元件挠性联轴器

常用的无弹性元件挠性联轴器，有十字滑块联轴器、万向联轴器和齿式联轴器等。

① 十字滑块联轴器

十字滑块联轴器，如图 2.40 所示。

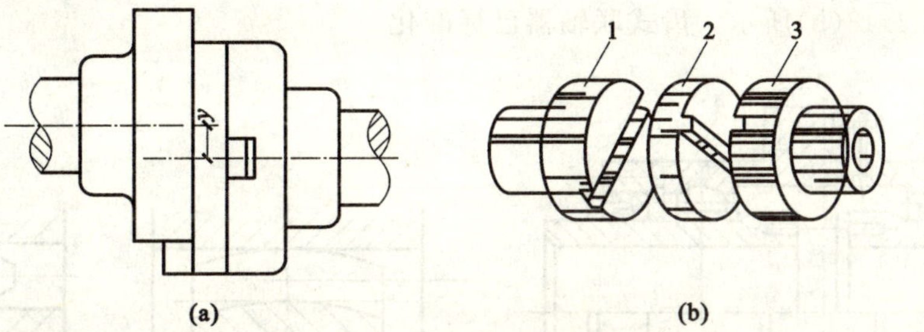

图 2.40　十字滑块联轴器

(a) 十字滑块联轴器的组成；(b) 端面上开有凹槽的半联轴器和两端面均带有凸牙的中间盘

十字滑块联轴器，由两个在端面上开有凹槽的半联轴器 1、3 和一个两端面均带有凸牙的中间盘 2 组成，中间盘两端面的凸牙位于互相垂直的两个直径方向上，并在安装时分别嵌入 1、3 的凹槽中。因为凸牙可在凹槽中滑动，故可补偿安装及运转时两轴间的相对位移和偏斜。因半联轴器与中间盘组成移动副，不能相对转动，故主动轴与从动轴的角速度应相等。但在两轴间有偏移的情况下工作时，中间盘会产生很大的离心力，故其工作转速不宜过大。这种联轴器一般用于转速较低、轴的刚性较大、无剧烈冲击的场合。

② 万向联轴器

万向联轴器，如图 2.41 所示。

万向联轴器由分别装在两轴端的叉形接头 1、2 及与叉头相连的十字形中间连接件 3 组成。如图 2.41(a)所示。这种联轴器允许两轴间有较大的夹角 α(最大可达 35°～45°)，且机器工作时即使夹角发生改变仍可正常传动，但 α 过大会使传动效率显著降低。这种联轴器的缺点是当主动轴角速度 ω_1 为常数时，从动轴的角速度 ω_2 并不是常数，而是在一定范围内变化，这在传动中会引起附加载荷。所以常将两个万向联轴器成对使用。如图 2.41(b)所示。但安装时应注意必须保证中间轴上两端的叉形接头在同一平面内，且应使主、从动轴与中间轴的夹角相等，这样才可保证 $\omega_1=\omega_2$。

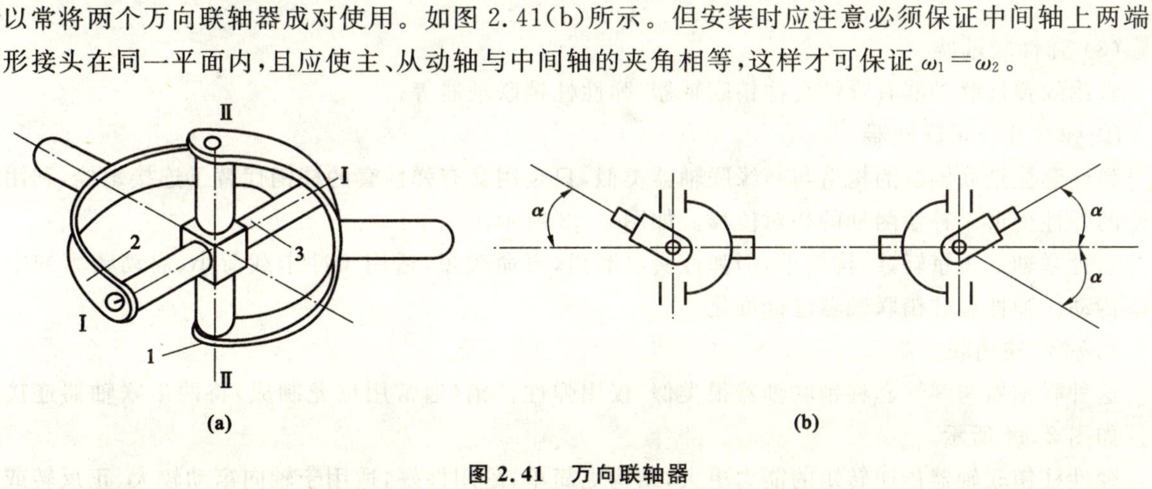

图 2.41　万向联轴器

(a) 万向联轴器的组成；(b) 两个万向联轴器的成对使用

③ 齿式联轴器

齿式联轴器是无弹性元件挠性联轴器中应用较广泛的一种，它利用内外齿啮合来实现两半联轴器的连接。如图 2.42 所示。

齿式联轴器由两个内齿圈 2、3 和两个外齿轮轴套 1、4 组成。安装时两内齿圈用螺栓连接，两外齿轮轴套通过过盈配合（或键）与轴连接，通过内、外齿轮的啮合传递转矩。这种联轴器结构紧凑，承载能力大，适用速度范围广，但制造困难，适用于重载高速的水平轴连接。为使联轴器具有良好的补偿两轴综合位移的能力，特将外齿齿顶制成球面，齿顶与齿侧均留有较大的间隙，还可将外齿轮轮齿做成鼓形齿，如图 2.42(b)所示。齿式联轴器已标准化。

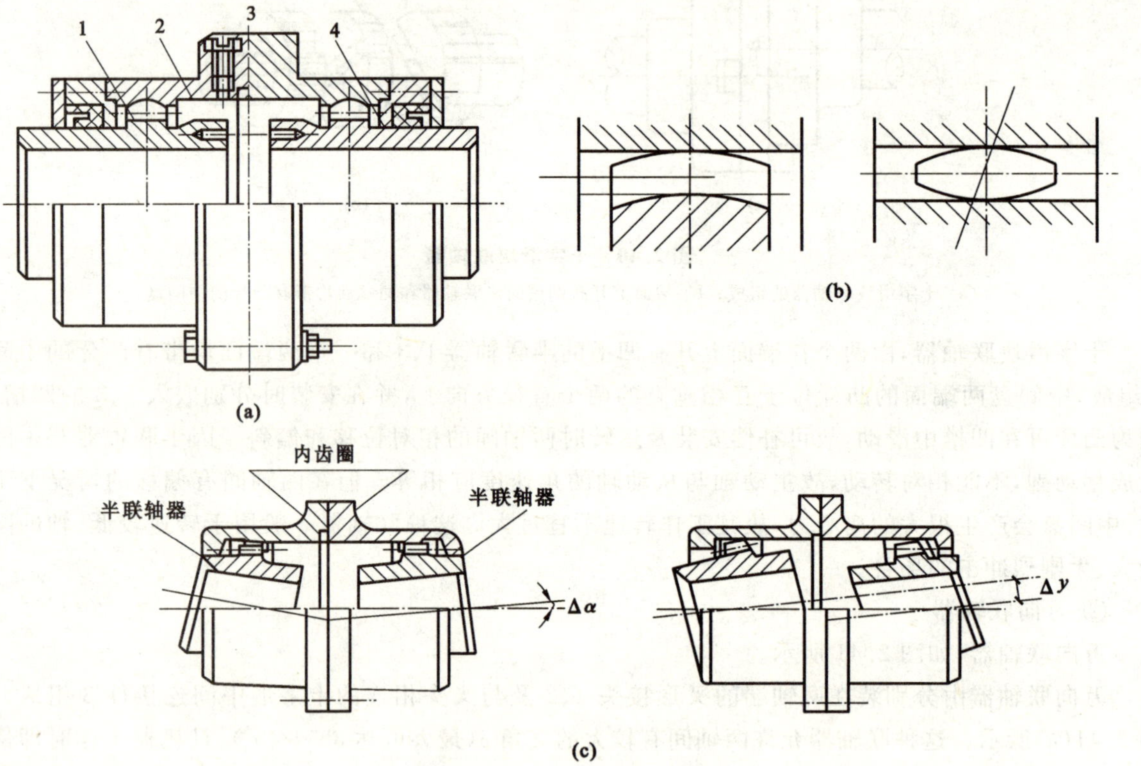

图 2.42　齿式联轴器

(a) 结构图；(b) 齿顶制成球面和轮齿制成鼓形；(c) 补偿两轴的角位移和径向位移

(3) 弹性联轴器

常用的弹性联轴器有弹性套柱销联轴器、弹性柱销联轴器等。

① 弹性套柱销联轴器

弹性套柱销联轴器的构造与凸缘联轴器类似，只是用套有弹性套的柱销代替了连接螺栓，利用弹性套的弹性变形来补偿两轴的相对位移。如图 2.43 所示。

这种联轴器重量轻，结构简单，但弹性套易磨损，寿命较短，适用于冲击载荷小、启动频繁的中小功率传动。弹性套柱销联轴器已标准化。

② 弹性柱销联轴器

这种联轴器与弹性套柱销联轴器很类似，仅用弹性柱销（通常用尼龙制成）将两半联轴器连接起来。如图 2.44 所示。

弹性柱销联轴器传递转矩的能力更大，结构更简单，耐用性好，适用于轴向窜动较大、正反转或启动频繁的场合，这种联轴器也已标准化。

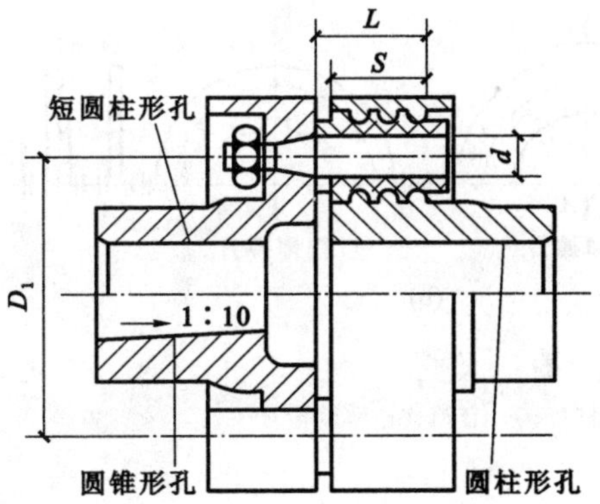

图 2.43　弹性套柱销联轴器

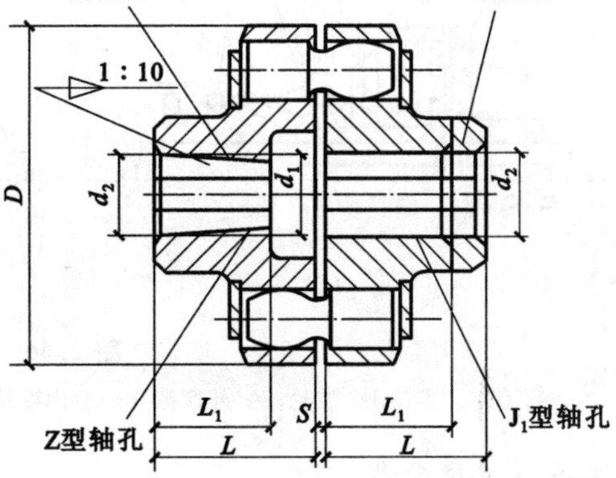

图 2.44　弹性柱销联轴器

2.3.4.2　离合器

用离合器连接的两轴可在机器运转过程中随时进行接合或分离。

离合器按其工作原理可分为牙嵌式、摩擦式和电磁式三类，按控制方式可分为操纵式和自动式两类。操纵式离合器需要借助于人力或动力（如液压、气压、电磁等）进行操纵；自动式离合器不需要外力操纵，可在一定条件下实现自动分离和接合。

(1) 牙嵌式离合器

牙嵌式离合器由两个端面带牙的半离合器 1、3 组成。如图 2.45 所示。

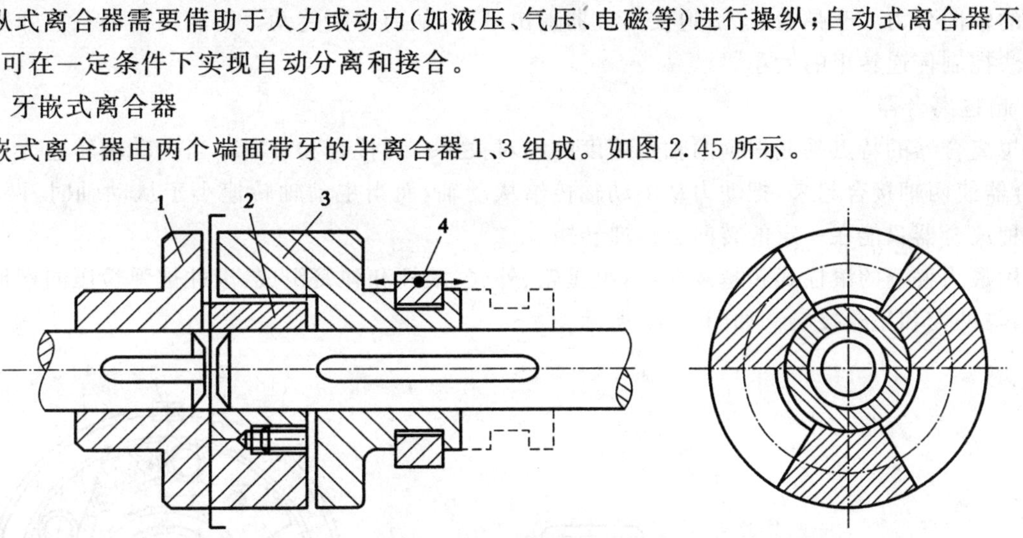

图 2.45　牙嵌式离合器

牙嵌式离合器的从动半离合器 3 用导向平键或花键与轴连接，另一半离合器 1 用普通平键与轴连接，对中环 2 用来使两轴对中，滑环 4 可操纵离合器的分离或接合。

牙嵌式离合器的常用牙型有矩形、梯形和锯齿形等。矩形齿接合、分离困难，牙的强度低，磨损后无法补偿，仅用于静止状态的手动接合；梯形齿牙根强度高，接合容易，且能自动补偿牙的磨损与间隙，因此应用较广；锯齿形齿牙根强度高，可传递较大转矩，但只能单向工作。

为减小齿间冲击，延长齿的寿命，牙嵌式离合器应在两轴静止或转速差很小时接合或分离。

(2) 摩擦离合器

摩擦离合器利用主、从动半离合器摩擦片接触面间的摩擦力传递转矩。为提高传递转矩的能力，通常采用多片摩擦片。它能在不停车或两轴有较大转速差时进行平稳接合，且可在过载时因摩擦片间打滑而起到过载保护的作用。

多片摩擦离合器有两组间隔排列的内、外摩擦片。如图 2.46 所示。

多片摩擦离合器的外摩擦片通过外圆周上的花键与鼓轮相连（鼓轮与轴固连），内摩擦片通过内圆周上的花键与套筒相连（套筒与另一轴固连），移动滑环可使杠杆压紧或放松摩擦片，从而实现离合器的接合与分离。

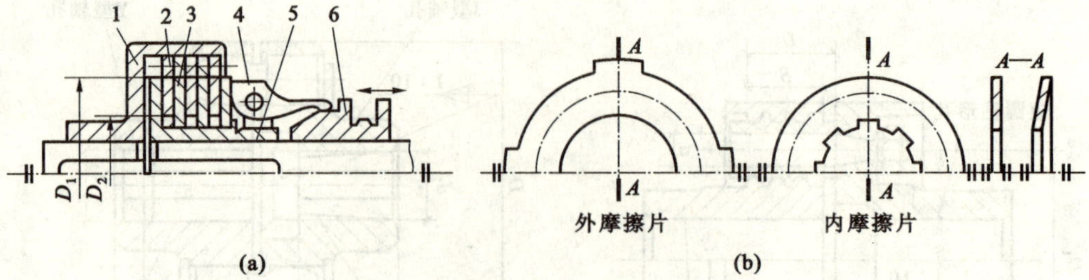

图 2.46 摩擦离合器

1—鼓轮；2—外摩擦片；3—内摩擦片；4—杠杆；5—套筒；6—移动滑环

(3) 特殊功能离合器

① 安全离合器

安全离合器指当传递转矩超过一定数值后，主、从动轴可自动分离，从而保护机器中其他零件不被损坏的离合器。牙嵌式安全离合器，如图 2.47 所示。

牙嵌式安全离合器与牙嵌式离合器很相似，仅是牙的倾斜角 α 较大，它没有操纵机构，过载时牙面产生的轴向分力大于弹簧压力，迫使离合器退出啮合，从而中断传动。可利用螺母调节弹簧压力大小的方法控制传递转矩的大小。

② 超越离合器

超越离合器的特点是能根据两轴角速度的相对关系自动接合和分离。当主动轴转速大于从动轴时，离合器使两轴接合起来，把动力从主动轴传给从动轴，而当主动轴转速小于从动轴时，两轴脱离。因此这种离合器只能在一定的转向上传递转矩。

应用最为普遍的滚柱式超越离合器，由星轮、外壳、滚柱和弹簧组成，滚柱被弹簧压向楔形槽的狭窄部分，与外壳和星轮接触。如图 2.48 所示。

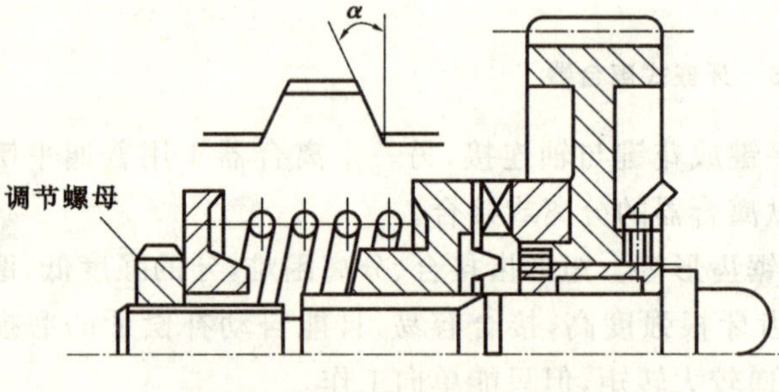

图 2.47 牙嵌式安全离合器

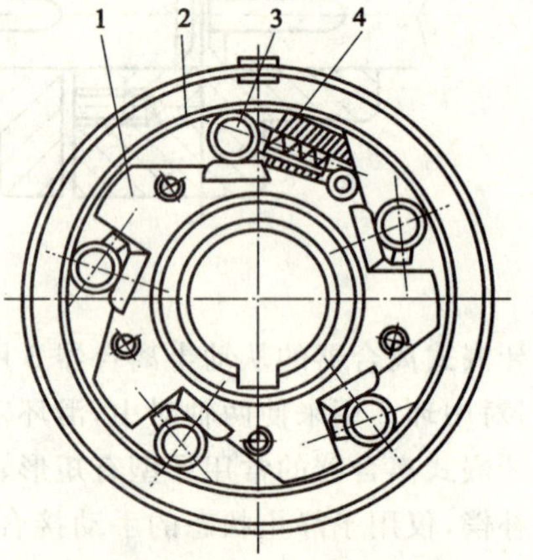

图 2.48 滚柱式超越离合器

1—星轮；2—外壳；3—滚柱；4—弹簧

当星轮为主动件并沿顺时针方向转动时，滚柱在摩擦力的作用下被楔紧在槽内，星轮借助摩擦力带动外壳同步转动，离合器处于接合状态。

当星轮逆时针转动时，滚柱被带到楔形槽的较宽部分，星轮无法带动外壳转动，离合器处于分离状态。

外壳为主动件并沿逆时针方向转动时，滚柱被楔紧，外壳将带动星轮同步转动，离合器接合；当外壳顺时针转动时，离合器又处于分离状态。

2.3.5　减速机

减速机是由封闭在箱体内的齿轮传动或蜗杆传动所组成的独立部件。为了提高电动机的效率，原动机提供的回转速度一般比工作机械所需的转速高，因此齿轮减速机、蜗杆减速机常安装在机械的原动机与工作机之间，用以降低输入的转速并相应地增大输出的转矩，在机器设备中被广泛采用。

2.3.5.1　减速机的类型和特点

减速机的类型很多，常用的有以下几种。

(1) 圆柱齿轮减速机

圆柱齿轮减速机，按齿轮传动级数，可分为单级、两级和多级；按轴在空间的相互位置，可分为卧式和立式。

单级圆柱齿轮减速机，如图 2.49 所示。

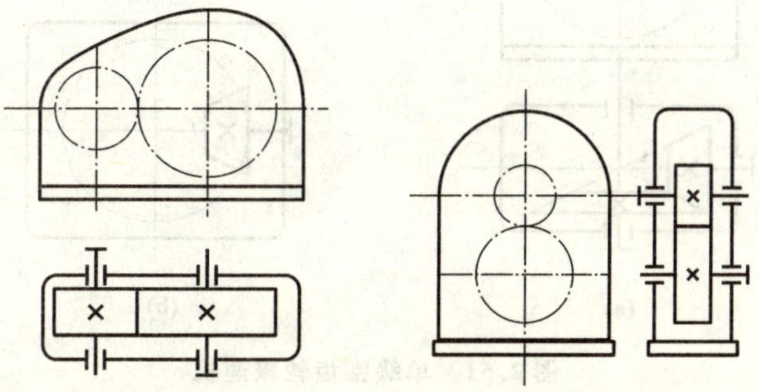

(a)　(b)

图 2.49　单级圆柱齿轮减速机

(a) 卧式；(b) 立式

一般直齿轮的传动比 $i \leq 5$；斜齿轮和人字齿轮的传动比 $i \leq 8$。

两级圆柱齿轮减速机，如图 2.50 所示。

两级圆柱齿轮减速机，常用的传动比为 $i = 8 \sim 50$。

图 2.50(a)为展开式两级圆柱齿轮减速机，其结构简单，但齿轮相对轴承位置不对称，引起轮齿受力不均匀，因此要求轴有较大的刚度。

图 2.50(b)为分流式两级圆柱齿轮减速机，齿轮两侧的轴承对称布置，载荷沿齿宽分布均匀。高速级常采用斜齿轮，一侧为左旋，另一侧为右旋，轴向力能互相抵消。

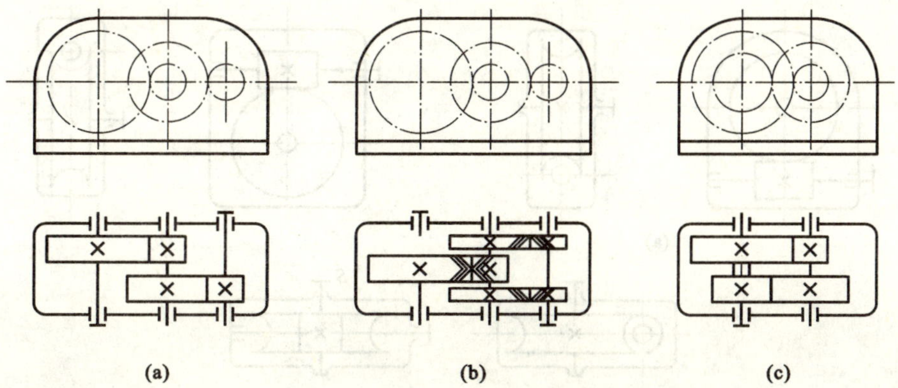

(a)　(b)　(c)

图 2.50　两级圆柱齿轮减速机

(a) 展开式两级圆柱齿轮减速机；(b) 分流式两级圆柱齿轮减速机；(c) 同轴式两级圆柱齿轮减速机

图 2.50(c)为同轴式两级圆柱齿轮减速机，输入轴与输出轴位于同一轴线上，箱体长度较短，宽度较大。由于两级齿轮的中心距必须相等，所以高速级齿轮的承载能力不能充分利用，仅用于输入轴与输出轴同轴线安装的场合。

圆柱齿轮减速机在所有减速机中应用最广，其传递的功率范围从很小至 40000 kW，圆周速度从很低至 60～70 m/s，且效率高。

(2) 锥齿轮减速机

单级锥齿轮减速机，如图 2.51 所示。

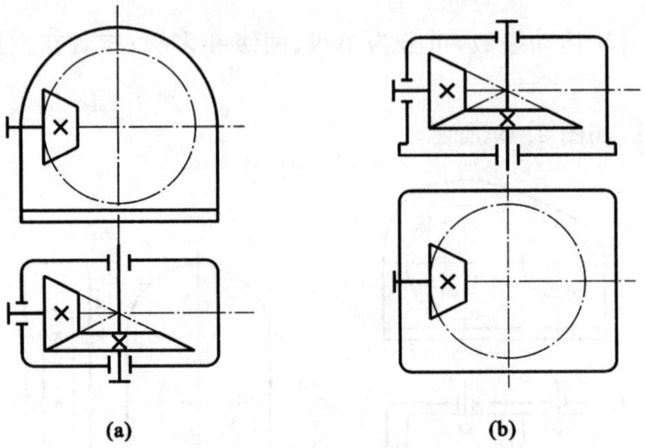

图 2.51　单级锥齿轮减速机

(a) 卧式；(b) 立式

单级锥齿轮减速机，用于输入轴与输出轴垂直相交的传动，传动比 $i \leqslant 5$。由于锥齿轮精加工比较困难，仅在传动布置需要时才采用。

(3) 蜗杆减速机

单级蜗杆减速机，如图 2.52 所示。

图 2.52(a)蜗杆布置在蜗轮的下边，称为蜗杆下置式，轮齿啮合处润滑和冷却较好，蜗杆轴承的润滑也较方便，当蜗杆速度较大时，油的搅动损失大，一般用于蜗杆圆周速度 $v < 4$ m/s 的场合；

图 2.52(b)蜗杆布置在蜗轮的上边，称为蜗杆上置式，装拆方便，蜗杆的圆周速度允许高一些，蜗杆轴承的润滑不太方便；

图 2.52(c)蜗杆布置在蜗轮的侧面，称为蜗杆侧置式，用于水平旋转机构的传动。单级蜗杆减速机的传动范围是 $8 < i < 80$。

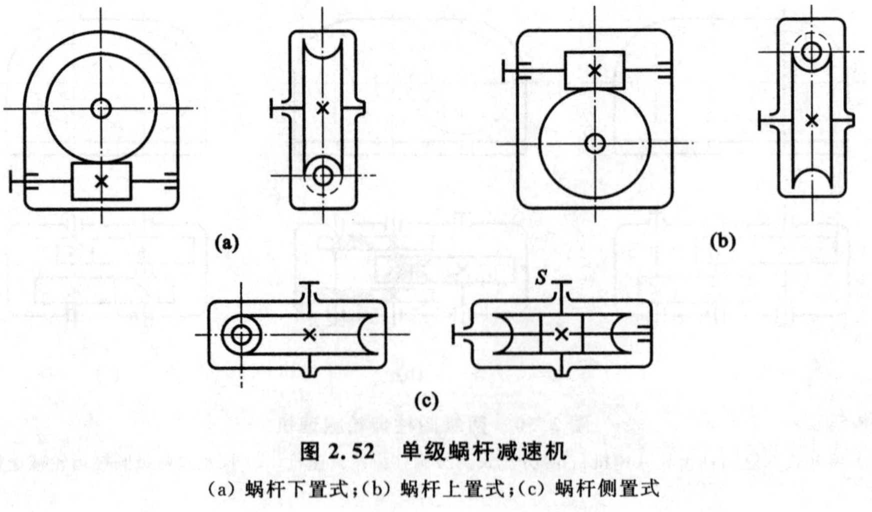

图 2.52　单级蜗杆减速机

(a) 蜗杆下置式；(b) 蜗杆上置式；(c) 蜗杆侧置式

蜗杆减速机的特点是在外廓尺寸不大的情况下，可以获得大的传动比，工作平稳，噪声较小，但效率低，只适合传递中等以下的功率，一般不超过 50 kW。

此外，还有渐开线少齿差行星齿轮减速器。其主要优点是传动比大，一级减速比可达 135，二级减速比可达 10000 以上；结构简单，体积小；主、从动轴同轴度高，便于加工、装配和维修；效率高。

2.3.5.2　减速器的结构

减速器的结构随其类型和要求的不同而异，一般由箱体、轴承、轴、轴上零件和附件等组成。

单级圆柱齿轮减速器结构，如图 2.53 所示。

箱体为剖分式结构，由箱盖和箱座组成，剖分面通过齿轮轴线平面。箱体应有足够的强度和刚度，除适当的壁厚外，还应在轴承座孔处设加强筋。剖分面上铣出集油沟，将飞溅到箱盖上的润滑油沿内壁流入油沟，引入轴承室润滑轴承。

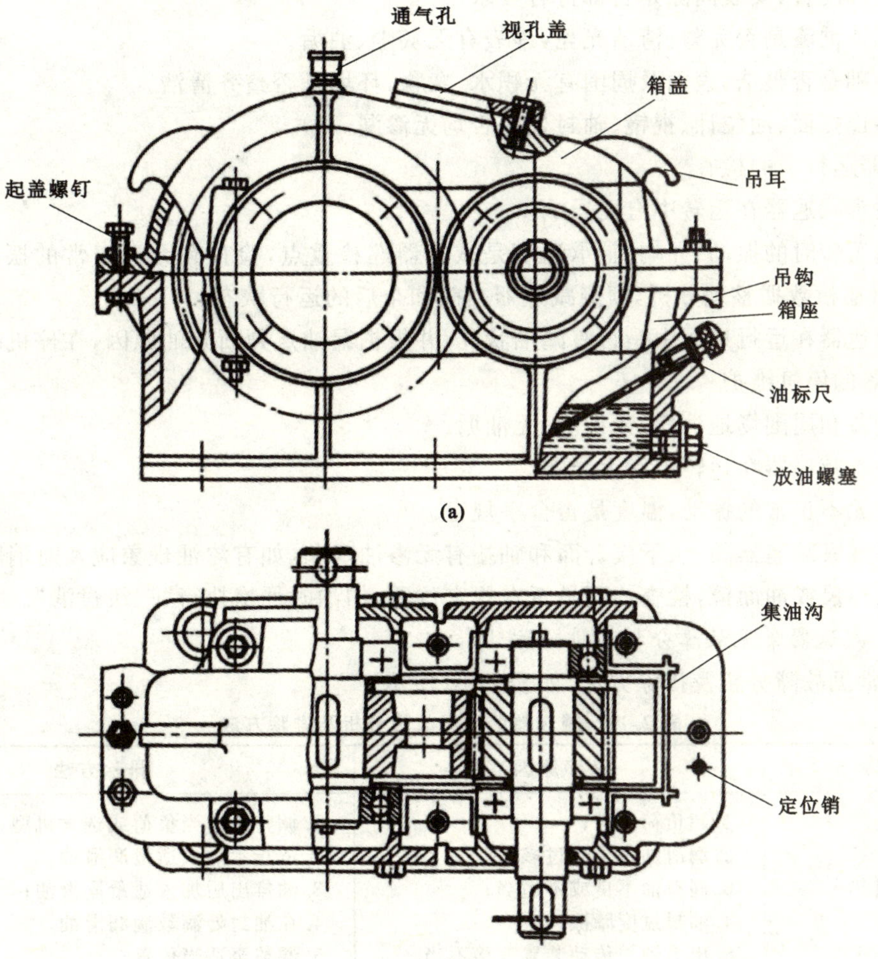

图 2.53　单级圆柱齿轮减速器结构

(a) 主视图；(b) 俯视图

箱盖与箱座用一组螺栓连接，螺栓布置要合理。轴承座安装螺栓处做出凸台，以便使轴承座孔两侧连接螺栓尽量靠近轴承座孔中心。安装螺栓的凸台处应留有扳手空间。

为便于箱盖与箱座加工及安装定位，在剖分面的长度方向两端各有一个锥形定位销。

箱盖上设有窥视孔，以便观察齿轮或蜗杆与蜗轮的啮合情况。窥视孔盖上装有通气器，箱内温度升高，气压增大，可经过通气器向外散发。为了方便拆卸箱盖，可在箱盖凸缘处装两个起盖螺钉。为方便拆卸和搬运，设置吊耳或吊环螺钉。

箱座上装有油标尺(或油面指示器),用来检查箱内的油量。最低处设有放油螺塞,以便排除污油和清洗底部。

2.3.5.3 减速器的检查与维护

(1) 减速器运行前的检查

① 检查减速器润滑油油量,以油位计刻度确认减速器润滑油油量。

② 检查减速器主体零件、部件是否完整齐全。

③ 检查部件连接螺栓是否清洁光亮、外表齐全、连接紧固。

④ 检查安全防护装置是否齐全、牢固。

⑤ 检查减速器密封部位,如盖与箱体结合面轴承端盖是否泄漏。

⑥ 检查齿轮磨损情况。

⑦ 检查各部配合、安装间隙是否都符合要求。

⑧ 检查机体油漆是否完整、清洁光亮,外表有无灰尘、油垢。

⑨ 检查基础是否整洁,表面及周围有无积水、杂物,环境是否整齐清洁。

⑩ 检查各连接面、油位计、视镜、轴封处是否均无渗漏。

(2) 减速器运行中的检查

① 随时注意减速器在运转中有无异响。

② 减速器运转时的振动、异响、轴承温度是减速器巡检重点,检查有无不正常的振动,温度是否合乎规定,并对巡检数据整理分析,预测减速器当前和今后的运行状态。

③ 观察减速器在运行过程中是否有漏油状况,并根据漏油点判断漏油原因,在停机时予以修理。

(3) 减速器的停机维护

① 保持设备和周围场地洁净,无积灰、无油垢。

② 随时注意减速器在运转中有无异响。

③ 检查有无不正常的振动,温度是否合乎规定。

④ 检查并观察减速器的上、下接合面和轴端有无渗油现象,如有渗油现象应及时消除。

⑤ 通过油标尺或油面镜,检查油面是否在规定位置,加油时严格执行“三级过滤”。

2.3.5.4 减速器常见故障分析与排除方法

减速器的常见故障分析及排除方法,如表 2.10 所示。

表 2.10 减速器的常见故障分析及排除方法

常见故障	故障原因	排除方法
减速器过热	1. 超负荷运转; 2. 润滑油过少或过多; 3. 润滑油不良或不适当; 4. 油封过度摩擦; 5. 出力轴与传动装置连接不当	1. 调整至适当负荷或选大机型; 2. 依指示加入适量润滑油; 3. 油排出后加入适量润滑油; 4. 在油封处滴数滴润滑油; 5. 调整至适当位置
减速器有杂音	1. 齿轮啮合不良; 2. 轴承损伤或间隙过大; 3. 润滑油不足; 4. 异物侵入	1. 修整齿轮接触面; 2. 更换轴承; 3. 依指示加入适量润滑油; 4. 去除异物并更换润滑油
不正常振动	1. 传动装置固定不良; 2. 齿轮磨耗或损伤; 3. 轴承磨耗或损伤; 4. 螺栓松脱; 5. 异物侵入	1. 固定传动装置; 2. 更换齿轮; 3. 更换轴承; 4. 拧紧螺栓; 5. 去除异物并更换润滑油

续表 2.10

常见故障	故障原因	排除方法
漏油	1. 油封损伤； 2. 密封垫破损； 3. 油量过多； 4. 油塞松脱； 5. 油标破损	1. 更换油封； 2. 更换密封垫； 3. 加入适量润滑油； 4. 拧紧油塞； 5. 更换油标
入力轴或出力轴不转	1. 齿轮过热； 2. 轴承损坏； 3. 异物侵入； 4. 齿轮过度磨损	1. 更换或维修； 2. 更换轴承； 3. 去除异物并更换润滑油； 4. 更换齿轮
齿轮过度磨损	1. 超负荷运转； 2. 润滑油不良或不适当； 3. 润滑油不足； 4. 轴承磨损； 5. 运转温度过高	1. 调整至适当负荷； 2. 更换适量润滑油； 3. 依指示加入适量润滑油； 4. 更换轴承； 5. 改善通风环境

思 考 题

1. 简述带传动的特点及用途。
2. 简述链传动的特点及用途。
3. 简述齿轮传动的特点及用途。
4. 什么是联轴器？什么是离合器？它们各有什么作用？
5. 简述减速器的检查和维护内容及常见故障分析与排除方法。

任务 2.4　水泥机械设备液压传动系统的巡检

任务描述：

(1) 了解液压传动的基本原理、系统组成及特点；

(2) 熟悉液压传动各元件的作用、类型；

(3) 掌握液压传动系统的检查与维护内容。

知识目标：

(1) 能熟练表述液压传动原理及系统组成；

(2) 能熟练表述水泥机械中常用的液压元件；

(3) 能熟练表述液压传动系统的检查与维护内容。

能力目标：

能在水泥生产企业进行液压传动系统的检查维护及故障排除工作。

2.4.1　液压传动的基本原理

手动液压千斤顶是一种最简单的液压传动装置，如图 2.54 所示。

手动液压千斤顶的工作原理：

在图 2.54 中，7 和 3 分别是大油缸和小油缸，缸内活塞 6 和 2 与缸筒之间保持良好的配合，既能

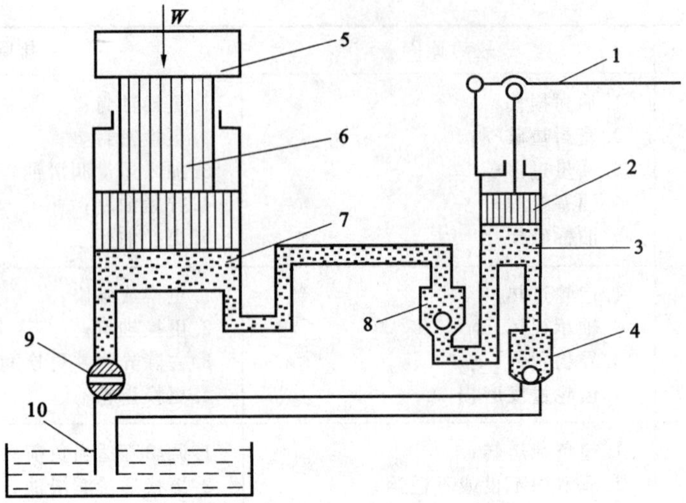

图 2.54　液压千斤顶的工作原理

1—杠杆；2—小油缸内活塞；3—小油缸；4—单向阀Ⅰ；5—重物；
6—大油缸内活塞；7—大油缸；8—单向阀Ⅱ；9—放油阀；10—油箱

滑动又不使油液渗漏。两油缸的下腔用油管连通。当提起杠杆 1 时，小活塞就被带动上升，小油缸下腔密封容积就增大，腔内油液的压力就减小。而单向阀 4 和 8 的作用是只允许油液从下向上流过，而不允许油液反向流过。所以，此时油箱 10 中的油液在大气压力作用下经过单向阀 4 进入小油缸的下腔，而单向阀 8 关闭，阻止油液从大油缸流入小油缸。当压杠杆 1 时，小活塞下移，小油缸下腔的容积就减小，油液就经过单向阀 8 流入到大油缸下腔，由于放油阀 9 是关闭的，所以油液受到挤压向上推动大活塞 6，使重物 5 被顶起。

如此反复提压杠杆 1，就能不断地将油从油箱 10 中吸入小油缸，然后再压入到大油缸，使大活塞将重物 5 顶起，达到起重的作用。若将放油阀 9 旋转 90°，大油缸里的油就会流回到油箱，活塞 6 就回复到原位。

通过上例可见，液压传动装置实质上是一种能量转换装置。它将机械能转换成液体的压力能，随后又将液压能转换成机械能而做功。

液压传动系统，具有如下工作特征：

① 液压传动是在密封容器内进行的；

② 力的传递是通过液体的压力来实现的；

③ 运动的传递是按液体容积变化相等的原理进行的；

④ 工作压力取决于外部载荷的大小。

2.4.2　液压系统的组成

一个完整的液压传动系统，由以下几个部分组成：

① 动力装置，即液压泵。其作用是将原动机输入的机械能转换成液体的压力能，为液压系统提供压力油，是液压系统的动力元件。

② 执行装置。其作用是将液体的压力能转换为机械能。它包括液压油缸和液压马达。其作用是在压力油的推动下，完成有效的功。

③ 控制装置。它包括各类液压阀，如换向阀、压力阀、流量阀等，用以改变液流的方向，调节液体的压力或流量。

④ 辅助装置。它包括油箱、油管、滤油器、冷却器、蓄能器和压力表等。其作用是在液压传动中协

助和完善能量传递，保证系统正常工作。它对液压系统的工作效率、工作寿命的影响甚大，应予以重视。

⑤ 工作介质，即液压油。其作用是传递能量。

2.4.3　液压传动的优点与缺点

(1) 液压传动的优点

① 结构紧凑，在功率相同时，具有体积小、质量轻的特点。或者说，体积很小的液压传动装置，能获得非常大的工作力或工作转矩。

② 液压装置容易做到对执行元件速度的无级调节，而且调速范围大，并且对速度的调节还可以在工作过程中进行。

③ 液压装置工作平稳。由于质量轻、惯性小、反应快，换向冲击小，便于实现启动、制动和频繁换向。

④ 液压装置易于实现过载保护，能实现自润滑，使用寿命长。

⑤ 液压装置易于实现自动化，可以很方便地对液体的流动方向、压力和流量进行调节和控制，并能很容易地与电气、电子控制或气动控制结合起来，实现复杂的运动和操作。

⑥ 液压元件易于实现标准化、系列化和通用化，有利于缩短设计周期、制造周期并降低成本，便于设计、制造和推广使用。

(2) 液压传动的缺点

① 液压传动中的泄漏和液体的可压缩性使其无法保证严格的传动比。

② 液压传动中能量经过二次转换，有较多的能量损失(泄漏损失、摩擦损失等)，特别是对于长距离传动，能量损失更大。因此，液压传动效率相对较低。

③ 液压传动装置的工作性能对油温的变化比较敏感，不宜在较高或较低的温度下工作。

④ 液压传动在出现故障时诊断较困难，对维修人员技术水平有较高要求。

⑤ 液压元件要求有较高的加工精度，使产品成本提高。

2.4.4　液压元件

2.4.4.1　液压泵

液压泵由原动机驱动，把输入的机械能转换成为油液的压力能，再以压力、流量的形式输入到系统中去，它是液压系统的动力源。根据工作腔的容积变化而进行吸油和排油是液压泵的共同特点，因而这种泵又称为容积泵。

液压泵的分类，如图2.55所示。

- 液压泵
  - 定量泵
    - 齿轮泵
    - 叶片泵
    - 螺杆泵
    - 柱塞泵
      - 径向柱塞泵
      - 轴向柱塞泵
  - 变量泵
    - 叶片泵
    - 柱塞泵
      - 径向柱塞泵
      - 轴向柱塞泵

图2.55　液压泵的分类

(1) 液压泵的图形符号

为了方便绘制液压系统图，国家标准对液压元件规定了统一的图形符号。液压泵的图形符号，如图2.56所示。

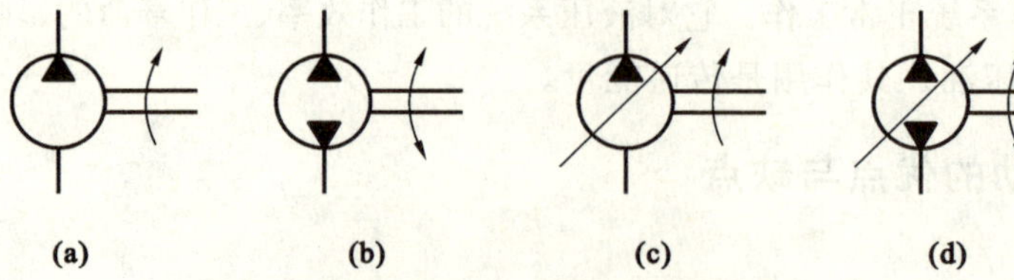

图 2.56　液压泵的图形符号

(a) 单向定量液压泵；(b) 双向定量液压泵；(c) 单向变量液压泵；(d) 双向变量液压泵

(2) 齿轮泵

齿轮泵的结构及工作原理，如图 2.57 所示。

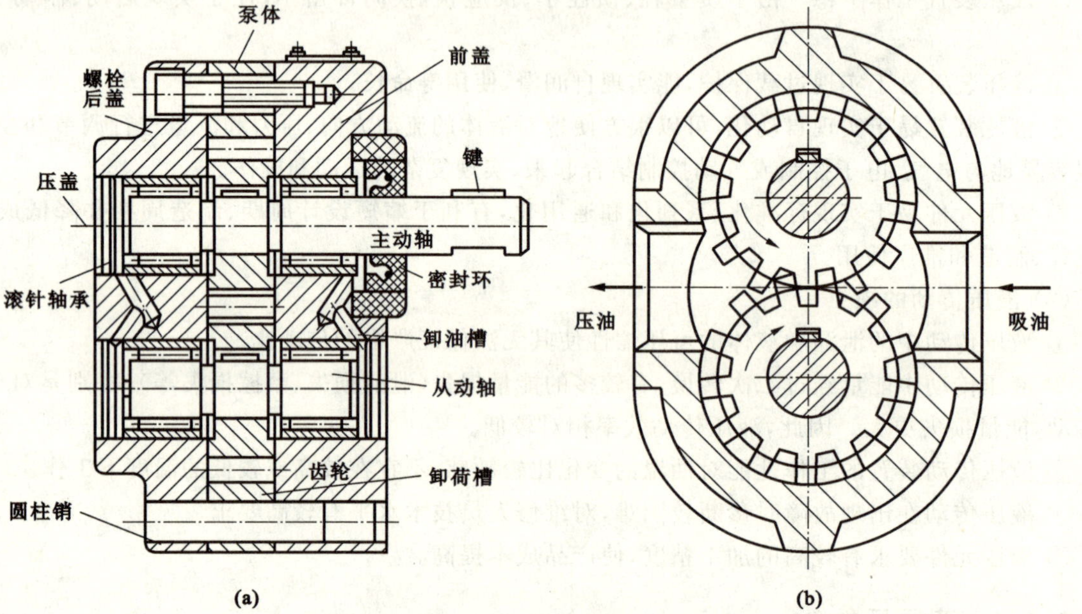

图 2.57　齿轮泵的结构及工作原理

(a) 齿轮泵的结构；(b) 齿轮泵的工作原理

齿轮泵按照其啮合形式的不同，分为外啮合和内啮合两种。外啮合齿轮泵应用较广。

外啮合齿轮泵，由泵体和装在泵内的一对相互啮合的圆柱齿轮组成，齿轮的齿顶、端面与泵体的内腔表面及两个端盖之间形成了密封的空间容积。该容积又被两个相互啮合的齿轮分为吸油和压油两个部分。

当电动机带动主动齿轮逆时针旋转时，左端两对齿轮逐渐进入啮合，使空间容积逐渐减小，油压上升，油被挤出，右端两对齿轮逐渐脱离啮合，使空间容积逐渐增大，油压下降，形成局部真空(负压)，油被吸入空间。

齿轮泵是一种常用的液压泵。

它的主要优点是结构简单，制造方便，价格低廉，体积小，质量轻，自吸性好，对油液污染不敏感，工作可靠；其主要缺点是流量和压力脉动大，噪声大，排量不可调。

(3) 柱塞泵

柱塞泵是靠柱塞在缸体中做往复运动造成密封容积的变化来实现吸油与压油的液压泵。与齿轮泵和叶片泵相比，这种泵有许多优点。

第一，构成密封容积的零件为圆柱形的柱塞和缸孔，加工方便，可得到较高的配合精度，密封性能好，在高压条件下工作仍有较高的容积效率；

第二，只需改变柱塞的工作行程就能改变流量，易于实现变量；

第三，柱塞泵中的主要零件均受压应力作用，材料强度性能可得到充分利用。

由于柱塞泵压力高，结构紧凑，效率高，流量调节方便，故一般用在需要高压、大流量、大功率的系统中和流量需要调节的场合。

柱塞泵按柱塞的排列和运动方向不同，可分为径向柱塞泵和轴向柱塞泵两大类。

轴向柱塞泵，是将作为运动体的柱塞与缸体轴线平行或近似平行设置；径向柱塞泵，是将作为运动体的柱塞与缸体轴线垂直设置。径向柱塞泵柱塞顶部与定子内表面为点接触，易磨损，已逐渐被轴向柱塞泵取代。

轴向柱塞泵，是将多个柱塞配置在一个共同缸体的圆周上，并使柱塞中心线和缸体中心线平行的一种泵。

轴向柱塞泵有两种形式：直轴式（斜盘式）和斜轴式（摆缸式）。

直轴式轴向柱塞泵的工作原理，如图 2.58 所示。

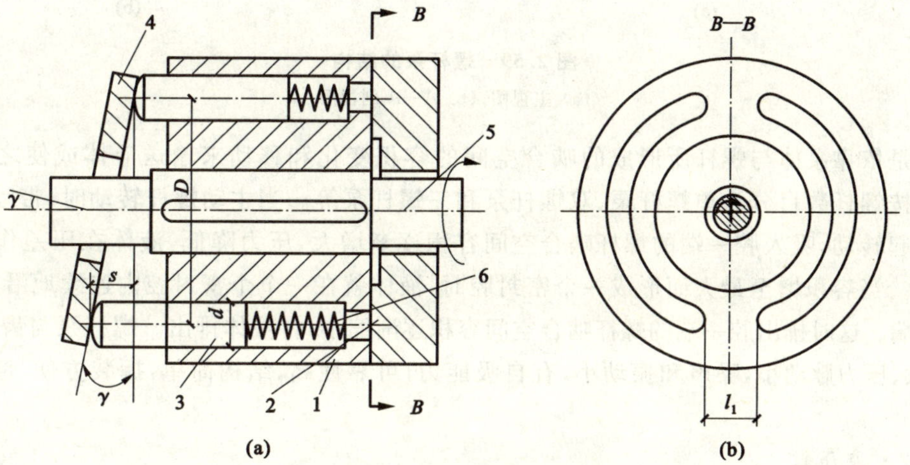

图 2.58　轴向柱塞泵的工作原理

(a) 主视图；(b) B—B 剖视图

1—缸体；2—配油盘；3—柱塞；4—斜盘；5—传动轴；6—弹簧

这种泵的主体，由缸体、配油盘、柱塞和斜盘组成。柱塞沿圆周均匀分布在缸体内。斜盘轴线与缸体轴线倾斜一角度，柱塞靠机械装置或在低压油作用下压紧在斜盘上（图中为弹簧），配油盘和斜盘固定不转，当原动机通过传动轴使缸体转动时，斜盘的作用迫使柱塞在缸体内做往复运动，并通过配油盘的配油窗口进行吸油和压油。如图 2.58 中所示回转方向，当缸体转角在 180°～360°范围内时，图示上部柱塞向外伸出，柱塞底部缸孔的密封工作容积增大，通过配油盘的吸油窗口吸油；在 0°～180°范围内，图示上部柱塞被斜盘推入缸体，使缸孔容积减小，通过配油盘的压油窗口压油。缸体每转一周，每个柱塞各完成吸油、压油一次。如改变斜盘倾角，就能改变柱塞行程的长度，即改变液压泵的排量。如改变斜盘倾角方向，就能改变吸油和压油的方向，即成为双向变量泵。

轴向柱塞泵的优点：

容积效率高（$\eta_v = 0.98$）、压力高；柱塞和缸体均为圆柱表面，易于加工制造，且精度高，内泄小；径向尺寸小，转动惯量小；易于实现变量。

轴向柱塞泵的缺点：

轴向尺寸较大，轴向作用力也较大；结构比较复杂；对油液污染敏感。

轴向柱塞泵一般用于高压、大流量及流量需要调节的液压系统中。

(4) 螺杆泵

螺杆泵的工作原理与齿轮泵相似,只是在结构上用螺杆取代了齿轮。如图 2.59 所示。

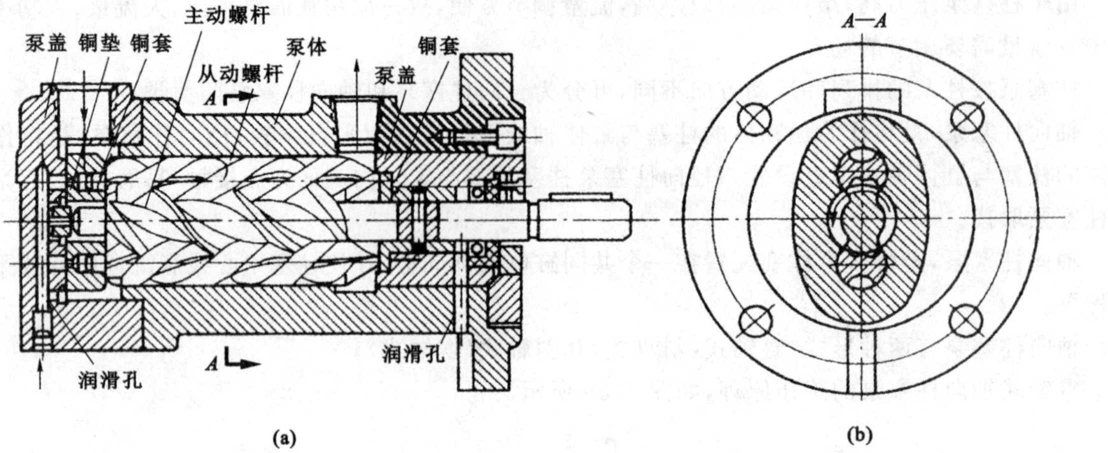

图 2.59 螺杆泵的结构

(a) 主视图;(b) A—A 剖视图

螺杆泵是依靠泵体与螺杆所形成的啮合空间的容积变化和移动来输送液体或使之增压的回转泵。螺杆泵按螺杆数目分为单螺杆泵、双螺杆泵和三螺杆泵等。当主动螺杆转动时,带动与其啮合的从动螺杆一起转动,吸入腔一端的螺杆啮合空间容积逐渐增大,压力降低,液体在压差作用下进入啮合空间容积。当容积增至最大而形成一个密封腔时,液体就在一个个密封腔内连续地沿轴向移动,直至排出腔一端。这时排出腔一端的螺杆啮合空间容积逐渐缩小,将液体排出。螺杆泵与齿轮泵、柱塞泵相比,流量大、压力脉动小,噪声和振动小,有自吸能力,可靠性高,结构简单,拆装方便,但螺杆加工较困难。

2.4.4.2 *液压缸*

液压缸是液压系统中的执行元件,可将液体的压力能转换为做直线运动的机械能输出。

液压缸的种类很多,按使用要求的不同,有实现往复直线运动的活塞式液压缸、柱塞式液压缸及实现往复摆动的摆动液压缸等。活塞式液压缸在液压系统中应用最广,按作用方式不同可分为单作用液压缸和双作用液压缸。双作用液压缸的活塞(或缸体)的两个运动方向均由压力油控制,而单作用液压缸的压力油只能使活塞(或缸体)朝一个方向运动,返程必须依靠外力。双作用液压缸根据活塞杆的数目又分为单活塞杆液压缸和双活塞杆液压缸。其图形符号,如图 2.60 所示。

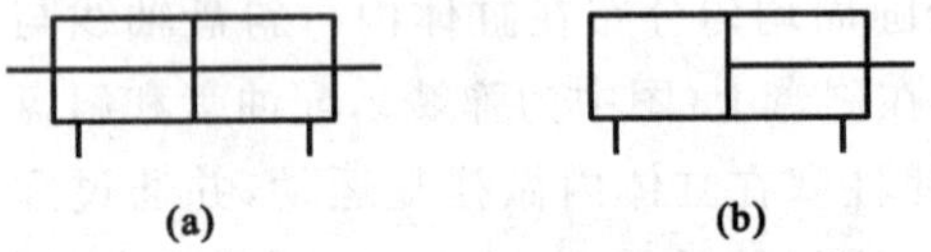

图 2.60 活塞式液压缸图形符号

(a) 双活塞杆液压缸;(b) 单活塞杆液压缸

(1) 双活塞杆液压缸的结构

双活塞杆液压缸的结构,如图 2.61 所示。

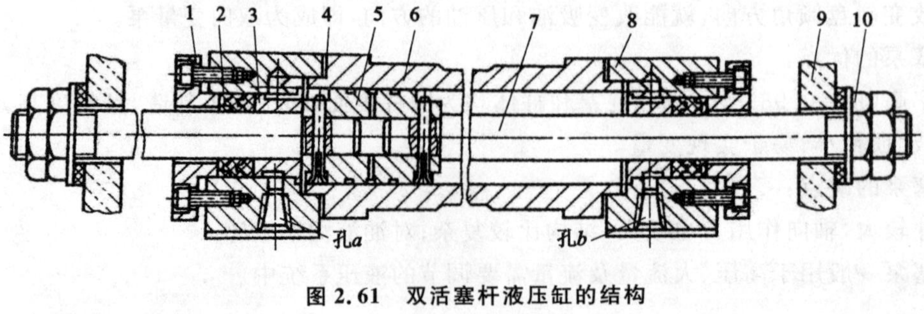

图 2.61 双活塞杆液压缸的结构

1—压盖;2—密封圈;3—导向套;4—密封垫;5—活塞;6—缸体;7—活塞杆;8—端盖;9—支架;10—螺母

当缸的左腔进油、右腔回油时，活塞5向右运动；反之活塞向左运动。油液经孔 a（或 b）、导向套3的环形槽和端盖8上部的小孔进入（或流出）液压缸。压盖1可适当压紧V形密封圈2，以保证活塞杆处的密封效果。密封垫4可防止油液从缸体6与端盖的结合面处泄漏。

双活塞杆液压缸两端活塞杆直径相同，所以两腔的有效作用面积相等。当分别向左、右腔输入相同的压力和流量时，液压缸左、右两个方向上输出的推力 F 和速度 v 相等。

(2) 单活塞杆液压缸的结构

双作用单活塞杆液压缸，如图2.62所示。

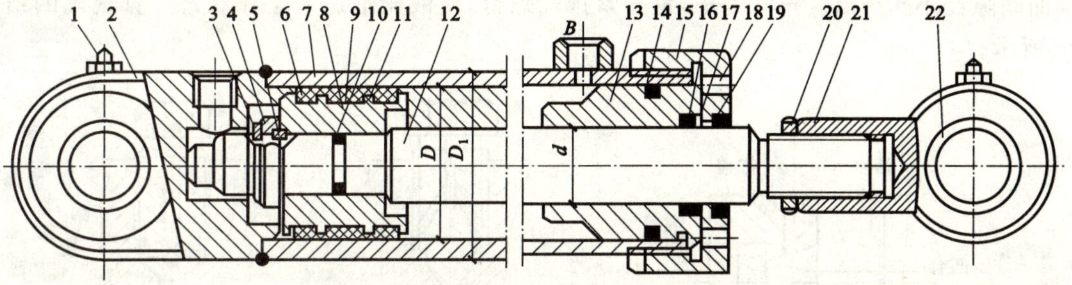

图2.62　双作用单活塞杆液压缸的结构

1—螺钉；2—缸底；3—弹簧卡圈；4—挡环；5—卡环（由2个半圈组成）；6—密封圈；7,17—挡圈；8—活塞；9—支承环；10—活塞与活塞杆之间的密封圈；11—缸筒；12—活塞杆；13—导向套；14—导向套和缸筒之间的密封圈；15—端盖；16—导向套和活塞杆之间的密封圈；18—锁紧螺母；19—防生圈；20—紧定螺钉；21—耳环；22—耳环衬套圈

双作用液压缸的液压油交替进入液压缸两侧，驱动活塞在正反两个方向做往复运动，其往复运动均能很好地控制。双作用单活塞杆液压缸只在活塞的一侧装有活塞杆，因而两腔有效作用面积不同，往返的运动速度和作用力也不相等。活塞杆推出时作用力较大，速度较慢；活塞杆拉入时作用力较小，速度较快。因而它适用于推出时承受工作载荷、拉入时空载或载荷较小的液压装置。双作用单活塞杆液压缸是应用最多的一种液压缸。

(3) 液压缸的密封

液压缸密封的目的，是尽量减少液压油的泄漏，阻止有害杂质侵入系统。常用的密封，有间隙密封和密封元件密封两种。间隙密封，如图2.63所示。密封元件密封，如图2.64所示。

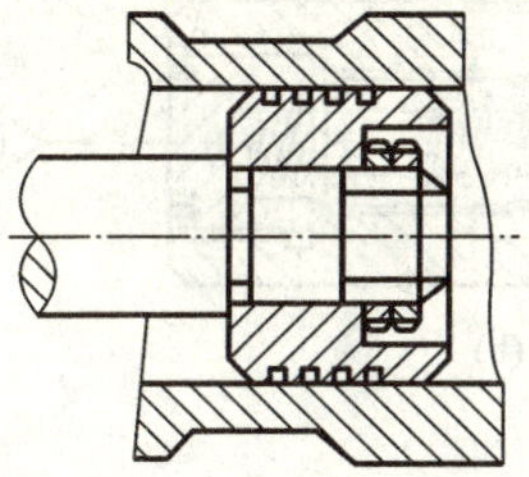

图2.63　间隙密封

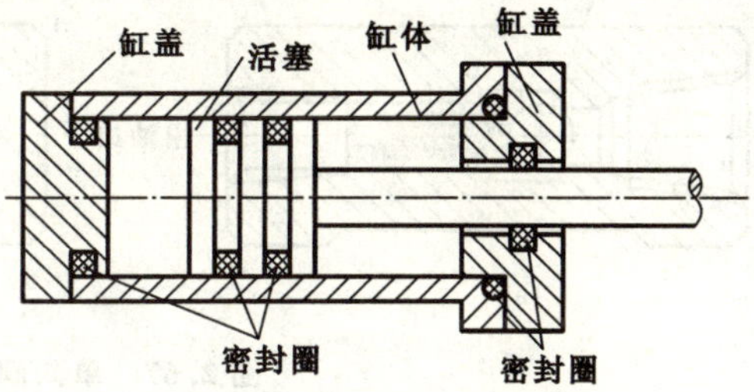

图2.64　密封元件密封

间隙密封，一般采用在活塞上开有若干个环形小槽，依靠缸体和活塞相对运动的配合表面之间的微小间隙来防止泄漏。密封元件密封，采用密封圈密封，常用的密封圈有O形、Y形和V形。

(4) 液压缸的缓冲

液压缸通常设有缓冲装置，因为工作时运动部件都有惯性，当活塞运动接近行程末端时，会以很大的冲击力撞击缸的端盖，引起振动和产生噪声，甚至损坏液压缸。

为避免活塞在运行到末端时的冲击，一般在缸体内设置缓冲装置，或在缸体外设置缓冲回路，以确保活塞在行程末端的平稳过渡，使系统正常工作。

液压缸的缓冲结构，由活塞、凸台和端盖凹槽构成。如图 2.65 所示。

当活塞运动接近行程末端时，凸台将凹槽内流体的回流通道关小，被封在凹槽内的油液被压缩，只能从小缝隙中流出，从而产生较大的阻力，使活塞的运动速度降低，达到缓冲的目的。

(5) 液压缸的排气装置

液压系统中不可避免地要混入空气，空气进入系统后，会影响运动的平稳性，产生振动、爬行和前冲的现象，严重时会破坏系统的正常工作，所以液压缸要设置排气装置。

排气阀一般设置在油缸的两端，需要排气时，拧开排气螺钉，使活塞全行程空载往返数次，空气便通过锥面间隙经小孔排出。排气完毕，再拧紧排气螺钉，使液压缸进入工作状态。排气阀的结构，如图 2.66所示。

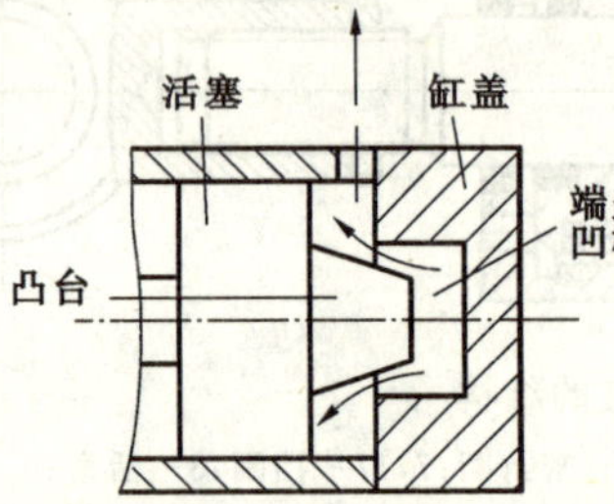

图 2.65　液压缸的缓冲结构

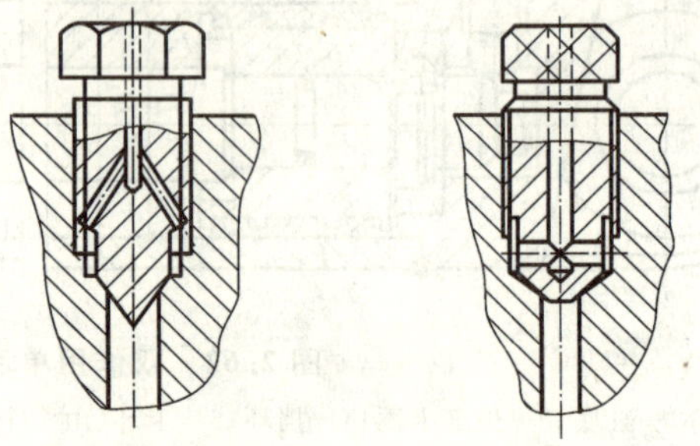

图 2.66　排气阀的结构

2.4.4.3　液压控制阀

在液压系统中，液压控制阀用来控制油液的压力、流量和流动方向，从而控制液压执行元件的启动、停止、运动方向、速度和作用力等，以满足液压设备对各工况的要求。

液压控制阀按用途分为方向控制阀、压力控制阀和流量控制阀三大类。

(1) 方向控制阀

方向控制阀用来控制液压系统中油液的流向。它分为单向阀和换向阀两大类。

① 单向阀

单向阀的作用是控制油液向一个方向流动。它由阀体、阀芯和弹簧等零件组成，如图 2.67 所示。

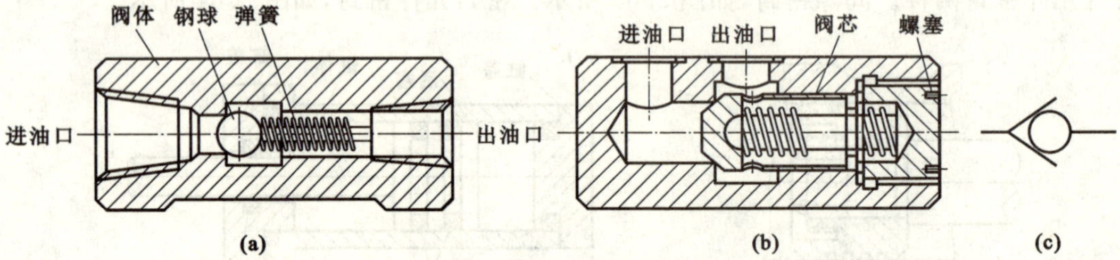

图 2.67　单向阀的结构

(a) 球阀；(b) 锥阀；(c) 图形符号

弹簧的作用主要是克服阀芯的摩擦阻力，使阀芯按规定要求复位。

阀芯分为球阀和锥阀两种。阀芯为球阀的单向阀，结构简单，密封易失效，工作时易产生振动和噪声，用于流量较小的场合；阀芯为锥阀的单向阀，结构复杂，导向性和密封性较好，工作平稳。

② 换向阀

换向阀利用阀芯和阀体相对位置的变化来变换阀体上各阀口间的连通关系，以达到接通、断开油路，控制油流方向的目的。

换向阀的种类很多，按阀的结构分为滑阀、转阀、球阀、锥阀；按阀的操纵方式分为手动、机动、电磁、液动、电液动、气动；按阀的工作位置数和控制通道分为二位二通、二位三通、二位四通、三位四通、三位五通等。

换向阀的图形符号：

方框——换向阀的工作位置，“三位”即有 3 个方框；

箭头——换向阀内油口相通；

“⊥”——换向阀内油路不通；

在一个方框内箭头或“⊥”与方框的交点数——换向阀阀体内油口的通道数；

“四通”——箭头或“⊥”与方框的交点数为 4 个；

P——换向阀的进油口；

T——换向阀与油箱连通的回油口；

A、B——与执行元件连接的 2 个油口。

换向阀的工作过程，如图 2.68 所示。

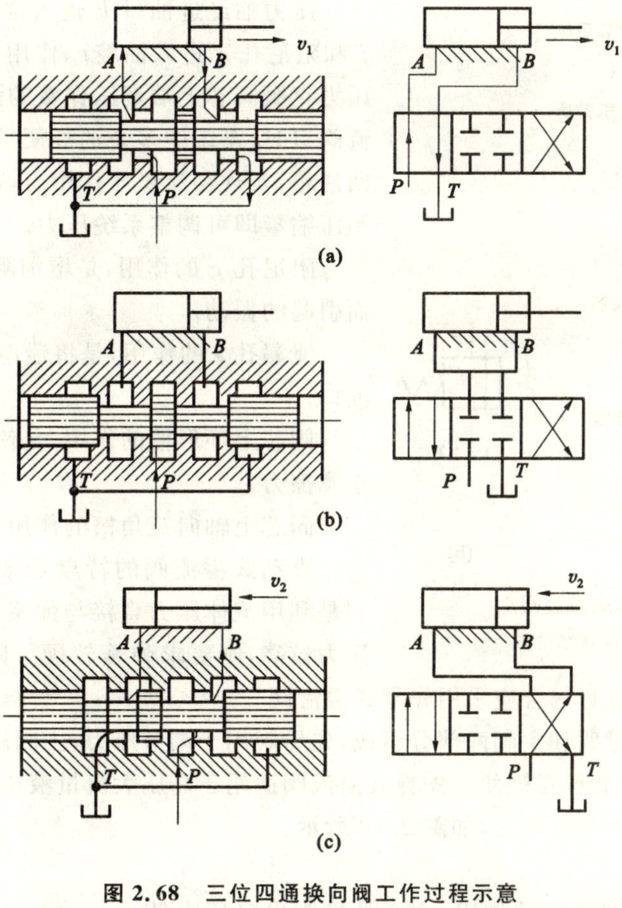

图 2.68　三位四通换向阀工作过程示意

(a) 阀芯移动到右端位置及图形符号；(b) 阀芯移动到中间位置及图形符号；(c) 阀芯移动到左端位置及图形符号

当阀芯在外力作用下移动到右端位置时，进油口 P 与执行元件连接的 A 油口连通；油箱的回油口 T 与执行元件连接的 B 油口连通，该液压系统构成基本回路，压力油则推动活塞向右移动。

当阀芯移动到中间位置时，4 个油口相互隔开，活塞两腔无压力油进入，活塞静止。

当阀芯移动到左端位置时，进油口 P 与执行元件连接的 B 油口连通；油箱的回油口 T 与执行元件连接的 A 油口连通，该液压系统构成基本回路，压力油则推动活塞向左移动。

该换向阀在工作中经历了向右移动、中间静止、向左移动 3 个位置，移动中 4 个油口相互换位连通，故称为三位四通换向阀。

在液压系统原理图中，控制阀芯移动的方式，常画在表示位数方框的两侧，一般连接在常态位(弹簧位)上。

(2) 压力控制阀

在液压系统中，用来控制流体压力高低或利用压力变化来实现某种动作的控制阀称为压力控制阀，简称压力阀。这类阀的种类很多，按其用途不同分为溢流阀、减压阀、顺序阀和压力继电器等。它们都是利用流体压力与弹簧力相平衡的原理来工作的。

① 溢流阀

溢流阀是液压系统中必不可少的控制元件，其作用有两方面：一是保持系统或回路的压力稳定；二是防止系统过载，保护系统安全工作，故也称为安全阀。溢流阀按结构原理分为直动式和先导式两种。

图 2.69 所示为直动式液压溢流阀的结构示意和图形符号。

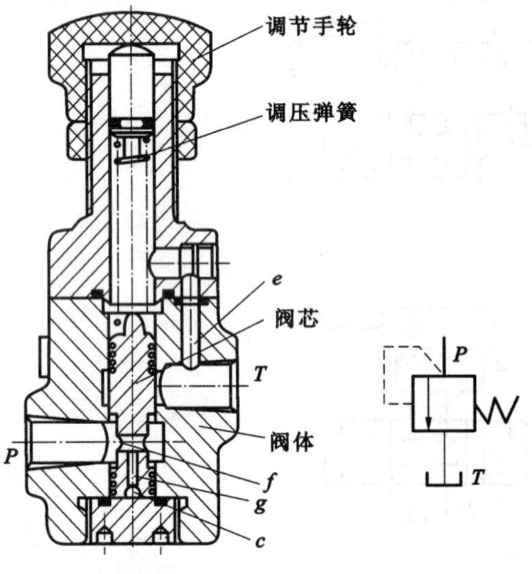

(a)　　(b)

图 2.69　直动式溢流阀

(a) 结构示意；(b) 图形符号

压力油经进油口 P 进入溢流阀，经阀芯上的径向孔 f 和阻尼孔 g 进入油腔 c，作用于阀芯下端，当下端油液压力克服阀芯上端调压弹簧的弹力，使阀芯上移打开溢流阀口时，系统中多余油液便经溢流阀口和回油口 T 溢回油箱，实现溢流稳压作用。调节手轮改变调压弹簧的预压缩量即可调整系统压力。

阻尼孔 g 的作用，是增加阻尼以减小阀芯移动过快而引起的振动。

泄漏孔 e 的作用，是将泄漏到弹簧腔的油液引到回油口。

阀芯上环形槽的作用，是使阀芯和阀体孔同心而减小摩擦力。

阀芯上轴向三角槽的作用，是减小启闭压力冲击。

直动式溢流阀的特点是结构简单，制造容易，但它们是利用流体压力直接与弹簧力相平衡的，若系统流体压力较高，则要求弹簧较硬。因此，直动式溢流阀一般用于低压系统。高压大流量场合应采用先导式溢流阀。

先导式溢流阀由先导阀和主阀两部分组成，先导阀用于调节压力，主阀用于控制溢流阀口的开启和关闭从而稳定压力，因此调压轻便。先导式溢流阀适用于高压大流量液压系统。

Y 形先导式溢流阀的图形符号，如图 2.70 所示。

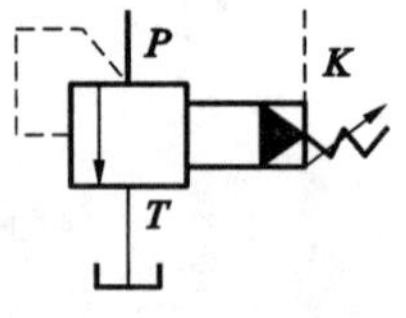

图 2.70　先导式溢流阀图形符号

② 减压阀

在液压控制系统中减压阀的作用，主要是控制出口压力低于进口压力。它能使系统中的某一支路获得比系统压力低的稳定压力。

按照工作原理，减压阀可分为直动式和先导式两种。直动式减压阀在系统中较少单独使用，先导式减压阀则应用较多。

先导式减压阀工作过程，如图 2.71 所示。

高压油从进油口 P_1 进入，低压油从出油口 P_2 流出。同时油经设置在端盖上的小孔进入阀芯下腔，通过阻尼小孔流入阀芯的上腔，并作用在锥阀的阀芯上。

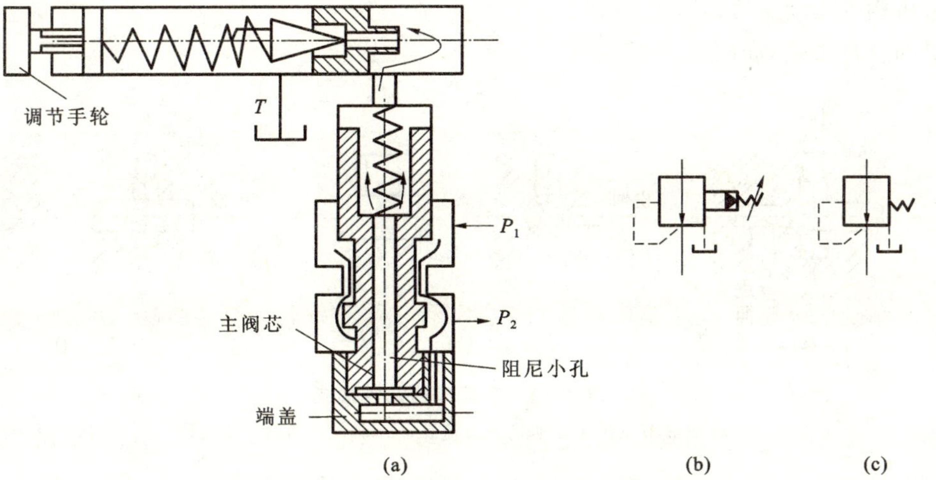

图 2.71　减压阀

(a) 先导式减压阀工作原理；(b) 先导式减压阀图形符号；(c) 直动式减压阀图形符号

当出口压力低于调定压力时，先导阀关闭，主阀在弹簧的作用下处在最下端，减压口开度最大，进油压力等于出油压力。

当负载增大时，出口压力上升超过减压阀设定压力值，先导阀打开，由于阻尼孔的作用，主阀上下腔的压力不等，主阀芯上移，减压口缩小，阻尼增加，起到减压作用。

当出口压力下降时，主阀芯下移，减压口开大，阻尼减小，达到调整值。

③ 顺序阀

顺序阀利用液压系统中压力的变化控制油路通断，从而控制执行元件的先后顺序动作。

顺序阀的结构和工作原理与溢流阀基本相同，唯一不同的地方是顺序阀的出口不是接通油箱，而是接到系统中继续用油之处。因此，顺序阀中的内泄漏油不能用通道直接引导到顺序阀的出油腔，而是由专门的泄油口经阀外油管通到油管。

顺序阀，也有直动式和先导式两种。

它的控制方式有两种：一种是内控式，即直接利用阀本身的进油压力来控制顺序阀的通断；另一种是外控式，即利用油液压力来控制顺序阀的通断。

内控式顺序阀的工作原理及图形符号，如图 2.72所示。

内控式顺序阀的工作原理：

当进油口的油液压力大于弹簧的调定压力时，阀芯上移，进油口 P_1 与出油口 P_2 接通，油液从进油口 P_1 流入并经出油口 P_2 流出；当进油口的油液压力低于弹簧的调定压力时，进油口 P_1 与出油口 P_2 关闭，油液不能经顺序阀流出。

(3) 流量控制阀

流量控制阀靠改变阀口流通面积的大小或通道长短来变更液体阻力，从而控制通过阀口的流量，达到调节执行机构运动速度的目的。

常用的流量控制阀有节流阀、调速阀等。节流阀是其他各种流量控制阀的基础，应用也最广泛。

节流阀靠改变节流口的流通面积来控制流量，从

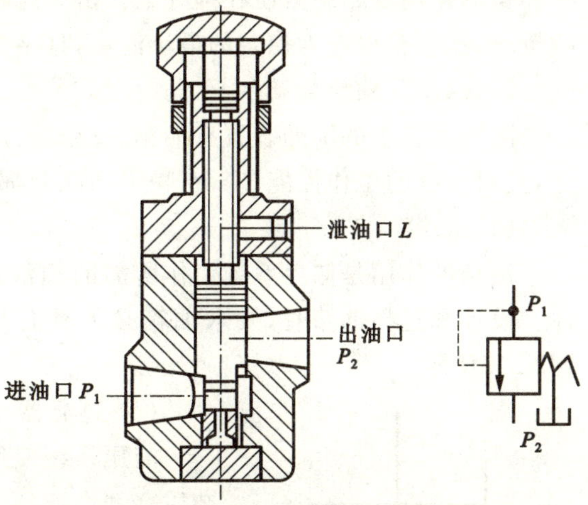

图 2.72　内控式顺序阀

(a) 工作原理；(b) 图形符号

而调节执行机构的运动速度。

节流口的几种形式,如图 2.73 所示。

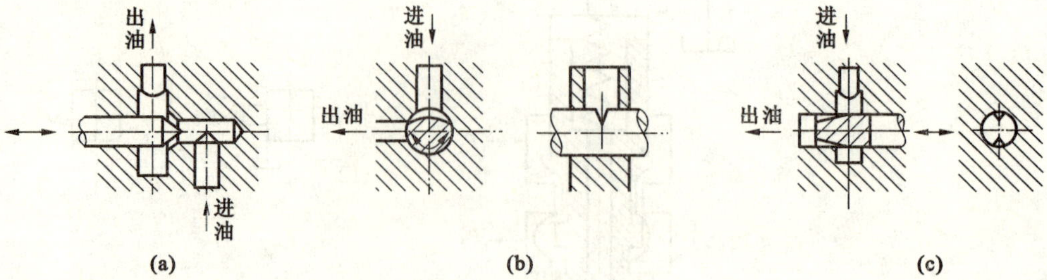

图 2.73 节流口的几种形式

(a) 针式节流孔;(b) 偏心式节流孔;(c) 轴向三角槽式节流孔

轴向三角槽式可调节流阀,如图 2.74 所示。

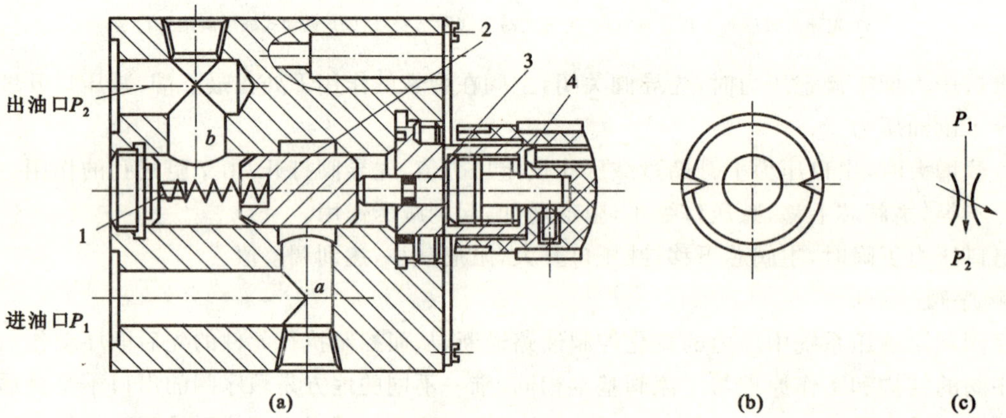

图 2.74 轴向三角槽式可调节流阀

1—弹簧;2—阀芯;3—推杆;4—调节手柄

油液从进油口 P_1 流入,经过油孔 b 和阀芯左端的三角形节流槽,再经油孔 a 从出油口 P_2 流出。调节手柄,借助推杆可使阀芯做轴向移动,改变节流口的流通面积,从而达到调节流量的目的。阀芯在弹簧的作用下始终紧压在推杆上。由于这种阀节流结构形式近似薄壁小孔,油温变化对其流量影响较小,能够获得较为稳定的最小流量,且结构简单,调速范围较大,矿山机械的液压系统采用较多。

2.4.4.4 辅助装置

液压系统中的辅助装置有油箱、过滤器、压力表、管件、蓄能器等。它们是系统中不可少的组成部分,且对系统的工作性能、寿命、噪声和温升都有直接影响。

(1) 油箱

油箱的作用是储存系统工作所需的油液,散发系统工作中产生的热量,沉淀污物并逸出油中气体。设计和选择油箱时,要求油箱必须具有足够的容积,结构应尽可能紧凑。油箱的图形符号,如图 2.75所示。

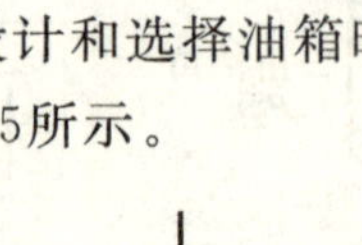

图 2.75 油箱的图形符号

(2) 过滤器

液压系统使用的油液中不可避免地存在着颗粒状的固体杂质,这些杂质会划伤液压元件中的运动结合面,加剧液压元件中运动零件的磨损,卡死运动件;也可能堵塞小孔或阀口,使系统发生故障。因此,在系统工作时要用过滤器将油液中的杂质过滤掉,以保证系统的正常工作。

过滤器按其工作时所能过滤的颗粒大小分为粗过滤器、精过滤器两大类;按其滤芯的材料和过滤方式分为网式过滤器、线隙式过滤器、纸芯式过滤器和烧结式过滤器等。

过滤器的图形符号，如图 2.76 所示。

(3) 压力表

压力表是系统中用于观察压力的元件。其图形符号，如图 2.77 所示。

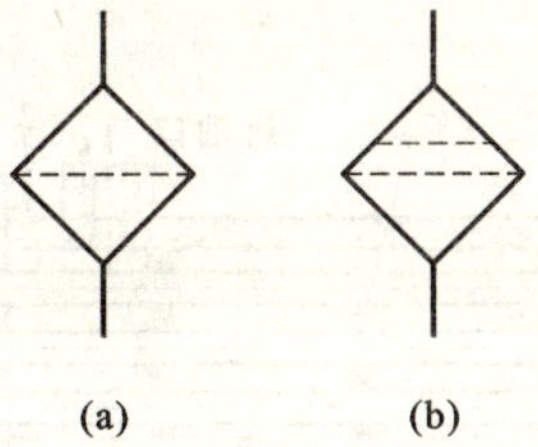

图 2.76　过滤器的图形符号

(a) 粗过滤器；(b) 精过滤器

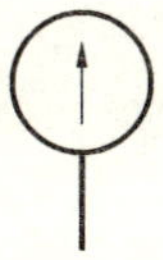

图 2.77　压力表的图形符号

(4) 管件

管件的作用是连接液压元件和输送油液。常用的油管有钢管、铜管、橡胶管、尼龙管和塑料管等。油管之间或油管与其他液压元件之间靠管接头连接，其连接方式有焊接、法兰连接和螺纹连接等。

(5) 蓄能器

蓄能器在液压系统中的作用是储存液压油，在需要时重新释放出来。常用的是充气隔离式蓄能器，这种蓄能器又分为活塞式(利用带密封件的浮动活塞将气体与油隔开，能在很宽的范围内使用)和气囊式(利用氮气的压缩和膨胀来储存和释放油液)两种。

蓄能器的结构及图形符号，如图 2.78 所示。

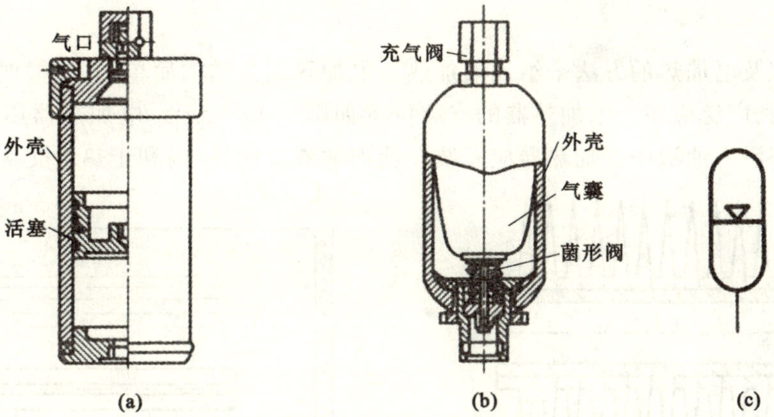

图 2.78　充气隔离式蓄能器

(a) 活塞式；(b) 气囊式；(c) 充气隔离式蓄能器的图形符号

(6) 换热器

液压油的工作温度应保持在 40～60 ℃。液压系统工作时，由于能量损失会转化为热量，这些热量一部分通过油箱装置的表面向周围的空间散发，大部分使油液的温度升高，从而影响液压系统的工作稳定性。油温过高或者过低都会影响液压系统的正常工作，此时就要安装换热器来控制油液的温度。换热器是冷却器和加热器的总称。

① 冷却器

冷却器通过具有较大散热面积的管道带走油液中的热量，来达到降低油温的目的。冷却器可以分为风冷、水冷和氨冷等多种形式，其中水冷是使用较多的形式。

蛇形管冷却器，如图 2.79 所示。

它直接安装在油箱内并浸入油液中，管内通有冷却水用来带走油液中的热量。这种冷却器结构简单，但冷却效率低、耗水量大。

对流式多管冷却器是液压系统中采用较多的形式，它是强制对流冷却器。如图 2.80 所示。

图 2.79　蛇形管冷却器

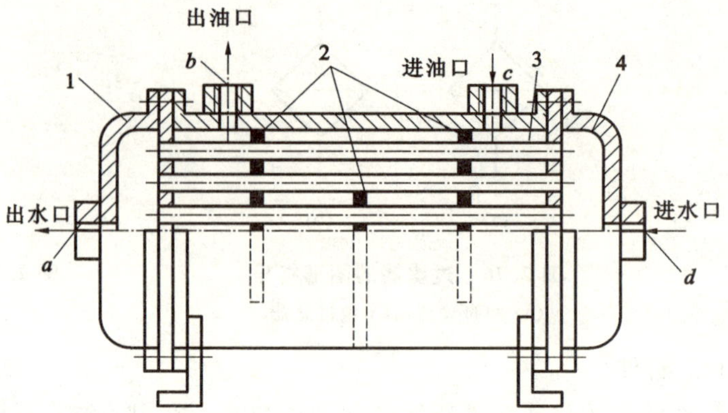

图 2.80　对流式多管冷却器

1,4—端盖；2—隔板；3—钢管

油液从进油口 c 流入，从出油口 b 流出；冷却水从右端盖中部的进水口 d 流入，然后通过水管从左端盖上的出水口 a 流出。冷却器内设置了 3 块隔板来增加油液的循环距离，以改善散热条件。

翅片管式冷却器，如图 2.81 所示。

翅片管式冷却器是在冷却水管的外表面上装了很多横向或纵向的散热翅片，其散热面积比光滑管大 8～10 倍，从而增强了热交换效果。

② 加热器

可用热水、蒸汽及电加热的方法来给油液加热。电加热因为结构简单，并能根据需要自动调节最高和最低温度而得到广泛应用。电加热器的安装位置如图 2.82 所示。电加热器用法兰安装在油箱壁上，发热部分全部浸入油液中。加热器应安装在箱内油液流动处，以利于热量交换。

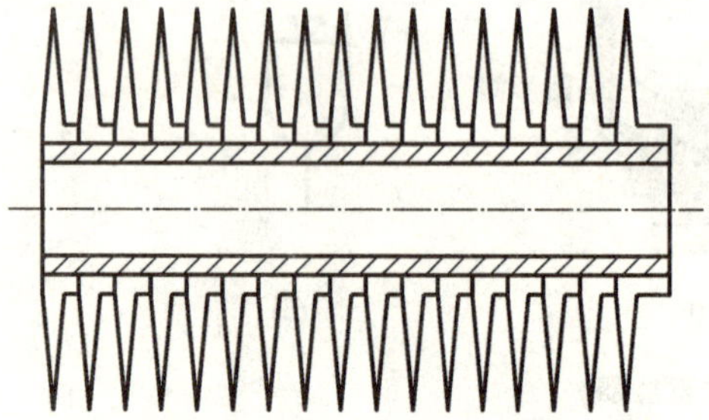

图 2.81　翅片管式冷却器

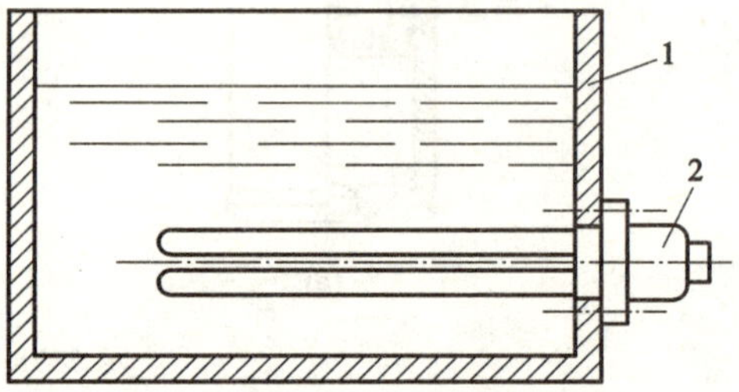

图 2.82　电加热器的安装位置

1—油箱；2—电加热器

2.4.5　水泥机械液压传动的典型回路

回转窑挡轮装置液压控制系统工作原理，如图 2.83 所示。

当电机带动液压泵运转时，储油箱的液压油经滤油器吸入管路，经过单向阀、调速阀进入液压缸的右腔，推动活塞，带动挡轮缓慢上移，当触碰到行程开关时，接通电磁阀并同时关闭油泵电机，液压油在回转窑下受滑力作用经溢流阀、电磁阀回到油缸。

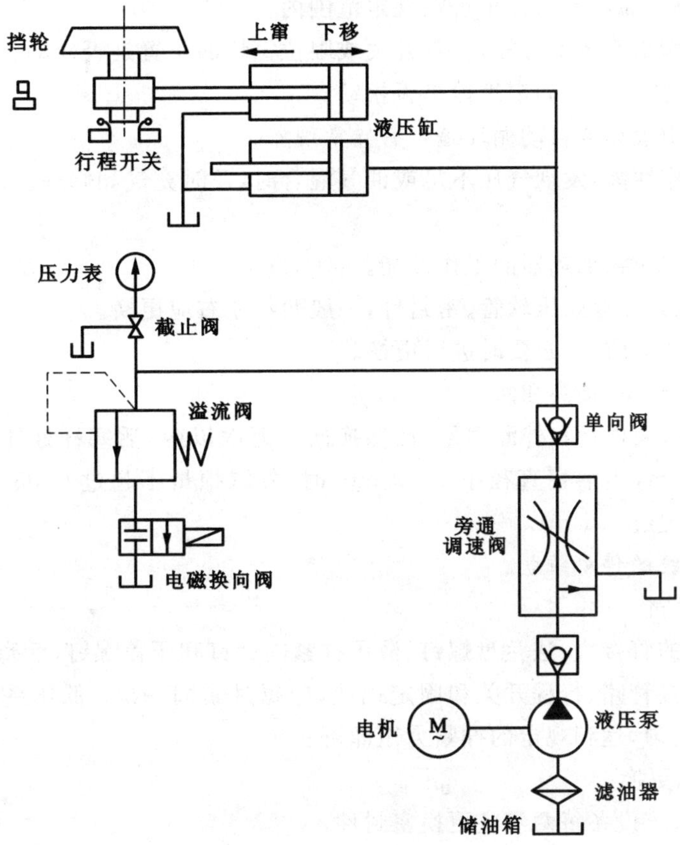

图 2.83　回转窑挡轮装置液压控制系统工作原理

2.4.6　液压系统的检查与维护

2.4.6.1　液压系统运行前的检查

① 使用前应检查液压系统各元件安装是否正确、可靠。

② 检查行程开关和限位挡块是否正确，紧固是否可靠。

③ 检查手动和自动循环是否正常。

④ 应按设计规定和工作要求，合理地调节液压系统的工作压力和工作速度。

⑤ 当压力阀、调速阀调节到系统所要求的数值后，应将调节螺钉紧固，防止松动。

⑥ 没有锁紧件的元件，应采取措施将调节手柄锁住。

⑦ 禁止在使用有缺陷的压力表和无压力表的情况下工作和调压。

⑧ 为防止污染，电气柜、电气盒、操作台、指令控制箱应设置盖或门。

⑨ 油箱内油温低于规定要求时，应先启动电加热设备(油温达到要求)或启动液压泵电动机空运转，待达到要求才能正常运行。

⑩ 液压设备停机 4 h 以上，开始工作前应先启动液压泵电动机 5～10 min 后才能带压运转。

2.4.6.2　液压系统的巡检

(1) 日常检查

① 检查各液压阀、液压缸、管件是否有渗漏。

② 耳听液压泵或液压马达运转时是否有异常噪声。

③ 观察液压缸全程运行中是否正常平稳，各部位有无高频振动。

④ 检查液压系统中各测压点压力是否在规定范围，压力是否稳定。

⑤ 观察油箱内油温、油箱外油标是否在规定范围内。

⑥ 检查换向阀工作是否灵敏可靠,行程开关或限位挡块的位置是否变动。

⑦ 检查管件接头、法兰等的固定螺栓是否松动。

⑧ 检查液压系统中手动或自动循环是否有异常现象。

⑨ 观察蓄能器工作性能,发现气压不足或油气混合时,及时充气和修理。

(2) 定期检查

① 检查蓄能器、冷却器、加热器的工作性能。

② 检查管路、液压元件等高压软管、密封件,一般两年左右应更换。

③ 检查油箱内油液的质量,必要时进行更换。

④ 检查紧固螺钉、螺帽、接头和法兰。

⑤ 检查液压缸的内漏损量和外漏损量,活塞换向 5 万次以内,活塞杆处外漏不成滴。换向 5 万次后活塞每移动 100 mm,当活塞直径小于 50 mm 时,外漏损量不超过 0.05 mL;当活塞直径大于 50 mm时,外漏损量不超过 0.1 mL。

2.4.6.3 液压系统的停机维护

(1) 螺钉的定期紧固

中、高压液压系统的管接头、法兰盘螺钉、液压缸紧固螺钉和压盖螺钉、活塞杆止推或工作台的止推调节螺钉、蓄能器连接管路、行程开关和固定挡块,应每月紧固一次。低压系统应每 3 个月紧固一次。紧固时拧紧力要均匀,达到规定的拧紧力矩即可。

(2) 密封件的定期更换

重大流水线液压系统设备每两年应更换密封件。

单机、非连续运行液压设备根据检查的具体情况予以更换。

(3) 液压件的定期清洗和更换

液压阀应每半年清洗一次,液压缸应一年清洗一次。

磨损严重的液压件,修理无效应更换。

液压件丧失原有性能(如弹簧疲劳到一定限度)应更换。

(4) 油箱、管道的定期清洗

液压系统的油箱应每半年清洗一次。

大型液压系统的油路板、软管、可拆的管道应每三年拆卸清洗一次。

(5) 滤油器滤芯的更换清洗

液压设备运行过程中,滤油器滤芯使用时间无论长短,只要堵塞就应及时更换和清洗。重要的液压系统,定检时,滤芯虽未到报废程度,但过油能力下降,也应更换。

2.4.7 液压系统的常见故障分析与排除方法

液压系统的常见故障分析与排除方法,如表 2.11 所示。

表 2.11 液压系统的常见故障分析与排除方法

常见故障	故障原因	排除方法
液压缸推力不足或速度减慢	1. 活塞与缸体磨损使内径间隙过大; 2. 活塞密封损坏造成内泄漏; 3. 负载过大使活塞杆弯曲造成阻力过大等	1. 若是活塞磨损过大,应单配活塞(间隙为 0.03～0.04 mm); 2. 若是密封圈损坏应更换密封圈; 3. 若是负载过大,应检查过载原因并消除和修复矫直活塞杆

续表 2.11

常见故障		故障原因	排除方法
油液中进入空气		1. 油箱液面太低； 2. 油液选用不合适； 3. 泵轴油封损坏； 4. 进油管接头漏气； 5. 软管有气孔； 6. 系统排气不良	1. 加油； 2. 更换合适的液压油； 3. 更换泵轴油封； 4. 更换或紧固进油管接头； 5. 更换软管； 6. 重新调整排气
泵产生气穴		1. 进油滤油器堵塞； 2. 油液温度太低； 3. 油液黏度太高； 4. 进气孔堵塞； 5. 泵转速太快； 6. 泵离液面太高	1. 清洗或更换； 2. 加热油液； 3. 降低油液黏度； 4. 清洗进气孔； 5. 减低到合适转速； 6. 降低泵的位置
压力不正常	压力偏低	减压阀、泵、液压缸损坏	修理或更换减压阀、泵、液压缸
	压力过高	1. 减压阀卸荷、磨损或损坏，变量泵调整无效； 2. 减压阀、卸荷阀失调	1. 更换； 2. 重新调整
	压力不稳定	1. 油液中有空气； 2. 溢流阀磨损； 3. 油液污染； 4. 泵、液压缸磨损； 5. 蓄能器失压	1. 紧固漏油连接件，使油位到达规定位置； 2. 检查漏油情况，若磨损过大，应进行修理或更换； 3. 更换油液和滤油器； 4. 修理； 5. 检查蓄能器，将压力调整到规定要求
流量不正常	流量过小	1. 流量控制装置调整太低； 2. 旁路控制阀关闭不严； 3. 系统内部泄漏严重； 4. 泵、阀、缸磨损严重	1. 重新调整； 2. 检查控制阀，修理或更换； 3. 检查泄漏部位，拧紧； 4. 修理或更换
	流量过大	1. 泵的转速不对； 2. 流量控制装置调整过高	1. 反向旋转； 2. 调整

思　考　题

1. 试述液压传动系统的基本原理。
2. 液压传动系统由哪些部分组成？各部分的作用是什么？
3. 液压传动的优缺点是什么？
4. 液压控制阀有哪些类型？它们的作用是什么？

任务 2.5　水泥机械设备常用的风机和空气压缩机的巡检

任务描述：

(1) 了解常用风机和空气压缩机的结构和工作原理；

(2) 掌握常用风机和空气压缩机的检查和维护内容及常见故障分析和排除方法。

知识目标：

(1) 熟练表述常用风机和空气压缩机的结构和工作原理；

(2) 熟练表述常用风机和空气压缩机的检查与维护内容，以及常见故障分析与排除方法。

能力目标：

能在水泥生产企业进行风机、空气压缩机的检查维护及故障排除工作。

2.5.1　离心风机

离心风机是借助叶轮带动气体旋转时产生的离心力把能量传递给气体的通用流体机械。水泥企业用离心风机一是给设备提供一定量的清洁空气，二是抽吸和压送含尘气体。

2.5.1.1　离心风机的主要零部件

离心风机的主要结构分解示意，如图 2.84 所示。

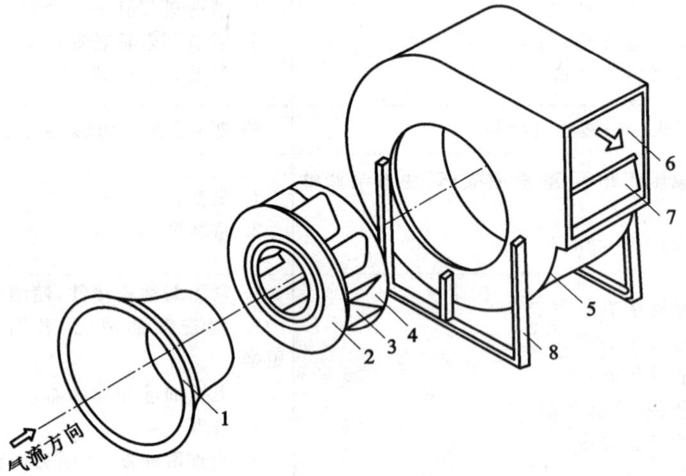

图 2.84　离心风机的主要结构分解示意

1—吸入口；2—叶轮前盘；3—叶片；4—后盘；5—机壳；6—出口；7—截流板，即风舌；8—支架

它的主要工作零部件有叶轮、机壳、机轴和吸入口等。对于大型离心式风机，一般还有进气箱、前导器和扩散器等。

(1) 叶轮

叶轮是离心风机的主要零件，叶轮的结构参数和几何形状对风机的性能有着重要影响。叶轮一般由前盘、后盘、叶片和轮毂所组成。

叶轮的结构形式，如图 2.85 所示。

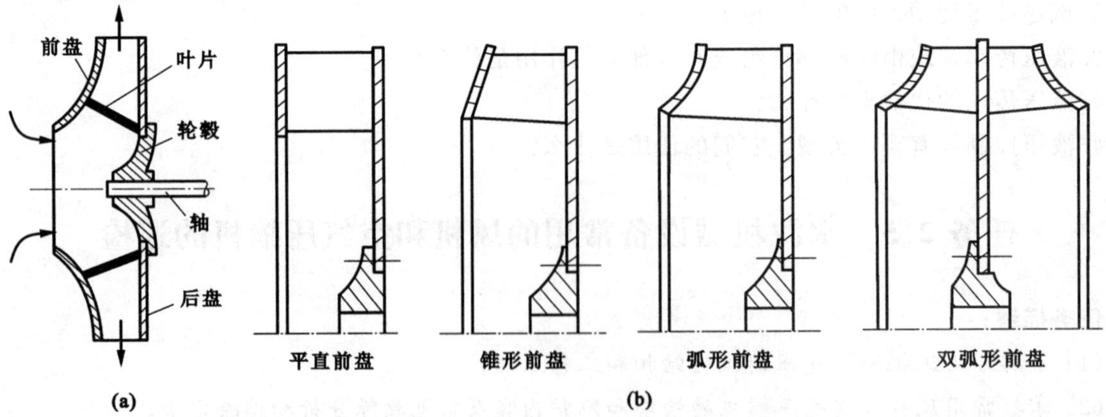

图 2.85　叶轮的结构形式

(a) 叶轮的结构简图；(b) 叶轮的前盘的结构形式

叶轮的结构简图，如图 2.85(a)所示。叶轮后盘均为直板型，与轮毂铆接固定。叶轮前盘的形式有平直前盘、锥形前盘和弧形前盘等，如图 2.85(b)所示。平直前盘制造简单、效率低；弧形前盘制造复杂，但效率较高；锥形前盘介于两者之间。

叶片是叶轮最主要的部分，离心风机的叶片一般为 6～64 个。叶片的形状、数量及出口安装角度对风机的性能有很大影响。

离心式风机的叶轮型式，如图 2.86 所示。

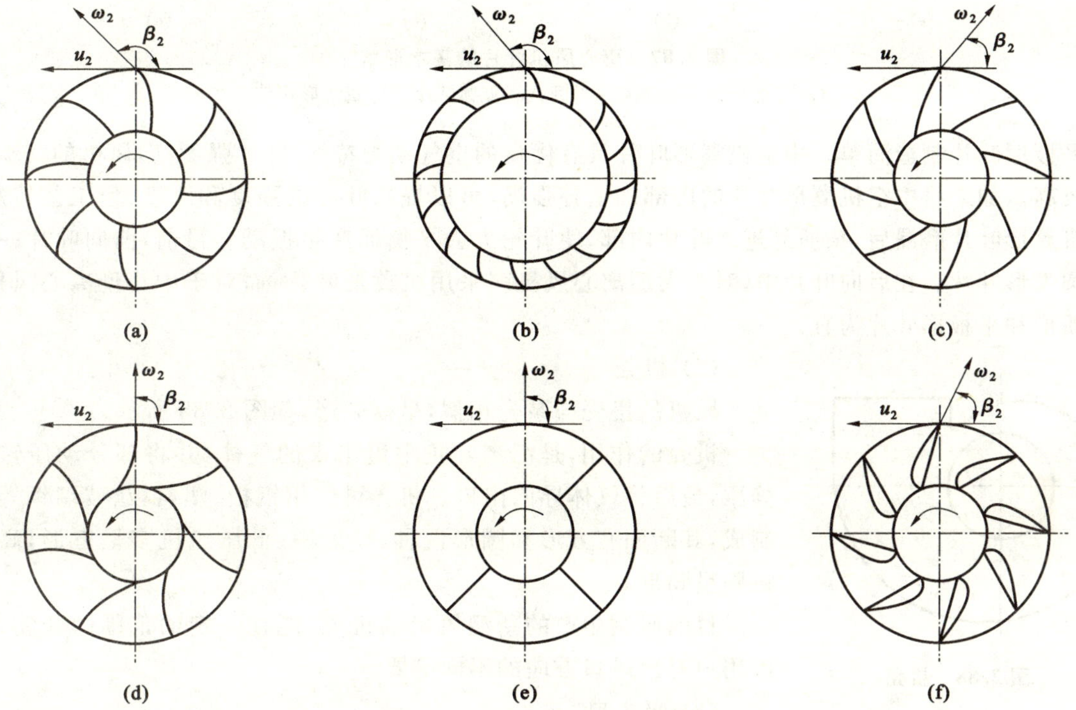

图 2.86　离心式风机的叶轮型式

(a) 薄板前向叶轮；(b) 多叶前向叶轮；(c) 薄板后向叶轮；

(d) 曲线形径向叶轮；(e) 直线形径向叶轮；(f) 机翼形后向叶轮

根据叶片出口安装角度的不同，可将叶轮分为以下 3 种。

① 前向叶片的叶轮

叶片出口安装角度 $\beta_2 > 90°$，如图 2.86(a)、图 2.86(b)所示。其中，图 2.86(a)为薄板前向叶轮，图 2.86(b)为多叶前向叶轮。这种类型的叶轮流道短而出口宽度较宽。叶轮能量损失大，整机效率低，运转时噪声大，但产生的风压较高。此类型的叶轮多用于中小型离心风机。

② 径向叶片的叶轮

叶片出口安装角度 $\beta_2 = 90°$，如图 2.86(d)、图 2.86(e)所示。其中，图 2.86(d)为曲线形径向叶轮，图 2.86(e)为直线形径向叶轮。前者制作复杂，但损失小，后者则相反。其特点介于前向型与后向型之间。

③ 后向叶片的叶轮

叶片出口安装角度 $\beta_2 < 90°$，如图 2.86(c)、图 2.86(f)所示。其中，图 2.86(c)为薄板后向叶轮，图 2.86(f)为机翼形后向叶轮。这种类型的叶轮能量损失少，整机效率高，运转时噪声小，但产生的风压较低。一般大型离心风机多采用此类型的叶轮。

离心风机叶片的形状，有平板形、圆弧形和中空机翼形等几种。

离心风机叶片的基本形状，如图 2.87 所示。

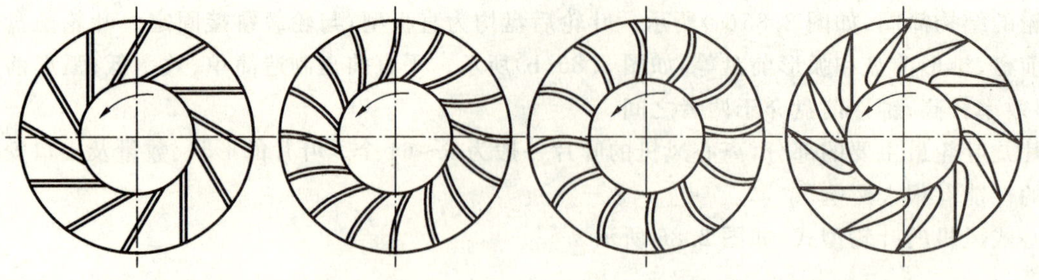

图 2.87　离心风机叶片的基本形状

(a) 平板叶片;(b) 圆弧窄叶片;(c) 圆弧叶片;(d) 机翼形叶片

平板形叶片制造简单。中空机翼形叶片具有优良的空气动力特性,叶片强度高,风机的气动效率一般较高。如果将中空机翼形叶片的内部加上补强筋,可以提高叶片的强度和刚度,但工艺较复杂。中空机翼形叶片磨漏后,杂质易进入叶片内部,使叶轮失去平衡而产生振动。目前,前向叶片一般多采用圆弧形叶片。在后向叶片中,对于大型离心风机多采用机翼形叶片,而对于中小型离心风机,则以圆弧形和平板形叶片为宜。

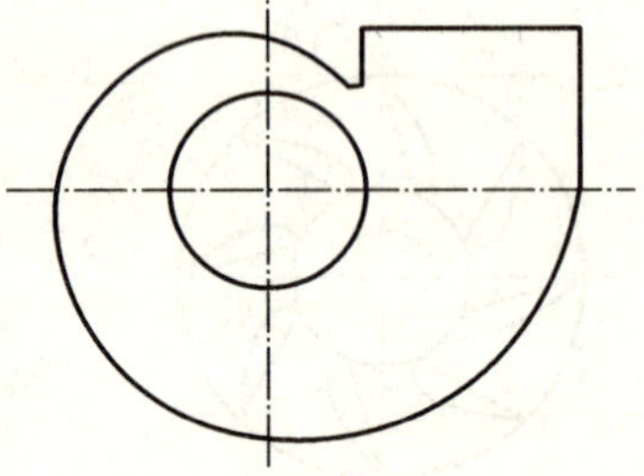

图 2.88　机壳

(2) 机壳

风机的机壳与泵壳相似,呈蜗壳形,如图 2.88 所示。

机壳的作用,是汇集叶轮中甩出来的气体,并将部分动压转换为静压,最后将气体导向出口。机壳可以用钢板、塑料板、玻璃钢等材料制成,其断面有方形和圆形两种,一般中、低压风机多呈方形,高压风机则呈圆形。

目前研制生产的新型风机的机壳,能在一定的范围内转动,以适应用户对出风口方向的不同需要。

(3) 吸入口

风机的吸入口,又称集流器,是连接风机与风管的部件。如图 2.89 所示。

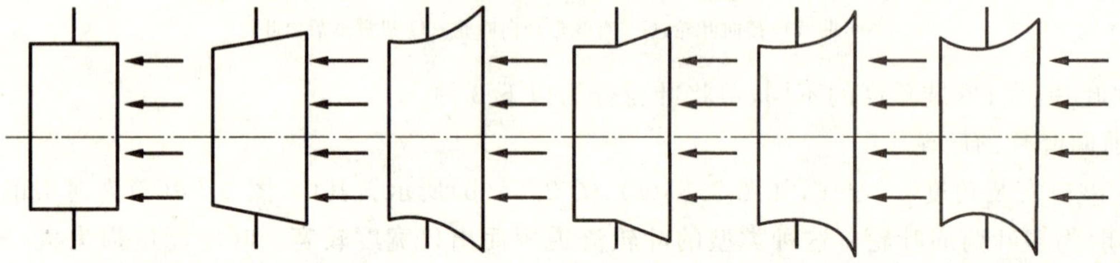

图 2.89　吸入口形式示意

(a) 圆筒形;(b) 圆锥形;(c) 圆弧形;(d) 锥筒形;(e) 弧筒形;(f) 锥弧形

吸入口的作用,是保证气流能均匀地充满叶轮进口截面,降低流动损失。

目前常用的吸入口形式,有圆筒形、圆锥形、圆弧形、锥筒形、弧筒形、锥弧形等多种。

吸入口形状,应尽可能符合叶轮进口附近气流的流动状况,以避免漏流及引起的损失。从流动方面比较,则圆锥形比圆筒形好,圆弧形比圆锥形好,锥弧形比圆弧形好。但是锥弧形吸入口加工复杂,一般用于高效风机上。

(4) 进气箱

进气箱一般只使用在大型的或双吸的离心风机上。其主要作用是使轴承装于风机的机壳外边,便于安装与检修,对改善锅炉引风机的轴承工作条件更为有利。对于进风口直接装有弯管的风机,在进风口前装上进气箱，能减少因气流不均匀进入叶轮产生的流动损失。断面逐渐收敛的进气箱的效果较好。

(5) 前导器

一般在大型离心风机或要求性能调节的风机的进风口或进风口的流道内装置前导器。改变前导器叶片的角度，能提高风机性能、扩大其使用范围和提高调节的经济性。前导器有轴向式和径向式两种。

(6) 扩散器

扩散器装于风机机壳出口处，其作用是降低出口流体速度，使部分动压转变为静压。根据出口管路的需要，扩散器有圆形截面和方形截面两种。

2.5.1.2　离心风机的工作原理

当叶轮随轴旋转时，叶片间的气体随叶轮旋转而获得离心力，气体被甩出叶轮。被甩出的气体进入机壳，机壳内的气体压强增高被导向出口排出。气体被甩出后，叶轮中心处压强降低，外界气体从风机的吸入口，即叶轮前盘中央的孔口吸入，叶轮不停地旋转，气体就不断被吸入和被甩出，从而源源不断地输送气体。

2.5.1.3　离心风机的检查与维护

(1) 离心风机运行前的检查

① 关闭进风调节门，出风调节门稍开；

② 检查转动部分间隙大小，不允许有碰撞，连接螺栓应拧紧；

③ 检查电气线路、仪表是否完好；

④ 对有串水冷却的轴承，检查冷却水管的供水情况是否完好。

(2) 离心风机运行中的检查

① 当风机启动运行正常后，逐渐开大进口调节门直至满足规定负荷为止；

② 检查风机运行的振动、噪声及有无撞击声；

③ 观察电流表电流的变化，不允许长时间超负荷运转；

④ 对排尘风机应检查粉尘微粒的变化情况是否符合要求；

⑤ 检查轴承的润滑、冷却、温度变化，对高温风机应检查气体温度的变化；

⑥ 检查风机各连接部位是否安全可靠。

(3) 离心风机的停机维护

① 检查风机叶片磨损情况，清理叶片上的积灰；

② 检查润滑点的油量，更换或添加到正常油位；

③ 检查风机内是否有杂物；

④ 检查各螺栓是否松动、脱落，并及时紧固、更换。

⑤ 检查各仪表的准确度和灵敏度。

2.5.1.4　离心风机的常见故障分析与排除方法

离心风机的常见故障分析与排除方法，如表2.12所示。

表2.12　离心风机的常见故障分析与排除方法

常见故障	故障原因	排除方法
轴承温度过高	1.油质不良，油量过少，有杂质； 2.轴承箱盖连接螺栓的紧力过小或过大； 3.前后轴承安装不同心； 4.轴承异常； 5.冷却风机叶轮磨损严重，振动大； 6.风机叶轮磨损严重，振动大	1.清洗后选用合适的油量； 2.调整紧力螺栓，使之适中； 3.找正前后轴承中心线； 4.检查更换轴承； 5.检查冷却水系统； 6.风机叶轮找动平衡

续表 2.12

常见故障	故障原因	排除方法
轴承损坏	1. 轴承与轴安装不良； 2. 轴承与轴承箱体之间的过盈太小或有间隙而松动； 3. 滚动轴承质量不良、损坏； 4. 润滑油(脂)量少，油质差； 5. 轴承磨损超过规定； 6. 风机叶轮磨损严重，振动大	1. 重新找正安装； 2. 调整轴承箱上、下盖之间的垫片，使之合适； 3. 更换滚动轴承； 4. 检查后使之符合量和质的要求； 5. 更换轴承； 6. 叶轮找动平衡
叶轮损坏与变形	1. 气体含尘量大； 2. 叶轮变形，气体温度太高造成	1. 及时清洗过滤网，保证上游设备收尘效率； 2. 控制气体温度，拆下叶轮校正
机械噪声	1. 叶轮与机壳摩擦； 2. 机壳与轴密封摩擦； 3. 机壳里有异物	1. 检查摩擦部位并处理； 2. 用塞尺检测此间隙并做必要调整； 3. 检查并清除异物

2.5.2　罗茨风机

罗茨风机属于容积式风机，其原理是利用两个叶形转子在气缸内做相对运动来压缩和输送气体。它所输送的风量取决于转子的转速，与风机的压力关系甚小，压力选择范围广，可承担各种高压力状态下的送风任务。在水泥生产中，罗茨风机多用于气力提升泵、气力输送、气力清灰、生料及水泥库内的均化搅拌等。

2.5.2.1　罗茨风机的结构

罗茨风机是一种双转子压缩机械，两转子的轴线互相平行，它主要由转子、机壳、同步齿轮、油箱、墙板和轴承等组成。

罗茨风机的结构示意，如图 2.90 所示。

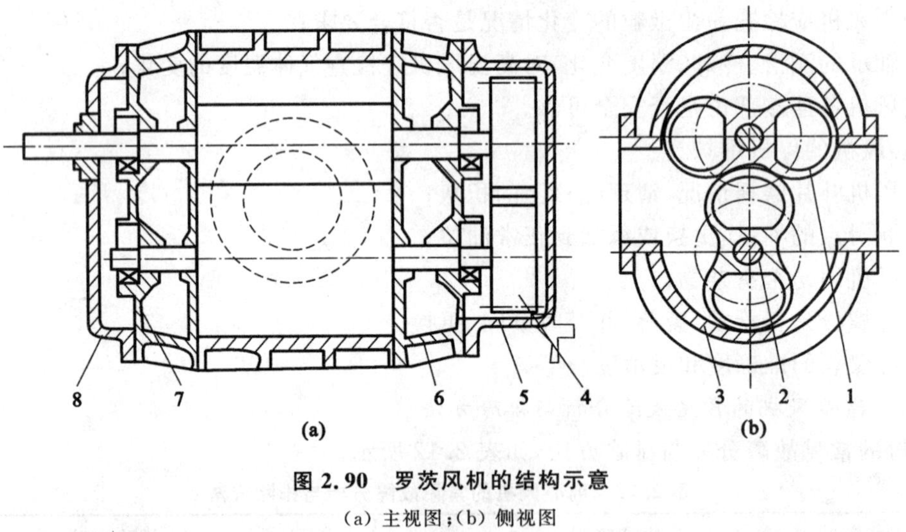

图 2.90　罗茨风机的结构示意

(a) 主视图；(b) 侧视图

1—主动转子；2—从动转子；3—机壳；4—同步齿轮；5—主油箱；6—墙板；7—轴承；8—副油箱

转子是罗茨风机最主要的零部件，由叶轮和轴结合而成，也可以采用高强度的球墨铸铁将叶轮和轴铸造成一个整体的结构。小型罗茨风机采用实体叶轮，大、中型罗茨风机采用空心叶轮以减轻转子的重量。机壳和前后墙板组成封闭空间，从而保证气体的吸入、压缩和排出。机壳有整体式和剖分式两种，小型风机采用整体结构，较大风机机壳和墙板均采用剖分结构。罗茨风机传动系统中的主、从动齿轮的齿数和模数相等，为一对同步齿轮。小型罗茨风机的轴承和齿轮润滑均采用润滑脂；大型罗茨风机的轴承和齿轮多采用稀油润滑，分主、副油箱，主油箱内安置有冷却器和一定容量的润滑油，齿轮浸入主油箱的油池中。

2.5.2.2　罗茨风机的工作原理

罗茨风机两转子在同步齿轮的作用下做相向转动，在转动过程中叶轮相互间和叶轮与壳体之间将进气室和排气室完全隔开，吸气、排气同时进行，循环往复，气体源源不断地被吸进和排出。罗茨风机运转时，叶轮与叶轮之间、叶轮与内壳体之间存在相对运动，处于非接触状态，它们彼此间需要有合适的工作间隙，才能保证罗茨风机的正常工作和密封要求。

两叶罗茨风机的工作过程，如图 2.91 所示。

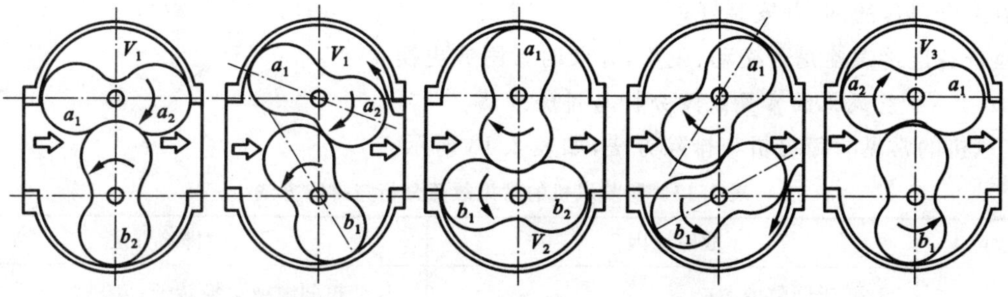

图 2.91　两叶罗茨风机的工作过程示意

图 2.91(a)～图 2.91(e)，分别代表 5 个位置，表示转子旋转半周的情况，另半周中按同样的顺序重复以上过程。假定叶轮与叶轮、叶轮与机壳之间间隙为零，并将上叶轮与机壳的接触点用 a_1 和 a_2 表示，下叶轮与机壳的接触点用 b_1 和 b_2 表示。

在位置(a)，机壳内分为三个部分。左面为进气腔，腔内压强与进气压强相等。右面为排气腔，腔内气体处于排气压强作用之下。上叶轮与机壳围成封闭的基元容积 V_1，其内部压强等于进气压强。

位置(b)，随着上叶轮右面接触点 a_2 的消失，基元容积 V_1 开始与排气腔连通。在气体压差作用下，排气口的高压气体通过回流缝隙 δ_1 迅速向基元容积 V_1 回流，使其压强陡然上升至排气压强。

位置(c)与位置(a)相似，只不过上下两个叶轮互换位置而已。原来在基元容积 V_1 内的气体被推移到排气口，下叶轮与机壳在 b_1、b_2 两处接触，构成新的基元容积 V_2。

当叶轮旋转到位置(d)时，随着接触点 b_2 的消失和回流缝隙 δ_2 的开启，基元容积 V_2 与排气腔连通，此时的情形与位置(b)相似。

位置(e)与位置(a)相同，基元容积 V_2 的气体也被推移到排气口去了，新的基元容积 V_3 出现在先前 V_1 所在的位置上。

至此，上下两个叶轮各自旋转半周，分别输送了一个基元容积的气体。

2.5.2.3　罗茨风机的检查与维护

(1) 罗茨风机运行前的检查

① 检查各紧固件和定位销的连接，地脚螺栓是否紧固；

② 打开风机进、排气口阀门，盘动转子，注意倾听各部分有无不正常的杂声；

③ 检查转子间隙是否符合要求；

④ 检查主、副油箱油位；

⑤ 检查冷却部位通水情况，冷却水温度应不高于 25 ℃。

(2) 罗茨风机运行中的检查

① 检查风机系统各部位的连接是否牢固；

② 检查风机壳体内有无漏水、漏油现象；

③ 检查风机系统的振动、声音及温度变化情况；

④ 检查风机系统的润滑、油温及冷却水等状况；

⑤ 检查风机过滤网是否堵塞，是否完好；

⑥ 检查风机出口压力是否正常，安全阀是否动作；

⑦ 通过显示仪表或钳形电流表检查电机电流是否符合要求。

(3) 罗茨风机的停机维护

① 检查各润滑点的油质和油量，更换或添加到正常油位；

② 确认安全阀动作压力是否合适；

③ 清洗进口过滤网，并安装好；

④ 检查各连接螺栓是否松动、脱落，并及时紧固或更换。

2.5.2.4 罗茨风机的常见故障分析与排除方法

罗茨风机的常见故障分析与排除方法，如表 2.13 所示。

表 2.13 罗茨风机的常见故障分析与排除方法

常见故障	故障原因	排除方法
风量不足	1. 转子间隙增大； 2. 进口阻力大； 3. 放空阀排出风量大	1. 调校间隙或更换转子； 2. 清洗进口消声器和过滤网； 3. 调整放空阀阀门开度，保证风机出口风量
电机过载	1. 进口阻力大； 2. 进口阀门未打开； 3. 压力增大； 4. 转子与机壳有摩擦	1. 清洗进口消声器和过滤网； 2. 打开进口阀门； 3. 检查排气压力及负载情况； 4. 调整间隙
机壳过热	1. 压力增大； 2. 油箱冷却不良； 3. 转子与机壳有摩擦； 4. 润滑油过多	1. 检查排气压力及负载情况； 2. 检查冷却水路是否畅通； 3. 调整间隙； 4. 控制油标油位
一启动就跳停	1. 进排气口堵塞或阀门未打开； 2. 电机接线不对或其他电器问题	1. 拆除堵塞物或打开阀门； 2. 检查接线或其他电器
润滑油泄漏	1. 油位过高； 2. 密封失效	1. 控制油标油位； 2. 换密封件
振动大	1. 基础不稳固； 2. 电机、风机对中性不好； 3. 轴承损坏； 4. 风机或电机地脚螺栓松动	1. 加固、紧牢； 2. 找正电机、风机； 3. 更换轴承； 4. 紧固地脚螺栓
轴承过热	1. 润滑油不足； 2. 冷却水量不够； 3. 轴承损坏	1. 控制油标油位； 2. 检查冷却水是否畅通； 3. 更换轴承

2.5.3 空气压缩机

空气压缩机是一种用于产生和输送压缩空气的通用机械，它把机械能转化为气体的压力能，简称空压机。水泥企业常用空气压缩机为袋式收尘器、空气清堵装置提供一定压力的空气，来完成脉冲清灰及清除管道输送过程中的料粉堆积和堵塞。

空气压缩机有三种常见机型：活塞式空压机、离心式空压机、螺杆式空压机。活塞式空压机是在有限空间内通过活塞的往复运动对压缩腔内的空气进行增压。这种机型是最为常见的传统机型，目前适用范围广泛。它由膨胀—吸气—压缩—排气四个运动阶段组成，其产气量能很好地匹配不同用户的使用需求且具有良好的高压运行特性。离心式空压机通过内置叶轮的飞速转动使输送的气体获得驱动力，叶轮速度提高，气体压力随之提高，它在较大供气量的场合应用较为常见。螺杆式空压机是通过咬合衔接紧凑的槽道使气体压缩，其结构设计精准，运行平稳，相对其他机型便于维护与保养，但它对润滑油质的要求比较高。

2.5.3.1　空气压缩机分类

(1) 按工作原理

按压缩气体的原理不同，空气压缩机通常分为两类：容积式空压机和速度式空压机，如图 2.92 所示。

- 空气压缩机
  - 容积式
    - 回转式
      - 螺杆式
      - 滑片式
      - 转子式
    - 往复式
      - 活塞式
      - 隔膜式
  - 速度式
    - 离心式
    - 轴流式
    - 喷射式
    - 旋涡式

图 2.92　空压机按工作原理分类

水泥厂常用的空压机是活塞式空气压缩机和螺杆式空气压缩机，均属于容积式压缩机。

(2) 按排气压力和排气量大小

空气压缩机按排气压力和排气量大小分类，如表 2.14 所示。

表 2.14　空气压缩机分类

排气压力范围/MPa	空压机类型	排气量范围/($m^3 \cdot min^{-1}$)	空压机类型
<1	低压型空压机	<10	小型空压机
1～10	中压型空压机	10～100	中型空压机
>10	高压型空压机	>100	大型空压机

2.5.3.2　活塞式空气压缩机

活塞式空气压缩机是通过曲柄连杆机构，把驱动机的旋转运动转化为活塞的往复运动而对气体做功，提高气体的压力，属于往复式运动机械。这类机械有两个特点：

① 运行过程中产生往复惯性力，通过机构传给基础；

② 具有明显脉动性质的气体压力，产生交变的活塞力作用在压缩机机构上。

活塞式空气压缩机品种繁多，结构复杂，但不论哪一种产品，其在结构方面，都具有一些共同的特点，即都包含以下四类部件：

① 气缸部件；

② 运动机构与机体部件；

③ 辅助机构部件；

④ 驱动机及其控制系统。

4L-20/8 型空气压缩机的剖视图，如图 2.93 所示。

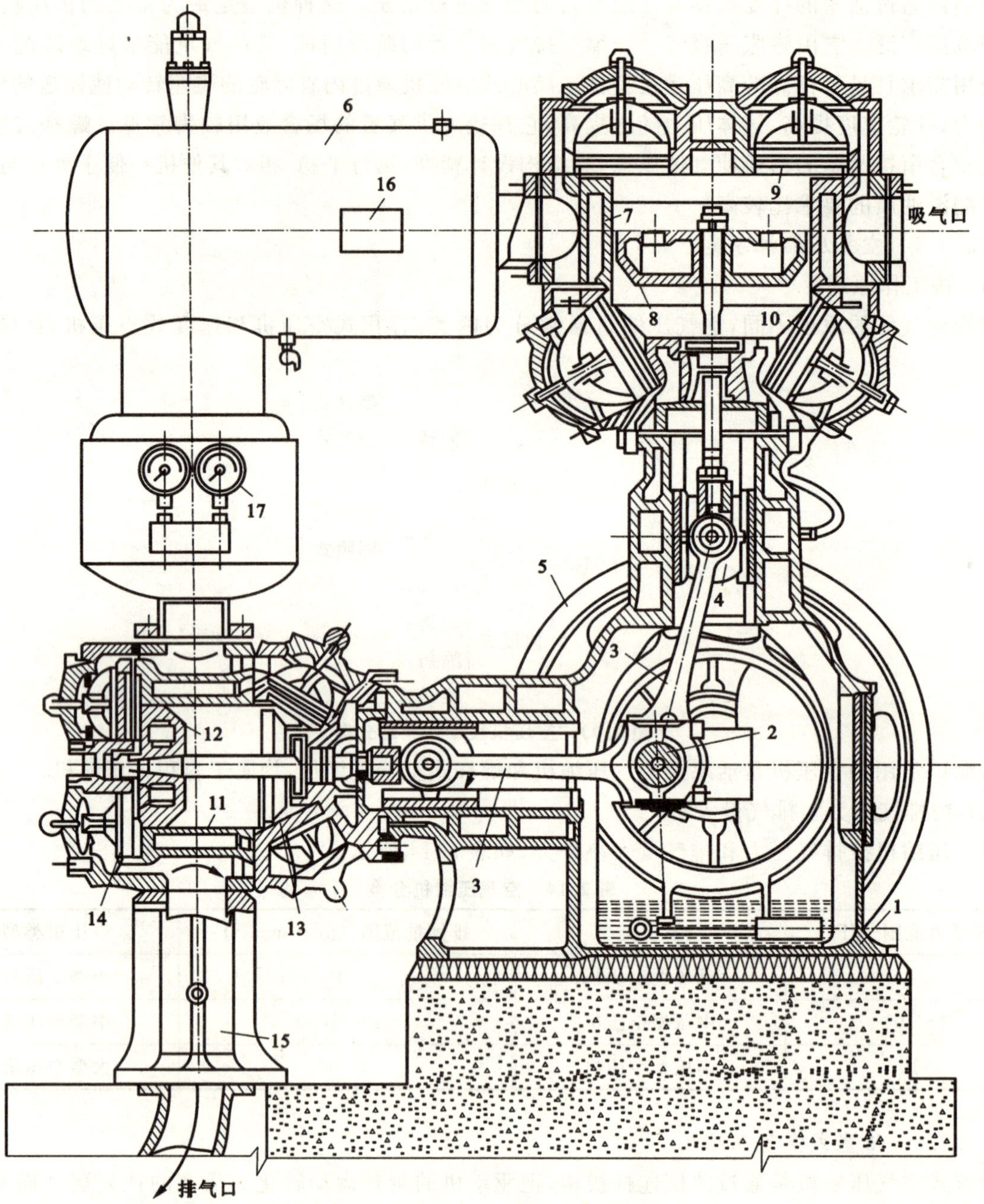

图 2.93　4L-20/8 型空气压缩机的剖视图

1—机身；2—曲轴；3—连杆；4—十字头；5—皮带轮；6—冷却器；7—一级气缸；8—一级活塞；9—一级吸气阀；10—一级排气阀；11—二级气缸；12—二级活塞；13—二级吸气阀；14—二级排气阀；15—排气管；16—铭牌；17—仪表

该机由下述四类部件组成。

① 气缸部件。它包括气缸、活塞、活塞杆、气阀、填函等，它们组成压缩机气体的可变工作容积。

② 运动机构与机体部件。它是能量的传递机构，把驱动机的旋转运动，通过安装在机体内的曲柄连杆机构，转换为活塞在气缸内的往复运动。机体还为安装气缸和其他零部件提供支座。这部分包括曲轴、连杆、十字头、机身、机体等。

③ 辅机部件。它是保证压缩机运行和提高经济性、可靠性所必需的一些辅助设备和系统，包括冷却器、液气分离器、缓冲器、滤清器、消声器、排气量调节装置、润滑系统及管系等。

④ 驱动机及其控制系统。它是用来驱动并控制压缩机运行的动力设备，包括驱动机（交直流电

动机、内燃机、蒸汽机、涡轮机等)、启动器、联轴节或带轮、相应的控制系统等。

2.5.3.3　螺杆式空气压缩机

螺杆式空气压缩机是回转式压缩机的一种。回转式压缩机与往复式压缩机一样,都是借气缸工作容积的变化来实现气体压缩的,故它们都属于容积式压缩机。回转式压缩机的主要机件——转子,在气缸内做旋转运动,使气缸容积发生变化,从而实现气体的压缩。

回转式压缩机没有活塞、连杆及曲轴等往复运动机构,一般无气阀。零部件(特别是易损件)少,结构简单、紧凑、体积小、质量轻,操纵维修方便,适应性强,动力平衡性好,故压缩机的转速高、基础小、排气脉动小。它是近年来发展起来的一种新型压缩机。它的缺点是噪声大(尤其是螺杆式),制造加工较复杂,耗能(电)较多。

螺杆式空气压缩机由一个"∞"字形气缸体和两个平行配置在气缸内、反向旋转又相互啮合的螺杆组成。如图 2.94 所示。其中,一个具有凸齿的称阳转子(主动转子),另一个具有凹齿的称阴转子(从动转子)。其工作循环为三个过程:吸气—压缩—排气。

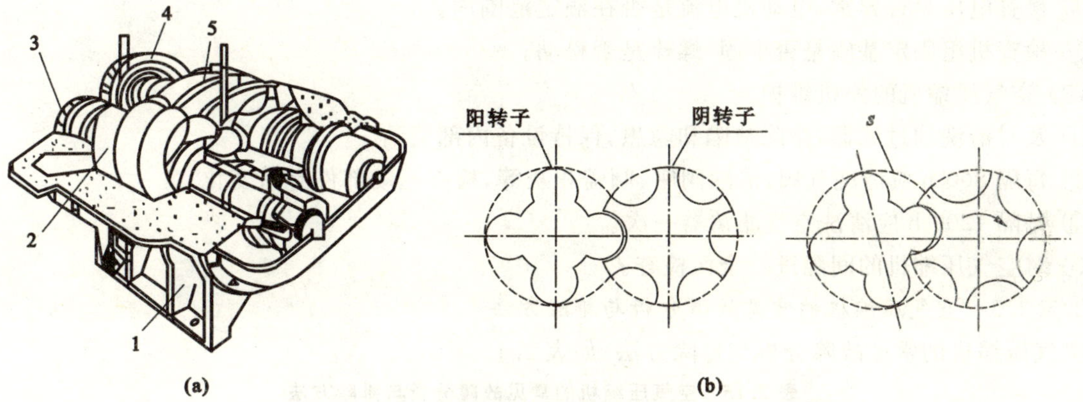

图 2.94　螺杆式空气压缩机的组成件及其齿形

(a) 主要组成件;(b) 齿形图

1—气缸体;2—阳转子;3—驱动齿轮;4—传动小齿轮;5—阴转子

2.5.3.4　空气压缩机的检查与维护

(1) 空气压缩机运行前的检查

① 在每次开车前必须对空气压缩机内现存的液体进行检查,必要时应全部排空。

② 按规定加好各处润滑油,机内油量以 2/3 为宜,同时用手按顺时针盘动油泵,两个指示器内均有油滴出时为正常,否则不能使用。

③ 检查各连接部位,地脚螺栓是否牢固,各安全附件是否完好正确。用手转动飞轮 2～3 转检查是否正常。

④ 若停车时间较长,应通知电工检查电路是否正常,电机绝缘是否符合要求。

⑤ 缓慢打开冷却水进口阀门,检查冷却水是否畅通,然后保持冷却水常开。

⑥ 打开用户自己安装的位于气路系统的压力调节阀。

(2) 空气压缩机运行中的检查

① 检查压缩机运转压力(高、低压)、温度有无异常。

② 经常检查压缩空气压力是否在规定范围内。

③ 检查各连接法兰部分、轴封、进气阀、排气阀、气缸盖和水套等,不得漏气、漏油或漏水。

④ 检查进、排气阀的工作是否正常,安全阀是否灵敏。

⑤ 润滑油压力在 0.15～0.35 MPa 范围内,任何情况下不得低于 0.15 MPa。油压可通过调节油泵盖上部的螺钉、改变溢流阀的弹簧压力来调整。

⑥ 检查压缩机油位是否合适，油是否洁净，正常油位在视油镜上下限之间，油不浑浊。

⑦ 检查压缩机及风扇电机有无异常声音及振动。

⑧ 检查电线及电气零件有无绝缘老化或过热，线接头有无松动（包括用户装配的电气零件及电线），另外要注意电源导线是否有异常破损。

⑨ 检查管路是否有异常损伤，各连接处有无漏气、漏水、漏油现象。

⑩ 检查冷却水是否畅通，冷却水不允许断续地流动和有气泡及堵塞等现象，检查冷却水出口温度是否正常。

⑪ 各班应放出冷却器、储气罐中的沉淀物 1～2 次。

⑫ 检查保险丝有无熔断。

⑬ 检查电磁开关接点的磨损情况。

⑭ 检查启动是否频繁（启动、停止应各在 5 min 以下）。

⑮ 检查保护装置、控制装置动作是否正常。

⑯ 检查电压是否异常，电动机电流是否在额定范围内。

⑰ 检查机组固定基座是否牢固，螺栓是否松动。

(3) 空气压缩机的停机维护

① 及时清洗油过滤器，排除缺陷和隐患，保持设备内部清洁。

② 每隔 800 h 应清洗气阀，清除阀座、阀盖积灰等，检查运动部件有何变化。

③ 每隔 1200 h 应清洗空气滤清器一次。

④ 对空气压缩机的间隙进行全面检查。

2.5.3.5 空气压缩机的常见故障分析与排除方法

空气压缩机的常见故障分析与排除方法，如表 2.15 所示。

表 2.15　空气压缩机的常见故障分析与排除方法

常见故障	故障原因	排除方法
压缩机不加载	1. 气管路上压力超过额定负荷压力，压力调节器断开； 2. 电磁阀失灵； 3. 油气分离器与卸荷间的控制管路上有泄漏	1. 不必采取措施，气管路上的压力低于压力调节加载（位）压力时，压缩机自动加载； 2. 拆下检查，必要时更换； 3. 检查管路及连接处，若有泄漏则需修补
压缩机超温	1. 无油或油位太低； 2. 油过滤器阻塞； 3. 油气分离器滤芯堵塞或阻力过大； 4. 油冷却器表面被堵塞	1. 检查，必要时加油，但不允许加油过多； 2. 更换油过滤器； 3. 拆下检查； 4. 拆下检查或更换
耗油过多	1. 油位过高； 2. 油气分离器滤芯失效； 3. 泡沫过多； 4. 油气分离器滤芯回油管管接头处限流孔堵塞； 5. 用油不对	1. 检查油位，卸除压力后排油至正常位置； 2. 拆下检查或更换； 3. 更换推荐牌号的油； 4. 清洗限流孔； 5. 更换推荐牌号的油
噪声增高	1. 进气端轴承损坏； 2. 排气端轴承损坏； 3. 电机轴承损坏	1. 拆下更换； 2. 拆下更换； 3. 拆下更换

续表 2.15

常见故障	故障原因	排除方法
排气量、压力低于规定值	1.耗气量超过排气量； 2.空气滤清器滤芯堵塞； 3.安全阀泄漏； 4.油气分离器与卸荷阀间的控制管路上有泄漏	1.检查相连接的设备，清除泄漏点或减少用气量； 2.拆下检查，必要时应清洗或更换滤芯； 3.拆下检查，如修理后仍不密封则更换； 4.检查管路及连接处，若有泄漏则需修补
停车后空气油雾从空气滤清器中喷出	压缩机单向阀泄漏或损坏	拆下检查，如有必要则需更换，并应同时更换空气滤清器滤芯
停车后空气过滤器中喷油	断油阀堵塞	拆下检查清洗，且更换空气滤清器滤芯
运行过程中不排放冷凝液	1.排放管堵塞； 2.自动疏水阀失灵	1.检查并疏通； 2.拆下检查
加载后安全阀马上泄放	安全阀失灵	拆下检查更换损坏的零部件
压缩机运转正常，停机后启动困难	1.使用油牌号不对或用混合油； 2.油质黏、结焦； 3.轴封严重漏气； 4.卸荷阀瓣原始位置变动	1.应清洁后彻底换油； 2.应清洁后彻底换油； 3.拆下更换； 4.重新调整位置
气缸过热	1.冷却水不足或中断； 2.气缸产生水垢附于气缸壁； 3.活塞和活塞环损坏； 4.活塞杆弯曲等引起气缸过热	1.检查冷却水使其充足和连续； 2.清除气缸水垢； 3.检查活塞、活塞环、活塞杆，若有损坏应及时修理； 4.校正或更换活塞杆

思考题

1.简述离心风机和罗茨风机的工作原理。

2.离心风机和罗茨风机运行中的检查内容有哪些?

3.简述离心风机和罗茨风机常见的故障及排除方法。

4.空气压缩机运行中的检查内容有哪些?

5.空气压缩机常见的故障及排除方法有哪些?

项目小结

大多数的水泥机械设备结构组成包括动力部分、传动部分、工作部分和控制部分。水泥机械设备常以交、直流电动机作为动力源，主要通过机械传动和液压传动将动力和运动传递给工作部分，控制部分主要完成设备的开、停机及相关参数的调整工作。本项目主要介绍水泥机械设备常用动力与控制装置的结构、类型、工作原理及基本用途，重点掌握交直流电机、减速器、液压传动系统、风机与空气压缩机的检查、维护内容和常见故障的分析与排除方法，为进行新型干法水泥设备巡检工作奠定良好基础。

项目实训

实训1　三相异步电动机的拆装

任务描述：

对电动机进行定期保养、维护和检修时，首先需要将其拆装。如果拆装方法不当，就会造成部分部件损坏，引发新的故障。因此，正确拆装电动机是确保维修质量的前提。本实训以新型干法水泥厂生产线上主要动力设备三相异步交流电动机为对象，在实训指导教师的指导下，安排学生进行三相异步电动机的拆卸与装配。

实训内容：

(1) 按照正确的顺序对三相异步电动机进行拆卸，了解三相异步电动机的结构特点和拆装要领；

(2) 测量并记录联轴器或皮带轮与轴台间的距离；

(3) 掌握三相异步电动机的装配方法；

(4) 了解电机的轴承型号和使用的润滑剂类型。

实训2　减速器拆装及结构分析

任务描述：

(1) 了解减速器的整体结构及工作要求；

(2) 了解减速器的箱体零件、轴、齿轮等主要零件的结构及加工工艺；

(3) 了解减速器主要部件及整机的装配工艺；

(4) 了解齿轮、轴承的润滑、冷却及密封；

(5) 通过自己动手拆装，了解轴承及轴上零件的调整、固定方法，以及消除和防止零件间发生干扰的方法。

实训内容：

(1) 按照正确的顺序拆开减速器和轴系，分析减速器中各个零件的功用；

(2) 测定减速器的主要参数，画出减速器传动布置简图。

实训3　风机的拆装及结构分析

任务描述：

(1) 了解风机的整体结构及工作要求；

(2) 了解风机主要部件及整机的装配工艺；

(3) 了解如何对风机进行拆装、操作及检查。

实训内容：

(1) 按照正确的顺序拆开风机，分析风机中各个零件的功用；

(2) 按照正确的顺序安装、启动风机。

项目3　生料制备工段设备的巡检

【项 目 描 述】

本项目要进行的生料制备工段设备的巡检工作，是准确判断设备运行状况，及时处理常见故障，反馈设备存在的问题，认真填写巡检记录。

任务3.1　板式喂料机的巡检

任务描述：

(1) 了解板式喂料机的工作原理与基本结构；

(2) 掌握板式喂料机的巡检工作内容及常见故障分析与排除方式。

知识目标：

(1) 熟练表述板式喂料机的工作原理与基本结构；

(2) 正确表述板式喂料机的开机、停机检查维护内容；

(3) 熟练表述板式喂料机运行中的巡检点、巡检内容，以及常见故障分析与排除方法。

能力目标：

能在水泥生产企业进行板式喂料机的巡检工作。

3.1.1　任务分析

板式喂料机是一种连续输送物料的机械设备，主要用于块状、粒状物料的输送。

板式喂料机运行速度较慢，其链板的运行速度一般为0.025～0.16 m/s。由于其承载件是钢铁构件，结构坚固，可以承受很大的压力和冲击力，因而适宜输送大块、高温(＜400 ℃)和有尖锐棱角的物料。板式喂料机可靠性高，给料均匀，主要用于中小型水泥厂石灰石原矿的一级破碎喂料。

但板式喂料机牵引链运动速度不均匀，链与链轮啮合时冲击大，在传动过程中产生的振动和噪声较大，牵引链和链轮易磨损。另外，在使用过程中链节轴磨损较快，链板中心孔易磨成长孔，若不及时发现并更换，易导致链条跑偏、掉道。

所以，应着重加强这些部位的巡检工作，同时要确保驱动装置工作正常，头尾轮轴承及托辊润滑良好。

3.1.2　知识链接

3.1.2.1　板式喂料机的工作原理

板式喂料机是一种链轮带动链条做啮合传动方式的机械设备，主要用于块状物料的运输，一般分为轻型、中型和重型三类。轻型板式喂料机用于处理100～200 mm的块状物料；中型板式喂料机用于处理200～500 mm的块状物料；重型板式喂料机用于处理500～1500 mm的大块物料。板式喂料机的板宽为500～2500 mm，喂料能力为60～1500 t/h，可沿水平方向布置，也可倾斜布置。

工作时，物料由料仓进入导料槽，然后落于承载板上，驱动装置通过电动机、减速器将动力传递到头部链轮，带动与链轮相啮合的牵引链条运动，牵引装有物料的承载板向前运行，物料随着承载板的运动从前端下料罩落入破碎机中，完成物料的输送。若需改变给料量的大小，则利用变频器改变电动机转速即可。板式喂料机在使用中不允许大块物料冲砸承载板，因此承载板上应始终保持尺寸为200～500 mm厚的物料，储料仓内应始终保持部分存料，不允许空料，当来料较少时，允许间歇操作。

3.1.2.2 板式喂料机的结构

板式喂料机的结构，主要由驱动装置、链轮装置、导料槽、尾部张紧装置、承载板、机架等组成。如图3.1所示。

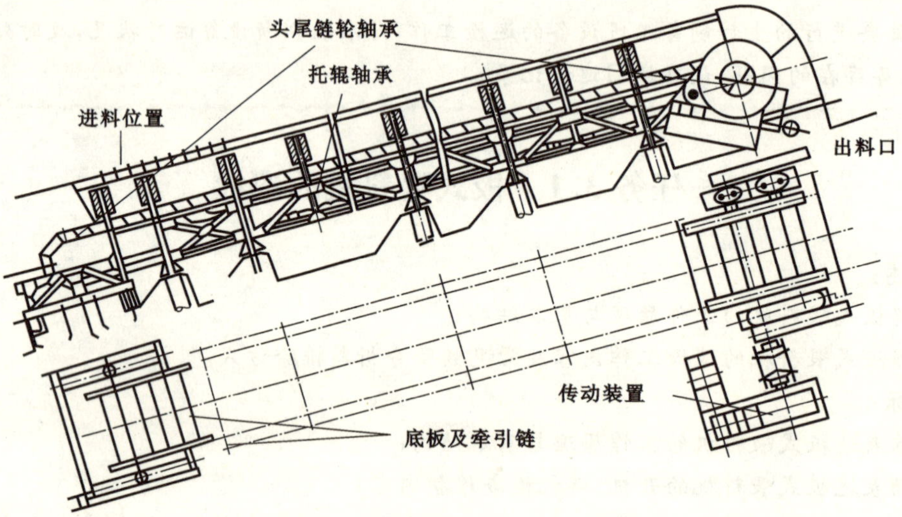

图3.1 板式喂料机的结构示意

驱动装置，主要由电机、减速装置、变频器等组成。

链轮装置，主要包括头尾链轮、输送链条、承载板、头尾轮支撑装置及托辊等部件。

导料槽，由适当厚度的钢板焊接成一个封闭式罩子，尾部与下料仓的法兰用螺栓连接在一起。前部为下料罩，起约束物料、防止物料外溢的作用，同时也是收尘器的吸入口位置，达到防止粉尘飞扬的目的。

尾部张紧装置，一般采用螺旋张紧方式，张紧行程较大(约300 mm)，且可拆卸，便于安装轴承座。

承载板，用5～15 mm厚的钢板制成，主要用来承受并输送物料，其形状有平板形、浅槽形、波浪形和圆弧形等四种，适用于倾角不超过35°时物料的输送。承载板由螺栓与链条的链环紧固在一起。其下部设托辊作为承载机构，以使链条的承载作用与牵引作用分开，一方面改善了链条的受力情况，另一方面也使运行更平稳。

机架，作用是固定支撑其他所有零部件，承受全机重量，通过地脚螺栓连接固定在基础上。

3.1.3 任务实施

3.1.3.1 板式喂料机开机前的检查

① 检查减速机的油位是否正常。

② 检查电机、减速机各轴承座地脚螺栓是否松动、脱落。

③ 检查并清除板式喂料机上的异物。

④ 检查滚轮螺栓是否松动、脱落。

⑤ 检查头尾轮与链板啮合是否正常。

⑥ 检查链板是否断裂，销子是否窜出。

3.1.3.2　板式喂料机的停机维护

① 检查托辊或滚轮有无松动、脱落，螺栓是否松动。

② 清扫底板、链条等各处黏附物件，清理下料口黏附物。

③ 检查头尾轮及牵引链条的磨损情况。

④ 整修或更换已变形的底板。

⑤ 检查联轴器柱销是否断裂、磨损。

3.1.3.3　板式喂料机运行中的检查

板式喂料机运行中的检查内容及方法，如表3.1所示。

表3.1　板式喂料机巡检表

巡检点	巡检内容	工具/方法
驱动装置	1. 检查电动机、减速机是否振动、有异响、发热	手感、测振仪、红外线测温仪
	2. 检查减速机油位是否正常	目视
	3. 检查减速机与电动机、工作机的连接，连接螺栓不得有松动、脱落	目视、扳手
	4. 减速机密封检查，要求密封良好、无泄漏现象	目视
	5. 检查传动链工作是否正常，要求无跳动	目视
头尾轮轴承	1. 检查轴承壳体有无裂纹和损坏及轴承的螺栓连接是否松动	目视
	2. 检查头尾轮轴承是否振动、有异响、发热（>75 ℃）	耳听（用听音棒）、手感、红外线测温仪
	3. 检查轴承的润滑是否良好，及时补充油脂，保证充分润滑	目视
托辊	1. 检查托辊转动是否平稳、灵活	目视
	2. 检查托辊与牵引链板或托辊与导轨的接触是否良好	目视
	3. 检查托辊的润滑，按时加脂	目视
牵引链	1. 检查链板是否有断裂，观察连接点连接销轴有无松动和过度磨损	目视
	2. 观察牵引链运行是否平稳，有无偏斜，张紧度是否合适	目视
	3. 检查链板与头尾轮啮合是否正常	目视、耳听
底板	1. 检查底板有无变形，底板与托辊接触是否良好	目视
	2. 检查底板与输送链的连接，螺母不得松开、脱落	目视

3.1.3.4　板式喂料机的常见故障分析与排除方法

板式喂料机的常见故障分析与排除方法，如表3.2所示。

表3.2　板式喂料机的常见故障分析与排除方法

常见故障	故障原因	排除方法
开启后电动机转，板式喂料机不转或电动机跳闸	1. 物料过多，将板式喂料机压死； 2. 联轴器损坏； 3. 减速机损坏； 4. 传动链轮与链轮轴的连接松动，链轮移位； 5. 链条断链	1. 调高板式喂料机转速； 2. 检查更换联轴器； 3. 检查更换减速机； 4. 修复、调整链轮； 5. 更换链条
电流超过允许值	1. 板式喂料机超载； 2. 摩擦阻力增大	1. 立即通知控制室恢复正常状态； 2. 检查引起摩擦阻力的位置，查明原因并排除

续表 3.2

常见故障	故障原因	排除方法
轴承温度过高	1. 轴承密封不良； 2. 润滑不良； 3. 轴承内部零件损坏	1. 清洗或更换轴承密封件； 2. 按润滑制度加油或换油； 3. 更换轴承
轴承座振动	1. 牵引链条受力不均； 2. 轴承内部零件损坏	1. 调整牵引链条的受力； 2. 更换轴承
托辊表面有裂纹	粉末冶金含油轴套碎裂造成托辊受力不均	更换托辊
托辊转动不灵活	1. 积垢太多； 2. 润滑不良； 3. 轴承内部零件损坏	1. 清洗或更换轴承； 2. 按润滑制度加油或换油； 3. 更换轴承
链条跑偏	1. 头轮与尾轮中心线不平行； 2. 链条松弛； 3. 两侧链条磨损不均，节距、总长不等	1. 调整头轮与尾轮中心线； 2. 调整张紧装置到合适位置； 3. 调整或更换链条

思 考 题

1. 简述板式喂料机的工作原理及主要结构组成。

2. 分析板式喂料机的巡检位置及主要巡检内容。板式喂料机常见故障的原因是什么？如何排除？

任务 3.2 单段锤式破碎机的巡检

任务描述：

(1) 了解单段锤式破碎机的工作原理及基本结构；

(2) 掌握单段锤式破碎机的巡检工作内容，以及常见故障分析与排除方法。

知识目标：

(1) 熟练表述单段锤式破碎机的工作原理和基本结构；

(2) 正确表述单段锤式破碎机的开机、停机检查与维护内容；

(3) 熟练表述单段锤式破碎机的巡检点、巡检内容，以及常见故障分析与排除方法。

能力目标：

能在水泥生产企业进行单段锤式破碎机的巡检工作。

3.2.1 任务分析

单段锤式破碎机，是将矿山开采的大块矿石毛料（最大给料尺寸约为 1000 mm）经过一次破碎就达到符合入磨要求的粒度（≤25 mm）的设备，使原先需要的二级或三级破碎系统，简化为一级破碎系统。

单段锤式破碎机在锤式破碎机的基础上做了相应改进，并结合反击式破碎机的特点，具有全回转大质量锤头、可调整破碎板、顺向箅子等结构，破碎比大，产量高（可稳定达到 1000 t/h）。虽然如此，单段锤式破碎机仍要严格控制进料粒度，并防止异物进入。一旦块料过大、过多，或者混入不能破碎的金属异物，会对破碎机锤头、锤轴、锤盘等转动部件造成过大冲击，出现巨大的声响和剧烈的振动，严重影响破碎机寿命。

因此，巡检时要注意监听破碎机的声音，发现异常声音时，应立即停机检查，查明原因并处理完故障后，才能继续工作。振动过大还是导致破碎机轴温度过高的主要原因之一，若不及时处理同样会影响设备运行。一般情况下，当温度超过 85 ℃时（报警温度上限可以在报警装置上调整），将发出报警信号，温度到 90 ℃时将自动停机。单段锤式破碎机的锤头、锤盘、破碎板、衬板及排料箅子直接与物料接触，极易磨损，巡检时应重点巡视这些部位。

3.2.2　知识链接

3.2.2.1　单段锤式破碎机的工作原理

单段锤式破碎机，主要用于破碎抗压强度小于 150 MPa 的脆性矿石，例如，石灰石、泥质粉砂岩、页岩、石膏和煤等，也适合破碎石灰石和黏土的混合料，具有入料粒度大、破碎比大等特点，可将大块原矿石一次破碎到符合入磨粒度，使破碎系统大为简化，故称单段式破碎机。与传统的两段破碎系统相比，单段锤式破碎机在设备的管理、运行、维护等诸多方面优势明显，总体费用相对较低。它减少了设备数量，车间设备重量减轻 32.5%，可节省一次性投资 45%，矿石破碎成本降低约 40%。目前，对于大型石灰石矿来说，一般倾向于选用单段锤式破碎机系统。

单段锤式破碎机的主电动机通过 V 带带动装有大带轮的转子，矿石在被重型给料设备喂入破碎机的进料口后，落至带有减振装置的给料辊上，两个同向回转的给料辊将矿石送入高速旋转的转子上，锤头以较高的线速度打击矿石，击碎或抛起料块；若无法一击而碎，锤头能退避到锤盘中，然后反复多次打击物料将其击碎，从而避免对设备造成过大的冲击负荷。

被抛起的料块撞击到反击板上反弹回来，与抛出的料块再次相撞，形成物料间自身打击，物料在多次碰撞下被快速击碎，然后被锤头带入下部的卸料箅板工作区继续受到打击而粉碎，直至小于箅缝尺寸时从机腔下部排出，出料粒度可在 3～30 mm 范围内方便地调节。

单段锤式破碎机一般具有特殊的双重过铁保护装置，可将不慎混入机内的金属异物自动排出机外，不必为此停机，既确保了设备的安全运行，也提高了设备运转率。

3.2.2.2　单段锤式破碎机的结构

单段锤式破碎机，其主要结构由转子、破碎板、排料箅子、驱动部分、给料辊、保险门、壳体等部件组成。如图 3.2 所示。

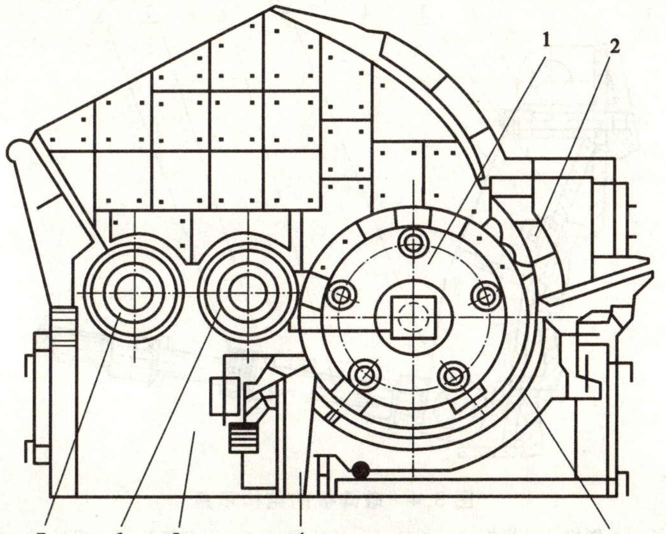

图 3.2　单段锤式破碎机的结构示意

1—转子；2—破碎板；3—排料箅子；4—保险门；5—壳体；6—主动给料辊；7—从动给料辊

转子，是破碎机的核心部件，其结构由锤头、锤盘、端盘、主轴、轴承和轴承座等组成。如图 3.3 所示。

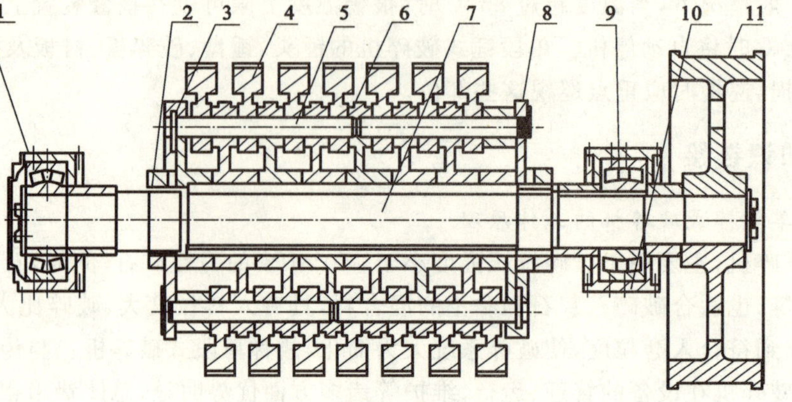

图 3.3　转子的结构示意

1—游动端轴承；2—卡箍；3—端盘（Ⅰ）；4—锤头；5—锤轴；6—锤盘；
7—主轴；8—端盘（Ⅱ）；9—固定端轴承；10—轴承座；11—大带轮

电动机带动转子在破碎腔内高速旋转。转子锤头采用了全回转型结构，当大块矿石不能一击而碎时，锤头能完全退避到锤盘中，减轻了对转子的冲击；锤头一般为耐磨高锰钢材质，两个打击面做成对称结构，以便一边磨损之后可以换边使用。

转子的转速是一个重要的运行参数。一方面，转速过快，冲击过大，易损伤设备，且会使锤头磨损过快。另一方面，转子转速亦不宜过慢，否则锤盘会与物料直接接触而参与破碎作用，使锤盘磨损严重，导致锤轴提前发生断裂。因此一般是将锤头的回转速度合理提高，使圆周方向上两排锤头之间打击矿石的时间间隔减少到合适值，以防止物料对锤盘造成的冲击。

破碎板，位于转子的正前方水平中心线上，由破碎板体上装若干齿板而成。如图 3.4 所示。齿板与转子外缘形成夹角，增加了对矿石的冲击剪切作用。破碎板的上端铰接在壳体上部，下端用两个调整装置调节破碎板与转子工作圆之间的间隙，以保证进入排料带的物料粒度，通常此间隙为 25～35 mm，齿板磨损之后要及时调整。齿板由耐磨合金材料制成。

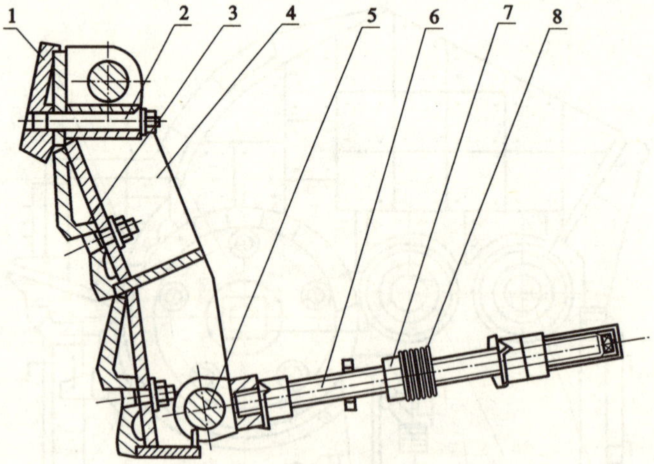

图 3.4　破碎板的结构示意

1—承击板；2—螺栓；3—齿板；4—板体；5—吊环螺母；6—调节螺杆；7—螺母；8—橡胶弹簧

排料箅子，由若干块箅子板组成，箅子板由耐磨合金材料浇铸制成，其结构如图 3.5 所示。它安装在破碎机转子的下部，其包角约为 130°，它与转子的间距可以调节。随着锤头的磨损，转子工作直径缩小，除及时调节破碎板外，还应及时提起排料箅子，用液压千斤顶顶起托梁，同时向上调节吊挂螺栓及活节螺栓以达到调整间隙的目的。若不及时调整，排料箅子间隙过大，其中的积料将加剧锤头的磨损。

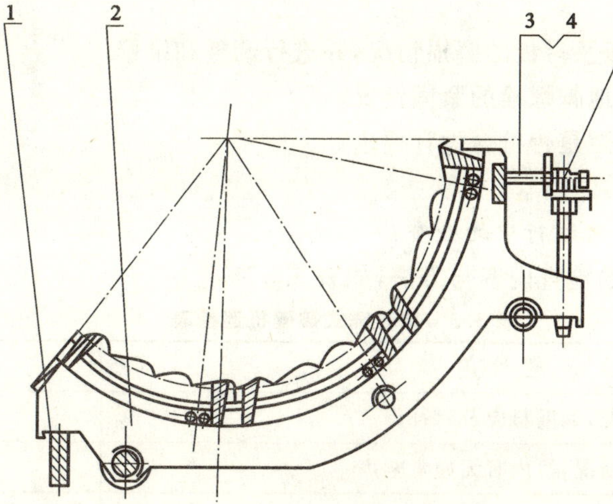

图 3.5　排料箅子的结构示意

1—托梁；2—箅子架子；3—紧定螺栓；4—紧定螺母；5—吊挂螺母；6—吊挂螺栓垫圈

驱动部分，是破碎机的动力来源，它由小带轮、飞轮、联轴器、轴承座、电动机底座、滑轨、拉杆和主电动机组成。小带轮通过窄 V 带与转子的大带轮相连来传递功率，其传动比使转子达到需要的转速以产生理想的破碎效果。主电动机、小带轮和飞轮固定在电动机底座上。通过拉杆可以调节窄 V 带的松紧程度。

给料辊，由主动给料辊和从动给料辊两部分组成，位于进料口与转子之间，其水平中心线高于转子中心线 20 mm。靠近转子端的为主动给料辊，两辊的间隙为 15 mm。当辊体磨损间隙增大时，应及时调整从动给料辊位置。主、从动给料辊主要由辊体、辊轴及两者之间的缓冲橡胶块组成，两辊间缝隙有利于碎料及泥土的排出。缓冲橡胶块用以吸收矿石下落时的冲击能量。硬齿面行星减速器悬挂在主动给料辊的轴头上，电动机经 V 带带动减速器使主动给料辊转动。主动给料辊另一轴头装有链轮，以链条带动从动给料辊运动。

保险门，铰接在排料箅子后部的下壳体上，在平衡重锤的作用下，既能阻止未被破碎的矿石溢出，又能将误入机内的铁件和金属等在离心力作用下，迅速推开保险门顺利排出，随后自动闭合，不必为此专门停机。

壳体，由上、下壳体组成，通过螺栓连接成一体。壳体全部采用钢板焊接。与矿石接触的内表面均装有耐磨衬板。上壳体上开有锤轴抽出孔，下壳体的两端均设有检修门，供更换排料箅子和人员进入机内检修之用。

3.2.3　任务实施

3.2.3.1　单段锤式破碎机开机前的检查

① 检查确认破碎机料斗内是否有余料，料斗内是否有人检修。

② 检查连接螺栓和地脚螺栓的紧固情况，要求紧固良好、无松动。

③ 检查传动皮带的张紧程度及磨损情况。

④ 检查破碎腔内的破碎板、衬板是否安装好。

⑤ 检查各传动部位润滑情况，按润滑制度及时补足润滑油。

⑥ 检查破碎站配电柜、电源显示是否正常，各电流指针是否处于“0”位。若有异常，应通知电工

查明原因，并做相应处理。

3.2.3.2 单段锤式破碎机的停机检查与维护

① 检查锤头的磨损，锤重减少到80%左右必须更换，新锤头前部棱边磨到其宽度的3/5时，可将锤头翻边使用。

② 检查排料箅子、破碎板及衬板的磨损情况，并进行调整和维修。

③ 检查所有连接螺栓和地脚螺栓的紧固情况。

④ 检查转子与箅板的间隙是否符合设计要求。

⑤ 检查锤盘是否有裂纹。

3.2.3.3 单段锤式破碎机运行中的检查

单段锤式破碎机运行中的检查内容与方法，如表3.3所示。

表3.3 单段锤式破碎机巡检表

巡检点	巡检内容	工具/方法
机体	1. 检查壳体磨损情况，如漏料应及时补焊	目视
	2. 检查机体的振动情况，机内有无异常响声	目视、耳听、手感
	3. 检查连接螺栓、地脚螺栓紧固情况	目视
	4. 检查灌浆层，要求灌浆层无下沉、裂纹、裂缝现象	目视、红外线测温仪
传动装置	1. 检查电机的温度、振动及轴承的温度是否正常	目视、手感、测振仪、红外线测温仪
	2. 观察皮带运行是否平稳，V形带有无松弛，张紧度是否合适	目视
	3. 观察皮带是否破损、断裂，安全罩是否可靠	目视
	4. 观察两带轮与轴的连接是否牢靠，带轮有无破损和开裂	目视
转子主轴承	1. 检查转子两端轴承温度（$T \leqslant 65$ ℃）	红外线测温仪
	2. 检查转子两端轴承振动，振动值不大于4.5 mm	手感、测振仪
	3. 检查轴承运转的声音，不得有异常声响	耳听
	4. 检查轴承的润滑情况是否良好，并及时添加润滑油（脂）	目视
	5. 检查轴承的密封是否良好	目视
给料辊	1. 检查轴承温度（$T \leqslant 65$ ℃）、轴承润滑情况	红外线测温仪、目视
	2. 检查V形皮带磨损状况，要求皮带无打滑现象且无异味、破损	目视、鼻嗅
	3. 检查皮带张紧情况	目视

3.2.3.4 单段锤式破碎机的常见故障分析与排除方法

单段锤式破碎机的常见故障分析与排除方法，如表3.4所示。

表3.4 单段锤式破碎机的常见故障分析与排除方法

常见故障	故障原因	排除方法
出料粒度过大	1. 锤头磨损过大； 2. 筛条断裂	1. 更换锤头； 2. 更换筛条
轴承过热	1. 润滑脂不足； 2. 润滑脂过多； 3. 润滑脂污秽变质； 4. 轴承损坏	1. 加注适量润滑脂； 2. 轴承内润滑脂应为其空间容积的50%； 3. 清洗轴承，更换润滑脂； 4. 更换轴承
弹性联轴器产生敲击声	1. 销轴松动； 2. 弹性圈磨损	1. 停车并拧紧销轴螺母； 2. 更换弹性圈

续表 3.4

常见故障	故障原因	排除方法
机器内部产生敲击声	1. 非破碎物进入机器内部； 2. 衬板紧固件松弛，锤撞击在衬板上； 3. 锤或其他零件断裂	1. 停车，清理破碎腔； 2. 检查衬板紧固情况及锤、筛条间的间隙； 3. 更换断裂零件
产量减少	1. 筛条缝隙被堵塞； 2. 加料不均匀	1. 停车，清理筛条缝隙中的堵塞物； 2. 调整加料机构
振动量骤增	1. 更换锤头时或因锤头磨损使转子静平衡不合要求； 2. 锤头折断，转子失衡； 3. 销轴弯曲、折断； 4. 三角盘或圆盘有裂缝； 5. 地脚螺栓松动	1. 按质量选择锤头，使每支锤轴上锤的总质量与其相对锤轴上锤的总质量相等，达到静平衡要求； 2. 更换锤头； 3. 更换销轴； 4. 电焊修补或更换； 5. 紧固地脚螺栓

思考题

1. 简述单段锤式破碎机的工作原理及主要结构组成。

2. 分析单段锤式破碎机的巡检位置及主要巡检内容。单段锤式破碎机常见故障的原因是什么？如何排除？

任务 3.3 气箱脉冲袋式收尘器的巡检

任务描述：

(1) 了解气箱脉冲袋式收尘器的工作原理与基本结构；

(2) 掌握气箱脉冲袋式收尘器的巡检工作内容，以及常见故障分析与排除方法。

知识目标：

(1) 熟练表述气箱脉冲袋式收尘器的工作原理与基本结构；

(2) 正确表述气箱脉冲袋式收尘器的开机、停机检查与维护内容；

(3) 熟练表述气箱脉冲袋式收尘器的巡检点、巡检内容，以及常见故障分析与排除方法。

能力目标：

能在水泥生产企业进行气箱脉冲袋式收尘器的巡检工作。

3.3.1 任务分析

气箱脉冲袋式收尘器是一种高效袋式收尘器，它集分室反吹和脉冲喷吹等收尘器的优点于一体，反吹动能大，除尘阻力小、效率高，滤袋使用寿命长(可达 2 年以上)，结构紧凑，单位体积过滤面积大，收尘效率可达 99.9%，能处理 $c<100\ g/m^3$(标准状态)的高浓度粉尘，出口粉尘排放浓度可控制在 $30\ mg/m^3$(标准状态)以下，不仅可作为破碎机、煤磨、生料磨、箅冷机、水泥磨、包装机、库顶及库底的收尘设备，而且可作为高浓度的立磨、O-Sepa 选粉机的收尘器。在日常的巡检中，应注意检查气压、脉冲反吹装置是否正常，注意观察压差大小以判断滤袋是否堵塞，并根据出口气体含尘浓度判断滤袋是否破损或磨损，注意检查脉冲清灰系统及排灰装置工作情况。

3.3.2 知识链接

3.3.2.1 气箱脉冲袋式收尘器的工作原理

袋式收尘器是通过过滤材料及粉尘层对尘粒的捕集，将含尘气体中的尘粒阻留在纤维织物上，从而使气体净化的收尘设备。

袋式收尘器对尘粒的捕集分离包括以下两个过程：

(1) 过滤材料对尘粒的捕集

当含尘气体通过过滤材料时，滤料层对尘粒的捕集是多种效应综合作用的结果。这些效应包括惯性碰撞、直接截留、扩散、静电、筛滤和重力沉降等。

(2) 粉尘层对尘粒的捕集

过滤操作一段时间后，滤料网孔及其表面截留粉尘形成粉尘层。在清灰后依然残留一定厚度的粉尘，称为粉尘初层。由于粉尘初层中的粉尘粒径通常比纤维小，因此，筛滤、惯性碰撞、截留和扩散等作用都有所增加，使收尘效率显著提高。

气箱脉冲袋式收尘器的结构示意，如图 3.6 所示。

气箱脉冲喷吹系统的结构示意，如图 3.7 所示。

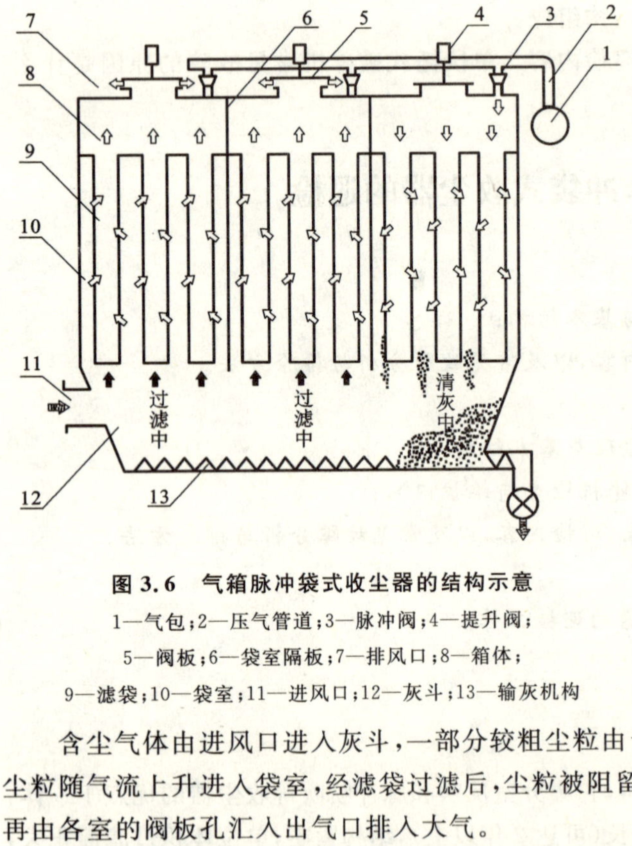

图 3.6 气箱脉冲袋式收尘器的结构示意

1—气包；2—压气管道；3—脉冲阀；4—提升阀；5—阀板；6—袋室隔板；7—排风口；8—箱体；9—滤袋；10—袋室；11—进风口；12—灰斗；13—输灰机构

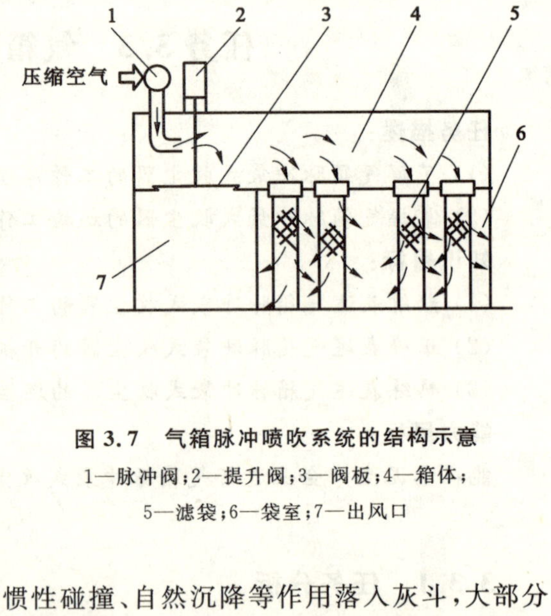

图 3.7 气箱脉冲喷吹系统的结构示意

1—脉冲阀；2—提升阀；3—阀板；4—箱体；5—滤袋；6—袋室；7—出风口

含尘气体由进风口进入灰斗，一部分较粗尘粒由于惯性碰撞、自然沉降等作用落入灰斗，大部分尘粒随气流上升进入袋室，经滤袋过滤后，尘粒被阻留在滤袋外侧，净化的气体由滤袋内部进入箱体，再由各室的阀板孔汇入出气口排入大气。

当滤袋外部的粉尘积到一定厚度时，运行阻力上升，当压差达到预设值(约为 1300 Pa)时，清灰控制器发出信号，首先使一个清灰室的提升阀关闭，切断出气通路，停止过滤过程。然后，该室的脉冲阀动作，以极短的时间(约为 0.1 s)向箱体内喷入压缩空气，压缩空气在箱体内迅速膨胀涌入滤袋内部，使滤袋发生变形、振动，加上逆气流的作用完成清灰过程。当清灰完成后，提升阀重新打开，进入过滤状态，然后再进行另一个室清灰。各滤室按一定顺序分别进行清灰，互不干扰。

一个室从清灰开始至结束，为一个清灰过程，一般为 3～10 s；从第一个室清灰结束到第二个室清灰开始，为清灰间隔。此间隔取决于烟气参数、选型大小等，从几十秒到数分钟不等。整个清灰过程由清灰控制器自动控制，分为定时式和定压式。

3.3.2.2 气箱脉冲袋式收尘器的结构

气箱脉冲袋式收尘器，由箱体、袋室、灰斗和进出风口组成，并配有气路系统清灰控制器、支柱、爬梯、栏杆等，一般为多室结构。

箱体，主要用来固定袋笼、滤袋及气路元件，制成全封闭形式（参见图3.6）。清灰时，压缩空气首先进入箱体，并冲入各滤袋内部。根据规格，箱体内又分成若干室，相互之间用钢板隔开，互不透气，以实现离线清灰。每个室内均设有一个提升阀，以切换过滤气流。

袋室，在箱体的下部，主要用来容纳袋笼和滤袋，并形成一个收尘空间，烟气的收尘主要在这里进行。袋室同箱体一样，根据规格不同也分成若干室，并用隔板隔开，防止在清灰时各室之间相互干扰，同时形成一定的沉降空间。

灰斗，布置在袋室的下部，它除了存放收集下来的粉尘外，还作为进气总管使用（下进气方式）。灰斗下部布置有螺旋输送机或空气输送斜槽等输送设备，出口设有回转卸料器或翻板阀等锁风装置。

进出风口，根据收尘器的结构形式分为两种。

32系列脉冲袋式收尘器，其进风口为圆筒形，直接焊在灰斗的侧板上；出风口安排在箱体上部、袋室侧面，通过提升阀板孔与箱体内部相通。

32系列脉冲袋式收尘器的结构示意，如图3.8所示。

其他系列脉冲袋式收尘器，其进出风口制成一体，安排在袋室侧面箱体和灰斗之间，中间用隔板隔成互不透气的两部分，分别为进风口和出风口。这种结构体积大，但气流分布均匀，灰斗内预收尘效果好，适合烟气含尘浓度较大的场合使用。

其他系列脉冲袋式收尘器的结构示意，如图3.9所示。

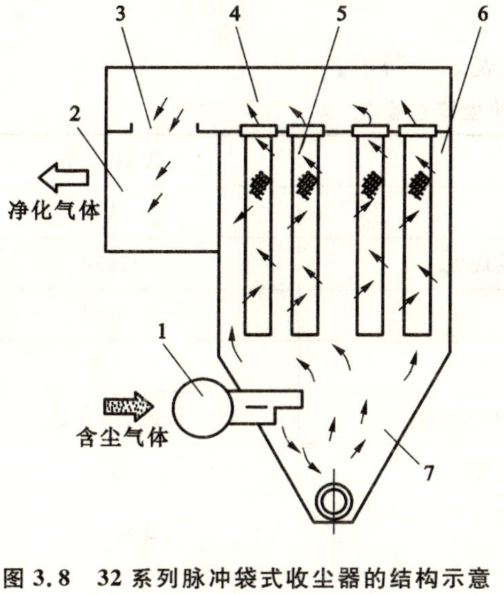

图3.8 32系列脉冲袋式收尘器的结构示意

1—进风口；2—出风口；3—阀板孔；4—箱体；5—滤袋；6—袋室；7—灰斗

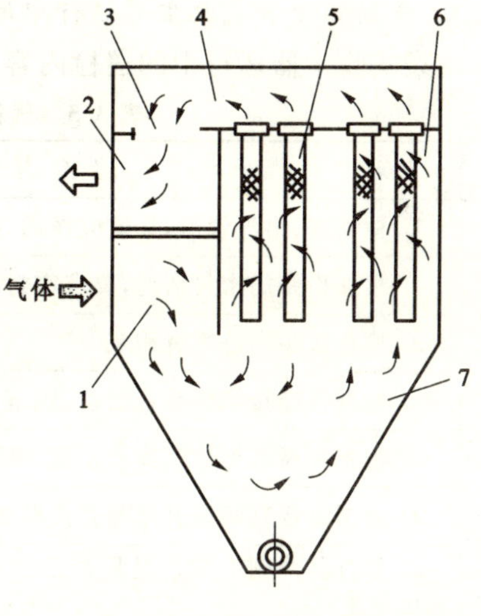

图3.9 其他系列脉冲袋式收尘器的结构示意

1—进风口；2—出风口；3—阀板孔；4—箱体；5—滤袋；6—袋室；7—灰斗

3.3.3 任务实施

3.3.3.1 气箱脉冲袋式收尘器开机前的检查

① 清除收尘器内外杂物、积灰。

② 检查滤袋是否完好，如有损坏或糊袋应及时更换。

③ 检查滤袋悬挂的松紧程度，不得过松或过紧，滤袋绑扎、固定应牢固，无破裂现象。

④ 检查容易漏风的部位，如检修门、管道、排灰装置等，并按要求封闭严密。

⑤ 检查各润滑部位油质、油量是否满足要求，所有温度检测点、料位计测点、压力测点连接是否正常。

⑥ 检查油雾器内是否有油，储气罐内压缩空气压力是否正常，手动阀门是否打开。

⑦ 及时放油水分离器内的水。

⑧ 检查螺旋输送机、回转阀等设备有无异常，出料口是否畅通。

⑨ 检查安全防护设施是否齐全、完整。

3.3.3.2　气箱脉冲袋式收尘器的停机检查与维护

① 检查滤袋有无破损、老化的情况；检查固定滤袋的零件是否松动；检查滤袋内支撑框架的完好程度。

② 检查控制阀、电磁脉冲阀及清灰控制器的动作情况。脉冲阀如发生故障，应及时排除，内部有杂质、水分的，应进行清理，膜片损坏应及时更换。

③ 使用定时清灰控制器时，应定期测定清灰周期是否准确；使用定阻清灰控制器时，应定期检查压力开关的工作情况、测压口是否堵塞，并进行清理。

④ 定期测定工艺参数，如烟气量、温度、浓度等，若发现异常，应查找原因并及时处理。

⑤ 储气罐气源三联件中的油水分离器应每班排污一次，同时油水分离器应每隔 3～6 月清洗一次，经常检查油雾器的存油情况，及时加油。

⑥ 定期检查气路系统、排灰系统的工作情况，发现异常应及时处理。

⑦ 在停机时，应保持收尘器和排风机继续工作一段时间，以除去设备内的潮气和粉尘。必须注意的是，在收尘器停止工作时，必须反复对收尘器进行清灰（可手动清灰），将滤袋上的粉尘除掉，以防受潮气影响而糊袋。

3.3.3.3　气箱脉冲袋式收尘器运行中的检查

气箱脉冲袋式收尘器运行中的巡检内容及方法，如表 3.5 所示。

表 3.5　气箱脉冲袋式收尘器巡检表

巡检点	巡 检 内 容	工具/方法
机体	1. 检查进、出气管道，管道应畅通，无漏气现象	目视
	2. 检查检修门密封情况，要求密封良好，无漏风现象	目视
	3. 检查灰斗内是否有积灰	目视
	4. 检查各连接螺栓是否松动、脱落	目视
	5. 检查排风机出口气体含尘量，准确判断布袋有无损坏	目视、仪表显示
脉冲清灰系统	1. 根据声音判断提升阀是否按脉冲周期正常工作	耳听
	2. 检查脉冲阀工作状况是否正常，要求电磁阀按程序动作并无漏风现象	耳听、目视
	3. 经常检查油雾器存油情况，并及时加油	目视
	4. 检查储气罐、油水分离器排污情况，要求油水分离器已经排污，压力表显示正常	目视、仪表显示
排灰装置	1. 检查回转阀润滑、振动、温度、下料是否正常	目视、耳听、红外线测温仪
	2. 检查螺旋输送机螺旋叶片是否有振动、异响；吊瓦或轴承是否缺润滑油、发热；壳体有无损坏，运行中有无刮碰壳体声；传动装置地脚螺栓是否紧固；出料是否畅通	耳听、目视、红外线测温仪

3.3.3.4　气箱脉冲袋式收尘器的常见故障分析与排除方法

气箱脉冲袋式收尘器的常见故障分析与排除方法，如表 3.6 所示。

表 3.6　气箱脉冲袋式收尘器的常见故障分析与排除方法

常见故障	故障原因	排除方法
进出口压差增大	1. 提升阀关闭； 2. 清灰气压不够； 3. 清灰电磁阀没有动作； 4. 提升阀气压低	1. 检查提升阀； 2. 调整清灰气压； 3. 检查清灰电磁阀是否按程序动作； 4. 调整气压
收尘效果差，冒灰大	1. 滤袋损坏； 2. 风室的隔板脱焊、窜风	1. 更换滤袋； 2. 检查并焊接隔板
粉尘积压在灰斗里	1. 粉尘水分含量大，凝结成块； 2. 输送设备工作不正常	1. 停机清灰，控制粉尘水分含量，使袋收尘壳体保温； 2. 保证输送物料畅通
滤袋堵塞	1. 滤袋有质量缺陷； 2. 清吹气压过大； 3. 清吹频次过多； 4. 气体结露，滤袋受潮	1. 使用质量好的滤袋； 2. 调整气压； 3. 在保证收尘效果和收尘器正常使用的前提下可适当减少清吹频次； 4. 操作中控制风温
脉冲阀不工作	1. 电源断电或清灰控制器失灵； 2. 脉冲阀内有杂物； 3. 电磁阀线圈烧坏； 4. 压缩空气压力太低	1. 恢复供电，修理清灰控制器； 2. 仔细清理脉冲阀； 3. 更换电磁阀； 4. 检查气路系统及压缩机
提升阀不工作	原因及排除方法同脉冲阀	

思　考　题

1. 简述气箱脉冲袋式收尘器的工作原理及主要结构组成。

2. 分析气箱脉冲袋式收尘器的巡检位置及主要巡检内容。气箱脉冲袋式收尘器常见故障的原因是什么？如何排除？

任务 3.4　带式输送机的巡检

任务描述：

(1) 了解带式输送机的基本结构及工作原理；

(2) 掌握带式输送机巡检工作内容，以及常见故障分析与排除方法。

知识目标：

(1) 熟练表述带式输送机工作原理与基本结构；

(2) 正确表述带式输送机开机、停机检查与维护内容；

(3) 熟练表述带式输送机运行中的巡检点、巡检内容，以及常见故障分析与排除方法。

能力目标：

能在水泥生产企业完成带式输送机的巡检工作。

3.4.1　任务分析

带式输送机，是水泥厂应用最为广泛的物料输送设备，主要用来输送石灰石、原煤、生料和水泥等粒状或粉状物料。在运行过程中，胶带既要牵引物料还要承载物料，因而工作条件较差，易出现打滑、跑偏、胶面划伤等故障，因此巡检时应注意观察胶带的运转状况。对于运行中易出现的胶带拉长、扭曲、脱胶等现象，要做到及时发现、及时处理，特别要注意防止尖锐物料或铁件划伤胶带。带式输送机运行时，胶带表面应均匀受料，不可过多或单边受料。巡检时应着重检查传动部位的温度、振动、电流大小等运行参数，快速判断、果断处理设备故障，保障工作人员及设备的安全。

带式输送机的巡检点，如图 3.10 所示。

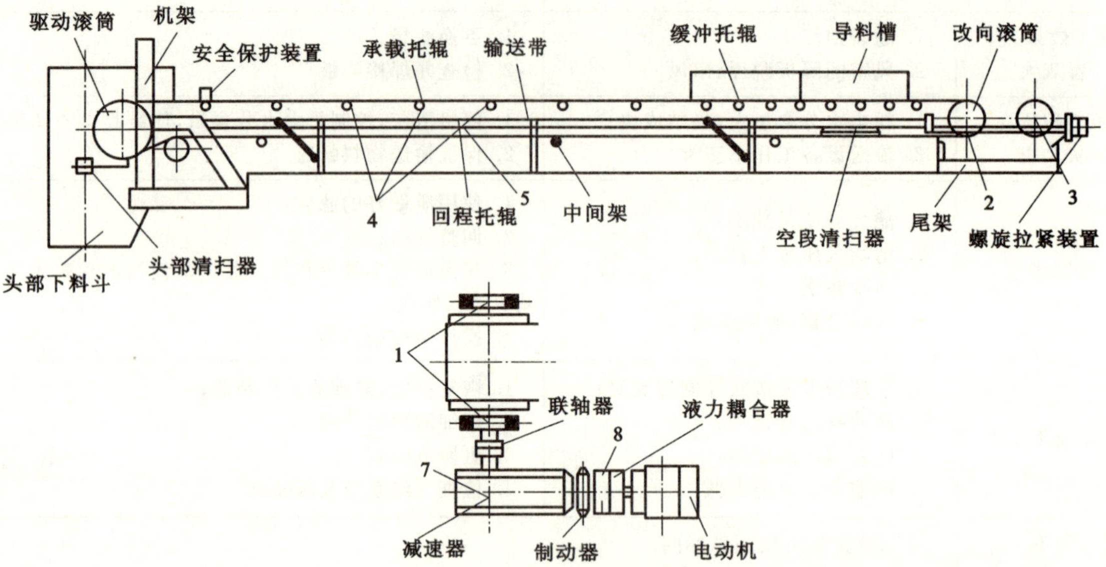

图 3.10 带式输送机的巡检点

3.4.2 知识链接

3.4.2.1 带式输送机的功用

带式输送机的输送带材料为胶带，是一种有牵引构件的典型连续运输机械，可用于各行业的矿山、破碎、包装、堆存之间运送散粒状物料和成品物件。

带式输送机具有生产效率高、运输距离长、工作平稳可靠、结构简单、输送量大、运转费用低、操作维修简单、适用范围广等优点。

带式输送机的主要缺点是：倾斜输送时受最大允许倾角限制；不易沿水平改变输送方向；不宜用于输送温度较高的物料；不能垂直提升物料。

对于倾斜向上输送物料的带式输送机，为了防止物料下滑，对于不同物料规定了所允许的最大倾角值。当倾斜向下输送物料时，允许的最大倾角仅为向上输送时的 80%。

向上输送不同物料允许的最大倾角值，如表 3.7 所示。

表 3.7 向上输送不同物料允许的最大倾角值

物料名称	最大倾角值	物料名称	最大倾角值	物料名称	最大倾角值
块煤	18°	0～120 mm 矿石	18°	干砂	15°
原煤	20°	0～60 mm 矿石	20°	筛分后的石灰石	12°
粉煤	21°	块状干黏土	15°～18°	水泥	20°
0～350 mm 矿石	16°	粉状干黏土	22°	水泥熟料	14°

3.4.2.2 带式输送机的工作原理

带式输送机，由一条环形输送带绕在传动滚筒上，并由上下托辊支承。当传动滚筒回转时，由于输送带通过拉紧装置的张紧作用，保证胶带具有一定的张力，在传动滚筒与输送带间产生牵引力从而带动输送带运行。物料由给料装置加到输送带上，被运行的输送带输送到卸料装置时物料被卸出。

3.4.2.3　带式输送机的结构

带式输送机，主要由两个端点滚筒2、3和紧套其上的闭合输送带4组成。

带式输送机的结构示意，如图3.11所示。

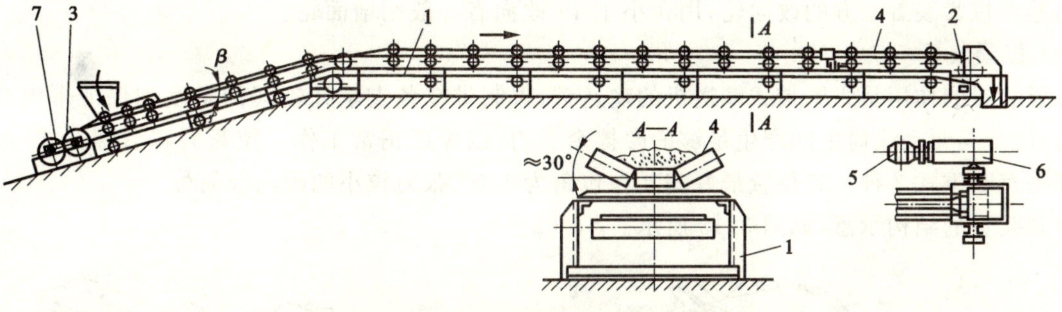

图3.11　带式输送机的结构示意

1—设备基础；2—驱动滚筒；3—改向滚筒；4—输送带；5—电动机；6—减速器；7—拉紧装置

带动输送带转动的滚筒，称为驱动滚筒；另一个仅在于改变输送带运动方向的滚筒，称为改向滚筒。驱动滚筒2由电动机5通过减速器6驱动，输送带依靠驱动滚筒与输送带之间的摩擦力拖动。一般只要条件允许，驱动滚筒都装在卸料端，以增大牵引力，有利于拖动。为了避免输送带在驱动滚筒上打滑，用拉紧装置7将输送带拉紧。

胶带，一般由若干层帆布组成，帆布层间用硫化法浇上一层薄的橡胶，带的上下面及左右两侧都覆以橡胶保护层。胶带也可做成钢绳芯胶带，用于长距离、大运量输送，其抗拉强度可达6000 kg/cm，寿命为2～3年，胶带宽度可达3 m，输送能力高达20000 t/h。

(1) 驱动滚筒

如图3.12所示，驱动滚筒由铸铁制成或钢板焊接制成。滚筒中部稍有凸起，目的是在胶带运行时起定心作用。凸起部分的高度，通常取为直径的0.5%，但不小于4 mm。滚筒的宽度，应比带宽大100～200 mm。

带式输送机的驱动滚筒结构示意，如图3.12所示。

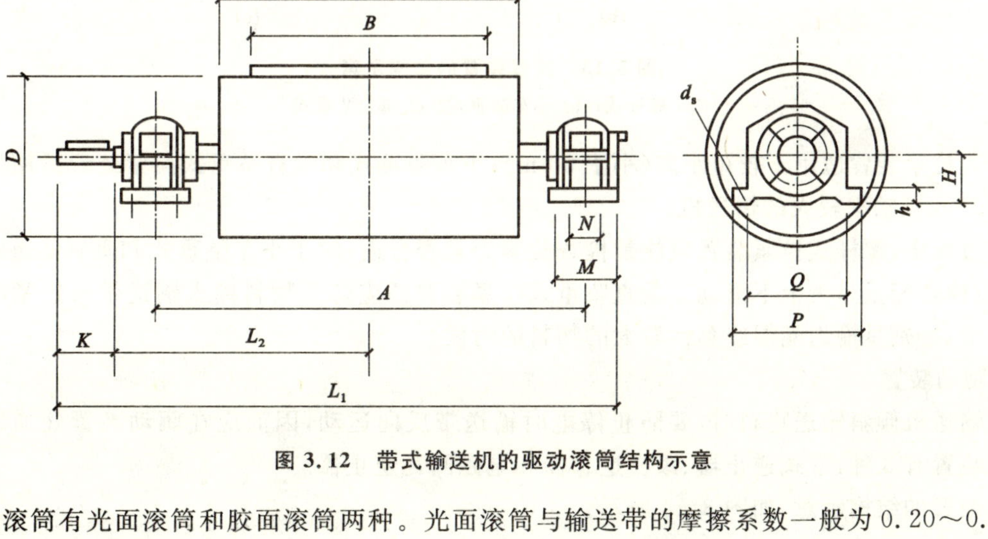

图3.12　带式输送机的驱动滚筒结构示意

驱动滚筒有光面滚筒和胶面滚筒两种。光面滚筒与输送带的摩擦系数一般为0.20～0.25，适用于功率不大、环境湿度小的场合。在环境潮湿、功率大、容易打滑的情况下应采用摩擦系数较大的胶面滚筒。

对于运转中的驱动滚筒，应着重检查滚筒表面有无黏料及表面的磨损情况。

(2)改向滚筒

改向滚筒的结构与驱动滚筒基本相同，但其直径比驱动滚筒略小一些。改向滚筒直径与胶带帆布层数之比 D/i 一般取 80～100。用于 180°改向者一般用尾部滚筒或垂直拉紧滚筒；用于 90°改向者一般用垂直拉紧装置上方的改向轮；用在小于 45°改向者一般用增面轮。

(3) 拉紧装置

拉紧装置的作用是张紧带式输送机的输送带，限制带在各支承托辊间的垂度和保证带中有必要的张力，使带与驱动滚筒之间产生足够的摩擦牵引力，以保证正常工作。拉紧装置有螺杆式、小车坠重式和垂直坠重式 3 种。其位置最好安装在包角为 180°、张力较小的改向滚筒处。

拉紧装置的结构示意，如图 3.13 所示。

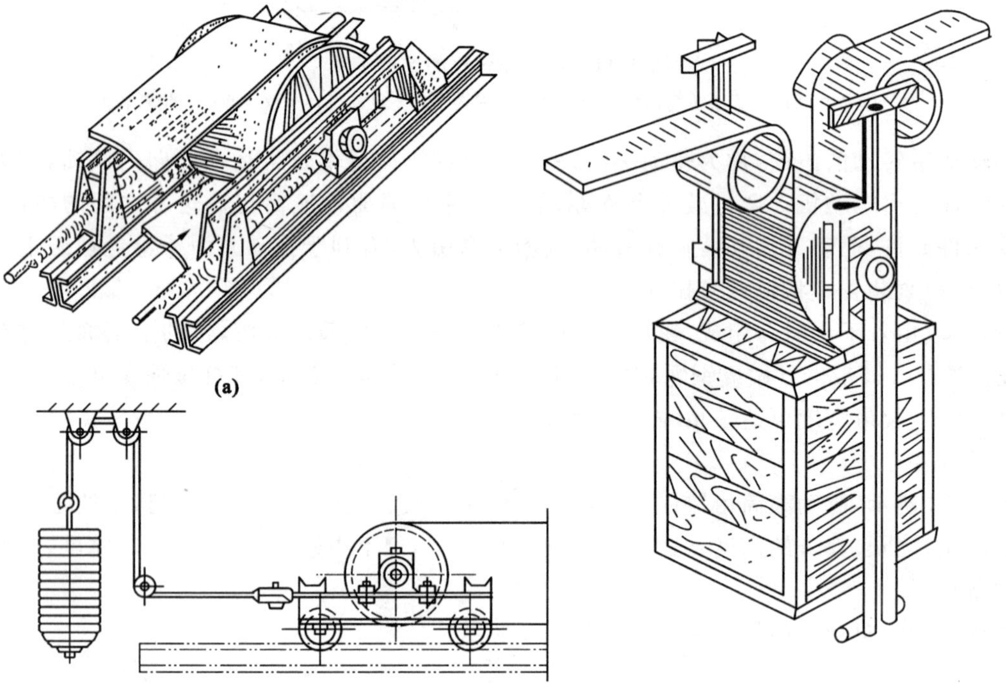

(a)　(b)　(c)

图 3.13　拉紧装置的结构示意

(a) 螺杆式；(b) 小车坠重式；(c) 垂直坠重式

螺杆式拉紧装置适用于较短距离(小于 80 m)；小车坠重式和垂直坠重式拉紧装置适用于长度较长(50～100 m)、功率较大的输送机。

运转过程中，螺杆式拉紧装置应注重检查拉紧力是否合适；对于小车坠重式和垂直坠重式拉紧装置，应注重检查配重是否上下滑动。垂直坠重式拉紧装置还应防止物料掉入输送带与拉紧滚筒之间而损坏胶带，特别是输送潮湿或黏性较大的物料的时候。

(4) 制动装置

带式输送机倾斜输送物料时，要防止停电时输送带反向运动，因而应在驱动装置处加装制动装置。制动装置有 3 种：带式逆止器、滚柱逆止器和电磁闸瓦逆止器。

制动装置的结构示意，如图 3.14 所示。

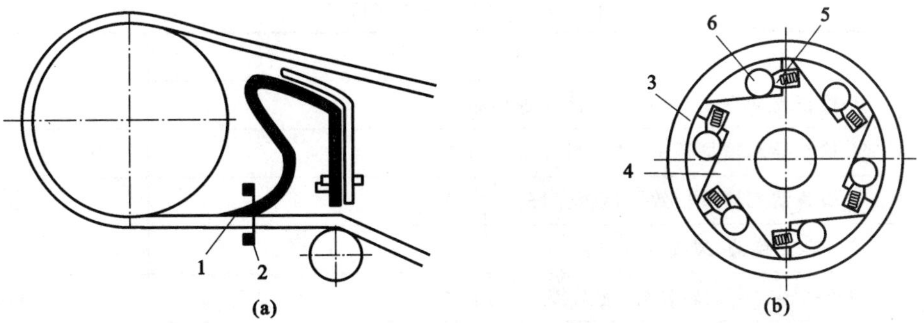

图 3.14　制动装置的结构示意

(a) 带式逆止器；(b) 滚柱逆止器

1—制动带；2—固定架；3—固定圈；4—星轮；5—弹簧柱销；6—滚柱

带式逆止器，结构简单、价格便宜，在输送倾角小于18°时制动可靠，但制动时必须先倒转一段，易造成尾部给料处堵塞溢料，所以只适用于功率较小的输送机。

滚柱逆止器，为一种超越离合器，多用于向上输送物料的场合。

电磁闸瓦逆止器，主要用于向下输送物料并且功率较大的场合。

3.4.3　任务实施

3.4.3.1　带式输送机开机前的检查

① 检查传动减速机油位是否正常，滚筒、托辊是否完好。

② 检查皮带是否张紧适合，皮带带面及接口是否完好。

③ 检查皮带清扫器、皮带张紧装置、皮带密封挡皮是否完好，密封罩是否安装完好。

④ 检查收尘管道的挡板开度是否合适，管道是否漏风或堵塞。

⑤ 检查各皮带绳索开关、跑偏开关、速度开关、防逆装置是否正常。

⑥ 检查皮带上有无异物，滚筒及托辊表面有无黏附的物料，下料溜子有无物料、大块或其他异物。

⑦ 检查传动电机是否完好。

⑧ 检查皮带除铁装置是否正常。

⑨ 开机前，确认皮带运转系统无作业人员。

⑩ 确认中控室开车或现场开车，把控制盘上的转换开关选择在“中控”侧或“现场”侧。

3.4.3.2　带式输送机的停机维护

① 检查运转部件的润滑情况，予以补充、更换、清洗。

② 检查胶带的磨损、划伤、撕伤程度，胶带接头是否完整、起边，按规定更换、钉补、黏合胶带。

③ 更换局部磨穿、旋转不灵活的托辊，更换磨损过大的滚筒。

④ 检查张紧装置是否调整灵活，张紧行程是否足够。小车张紧装置的钢丝绳应定期涂抹润滑脂。

⑤ 检查联轴器柱销磨损情况。

⑥ 检查减速机齿面磨损情况、输入轴的摆动情况。

⑦ 检查逆止器是否缺油。

⑧ 检查安全防护栏杆、安全罩、照明、绳索开关、跑偏开关、速度开关是否有效。

3.4.3.3　带式输送机运行中的检查

带式输送机运行中的巡检内容和方法，如表3.8所示。

表 3.8 带式输送机巡检表

巡检点	巡检内容	工具/方法
机架	1. 检查支架有无开焊，各连接是否牢靠	目视
	2. 检查导料槽是否歪斜，下料斗是否畅通	目视
	3. 检查清扫器清扫效果是否完好	目视
皮带	检查有无跑偏、裂纹及异常磨损	目视
托辊	检查托辊是否运转良好，无磨损、无附着物	目视
头部滚筒、改向滚筒、尾部滚筒	1. 有挂胶的检查胶是否磨损严重、有划伤，检查传动滚筒上是否粘有异物	目视
	2. 检查主轴是否磨损	目视
	3. 检查联轴器、逆止器温度、声音是否正常	目视、耳听、红外线测温仪
	4. 检查张紧滚筒转动是否灵活，轴承有无异响，轴承温度是否异常（大于 75 ℃）	目视、耳听、红外线测温仪
	5. 检查皮带是否磨罩子、跑偏	目视、耳听
	6. 检查皮带运行是否打滑及有无粘料	目视
传动装置	1. 检查减速机轴承温度、油位是否正常，有无异响	目视、手感、红外线测温仪
	2. 检查液力耦合器是否正常	目视、手感
	3. 检查电机振动、轴承温度、声音、卫生状况是否正常	目视、手感、红外线测温仪
	4. 检查各轴承润滑是否正常	目视、测温仪
张紧装置	1. 检查张紧力是否合适，配重是否上下滑动	目视
	2. 检查活动部件是否灵活可靠，润滑是否良好	目视、手感
制动装置	1. 检查逆止器各部件工作是否正常	目视
	2. 检查连接是否安全牢靠	目视、手感
密封罩	检查密封罩是否完好、不漏灰	目视
下料溜子	检查下料溜子是否完好、不漏料	目视
安全拉线开关	检查安全拉线开关是否清洁、完好、松紧适度	目视
物料情况	检查物料粒度、湿度、料量是否正常、无漏料	目视

3.4.3.4 带式输送机的常见故障分析与排除方法

带式输送机的常见故障分析与排除方法，如表 3.9 所示。

表 3.9 带式输送机的常见故障分析与排除方法

常见故障	故障原因	排除方法
皮带打滑	1. 驱动滚筒和胶带间摩擦系数小或包角过小； 2. 张紧装置拉力过小； 3. 承载量大于设计能力	1. 提高摩擦系数，加大包角； 2. 校对调整拉紧力； 3. 减轻承载量，使之不超过设计能力
皮带某一部分跑偏	1. 胶带有部分弯曲； 2. 接头中心未对准； 3. 托辊角度不合适	1. 严重时，更换弯曲段； 2. 重新调整接头； 3. 调整托辊角度
空载时跑偏	皮带成槽性不好	更换成槽性好的胶带
托辊轴承有异响	1. 轴承使用时间过长； 2. 润滑不良	1. 检查、更换轴承； 2. 清洗后更换润滑脂

续表 3.9

常见故障	故障原因	排除方法
皮带边部磨损过大	1. 托辊和滚筒黏附物过多； 2. 托辊或导向滚筒调整不好； 3. 托架不平； 4. 自动调整托辊和导辊不良； 5. 卸料点不正	1. 装有效的清扫器； 2. 重新调整； 3. 重新调整； 4. 重新调整或更换； 5. 调整卸料点至皮带中心位置
上层胶面有纵向长距离割裂	溜槽装得不好	重新调整安装
下层胶面非正常磨损	1. 胶带打滑； 2. 杂物侵入回程段； 3. 物料水分大，摩擦系数下降； 4. 托辊不旋转	1. 检查拉紧装置； 2. 清扫并检查承载段； 3. 降低物料水分含量； 4. 清洗、调整托辊
带边磨损形成筋条状	挡料板不正	调整挡料板

思　考　题

1. 胶带输送机的巡检点有哪些？
2. 导致皮带打滑的原因有哪些？如何排除？
3. 皮带跑偏的原因是什么？如何调整？

任务 3.5　石灰石预均化设备的巡检

任务描述：

(1) 了解石灰石预均化设备的基本结构与工作原理；

(2) 掌握石灰石预均化设备的巡检工作内容及常见故障分析与排除方法。

知识目标：

(1) 熟练表述石灰石预均化设备的基本结构与工作原理；

(2) 正确表述开机、停机检查维护内容；

(3) 熟练表述石灰石预均化设备的巡检点、巡检内容，以及常见故障分析与排除方法。

能力目标：

能在水泥生产企业完成石灰石预均化设备的巡检工作。

3.5.1　任务分析

原料预均化技术，就是在原料的存、取过程中，运用科学的堆取料技术，实现原料的初步均化，使原料堆场同时具备储存与均化的功能。

原料预均化的基本原理，就是在原料堆放时，用堆料机把进来的原料连续地、按一定的方式堆成尽可能多的相互平行、上下重叠和厚度相同的料层。取料时，在垂直于料层的方向尽可能同时切取所有料层，依次切取，直到取完，即“平铺直取”。

圆形预均化堆场有 3 种类型：石灰石和煤预均化堆场、预配料堆场和配料堆场。

石灰石预均化堆场，是将石灰石化学成分和岩性波动较大的一种劣质原料，堆入混料堆场，经混料以后使其出料成分均齐稳定，使物料均匀混合。

预均化堆场，通常采用矩形和圆形两种布置形式。

矩形预均化堆场的布置形式，如图 3.15 所示。

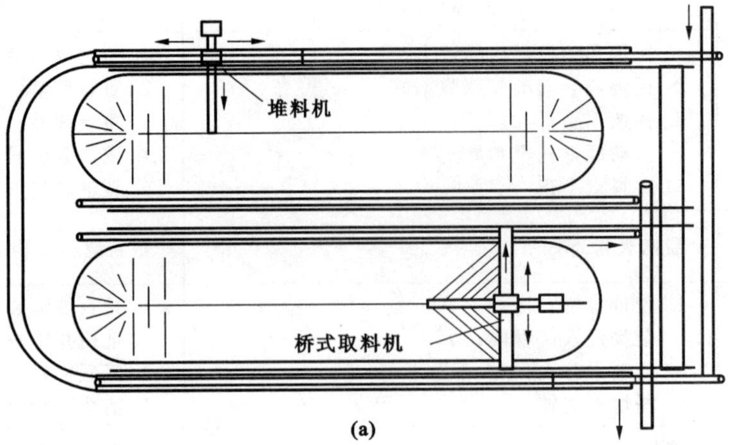

(a)

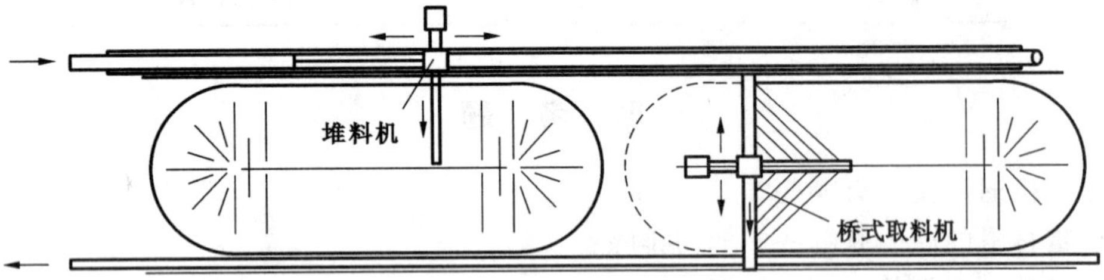

(b)

图 3.15 矩形预均化堆场的布置形式

(a) 平行布置；(b) 直线布置

圆形预均化堆场的布置形式，如图 3.16 所示。

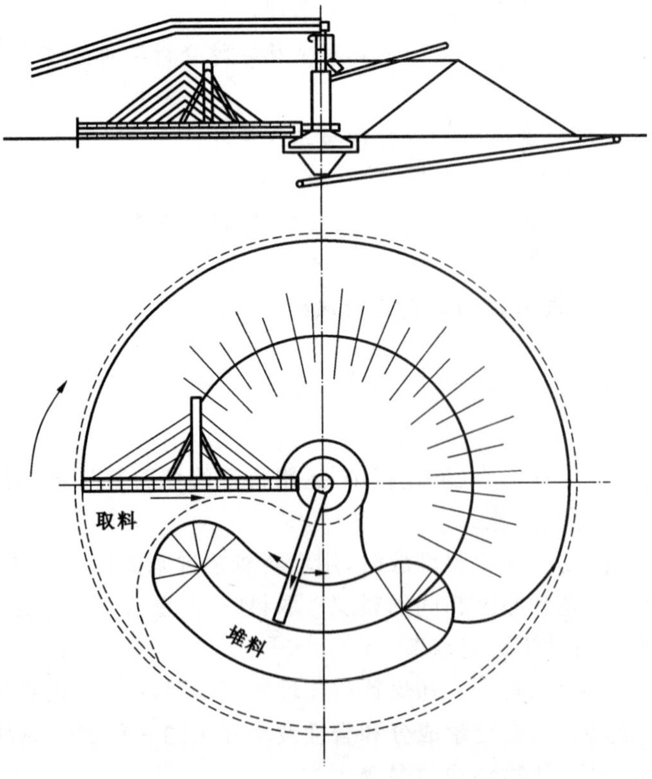

图 3.16 圆形预均化堆场的布置形式

预均化堆场设备，主要由进料皮带机、堆料机、取料机和取样装置等组成。

悬臂侧式带堆料机巡检点示意，如图 3.17 所示。

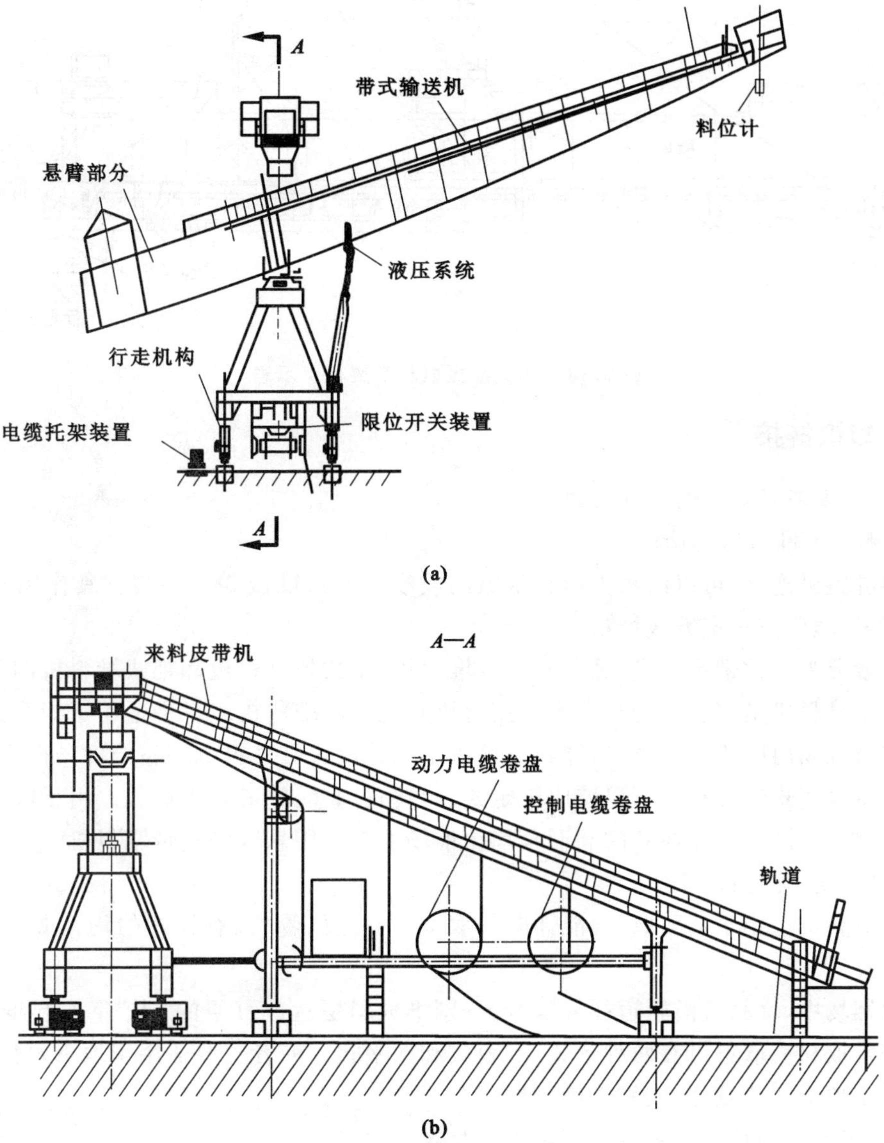

图 3.17　悬臂侧式带堆料机巡检点示意

(a) 主视图；(b) *A*—*A* 剖视图

堆料机运行当中需要频繁地启动和停止，会给设备带来很大的冲击，摆动厉害，易造成设备磨损加剧，出现连接松动、开焊、断裂等现象。因此，要随时注意检查各部件之间的连接是否松动。

另外，巡检时要注重检查悬臂架能否在－16°～17°之间自如运行以及液压系统工作时是否有振动、噪声、泄漏等现象；若出现托辊不转和皮带跑偏现象要及时排除。

桥式刮板取料机中的料耙系统和刮板系统是磨损、振动较为严重的部位，要着重检查其运转情况。运转时，每间隔 2 h，要检查各运转部件有无异常振动、温升、噪声，检查行走轮、挡轮和轨道接触情况，检查两端有无跑偏现象。

桥式刮板取料机巡检点示意，如图 3.18 所示。

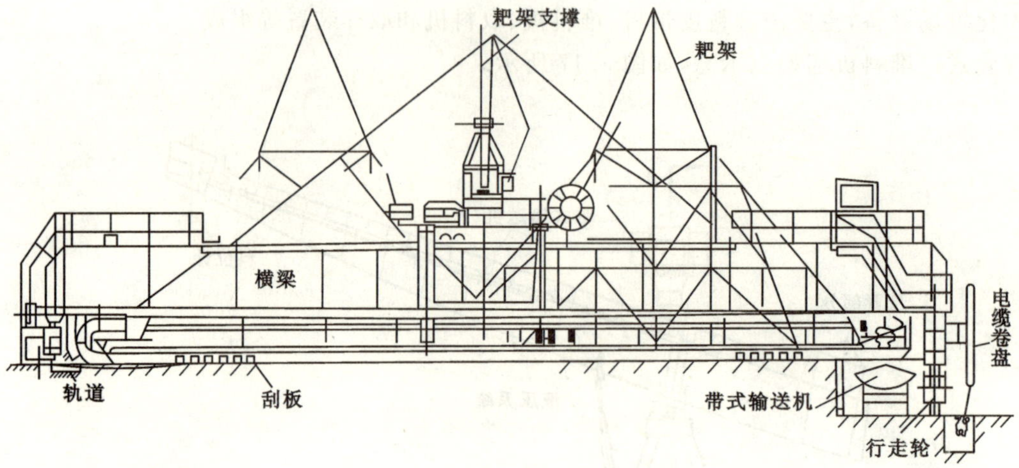

图 3.18　桥式刮板取料机巡检点示意

3.5.2　知识链接

3.5.2.1　*石灰石预均化设备的功用*

(1) 悬臂侧式带堆料机的功用

堆料机同进料机连接，可以沿长方形料堆纵向或沿圆形料堆做 360°回转。其作用是将物料从进料机上转运下来，然后按一定方式堆料。

堆料机一般分为天桥带堆料机、悬臂侧式带堆料机、桥式带堆料机和耙式堆料机四类。

悬臂侧式带堆料机是目前预均化堆场中用得比较普遍的堆料机。它最适用于矩形预均化堆场的侧面堆料和圆形堆场内围绕中心堆料，卸料点可以由悬臂侧式带堆料机调整俯仰角而升降，使物料落差保持最小。悬臂侧式带堆料机可以装成固定式、回转式、直线轨道式等形式。由于圆形堆场是中心进料，卸料点要随时升降，因此在新的圆形预均化堆场中多采用悬臂侧式带堆料机。

(2) 桥式刮板取料机的功用

桥式刮板取料机适用于端面取料，能同时切取全端面上的物料，有较好的均化效果，适合各种形式的堆场。

在预均化堆场中，堆料机沿轨道往复运行，分别堆成料层达数百层的“人”字形料堆，取料机于两个料堆之间交替取料。取料机有两种形式：倾斜式和水平式。前者主要适用于地下水位较高的地区，后者主要适用于地下水位较低、气候干燥的地区。

3.5.2.2　*石灰石预均化设备的结构与工作原理*

(1) 悬臂侧式带堆料机的结构与工作原理

悬臂侧式带堆料机，主要由 3 部分组成：悬臂胶带机、悬臂升降装置、行走机构。

悬臂侧式带堆料机的结构示意，参见图 3.17，其实物实例，如图 3.19 所示。

悬臂侧式带堆料机的工作原理：

堆料机连续均匀地将进料沿直线方向堆成多层相互平行、上下重叠的料层(400～600 层)，然后由取料机在垂直于料层方向的截面切取一定厚度的所有料层，使各层成分各异的物料均匀混合，从而达到均化物料的目的。堆料机的行走装置采取连续工作制，最初堆料时，悬臂梁于较低的俯仰角度位置堆料，以减少因堆料发生的扬尘现象。随着料堆的增高，开动俯仰装置适当地抬高悬臂，从而保证从溜管下口到垛面的落差高度在 1 m 之内。

(2) 桥式刮板取料机的结构与工作原理

桥式刮板取料机，主要由箱形主梁、刮板输送部分、耙车部分、固定端梁、摆动端梁及电缆卷盘等部分组成。

图 3.19　悬臂侧式带堆料机实例

桥式刮板取料机的结构示意，如图 3.20 所示。

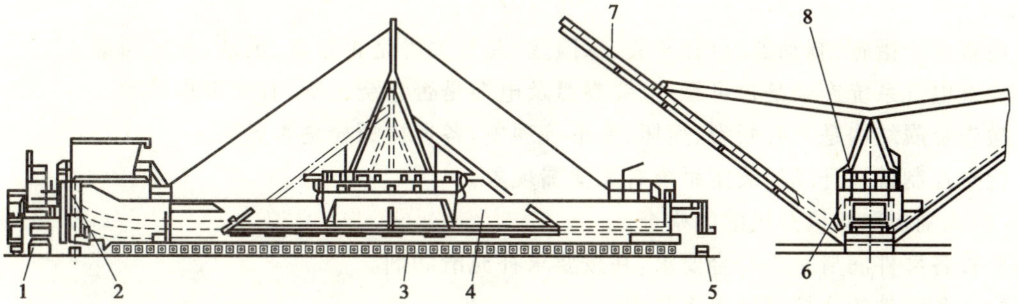

图 3.20　桥式刮板取料机的结构示意

1—出料带；2—行走机构；3—刮板装置；4—主梁；5—纠偏装置；6—移动小车；7—耙架；8—手动小车

取料机工作前，首先将取料机的松料耙调至物料的实际休止角，然后根据取料量的要求，调节大车的取料行走速度，随着小车的移动，松料耙将料堆端面的物料耙松，让其滑落至料堆底部，由位于主梁下部的刮板链将物料刮到出料皮带上运走。

箱形主梁，亦称桥梁，由钢板围成，取料耙车在其上来回移动，带动耙齿将物料耙松。桥梁两端为固定端梁和摆动端梁，端梁下面设有滚轮，支承取料机在轨道上行走。固定端梁一侧设置操作室、电缆卷盘等设施。摆动端梁的作用是在取料机行走到两条轨道的不平行部分时，能够顺势调整，避免在机构中产生较大的扭曲力，减小取料机的摆动幅度。桥梁头、尾部上面以及桥梁头部侧面都开有检修门，方便检修人员进入。

桥式刮板取料机的结构特征：

① 主梁采用主体水平、尾部抬起的结构，出料机布置在水平面上。

② 行走机构的驱动装置采用双动力输入的涡轮蜗杆减速机，以悬挂式安装，涡轮蜗杆减速机的一端配大电动机，另一端配小电动机。当大电动机（调车电动机）工作时，离合器打开，小电动机（取料电动机）脱开，避免了取料电动机反转速度过高，解决了以两种速度行走和取料的问题。

③ 采用电动控制纠偏装置，可解决大车行走时左右电动机不同步而造成的扭转，保证左右车轮的同步。

④ 行走钢架一个与主梁固定，另一个与主梁采用球铰连接，在受到较大的力时钢架可以适度偏转，不会受到较大的内力。

⑤ 刮板的驱动装置采用液力耦合器连接，便于电动机启动。

⑥ 刮板链采用液压张紧装置，可随刮板受力大小相应调整。

⑦ 采用车轮锁紧装置，并与调车电动机连锁。

⑧ 采用微机控制或 PLC 集散系统，既可在驾驶室操作，也可在中央控制室控制。

桥式刮板取料机的工作原理：

工作时，首先液压张紧装置使刮板链张紧，达到需要的张紧力，此时刮板电动机动作，驱动减速机和主动轴，带动刮板转动；桥架上的小电动机工作，带动小车在主梁表面的轨道上运动，当一端碰到极限开关时，电动机换向，如此往复运动。小车与三角形耙架相连，耙架靠钢丝绳调整角度，使其符合物料自然休止角并紧贴料面，耙架上安设耙齿。当小车往复运动时，被耙齿耙松的物料从端面斜坡上滚落到底部，由主梁下连续转动的刮板带到出料机运走。取料机从整个横断面切取物料，所取物料均齐性好。

3.5.3　任务实施

3.5.3.1　*石灰石预均化设备开机前的检查*

(1) 悬臂侧式带堆料机开机前的检查

① 检查各减速机、液力耦合器、液压制动器、润滑油箱和各轴承润滑点是否按要求加够润滑油或润滑脂。

② 检查安全措施、制动器、行程开关、保险丝、总开关等是否正常、灵活、稳定可靠。

③ 检查电气系统连锁是否可靠，电缆卷盘及电缆是否卷绕正确，有无破损现象。

④ 检查金属结构是否有断裂、损坏、变形等现象，各连接螺栓是否紧固。

⑤ 检查控制臂架升降的液压系统有无泄漏现象。

(2) 桥式刮板取料机开机前的检查

① 检查各部件润滑是否符合要求，并按要求补充滑润剂。

② 检查各部件的连接螺栓是否紧固。

③ 检查料耙钢丝绳是否挠度过大。

④ 检查各种保护装置是否齐全可靠。

⑤ 检查刮板输送链的润滑，滴油嘴磨损是否严重，是否对准内外链板的缝隙。

⑥ 检查刮板的防偏轮是否灵活。

3.5.3.2　*石灰石预均化设备的停机维护*

(1) 悬臂侧式带堆料机的停机维护

① 紧固所有在运转过程中松动的螺栓。

② 检查动力电缆及控制电缆有无磨损、变形、划伤。

③ 检查润滑部位是否有缺油、漏油现象，清洗液压装置的过滤器，更换已破损的密封件。

④ 调节皮带的松紧度。

⑤ 检查记录带式输送机头尾轮的表面磨损情况。

⑥ 检查导轨的直线度、水平情况。

⑦ 调整制动器抱闸的松紧程度，确保制动可靠。

(2) 桥式刮板取料机的停机维护

① 紧固所有出现松动的螺栓。每运转 2000 h，应全面检查各部件之间的连接是否松动，并及时处理松动部位。

② 检查处理减速机、轴承等润滑部位是否有缺油、漏油情况，清洗液压装置的油过滤器，更换液压缸密封件。

③ 检查耙齿、刮板链、刮板链滑道磨损程度，及时更换过度磨损的耙齿。

④ 检查取料机动力电缆、控制电缆、耙车电缆有无磨损、变形、划伤。

⑤ 检查取料机框架、耙架是否开焊、开裂，磨损是否严重。

⑥ 检查刮板导向轮、导向板螺栓是否松动、脱落，磨损是否严重。

⑦ 调节刮板链的张紧度，刮板链易被沾污，应定期清洗，并及时更换损坏的链节。

⑧ 及时更新链条导槽上的耐磨板。

⑨ 检查料耙吊拉钢绳是否正常。

⑩ 特别注意检查电磁离合器中摩擦片之间的间隙，保证其有良好的结合与脱开状态。

⑪ 调整抱闸松紧程度和制动衬垫厚度，确保制动安全。

⑫ 检查导轨的直线度、水平情况。

3.5.3.3　*石灰石预均化设备运行中的检查*

(1) 悬臂侧式带堆料机运行中的检查

悬臂侧式带堆料机运行中巡检的内容和方法，如表3.10所示。

表3.10　悬臂侧式带堆料机巡检表

巡检点	巡 检 内 容	工具/方法
大车行走机构	1. 检查大车行走电动机、减速机是否有振动、异响、发热(>75 ℃)情况	目视、耳听、手感、红外线测温仪
	2. 检查制动是否灵活有效，松紧是否适当	目视、手感
	3. 检查部件是否有漏油现象	目视
	4. 检查动力电缆、控制电缆传动有无异响、转动是否正常	目视、耳听、手感
	5. 检查各传动部位轴承运行是否有振动、异响、发热(>75 ℃)现象	耳听、手感、测振仪、红外线测温仪
	6. 检查大车行走挡轮是否刮碰	目视、耳听
液压系统	1. 检查活塞杆能否正常升降，臂架能否在−16°～17°之间运行自如	目视
	2. 若出现振动、噪声、泄漏现象应立即停机	目视、耳听、手感
运行导轨	1. 检查运行导轨是否有下沉、变形、压板螺栓松动等现象	目视、手感
	2. 检查轨道压板是否牢固、损坏	目视、手感
	3. 检查车轮与导轨是否有卡轨现象	目视、耳听、手感
电缆卷盘	检查电缆卷盘卷动是否平稳正常	目视
限位开关	检查堆料机各部位限位开关是否完好有效	目视
皮带机	检查皮带、托辊是否正常	目视
下料口	检查下料口磨损情况	目视
支撑机构	1. 检查回转支撑机构工作时接触是否良好	目视、手感
	2. 检查各处连接有无松动	目视、手感

(2) 桥式刮板取料机运行中的检查

桥式刮板取料机运行中巡检的内容和方法，如表3.11所示。

表3.11　桥式刮板取料机巡检表

巡检点	巡 检 内 容	工具/方法
传动部分	1. 检查刮板减速机、大车行走减速机是否有振动、异响、发热(>75 ℃)情况	手感、耳听、红外线测温仪、测振仪
	2. 检查刮板传动电动机、大车行走电动机及润滑电动机是否有振动、异响、发热(>75 ℃)、异味等情况	手感、耳听、红外线测温仪、测振仪、鼻嗅
	3. 检查各部件是否有缺油、漏油现象	目视
	4. 检查动力电动机转动是否正常	目视
	5. 检查各传动部位轴承运行是否有振动、异响、发热(>75 ℃)现象	手感、耳听、红外线测温仪、测振仪

续表 3.11

巡检点	巡 检 内 容	工具/方法
电缆	1. 检查取料机动力电缆、控制电缆有无异响	耳听
	2. 检查电缆传动是否正常	目视、手感
刮板部分	1. 检查刮板头部、尾部传动齿块与链板啮合是否正常	目视、手感
	2. 检查刮板链是否全面润滑	目视、手感
	3. 检查刮板链松紧是否合适	目视、手感
	4. 检查刮板是否变形，衬板、刮齿是否脱落	目视、手感
	5. 检查刮板链支架是否变形、开焊；检查刮板链、尾轮张紧装置是否正常有效	目视、手感
大车行走机构	1. 检查大车行走轨道磨损是否异常，有无开裂、开焊现象，固定螺栓是否松动、刮掉	目视、手感
	2. 检查大车行走挡轮是否刮碰道钉	目视、耳听
	3. 检查大车行走抱闸是否灵活有效	目视、手感
	4. 检查两端梁是否跑偏	目视
	5. 检查挡轮与轨道的接触情况	目视
限位开关	检查取料机各部位限位开关是否完好有效	目视
钢丝绳	1. 检查钢丝绳是否有断丝、断股现象	目视
	2. 检查钢丝盘卷是否正常，排绳器是否卡住	目视、手感

3.5.3.4 *石灰石预均化设备的常见故障分析与排除方法*

(1) 悬臂侧式带堆料机的常见故障分析与排除方法

悬臂侧式带堆料机的常见故障分析与排除方法，如表 3.12 所示。

表 3.12 悬臂侧式带堆料机的常见故障分析与排除方法

常见故障	故障原因	排除方法
电动滚筒发热	缺润滑油或润滑油过多	加油或放油
漏油	密封件损坏	更换密封件
轴承发热	1. 轴承密封不良或密封件与轴接触； 2. 轴承缺油； 3. 轴承损坏	1. 清洗、调整轴承和密封件； 2. 按润滑制度加油； 3. 更换轴承
机件振动	1. 安装、找正质量有问题； 2. 地脚螺栓或连接螺栓松动； 3. 轴承损坏； 4. 基础不实或下沉量不均	1. 检查安装质量，重新安装找正； 2. 检查各部分连接螺栓的紧固情况，保证紧固程度； 3. 更换损坏的轴承； 4. 解决基础问题
制动不灵	制动器闸瓦与制动轮间隙过大或闸瓦磨损严重	调整闸瓦与制动轮间隙，更换闸瓦

(2) 桥式刮板取料机的常见故障分析与排除方法

桥式刮板取料机的常见故障分析与排除方法，如表 3.13 所示。

表 3.13 桥式刮板取料机的常见故障分析与排除方法

常见故障	故障原因	排除方法
机架开裂、变形	长时间使用或受力不均	调整受力，焊接开裂部分，矫正变形

续表 3.13

常见故障	故障原因	排除方法
松料、俯仰机构松弛	使用中拉力不均衡，产生振动	调整受力，消除振动
刮板磨损	材质不好或寿命到期	补焊或更换刮板
滑轨与滑块磨损大	润滑不良或损坏	检查润滑和损坏部位，及时更换
轴承发热	1. 轴承密封不良或密封件与轴承接触； 2. 轴承缺油； 3. 轴承损坏	1. 清洗、调整轴承和密封件； 2. 按润滑制度加油； 3. 更换轴承
机件振动	1. 安装质量有问题； 2. 地脚螺栓和连接螺栓松动； 3. 轴承损坏； 4. 基础不实或下沉量不均	1. 检查安装质量，重新安装找正； 2. 检查各部位连接螺栓的紧固情况，保证紧固程度； 3. 更换损坏的轴承； 4. 设法解决基础问题
导轮松动	由磨损和振动引起	停机时紧固或更换

思考题

1. 原料在预均化堆场进行堆料、取料时，为何要“平铺直取”？
2. 悬臂侧式带堆料机的巡检点及巡检内容有哪些？
3. 悬臂侧式带堆料机出现振动较大的现象，是什么原因造成的？
4. 桥式刮板取料机的巡检点及巡检内容有哪些？
5. 桥式刮板取料机的刮板磨损严重，是什么原因导致的？

任务 3.6　原料配料站的巡检

任务描述：

(1) 了解原料配料站主要设备的工作原理与基本结构；

(2) 熟悉原料配料站开机、停机顺序及检查与维护内容；

(3) 掌握原料配料站主要设备的巡检工作内容，以及常见故障分析与排除方法。

知识目标：

(1) 熟练表述原料配料站主要设备的工作原理与基本结构；

(2) 正确表述原料配料站主要设备开机、停机顺序及检查与维护内容；

(3) 熟练表述原料配料站主要设备运行中的巡检点、巡检内容，以及常见故障分析与排除方法。

能力目标：

能在水泥生产企业进行原料配料站主要设备的巡检工作。

3.6.1　任务分析

目前多数新型干法水泥生产企业设置了原料预均化堆场和辅助原料堆场，在堆场和生料磨间建一排配料库，各种原料分别进库，在库底卸出并经计量后由输送设备送入磨内。

原料配料站的工艺流程，如图 3.21 所示。

水泥厂的原料，主要有石灰石、黏土和铁粉。根据各水泥厂实际情况，也有采用硫酸渣、煤矸石、砂岩、碳酸钙纸渣等作为原料的。原料配料站既有储存功能，又有配料计量功能。巡检时应重点检查配料站各料仓的料位高度、库底下料的通畅性和配料的精度。为避免原料中混入的含铁器件进入辊式磨，防止设备损坏，在入磨带式输送机上设有电磁除铁器，巡检时应检查其是否正常运行。

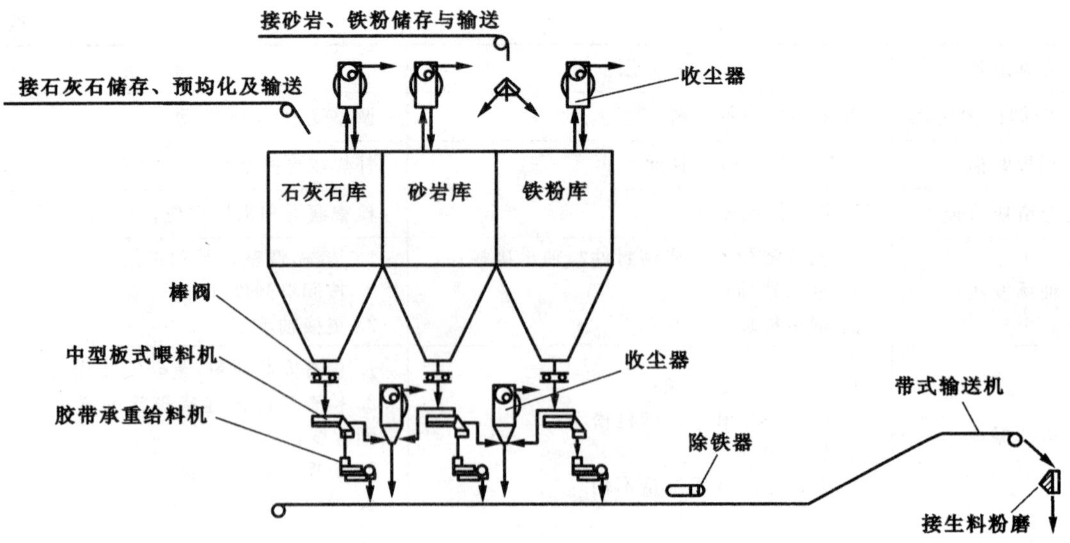

图 3.21 原料配料站的工艺流程

3.6.2 知识链接

原料配料站的主要设备,有中型板式喂料机、调速式电子皮带秤、袋式收尘器、带式输送机、电磁除铁器等。其中,有些设备前面已介绍过,这里不再重复。本任务重点学习调速式电子皮带秤和电磁除铁器。

3.6.2.1 调速式电子皮带秤

调速式电子皮带秤,通过调节皮带速度来实现定量喂料而无须另配喂料机。它是根据重力称量原理设计的短皮带输送机式连续定量给料秤,是机电一体化的自动化计量给料设备。

调速式电子皮带秤由皮带机式的称重机架和电气控制仪表两部分组成。机架,包括皮带机、称量装置、称重传感器、传动装置、测速传感器等,电气控制仪表与称重机架上的称重传感器、测速传感器、交流异步电动机通过电缆连接,完成输送物料的称重计量和定量给料控制。

调速式电子皮带秤的工作原理,如图 3.22 所示。

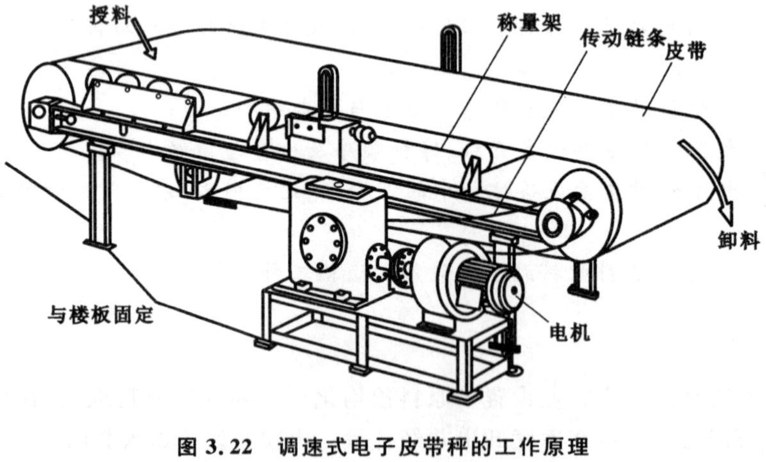

图 3.22 调速式电子皮带秤的工作原理

调速式电子皮带秤的秤体和整个秤架为一个系统。两组十字簧片之间为计量称重托辊,计量称重托辊位于称量段中心,皮带秤秤体在无物料时,称重传感器受力为零,即秤的“皮重”等于零(一般情况下,称重传感器受力略大于零,即受力起始压力大于零),物料从下料口运行到出料口,物料的重力传递到重力传感器的受力点,称重传感器测量出物料的重力并转换成与之成正比的电信号,经放大单元放大后与皮带速度相乘，即为物料的流量。将实际流量信号与给定流量信号相比较，再通过调节器调节皮带速度，即可实现定量喂料的目的。

3.6.2.2　电磁除铁器

除铁器，是一种用于清除块状或粉状物料中杂质——铁的装置。电磁除铁器实质上是一种直流电磁铁，其励磁线圈在通电过程中产生强磁场，将非磁性物料中的铁件吸起，阻止原料中混入的含铁器件进入辊压机、破碎机、辊式磨等设备，防止设备损坏。电磁除铁器一般放置在料仓下料口处、带式输送机上方适当位置。

电磁除铁器的结构示意，如图 3.23 所示。

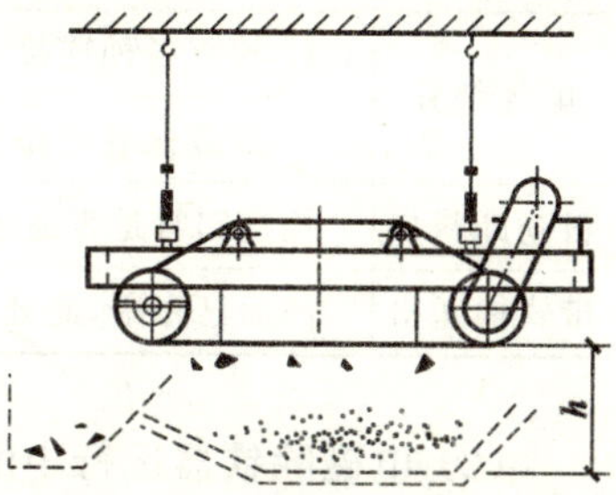

图 3.23　电磁除铁器的结构示意

3.6.3　任务实施

3.6.3.1　原料配料站开机前的检查

(1) 检查各储料仓物料，料位应在料仓的 70%以上。

(2) 检查设备各仪表是否正常。

(3) 检查人工闸阀是否打开到适当位置。

(4) 检查各润滑点的润滑状况。

(5) 检查调速式电子皮带秤。

① 检查皮带秤称重传感器周围有无异物卡塞。

② 检查托辊表面是否黏附粉尘、物料，尤其是计量段一定要清扫干净，以保证计量精确；检查皮带有无起毛、开裂、划痕、裙边破损现象。

③ 检查皮带张紧状况。

④ 检查并清除皮带机上的杂物。

⑤ 检查皮带传感器上有无积灰、变形，有无异物接触现象。

⑥ 检查清扫器与皮带的接触情况。

3.6.3.2　原料配料站的开机与停机顺序

开机顺序如下：

带式输送机→电磁除铁器→调速式电子皮带秤→袋式收尘器→板式喂料机

停机顺序如下：

板式喂料机→调速式电子皮带秤→电磁除铁器→袋式收尘器

3.6.3.3　原料配料站的停机检查与维护

(1) 紧固设备运行中松动的螺栓。

(2) 更换设备运行中的损坏件。

(3) 检查仓内黏结料情况并及时进行清理。

(4) 检查调速式电子皮带秤。

① 检查皮带张紧程度是否合适。

② 检查各托辊、头尾轮上是否干净，更换损坏的托辊。

③ 检查皮带磨损状况。

④ 清扫传感器上的积灰。

(5) 检查电磁除铁器。

① 检查减速机油位是否正常。

② 检查除铁器的吊架是否有磨损。

③ 检查滚筒及轴承。

④ 检查皮带磨损情况。

3.6.3.4　原料配料站设备运行中的检查

(1) 调速式电子皮带秤运行中的检查

调速式电子皮带秤运行中巡检的内容及方法，如表 3.14 所示。

表 3.14　调速式电子皮带秤巡检表

巡检点	巡检内容	工具/方法
秤架部分	1. 检查十字簧片、称重传感器、秤架上是否有灰尘、异物	目视
	2. 检查进出口溜子磨损情况，溜子磨损量不大于 2/3 母材	目视
电气部分	1. 检查各种连接电缆及其端子接头是否完好，保持信号正常，防止电动机缺相	目视
	2. 检查仪表电路各工作点是否正常	目视
料仓卸料口	检查卸料是否通畅	目视
带式输送机	前面已介绍，此处不再重复	

(2) 电磁除铁器运行中的检查

电磁除铁器运行中巡检的内容及方法，如表 3.15 所示。

表 3.15　电磁除铁器巡检表

巡检点	巡检内容	工具/方法
机体	1. 检查电磁除铁器工作是否正常，有无磁性	目视
	2. 检查卸铁胶带有无损伤	目视
	3. 检查连接螺栓是否松动	目视
减速机	检查润滑剂油质、油量是否符合要求	目视
吊架	检查吊架是否稳定，是否有磨损	目视

3.6.3.5　调速式电子皮带秤和电磁除铁器的常见故障分析与排除方法

调速式电子皮带秤和电磁除铁器的常见故障分析与排除方法，如表 3.16 所示。

表 3.16　调速式电子皮带秤和电磁除铁器的常见故障分析与排除方法

常见故障		故障原因	排除方法
调速式电子皮带秤	零点漂移	1. 称重桥架上积尘、积料	1. 清除称重桥架上的积尘、积料
		2. 物料及杂物卡在称重桥架内	2. 清除称重桥架内的异物
		3. 输送带上有积料	3. 清除输送带上的积料
		4. 输送带张力不均匀	4. 调整输送带，使其受力均匀
		5. 电子测量元件发生故障	5. 更换电子元件
	量程漂移	1. 测速传感器滚筒打滑或黏上物料导致直径变化	1. 消除滚筒打滑，清除滚筒上黏着的物料
		2. 输送机驱动电动机速度变化	2. 控制电动机速度变化
		3. 电子测量器件产生故障	3. 更换电子测量器件
		带式输送机	前面已介绍，此处不再重复
电磁除铁器	通电线圈对壳体击穿短路	二极管出现老化或在焊点处出现脱落，导致接触不良，增加了二极管的电阻值，在电路断开时，通电线圈两端出现瞬间过电压	定期检查二极管的功能，若发现不良，则进行更换

思　考　题

1. 原料配料站设备有哪些？简述原料配料站主要设备的工作原理及结构组成。

2. 分析原料配料站主要设备的巡检位置及主要巡检内容。原料配料站主要设备常见故障的原因是什么？如何排除？

任务3.7　辊式磨的巡检

任务描述：

(1) 了解辊式磨的工作原理与基本结构；

(2) 掌握辊式磨的巡检工作内容及常见故障分析与排除方法。

知识目标：

(1) 熟练表述辊式磨的工作原理与基本结构组成；

(2) 正确表述辊式磨开机、停机检查与维护内容；

(3) 熟练表述辊式磨运行中的巡检点、巡检内容，以及常见故障分析与排除方法。

能力目标：

能在水泥生产企业进行辊式磨的巡检工作。

3.7.1　任务分析

辊式磨是继球磨机之后的一种新型的粉磨设备，具有产量高、粉磨效率高和烘干能力强等特点。辊式磨近几年发展很快，已成为新型干法水泥生产线生料粉磨的首选设备，而且正逐渐应用于水泥粉磨工艺系统之中。

进入辊式磨的物料撒在回转的磨盘上，由液压系统控制磨辊压在物料上进行研磨粉碎。由于各方面的原因，辊式磨易产生异常振动，液压元件出现故障的可能性较大，所以，应着重加强这些部位的巡检工作，发现问题要及时采取措施。同时要确保传动系统润滑良好，密封风机输送空气的管道无磨损和漏风现象。

3.7.2　知识链接

3.7.2.1　辊式磨的工作原理

辊式磨，采用料床粉磨原理粉磨物料，并使用热气体在完成粉磨作业的同时对物料进行烘干及输送。它集破碎、粉磨、烘干、选粉、输送多种功能于一体，是一种高效节能的粉磨烘干设备。

辊式磨的工作原理，如图3.24所示。

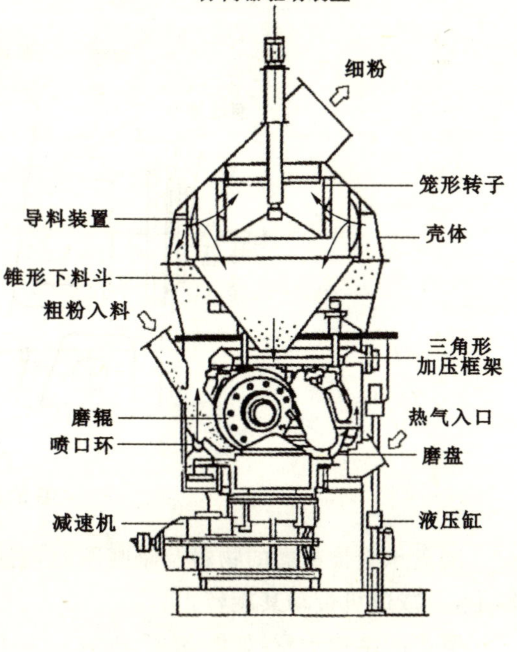

图3.24　辊式磨的工作原理

电动机通过减速机带动磨盘转动，热风在粉磨系统风机的作用下从进风口进入磨盘下方的风腔，通过磨盘周围的风环进入磨机粉磨-烘干区。物料从磨机腰部喂入，落到回转的磨盘的中央，在离心力的作用下，物料移向磨盘周边，进入磨辊和磨盘间的辊道内，磨辊在液压系统控制机构的作用下，向辊道内的物料施加压力，物料经碾压后继续向磨盘边缘移动，从挡料圈溢出。与此同时，来自风环由下而上的热气流对含有一定水分的物料边粉磨边烘干，将磨碎后的粉状物料带至磨机顶部的选粉机构进行分选。粗粉由于颗粒较重，又落入磨盘与新喂入的物料一起再粉磨，合格的细粉随气流带出机外进入旋风筒完成气固分离。

辊式磨粉磨基本上属料层粉碎，物料在磨内主要受到磨辊的碾压作用而粉碎，同时由于磨辊和磨盘转动之间存在着速度差，所以还具有剪切研磨作用。

3.7.2.2　**辊式磨的结构**

辊式磨主要有LM型莱歇磨、MPS型磨、RM型伯利休斯磨、ATOX型磨、VR型雷蒙磨、OK型系列磨等几种类型。但是，它们的结构大同小异，工作原理也基本相同；其主要区别在于磨辊与磨盘的结构组合不同。辊式磨主要由磨辊、磨盘、加压装置及选粉机构、传动装置、底座、机壳及润滑系统组成。

几种主要辊式磨的磨辊与磨盘形状，如图3.25所示。

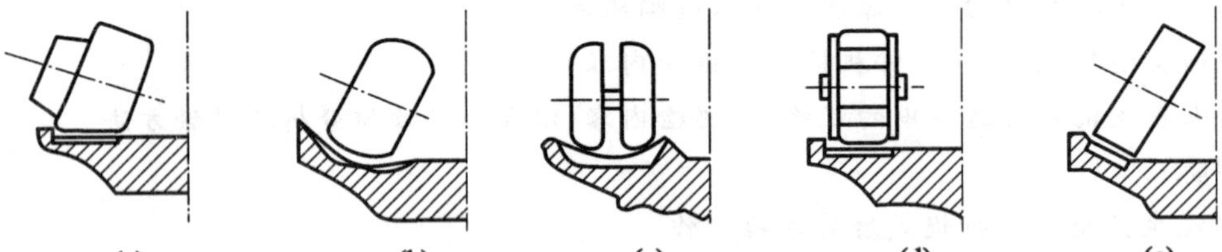

图3.25　几种主要辊式磨的磨辊与磨盘形状

(a) LM型莱歇磨；(b) MPS型磨；(c) RM型伯利休斯磨；(d) ATOX型磨；(e) VR型雷蒙磨

(1) 磨辊与磨盘

磨辊是对物料进行碾压粉碎的主要部件，它由辊套、辊芯、轴、轴承等组成。每台磨机根据大小不同可有2～4只磨辊。

磨辊的结构示意，如图3.26所示。

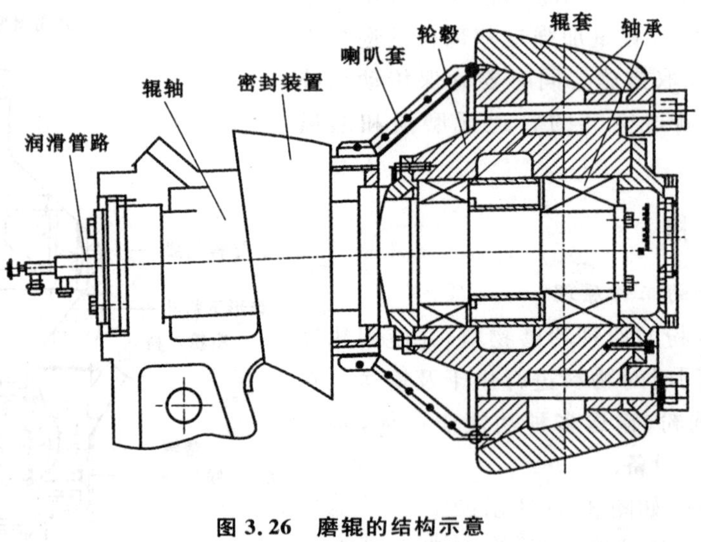

图3.26　磨辊的结构示意

磨盘承受被粉磨的物料及碾磨压力，它由盘座、衬板、压板、挡料环等组成。它固定在减速机的立轴上，由减速机带动其旋转。

磨盘的结构示意，如图3.27所示。

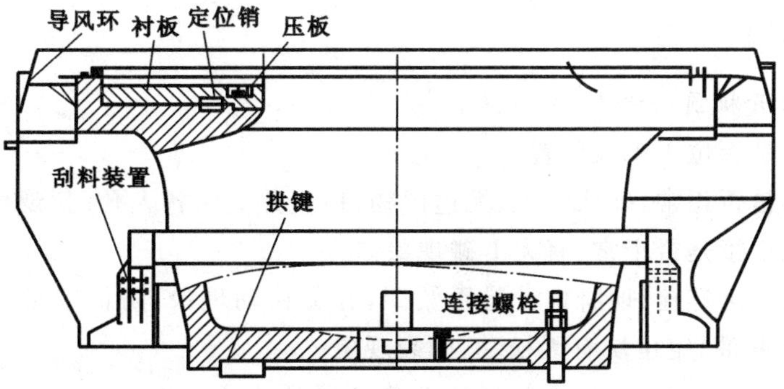

图 3.27　磨盘的结构示意

磨盘和磨辊表面镶有耐磨辊套或耐磨衬板。磨辊必须采取措施防止灰尘侵入磨辊轴承，通常用密封风机或压缩空气进行密封。

(2) 加压装置

加压装置是提供碾磨压力的重要部件，在工作过程中对物料施加足够的挤压力使物料粉碎，它由高压油站、液压缸、拉杆和蓄能器等组成。加压装置可分为两类：一类是将磨辊固定在压力架下，定位压力架等机构全部密封在磨体内，只有连接液压缸活塞的拉杆从底部穿过机壳通过压力架对磨辊施加压力，例如 MPS 型磨和 RM 型磨。这类磨机一般漏风较小。早期采用这种装置的 MPS 型磨，在启动时不能将磨辊抬起，近年改进设计的 MPS 型磨，也能实现启动时抬起磨辊。另一类是磨辊的轴伸出机壳外，辊压力通过液压缸、杠杆和摇臂传给磨辊，例如 LM 型磨。其优点是可以在磨机启动时将磨辊抬起，检修时可利用液压装置把磨辊翻到机外，但磨辊的摇臂与机壳之间的密封不易严密，漏风较大。

(3) 选粉机构

选粉机构，位于辊式磨的上部，是保证产品细度的重要部件。它由传动系统、转子、导风叶、壳体、粗粉落料锥斗、出风口等组成。

选粉机构的结构示意，如图 3.28 所示。

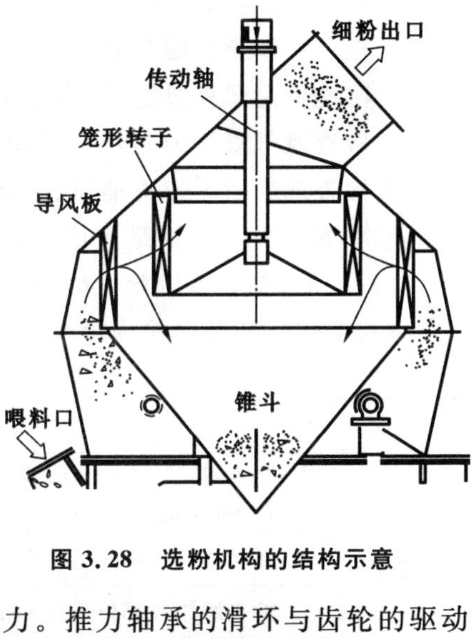

图 3.28　选粉机构的结构示意

选粉机构的传动装置的转速是可调的，以便根据需要来调整产品细度。新型高效选粉机是目前应用较多的选粉机类型，这类选粉机由一个高速旋转的笼形转子和导向叶片组成，某些产品导向叶片的角度可调。含尘气流通过导向叶片并在笼形转子的作用下产生高速旋转，形成强烈的水平旋流分离场，完成粗细颗粒的分级。这类选粉机产品细度调节灵活方便，分离效率和分级精度高，但阻力稍大，导向叶片易磨损。

(4) 传动装置

传动装置，由主电动机、主减速机、辅助电动机、辅助减速机等组成。其作用是传递运动和功率，同时承受磨盘及磨盘上的物料和加压系统通过磨辊施加的巨大的研磨压力。辊式磨的减速箱安装在磨机壳体下部。减速机上面的轴向推力轴承，要承受磨辊、磨盘的自重及液压装置所施加的辊压力和动态惯性力。推力轴承的滑环与齿轮的驱动法兰紧固，磨盘固定在法兰上。轴向推力轴承是全液体静压润滑，各轴承由高压油通过中心孔进入圆形油腔，使其充满高压油，当油腔中的油压力足以克服轴向轴承负载将其举起离开滑动面时，油通过截面间隙向外流出，形成油膜润滑。减速机一般采用圆锥-圆柱齿轮减速机。近年来，由于齿轮设计和加工技术的进步，大型辊式磨现多采用圆锥行星齿轮减速机。

3.7.3 任务实施

3.7.3.1 辊式磨开机前的检查

① 检查现场开关是否位于中控位置。

② 检查立磨内部是否正常，确认无人、无遗留物，检查并关闭各人孔门、观察孔。

③ 检查传动系统连接是否正常，有无卡碰现象。

④ 检查各部位的固定螺栓、地脚螺栓是否紧固，有无松动现象，防护罩是否固定好；检查拉伸杆位置是否正常，有无渗漏油，定位块有无松动、碎裂现象。

⑤ 检查系统辅机工作是否正常，密封风机工作正常压大于 5000 Pa，氮气囊压力（预加载）大于 13 MPa，主减速机主电动机稀油站油温大于 15 ℃，液压系统油温不小于 0 ℃时，方可启动，否则提前启动加热器系统。主减速机高压泵运行后，滑块压力应大于 1.5 MPa，各润滑系统润滑油、液压油位、油质应正常（一般情况下要关闭冷却水）。

⑥ 检查辅传系统润滑是否正常，辅传盘车能否与主电动机正常啮合。

⑦ 检查立磨系统高压空气供气是否正常，其压力应大于 0.4 MPa。

⑧ 检查立磨检修系统的翻辊装置是否脱开。

⑨ 检查入磨皮带布料是否正常、均匀，分料挡板位置是否正确，回转阀动作是否正常。

⑩ 检查吐渣料斗锁风阀锁风是否正常，配重是否合适，吐渣循环系统能否正常开机。

⑪ 检查系统仪表现场显示是否正常，是否与输入中控值一致。

3.7.3.2 辊式磨的停机检查与维护

① 按规定定期对润滑部位的油脂进行检查补充。

② 检查磨盘衬板、辊皮磨损情况，有无裂纹。

③ 检查挡料环、喷嘴环、刮料板磨损情况，检查刮料板层内部积灰情况，排渣下料口有无堵塞。

④ 检查进料锁风阀有无堵塞及磨损。

⑤ 检查密封风机输送空气管道有无磨损、漏风。

⑥ 检查拉伸杆磨损情况和密封状况，拉伸杆缸体基座螺栓是否松动。

⑦ 检查并调整磨辊与磨盘间隙。

⑧ 清洗密封风机过滤器、冷却水过滤器、润滑油过滤器。

⑨ 检查氮气囊压力是否正常，不足时按规定加氮气。检查压力表是否完好，指示是否无误。

⑩ 检查选粉机减速机油位、油质是否正常，各部位润滑是否良好，密封是否良好，下料锥斗磨损是否正常，转子叶片磨损是否正常，导向叶片磨损是否正常，各部位螺栓是否有松动。

3.7.3.3 辊式磨运行中的检查

辊式磨运行中的巡检内容及方法，如表 3.17 所示。

表 3.17 辊式磨巡检表

巡检点	巡检内容	工具/方法
磨筒体	1. 在入料口位置观察辊式磨入料是否均匀顺畅，有无堵塞，粒度应不大于 70 mm（规定要求）	目视
	2. 在排渣口检查排渣情况，判断磨内物料的粉磨状况是否正常	目视
	3. 检查磨体各部位连接和密封是否良好，有无漏料、漏风情况	目视
	4. 检查磨体有无剧烈的振动和异常声响，噪声应低于 85 dB	耳听、手感、噪声显示仪

续表 3.17

巡检点	巡 检 内 容	工具/方法
主拖动电动机	1. 检查电动机的振动是否超过允许值,电动机的冷却情况是否正常	手感、测振仪、红外线测温仪
	2. 检查电动机的定子、转子的接线点是否过热	手感
	3. 检查碳刷与滑环接触是否良好,火花是否过大	目视
	4. 检查接地保护是否牢固,地脚螺栓是否牢固	目视
	5. 检查显示电动机定子各点温度的显示值是否正常,温度值不应超过规定允许值	仪表显示
	6. 检查电动机前后轴承温度仪表显示值是否超过规定允许值	仪表显示
	7. 检查电动机电流值是否正常,电流值不允许超过规定值	仪表显示
主减速机	1. 检查主减速机是否有振动、异响、异味、过热(>75 ℃)现象	手感、测振仪、红外线测温仪
	2. 检查主减速机齿轮及轴承运转情况 ,要求运转良好、无异常声音	耳听(用听音棒)
	3. 检查主减速机密封状况,要求密封良好、无润滑油泄漏	目视、手感
	4. 检查主减速机润滑油量指针位置是否正常	目视
高低压油站	1. 检查高低压油站油温(15～60 ℃)、油压(0.6～0.85 MPa)、流量是否在正常范围	红外线测温仪、仪表显示
	2. 检查供油、回油温度,要求温度不大于 45 ℃	红外线测温仪
	3. 检查油泵的噪声及各部位异响是否过大,气缸活塞行程是否达到规定值	目视
	4. 检查油箱油位、油质,要求油量在油标 2/3 处,油质透明、无杂质或水混入	目视
	5. 检查进出油管密封状况,要求油管密封良好,无泄漏现象	目视、手感
	6. 检查冷却水管路是否渗漏,确认有无冷却水,检查冷却水过滤网是否堵塞,进出润滑油有无温差	目视、手感、红外线测温仪
选粉机构	1. 检查选粉机构壳体有无剧烈振动,内部有无异常声响	耳听、手感、噪声显示仪
	2. 检查选粉机电动机、减速机是否有振动、异响、异味、过热(>75 ℃)现象	耳听、手感、噪声显示仪
	3. 检查分离器电流是否正常,电流值不允许超过规定值	仪表显示
	4. 检查磨辊轴承密封风机的运转是否正常,有无异常振动	耳听、目视、手感
液压控制系统	1. 检查液压系统的压力指示仪表,观察其压力是否在正常范围内	仪表显示
	2. 检查蓄能器工作是否正常,压力表指示是否正常	目视、仪表显示
	3. 检查液压系统油管及阀门是否严密,有无泄漏	目视
	4. 检查拉杆是否处在正常位置	目视

3.7.3.4　辊式磨的常见故障分析与排除方法

(1) MPS 型辊式磨的常见故障分析与排除方法,如表 3.18 所示。

表 3.18　MPS 型辊式磨的常见故障分析与排除方法

常见故障	故障原因	排除方法
出磨生料过粗	1. 物料太少或磨机过载; 2. 分离器转速过低; 3. 通风量过大	1. 立即停车,重新布料; 2. 提高选粉机构转速; 3. 减少通风量

续表 3.18

常见故障	故障原因	排除方法
料床变薄，磨机出现隆响	1. 喂料仓储料不足，原料供应不上； 2. 入磨物料粒度过小； 3. 研磨压力过大	1. 加强原料供应，向磨机上料； 2. 调整入磨物料粒度或加高挡料圈； 3. 适当降低研磨压力
料床变厚，磨机出现隆响	1. 喂料过量； 2. 入磨物料粒度过大； 3. 研磨压力过小； 4. 风量过低	1. 减少供料量； 2. 调整入磨物料粒度； 3. 适当增大研磨压力； 4. 加大风量
磨机风机工作中断	磨机风机故障	停磨和停止热风供应
料粉输送不畅	分离器或旋风筒、输送设备等出故障	停磨处理
热风供应中断	系统通风故障	停磨处理
磨机风进出口压差过大	1. 喂料控制装置故障，喂料过多； 2. 磨盘部的喷口环阻塞； 3. 风量过低或不稳定； 4. 分离器调整的细度过小； 5. 入磨物料粒度过小； 6. 研磨压力过低	1. 立即减少供料，观察压差指示装置，注意防止料层过薄； 2. 停磨检查； 3. 加大、稳定风量； 4. 降低分离器转速； 5. 调整入磨物料粒度； 6. 适当增大研磨压力
磨机风进出口压差太小	1. 喂料量过少； 2. 风量过大； 3. 研磨压力过大； 4. 指示失误	1. 增加喂料量； 2. 降低风量； 3. 适当降低研磨压力； 4. 检修压差测量仪器
张紧压力下降	1. 导管泄漏； 2. 压力安全溢流阀失灵； 3. 张紧系统油泵工作中断； 4. 压力开关失常	检查可能出现故障的设备仪器。若完好，可启动油泵继续工作，观察关泵后能否保压，否则停机
密封空气压力下降	密封系统故障	压力降至 5000 Pa 以下时自动停机
减速机的油压和流量达最小值	润滑系统故障	自动停机
减速机轴承温度过高	减速机故障	停机处理
磨机下架体的排渣门处物料外溢	1. 磨机过载； 2. 磨机通风量过小； 3. 喷口环盖板损坏或磨损	1. 减少喂料量； 2. 开大排风机风门； 3. 停机修复喷口环盖板
主电动机电流过大	1. 喂料过量； 2. 入磨物料粒度级配不合理； 3. 风量过低； 4. 分离器调整的细度过小	1. 减少供料量； 2. 调整入磨物料粒度级配； 3. 开大排风机风门； 4. 降低分离器转速
磨机振动过大	1. 喂料量过多或过少； 2. 入磨物料粒度级配不合理； 3. 磨机出料不畅； 4. 风量过低或过高； 5. 研磨压力过高或过低	1. 调整喂料量； 2. 调整入磨物料粒度级配； 3. 开大排风机风门或降低分离器转速； 4. 调整排风机风门； 5. 调整研磨压力

(2) ATOX 型立式磨的常见故障分析与排除方法，如表 3.19 所示。

表 3.19 ATOX 型立式磨的常见故障分析与排除方法

常见故障	故障原因	排除方法
磨辊漏油	1. 磨辊骨架油封损坏； 2. 磨辊空气平衡管道堵塞； 3. 磨辊密封风机管道破损	1. 拆卸磨辊，更换骨架密封； 2. 检查、清洗空气平衡管道； 3. 清理管道并焊补
磨辊无法升起	1. 油泵损坏； 2. 油泵反转	1. 更换油泵； 2. 调整油泵运转方向
减速机振动大	1. 入磨物料粒度太大或太小； 2. 衬板磨损； 3. 喷水系统水量不够； 4. 氮气压力不够	1. 调整物料粒度； 2. 更换衬板； 3. 检查、调整喷水量； 4. 补充氮气
减速机泵站不能正常工作	1. 加热器损坏； 2. 冷却水管道堵塞； 3. 加热泵损坏； 4. 流量报警	1. 更换加热器； 2. 清理管道或更换过滤器； 3. 更换加热泵； 4. 检查油过滤器并进行处理
液压系统不能正常工作	1. 加热器损坏； 2. 冷却水管道堵塞； 3. 加热泵损坏	1. 更换加热器； 2. 清理管道或更换过滤器； 3. 检查油过滤器并进行处理
选粉机振动大	1. 导风叶片、转子磨损； 2. 电动机故障	1. 焊补或更换； 2. 检查转子、联轴节、主轴轴承
拉伸杆断裂	1. 拉伸杆上面没有保护套，运转中物料击打拉伸杆，造成磨损； 2. 由于螺纹头根部应力集中，中部直径增大后，冲击韧性降低，长期处于交变应力作用下，加上3个磨辊衬板高度不同，造成断裂	1. 在拉伸杆上焊上保护套，并避免运转中相碰； 2. 改进拉伸杆结构

(3) LM 型莱歇磨的常见故障分析与排除方法，如表 3.20 所示。

表 3.20 LM 型莱歇磨的常见故障分析与排除方法

常见故障	故障原因	排除方法
磨辊油缸连杆、活塞杆头部断裂	连杆长期受突变应力的冲击，在连杆螺纹处应力最集中，产生疲劳断裂	更换连杆或活塞杆
磨辊油缸连杆与穿心轴销的轴承损坏	润滑不良引起轴承损坏	将轴销割断，取出轴承，更换新轴承和新轴销
磨辊油缸盖与活塞杆处漏油	油封被磨损	更换油封，一般2～3年更换一次
循环风机振动大	工作介质含尘多，磨损大	1. 停磨时，对风叶进行动平衡试验； 2. 用焊补的方法，解决平衡问题； 3. 磨损严重时，应更换风机叶轮
循环风叶无载端轴承损坏	1. 磨机循环风机经常开停，风机叶轮轴不断因冷热而缩胀； 2. 工作介质和环境含尘多	更换轴承
高、低压油泵系统供油压力不足而引起的报警或磨机停车	1. 高、低压油系统有泄漏； 2. 高、低压油泵系统吸气管阻塞； 3. 油过滤器阻塞； 4. 油泵损坏	1. 检查高、低压供油系统，修理泄漏的管道，泄漏严重时，应停磨处理； 2. 清理阻塞的吸气管； 3. 清理油过滤器； 4. 更换油泵
主减速机齿轮传动装置润滑油泄漏	1. 在输出端与输入端有少量泄漏； 2. 紧固件没有充分拧紧	1. 拆卸齿轮传动装置，更换密封毡； 2. 按规定拧紧紧固件

思　考　题

1. 简述辊式磨的工作原理及结构组成。
2. 分析辊式磨的巡检位置及主要巡检内容。辊式磨常见故障的原因是什么？如何排除？

任务 3.8　旋风式收尘器的巡检

任务描述：

(1) 了解旋风式收尘器的工作原理与基本结构；

(2) 掌握旋风式收尘器的巡检工作内容及常见故障分析和排除方法。

知识目标：

(1) 熟练表述旋风式收尘器的工作原理与基本结构；

(2) 正确表述旋风式收尘器的开机、停机检查与维护内容；

(3) 熟练表述旋风式收尘器运行中的巡检点、巡检内容及常见故障分析和排除方法。

能力目标：

能在水泥生产企业进行旋风式收尘器的巡检工作。

3.8.1　任务分析

旋风式收尘器使含尘气流做旋转运动，利用固体颗粒的离心、惯性力作用而使其从气体中分离出来。其广泛用于水泥工业、冶金、矿山及电力等各行业，但仅限于粗颗粒收尘。旋风式收尘器构造简单、紧凑，没有运动部件，适应高温、高浓度的气体，一般收尘效率为 60%～90%，适用于收集粒径大于10 μm的粉尘；但流体阻力较大，能耗较大，且要求流量稳定，密封好。含尘气体在旋风式收尘器中的运动，较易对收尘器内各部分造成磨损，又由于旋流的作用，收尘器筒体内压力分布不同，对收尘器筒壁与下部回转阀的密封影响较为严重。

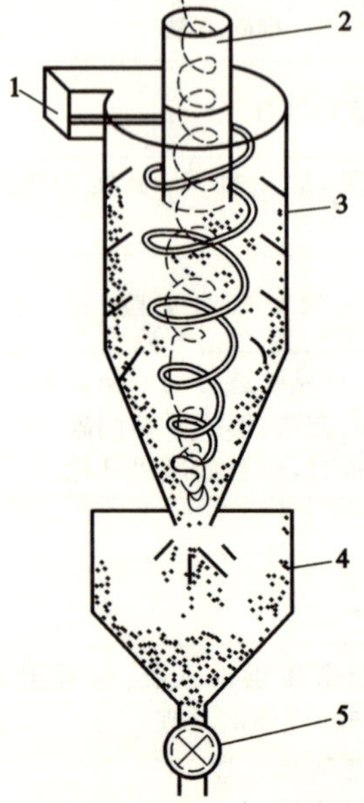

图 3.29　旋风式收尘器的结构示意

1—进气口；2—排气管(内圆筒)；3—外圆筒；4—集灰筒；5—排灰阀

3.8.2　知识链接

3.8.2.1　旋风式收尘器的工作原理

含尘气体从进气口以一定的速度(12～20 m/s)切向进入外筒后，形成旋转运动，由于内外筒及顶盖的限制，气流在其间形成一股自上而下的外旋流，旋转过程中粉尘颗粒由于惯性力大部分被甩向筒壁，失去动能沿筒壁滑下，经锥体下口进入集灰斗，最后由排灰阀排出。旋转下降的旋流随着圆锥的收缩而向收尘器中心靠拢，旋转气流进入排气管半径附近便开始上升，形成一股自下而上的内旋流，最后经排气管向外作为净化气体排出。

3.8.2.2　旋风式收尘器的结构

旋风式收尘器，主要由带有锥形底的外圆筒、进气管、排气管(内圆筒)、排灰口及集灰斗等组成。排气管插入外圆筒顶部的中央，进气管与外圆筒相切连接。

旋风式收尘器的结构示意，如图 3.29 所示。

旋风式收尘器的类型较多，常用的旋风式收尘器有如下几种。

(1) 普通切向型旋风式收尘器

普通切向型旋风式收尘器，又称基本型旋风式收尘器。

例如，CLT 型旋风式收尘器。其中，C 代表收尘器，L 代表离心式，T 表示筒式。其他类型的旋风式收尘器皆是由它变化而来。CLT 型旋风式收尘器的结构示意，如图 3.30 所示。

CLT 型旋风式收尘器的特点，是进气口外缘与筒体相切，水平方向进风，筒体短粗，处理风量较大，流体阻力较小，但收尘效率也很低，因此已被淘汰。

(2) 螺旋型旋风式收尘器

螺旋型旋风式收尘器，即 CLT/A 型旋风式收尘器，它是在 CLT 型的基础上演变而来的。螺旋型旋风式收尘器的结构示意，如图 3.31 所示。

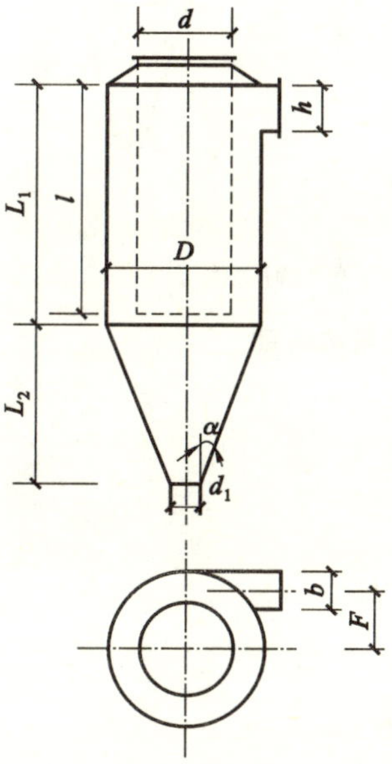

图 3.30　CLT 型旋风式收尘器的结构示意

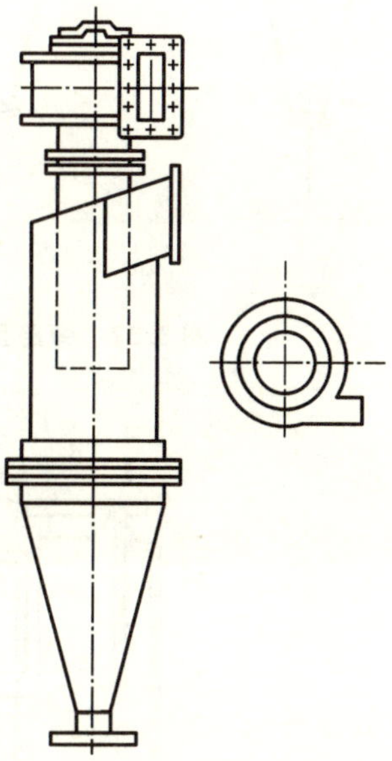

图 3.31　螺旋型旋风式收尘器(CLT/A 型)的结构示意

螺旋型旋风式收尘器的特点，是进气管切向引入，筒体顶端为螺旋型导向板，因此可消除引入气体向上流动而形成的上部旋涡，减少无用的能量消耗，提高效率。顶端导向板与进气管夹角越大，阻力越小，收尘效率越低，一般夹角取 8°～20°，CLT/A 型旋风式收尘器采用 15°。CLT/A 型旋风式收尘器外形细长，锥体角度小，与 CLT 型旋风式收尘器相比，总阻力稍高，但收尘效率也较高。

(3) 旁路型旋风式收尘器

旁路型旋风式收尘器，即 CLP 型旋风式收尘器。其中，P 表示旁路型。CLP 型旋风式收尘器的结构示意，如图 3.32 所示。

与基本型相比，旁路型旋风式收尘器的特点，是筒体外侧有一旁路分离室，并且在距筒体顶盖下一定距离做成 180°水平蜗壳入口，筒体做成两段圆筒锥形。这样处理是为了让气流充分地形成上部旋涡，并由旁路有效地除去旋涡形成的灰环，以提高收尘效率。CLP 型旋风式收尘器在低含尘浓度下(例如 0.5 g/m^3，标准状态)，效率无明显下降。

(4) 扩散型旋风式收尘器

扩散型旋风式收尘器，即 CLK 型旋风式收尘器。其中，K 表示扩散型。扩散型旋风式收尘器的结构示意，如图 3.33 所示。

扩散型旋风式收尘器的特点，是以上小下大的扩散锥体代替了基本型锥体。锥体内部下方还装有隔离锥(又称挡灰盘，起阻气排灰作用)，其气流入口为 180°水平蜗壳型。由于扩散锥及隔离锥的存在，消除了锥底反卷气流的返混现象，分离出来的颗粒沿着隔离锥与扩散锥之间的环隙顺利地落到

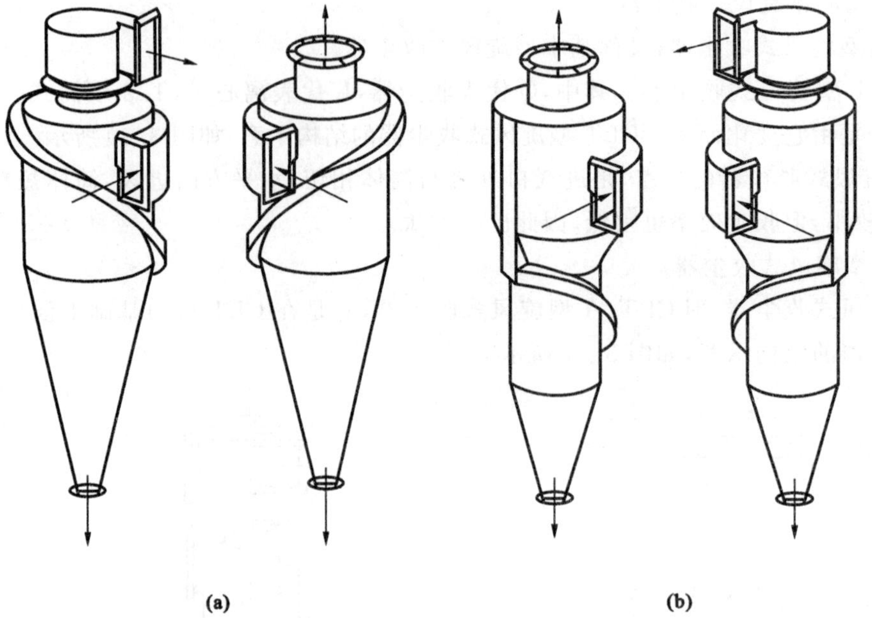

图 3.32　旁路型旋风式收尘器(CLP 型)的结构示意

(a) CLP/A 型;(b) CLP/B 型

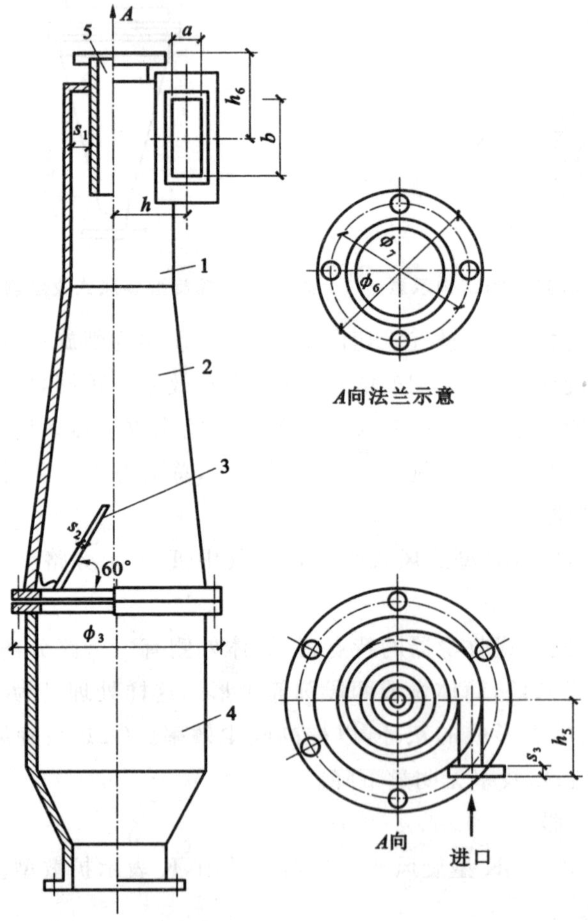

图 3.33　扩散型旋风式收尘器(CLK 型)的结构示意

1—筒体;2—倒锥体;3—反射屏;4—灰斗;5—排气管

储灰斗中。扩散型旋风式收尘器的优点是结构简单，效率较高，出口不易堵塞，下部锥体磨损小。缺点是流体阻力较大，为 800～1600 Pa，外形较大（尤其是下部灰斗），材料费用高。

（5）多管型旋风式收尘器

多管型旋风式收尘器的作用原理，与单筒型旋风式收尘器是相同的，只是其构造上有所区别。多管型旋风式收尘器的结构示意，如图 3.34 所示。

多管型旋风式收尘器是将许多小直径的单筒型旋风式收尘器（旋风子）并联组合在一个壳体内，通过一个总的气路进气，又通过一个总的气路排气。每个旋风子内设进气导流叶片。常用的多管型旋风式收尘器的管数，每组内数十个到近百个，旋风子的尺寸为 100 mm、150 mm、250 mm 等数种，一般常用 250 mm。它能捕集 5～10 μm 的粉尘，多用于烘干机及回转窑、冷却机的收尘。

旋风子属于气体轴向引入式，在其排气管外缘设有导向叶片，气流由上而下沿导向叶片做旋转运动，使粉尘沿旋风子内壁沉降，净化后的气体则由排气管排出。旋风子的导向叶片有螺旋型和花瓣型两种。

旋风子的形式示意，如图 3.35 所示。

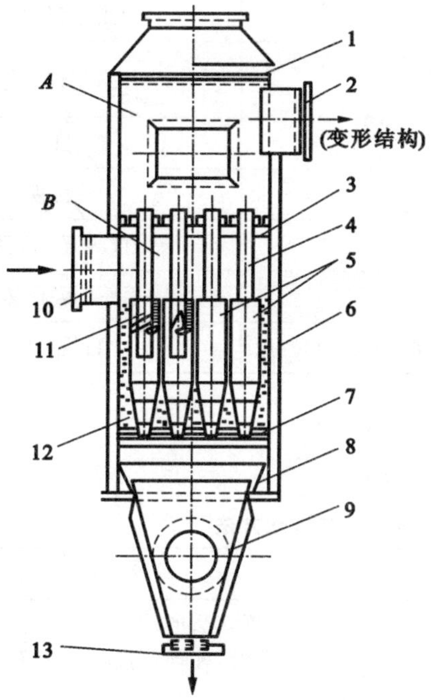

图 3.34　多管型旋风式收尘器的结构示意

1—平顶盖；2—出风口；3—上隔板；4—排气管；
5—外管；6—外壳体；7—下隔板；8—底板；9—灰斗；
10—进风口；11—导向叶片；12—填料层；13—卸灰口；
A—筒体上部；B—筒体下部

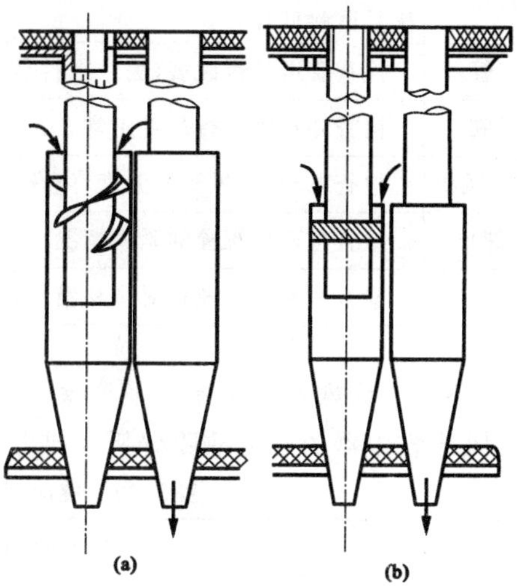

图 3.35　旋风子的形式示意

（a）螺旋型导向器；（b）花瓣型导向器

多管型旋风式收尘器，与其他小直径的旋风式收尘器一样，使用时应特别注意气体流量稳定，含尘浓度不大于 100 g/m^3（标准状态），否则易堵塞。另外，还须注意旋风子进风口的连接，保证风量均匀分配，否则将会降低收尘效率，甚至在个别筒内产生侧风而使收尘效率大大降低。

3.8.3　任务实施

3.8.3.1　旋风式收尘器开机前的检查

（1）检查灰斗有无堵塞和破裂现象。

（2）检查管道有无堵塞和破裂现象。

（3）检查旋风式收尘器各结合部位及卸灰装置的密封性。

(4) 开机前关小挡板，启动风机后无异常现象，再逐渐开大挡板。

3.8.3.2 旋风式收尘器的停机检查与维护

(1) 消除内筒、外筒上附着的粉尘，清除烟道和灰斗内堆积的粉尘。

(2) 修补磨损和腐蚀引起的穿孔，并将修补处打磨光滑。

(3) 检查各结合部位的气密性，必要时更换密封圈。

(4) 检查、修复隔热保温设施，以保证废气中水汽不致凝结。

(5) 检查排风锁风装置的动作和气密性，并进行必要的调整。

(6) 检查输灰装置是否正常。

3.8.3.3 旋风式收尘器运行中的检查

旋风式收尘器运行中的巡检内容及方法，如表 3.21 所示。

表 3.21 旋风式收尘器巡检表

巡检点	巡 检 内 容	工具/方法
机壳	检查机壳磨损情况，要求磨损量不大于 2/3 母材	测厚仪、目视
进料口	检查进料口磨损及法兰密封情况，要求磨损量不大于 2/3 母材，法兰密封良好	测厚仪、目视
排气管	检查管道是否破裂，法兰密封是否良好	目视
卸料阀	检查卸料阀运行是否正常，灰斗有无堵塞	目视
电动机、风机	检查电动机、风机的温度、声音、振动是否正常	手感、仪表显示、目视、耳听
连接螺栓	检查各连接螺栓的紧固情况	手感、扳手或手锤
基础	检查垫板焊缝及相对位移情况，要求垫板焊缝完整、无相对位移	目视、手感

3.8.3.4 旋风式收尘器的常见故障分析与排除方法

旋风式收尘器的常见故障分析与排除方法，如表 3.22 所示。

表 3.22 旋风式收尘器的常见故障分析与排除方法

常见故障	故障原因	排除方法
壳体磨损	1. 壳体过度弯曲不圆，造成局部凸起； 2. 壳体连接处的内表面不光滑或不同心，内部焊接焊珠未磨光滑； 3. 焊接金属和基底金属硬度差异较大，邻近焊接处的金属因退火而比基底金属软	1. 矫正、消除凸形； 2. 打磨光滑，处理连接处内表面，保持光滑和同轴度； 3. 尽量减少硬度差异
圆锥体下部和排尘口磨损，排尘不良	1. 倒流入灰斗气体增至临界点； 2. 排灰口堵塞或灰斗粉尘装得太满	1. 对于单筒除尘器，防止气体漏入灰斗，对于多管型旋风式收尘器，应减少气体再循环； 2. 疏通堵塞，防止灰斗中粉尘沉积到排尘口高度
排气管磨损	排尘口堵塞或灰斗中积灰过满	疏通堵塞，减少灰斗积灰高度
进气或排气通道堵塞	积灰	检查压力变化，定时吹灰处理或利用清灰装置清除积灰
壁面积灰严重	1. 壁面不光滑； 2. 微细尘粒含量过多； 3. 气体中水汽冷凝	1. 处理内表面； 2. 定期导入含粗粒子气体，擦清壁面，定期将压缩空气引进灰斗，使气体从灰斗倒流一段时间，清理壁面，保持切向速度 15 m/s 以上； 3. 隔热保温或对器壁加热
排出的烟气状况恶化而压差增大	1. 含尘气体状况变化或温度降低； 2. 筒体灰尘堆积	1. 提高温度； 2. 清除积灰

续表3.22

常见故障	故障原因	排除方法
排出的烟气状况恶化而压差减小	1. 筒内被粉尘磨损而穿孔，气体发生旁路； 2. 叶片损坏； 3. 外筒被粉尘磨损或焊接不良，使外筒磨损穿孔； 4. 气密性恶化； 5. 灰斗下端气密性不良，空气由该处漏入	1. 修补穿孔； 2. 修补叶片； 3. 修补外筒； 4. 调整或更换盘根； 5. 检查并维修
分格轮不转或有异响	1. 传动装置损坏； 2. 异物卡死转子； 3. 轴承损坏或锁紧套松动导致侧间隙过小，摩擦侧板	1. 检查电动机、减速机、链轮、链条、联轴器； 2. 打反转退出异物，取出检查口异物，或在适当位置割口取出异物； 3. 解体侧板，取出异物；更换轴承或调整间隙，锁定轴承锁紧套
分格轮堵料	分格轮结皮严重	清理结皮

思　考　题

1. 简述旋风式收尘器的工作原理及结构组成。

2. 分析旋风式收尘器的巡检位置及主要巡检内容。旋风式收尘器常见故障的原因是什么？如何排除？

任务3.9　斗式提升机的巡检

任务描述：

(1) 了解斗式提升机的工作原理与基本结构；

(2) 掌握斗式提升机的巡检工作内容及常见故障分析和排除方法。

知识目标：

(1) 熟练表述斗式提升机的工作原理与基本结构；

(2) 正确表述斗式提升机开机、停机的检查与维护内容；

(3) 熟练表述斗式提升机运行中的巡检点、巡检内容及常见故障分析和排除方法。

能力目标：

能在水泥生产企业进行斗式提升机的巡检工作。

3.9.1　任务分析

水泥生产是一个连续的工艺过程，由生料制备、熟料煅烧及水泥制备等主要环节组成。原料、半成品、成品的输送构成了这些主要环节，也是影响水泥生产设备连续安全运转的重要因素。斗式提升机是水泥厂中最常用的垂直输送机械，通常用来提升石灰石、煤、黏土、石膏、熟料、矿渣等块状、粒状物料及煤粉、水泥、生料等粉状物料，其结构简单紧凑、占地面积小、提升高度较大、密封性能也较好。斗式提升机的运行部件在工作过程中承受较大动载荷，且工作环境差，检视不便，零部件磨损较快，容易发生事故，维修工作量较大。因此，除了对斗式提升机的技术性能、结构设计和零部件材质需要不断改进外，保证巡检、加强日常维护也是一项十分重要的工作。

3.9.2　知识链接

3.9.3.1　斗式提升机的工作原理

斗式提升机(参见图 3.36),通常封闭于钢板壳体内,在无端胶带、无端环链或板链等挠性牵引构件上安装有钢制料斗,由驱动装置带动牵引构件运动,安装在环形牵引构件上的料斗随之运行,不断地从提升机底部舀取物料,盛于料斗内。当料斗上升到指定高度时,即料斗通过驱动轮时改变了运动方向,料斗内的物料受离心力或重力作用从料斗内卸出,从而达到提升物料的目的。

3.9.3.2　斗式提升机的结构

斗式提升机的结构示意,如图 3.36 所示。

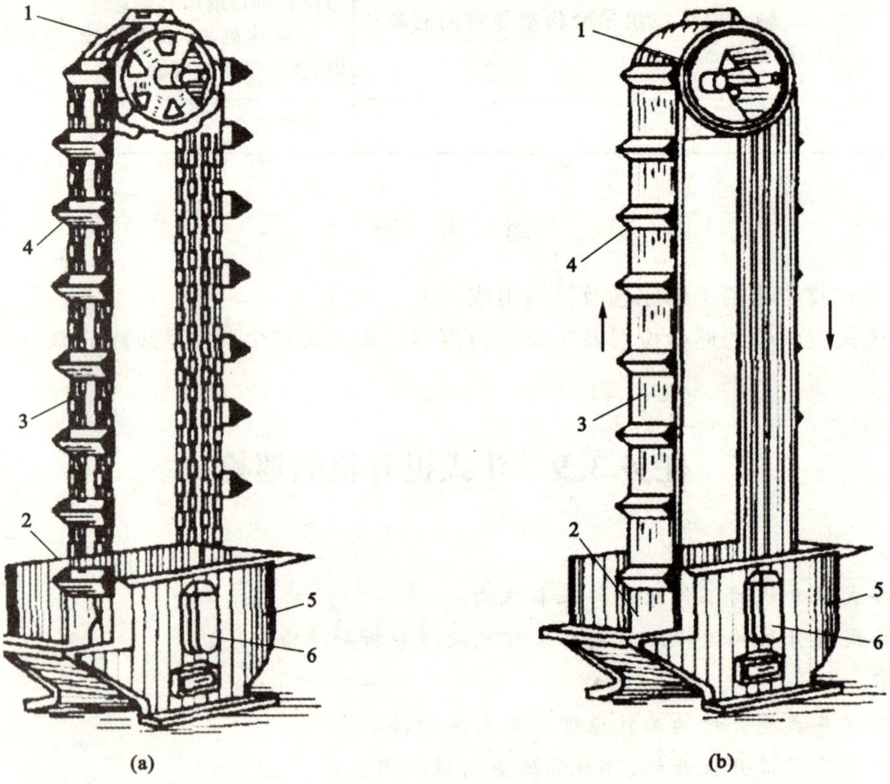

图 3.36　斗式提升机的结构示意

1—驱动轮;2—改向轮;3—挠性牵引构件;4—料斗;5—底座;6—拉紧装置

斗式提升机的结构组成,主要包括封闭的挠性牵引构件 3 和固接在它上面的料斗 4,牵引构件及料斗回绕在上部的驱动轮 1 和下部的改向轮 2。

斗式提升机的运行部分和滚筒(或链轮),都安装在一个封闭的机壳内,机壳由上部(头部)、中间段和下部机座所构成,机壳的中间段可以是两个分支共有的,或者是每个分支各设一个管状外罩。为了观察与检修的方便,在机壳的适当位置设有观察孔。装有料斗的牵引构件由驱动装置驱动,并由张紧装置张紧。在驱动装置上装有防止运行部分返回运动的逆止装置。物料由机壳下部的进料口装入各料斗,当料斗被提升至上部的驱动轮时,便卸入提升机的卸料口。

(1) 料斗

料斗,是斗式提升机的装载物料构件,一般用厚度为 2～6 mm 的钢板焊接而成。根据物料性质和装卸方式不同,料斗有深斗(容量大,适合生料、水泥、干砂、碎煤等物料的输送)、浅斗(适合湿砂、黏土等物料的输送)、尖斗(适用于石灰石块等物料的输送)、梯形斗(应用特点同尖斗,但容积比尖斗大)4 种主要形式。

料斗的结构形式，如图 3.37 所示。

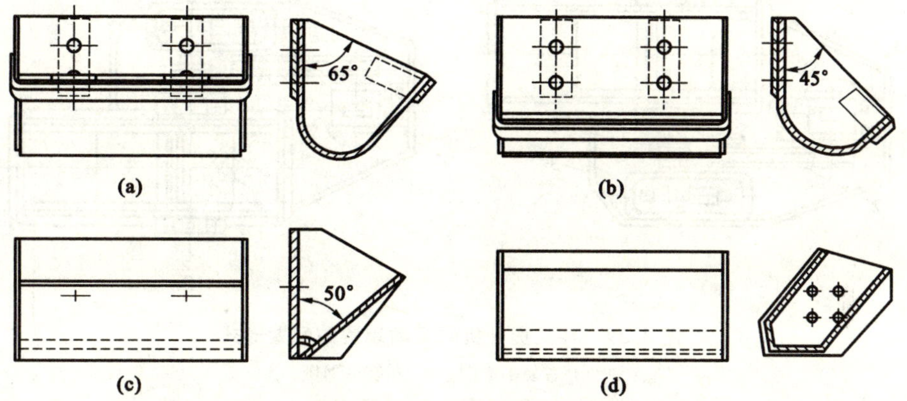

图 3.37　料斗的结构形式

(a) 深斗；(b) 浅斗；(c) 尖斗；(d) 梯形斗

(2) 牵引构件

斗式提升机的牵引构件，对斗式提升机的工作性能和运行情况等具有决定性作用。对牵引构件的要求是质量轻、成本低、承载能力大、运行平稳、挠性好、寿命长、与料斗连接牢固。常用的牵引构件的种类有橡胶带、锻造环链和板式套筒滚子链。斗式提升机的类型，常由所采用的牵引构件种类来确定。

斗式提升机常用的牵引构件的种类，如图 3.38 所示。

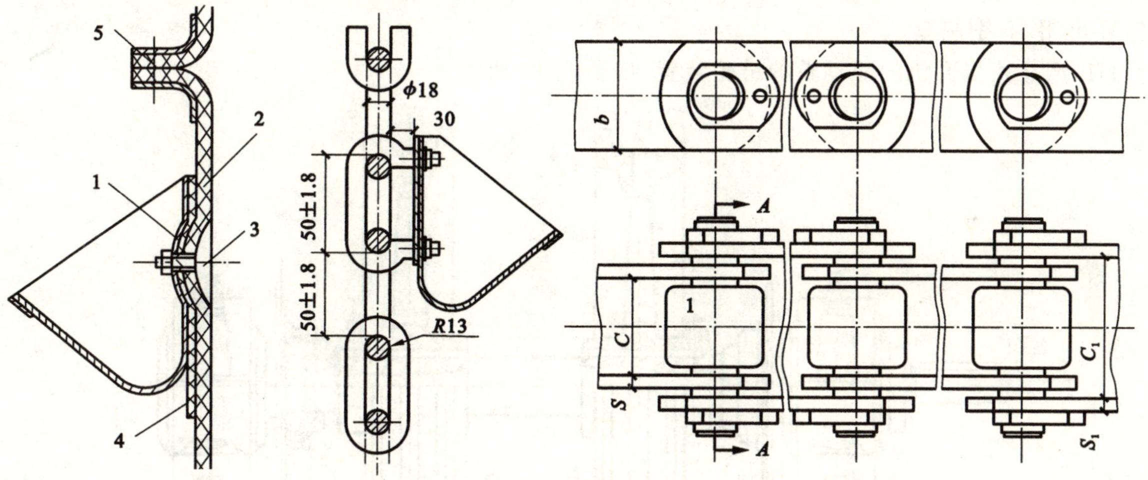

图 3.38　斗式提升机常用的牵引构件的种类

(a) 橡胶带；(b) 锻造环链；(c) 板式套筒滚子链

1—料斗后壁；2—胶带；3—埋头螺栓；4—软衬垫；5—并接接头

(3) 驱动装置

斗式提升机的驱动装置，由电动机、减速机、联轴器、皮带或链传动和逆止器等五部分组成。整套驱动装置都安装在机壳上部区段的平台上。根据布置要求，驱动装置可配置成右装或左装两种形式。

斗式提升机的驱动装置的配置形式，如图 3.39 所示。

驱动装置的体积和质量较大，会使机壳受到一定的弯曲和振动，对机壳和整机稳定性有一定的影响。因此，大型斗式提升机的驱动装置多采用机外安置，即将驱动装置安装在机壳外的土建基础上。

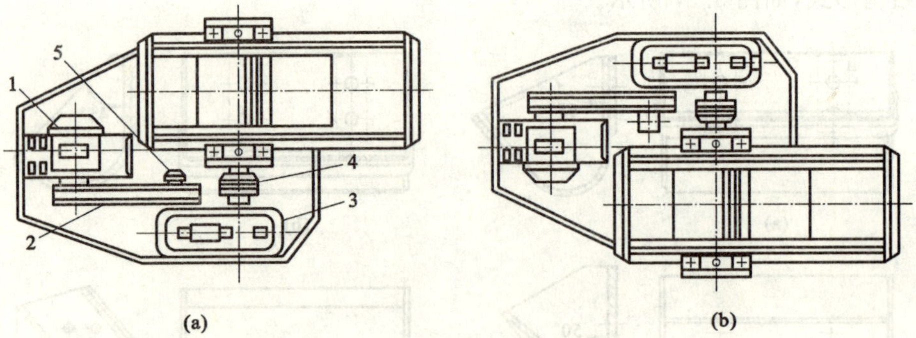

图 3.39　斗式提升机的驱动装置的配置形式

(a) 右装平面图；(b) 左装平面图

1—电动机；2—皮带传动；3—减速器；4—联轴器；5—棘轮逆止器

为了防止提升机因临时停电或偶然事故等迫使有载停机，引起牵引构件和载料料斗逆行，造成下部区段内积料和堵塞，须在驱动装置中装设逆止器。常用的逆止器有棘轮逆止器、滚柱逆止器和凸轮逆止器等。

(4) 驱动轮

斗式提升机的驱动轮，其结构形式和驱动原理取决于牵引构件的类型。D 型斗式提升机，用滚筒作驱动轮，利用摩擦驱动，滚筒的构造和驱动原理同带式输送机。HL 型斗式提升机，因锻造环链节距不够精确，磨损后变化较大，一般采用无齿链轮驱动轮，通过摩擦驱动环链运行。为了延长链轮主体部分的使用寿命，可在链轮槽内用埋头螺钉镶装可更换的摩擦环。链轮本体可用铸铁或铸钢制造，摩擦环可用 45 钢制造。

HL 型斗式提升机的驱动轮的链轮装置，如图 3.40 所示。

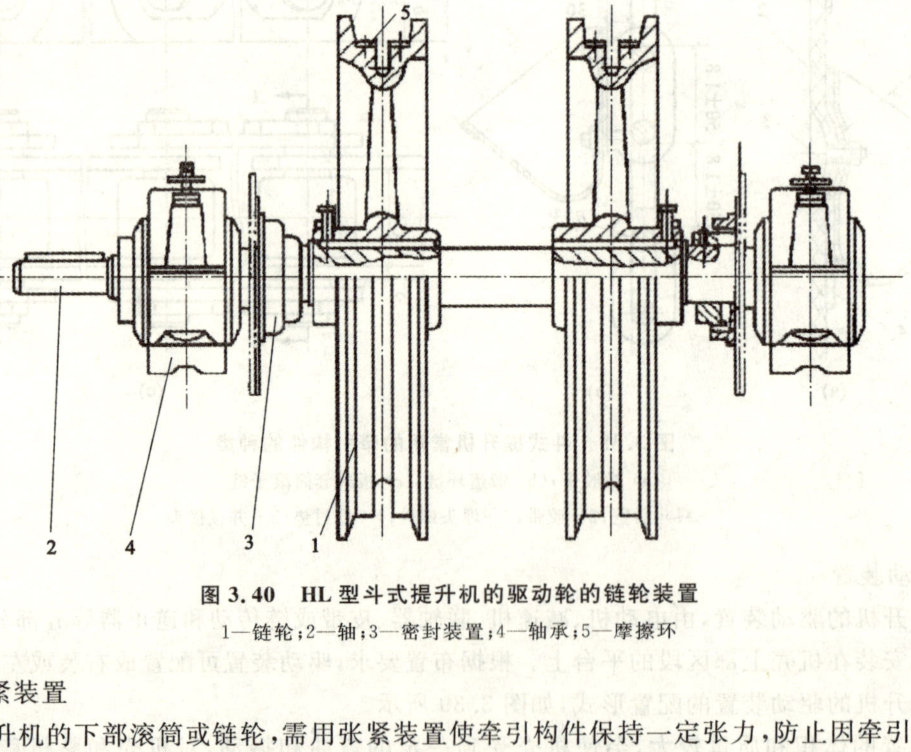

图 3.40　HL 型斗式提升机的驱动轮的链轮装置

1—链轮；2—轴；3—密封装置；4—轴承；5—摩擦环

(5) 张紧装置

斗式提升机的下部滚筒或链轮，需用张紧装置使牵引构件保持一定张力，防止因牵引构件张力不足而造成驱动滚筒与胶带打滑、牵引构件运行波动、牵引构件脱轨等故障。斗式提升机常用的张紧装置有螺杆式张紧装置和重力式张紧装置。其结构示意，如图 3.41 和图 3.42 所示。

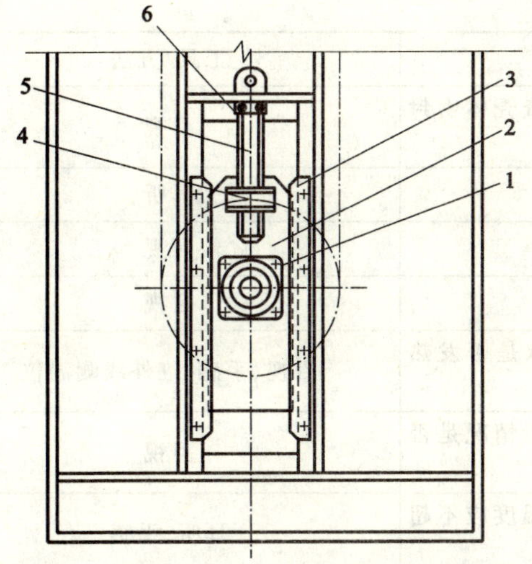

图 3.41　螺杆式张紧装置的结构示意

1—轴承座；2—滑板；3—导板；4—螺母；5—螺杆；6—角钢

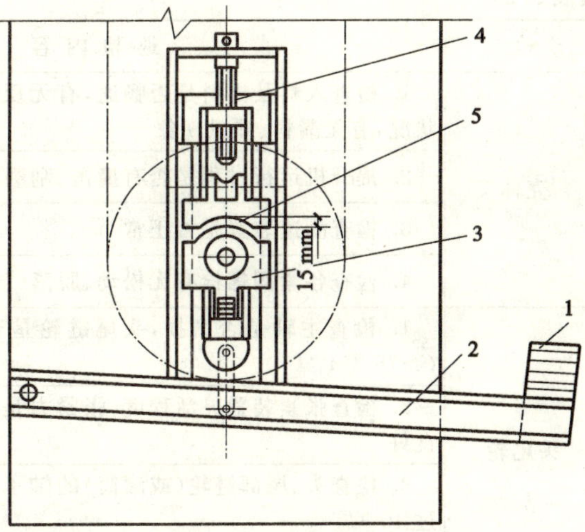

图 3.42　重力式张紧装置的结构示意

1—配重；2—转架；3—张紧轮轴承；4—螺杆；5—止动块

3.9.3　任务实施

3.9.3.1　斗式提升机开机前的检查

① 检查运动部件是否完好，特别是胶带端部的连接是否牢固或链条各元件有无损坏、断裂现象。

② 检查料斗与牵引构件的连接螺栓有无松动，尾轮的张紧程度是否适宜。

③ 检查各检视门是否密闭好，尾部底座内是否有物料堆积。

④ 检查各润滑部件的润滑情况，并按要求向润滑点加注润滑油。

3.9.3.2　斗式提升机的停机检查与维护

① 检查牵引构件、料斗，特别是二者连接部位有无磨损、变形、断裂或松动，及时修理或更换。

② 清除料斗内黏结的杂物。

③ 检查并紧固料斗与链板（或皮带）之间的螺栓。

④ 更换变形的料斗。

⑤ 检查牵引构件的张紧情况，并及时调整张紧装置。

⑥ 检查联轴节的间隙是否符合规定，保持同轴度。

⑦ 按规定补充液力耦合器内润滑油。

3.9.3.3　斗式提升机运行中的检查

斗式提升机运行中的巡检内容及方法，如表 3.23 所示。

表 3.23　斗式提升机巡检表

巡检点	巡检内容	工具/方法
传动装置	1. 检查电动机、减速机及轴承有无异响、振动（>3 mm/s）、过热（>75 ℃）现象，地脚螺栓是否松动	手感、仪表显示、目视、耳听
	2. 检查传动部位轴承及减速机润滑是否良好，有无漏油现象	目视
	3. 检查传动链条运转是否平稳，链轮是否磨损	目视
	4. 检查液力耦合器传动是否平稳，油位是否正常，结合面、轴端有无渗漏油现象	目视
	5. 检查联轴器、逆止器是否有振动、异响、发热现象	手感、目视、测振仪、红外线测温仪

续表 3.23

巡检点	巡 检 内 容	工具/方法
壳体	1. 检查入料及出料是否畅通,有无反料现象;检查壳体密封状况,有无漏料、漏风现象	目视
	2. 提升机运行过程是否有撞击、刮磨异响	耳听
	3. 检查测速装置是否正常	目视
	4. 检查各紧固螺栓有无松动、脱落	目视
头尾轮	1. 检查主轴是否磨损,头尾链轮是否磨损,轴承是否发热(>75 ℃)	目视、手感、红外线测温仪
	2. 检查张紧装置灵活程度,张紧力是否合适,润滑情况是否良好	目视
	3. 检查头、尾部链轮(或滚筒)的轴承有无振动,温度应不超过 40 ℃	耳听、手感
	4. 检查驱动链轮运行时有无异常噪声	耳听

3.9.3.4 斗式提升机的常见故障分析与排除方法

斗式提升机的常见故障分析与排除方法,如表 3.24 所示。

表 3.24 斗式提升机的常见故障分析与排除方法

常见故障	故障原因	排除方法
上下轴承温度高	1. 润滑油量不足; 2. 密封不好,灰尘进入轴承,润滑油脏污; 3. 轴承损坏	1. 补充润滑油; 2. 清洗轴承,更换润滑油; 3. 更换轴承
料斗严重变形或刮坏	1. 料斗连接螺栓松动或脱落; 2. 下链轮链条掉道; 3. 牵引件磨损严重,过分伸长; 4. 底部落入非运输异物	1. 检查、紧固料斗连接螺栓; 2. 清除该链条故障; 3. 调整牵引件伸长长度; 4. 清除底部积料和异物
物料回料	1. 底部有物料堆积; 2. 料斗添装过多; 3. 卸料不尽	1. 调整供料量; 2. 调整供料量; 3. 在卸料口增设可调接料板
上链轮发生链条打滑	1. 上链轴主轴不水平; 2. 关节板链条和上链轮磨损严重,使两者节距不一	1. 调整机首两侧主轴承,使上链轮主轴水平; 2. 更换磨损的链条和链论
下链轮发生链条打滑	1. 牵引件张紧装置过于松弛; 2. 两链条长度不一致,使链条松紧程度不一致; 3. 底部物料堆积过多	1. 调整张紧装置; 2. 调整两链条长度,使之一致; 3. 清除积料,调整供料量
高效斗提机皮带跑偏	1. 尾轮不正; 2. 头轮衬板磨损严重	1. 调整尾轮张紧装置; 2. 更换或调整头轮衬板

思 考 题

1. 简述斗式提升机工作原理及结构组成。

2. 分析斗式提升机的巡检位置及主要巡检内容。斗式提升机常见故障的原因是什么?如何排除?

任务3.10　生料均化库的巡检

任务描述：

(1) 了解生料均化库的工作原理与基本结构；

(2) 掌握生料均化库巡检工作内容及常见故障分析和排除方法。

知识目标：

(1) 熟练表述生料均化库的工作原理与基本结构；

(2) 正确表述生料均化库的开机、停机顺序及检查和维护内容；

(3) 熟练表述生料均化库运行中的巡检点、巡检内容及常见故障分析和排除方法。

能力目标：

能在水泥生产企业进行生料均化库的巡检工作。

3.10.1　任务分析

在新型干法水泥生产过程中，稳定入窑生料成分是稳定熟料烧成热工制度的前提。生料均化库起着稳定入窑生料成分的最后一道把关作用，其任务是消除出磨生料具有的短周期成分波动，使生料质量达到入窑生料的要求。

在生产实践中，生料均化库常出现充气系统“空气短路”、库内电磁阀工作不正常、充气不平衡、库内生料出现死角、物料压实或结团、流通不畅等问题，从而影响均化效果。因此，日常生产中必须重视经常性的维护和定期检修，以保证生料均化库发挥应有的效果。

3.10.2　知识链接

3.10.2.1　连续式生料均化库的工作原理

连续式生料均化库，是为了适应水泥工业大型化生产而发展起来的，它将进料、搅拌、出料和储存进行了合理的结合。各种连续式生料均化库在库底安装不同类型的充气装置，送入压缩空气，主要利用空气搅拌、重力作用产生的“漏斗效应”(或称“鼠穴”效应)，使生料粉在向下卸落时切割尽量多层料面，予以充分混合。同时，在不同的流化空气的作用下，沿库内平行料面发生大小不同的流化膨胀作用，有的区域卸料，有的区域流化，从而使库内料面产生径向倾斜，进行径向均匀混合，实现库内生料局部或全部流态化，从而使生料能够充分混合，达到均化目的。

目前研发的连续式生料均化库，在保证满意的均化效果的同时，力求节约电能消耗，尽量发挥重力均化的作用，利用多料流使库内生料产生众多漏斗流，同时产生径向倾斜料面运动，提高均化效果。此外，在力求降低空气搅拌以节约电力消耗的同时，许多连续式生料均化库设置了容积大小不等的卸料小仓，使生料库内已经过漏斗流及径向混合流均化的生料再卸入库下的小仓内，进行空气搅拌，而后卸出运走。

3.10.2.2　连续式生料均化库的结构

目前连续式生料均化库的种类较多，不同的设计单位开发出的库型都不同，各有不同的特点，但基本上可分为混合室连续式均化库、多股流连续式均化库、控制流连续式均化库和IBAU中心锥体连续式均化库等几类。

(1) 混合室连续式均化库

混合室连续式均化库，在库顶中心设有生料分配器，来料被分成8份，通过8个放射状空气输送斜槽输送入库，使生料在库内基本呈水平分散分布，一层层铺布生料，在库顶进料的同时进行库底卸料。库底部中心设置混合室，其环形区呈圆锥形斜面，向库中心倾斜(斜度一般为13°左右)。环形区内分为8个小区，均布置充气装置，由空气分配阀轮流充低压空气；同时，库内的生料呈旋涡状塌落，在自上而下的流动过程中，切割水平料层产生重力混合作用，进入混合室后又因混合室内的连续充气搅拌而进一步均化。

混合室连续式均化库的类型较多，具有代表性的有锥形混合室连续式均化库和圆柱形混合室连续式均化库。其结构示意，如图3.43和图3.44所示。

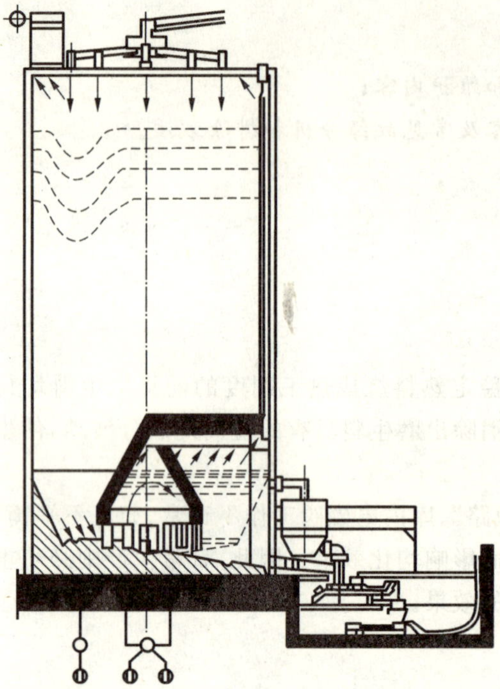

图3.43　锥形混合室连续式均化库的结构示意

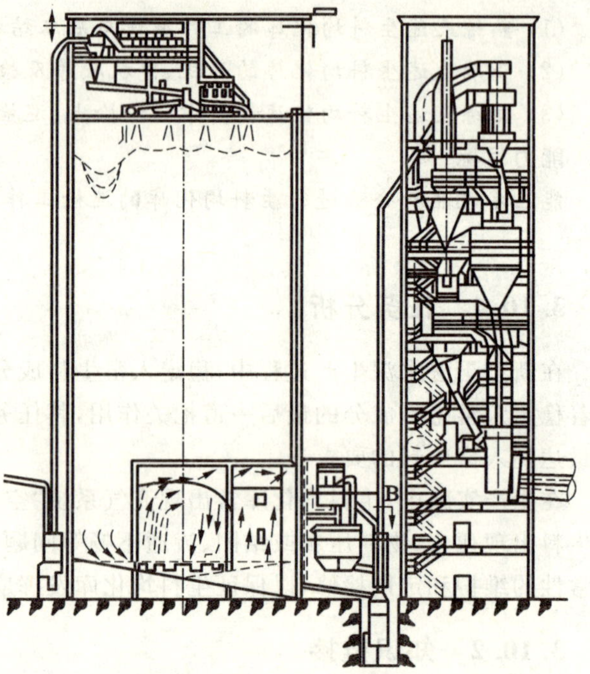

图3.44　圆柱形混合室连续式均化库的结构示意

锥形混合室连续式均化库与圆柱形混合室连续式均化库的主要区别，在于库底部中心设置的混合室结构，一个为锥形，一个为圆柱形。圆柱形混合室的容积，较锥形混合室的大一倍以上，充气搅拌更加强化，提高了均化效果，但电耗较高。

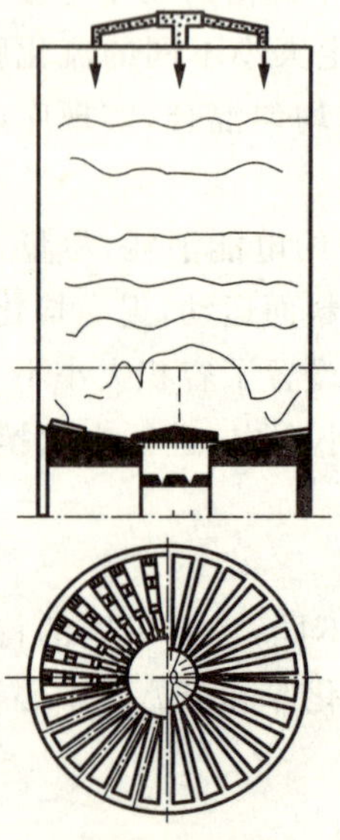

图3.45　MF型多股流连续式均化库的结构示意

(2) MF型多股流连续式均化库

MF型多股流连续式均化库，是德国伯利休斯(Polysius)公司研制的。其结构示意，如图3.45所示。

在MF型多股流连续式均化库的库顶，设有流态化生料分配器及放射状布置的输送斜槽，以进行库内水平铺料，库顶部结构与混合室均化库相同。库底为锥形，略向中心倾斜。库底设有一个容积较小的中心室，其上部与库底的连接处四周开有许多入料孔。中心室与均化库壁之间的库底分为10～16个充气区，每区装设2～3条装有充气箱的卸料槽。槽面沿径向铺有若干块盖板，形成4～5个卸料孔。卸料时，库底分区向两个对角轮流充气，在卸料口上方形成许多小的漏斗形凹陷，产生重力混合。随着充气区的变换和漏斗卸料速度的不同，还产生径向混合。生料从库底进入中心室后，中心室底部连续充气使生料进一步混合均匀。MF型多股流连续式均化库是目前使用比较广泛的库型。

(3) CF 型控制流连续式均化库

CF 型控制流连续式均化库，是丹麦史密斯(F. L. Smith)公司开发研制的。其结构示意，如图 3.46所示。

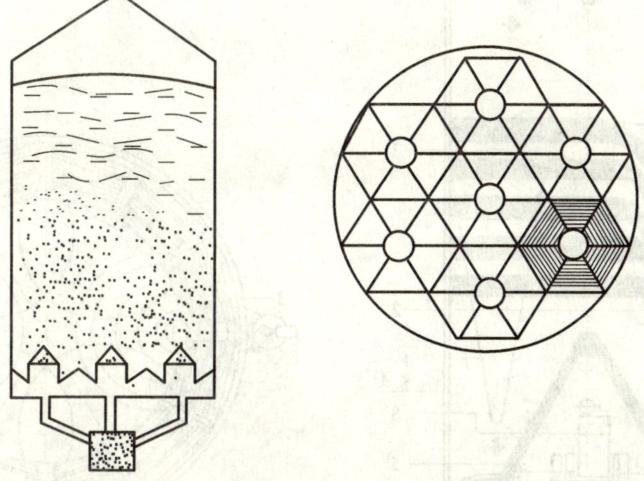

图 3.46　CF 型控制流连续式均化库的结构示意

CF 型控制流连续式均化库的入库方式，为库顶单点进料，这与其他均化库是不同的。库底分为 7 个正六边形卸料区，每个卸料区由 6 个三角形充气区组成，每个三角形充气区的充气箱都是独立的。每个卸料区中心有一个卸料孔，上部设有减压锥，卸料孔下部与卸料阀及空气输送斜槽相连，将卸出的生料送到库底外部中央的小混合室中。该混合室安装有负荷传感器，以此控制料位及卸料的开停。库底三角形充气区由设定的计算机控制轮流充气，按不同流量卸料，以便在使物料产生重力纵向均化的同时，产生径向混合均化。出库时一般保持 3 个卸料区同时卸料，进入库下小型混合室后再次搅拌混合，可实现气力均化。

(4) IBAU 中心锥体连续式均化库

IBAU 中心锥体连续式均化库，由德国 IBAU 公司开发研制。其结构示意，如图 3.47 所示。

生料经库顶生料分配器及 12 条放射状小空气输送斜槽送入库内。在库中心有一个用混凝土制成的倒圆锥体，通过它将库内生料重力传递到库壁上。大圆锥内部设有搅拌仓。库壁与大圆锥的环形区域，分割成向库中心倾斜的 8 个充气区，每区设有一套由出料溜管、手动闸阀、气动开关控制阀、电动流量控制阀、斜槽组成的卸料装置，各区轮流充气、卸料，形成一个接一个的漏斗形料流，生料在库内轴向和径向混合。各区卸出的生料通过空气输送斜槽汇集于搅拌仓，经气力均化、皮带秤计量后，由皮带输送机和斗式提升机送入窑尾预热器。

3.10.3　任务实施

3.10.3.1　生料均化库开机前的检查

① 检查所有设备润滑加油点的油量与油质情况是否符合规定，并且不漏油、不堵塞。

② 检查所有设备所需供水、供气的管路是否通畅，压力是否满足设计和运行要求。

③ 对均化库所属设备进行仔细检查，包括地脚螺栓、连接螺栓等，检查各密封处是否严实。

④ 检查各种阀门动作是否灵活准确，调节控制量与实际操作要求是否相符。

⑤ 检查各种仪器仪表指示和信号联络是否有效无误。

3.10.3.2　生料均化库的开机与停机顺序

① 收尘系统总是先于库底充气、生料输送和入窑喂料开机，并在生料输送和入窑喂料的有关设

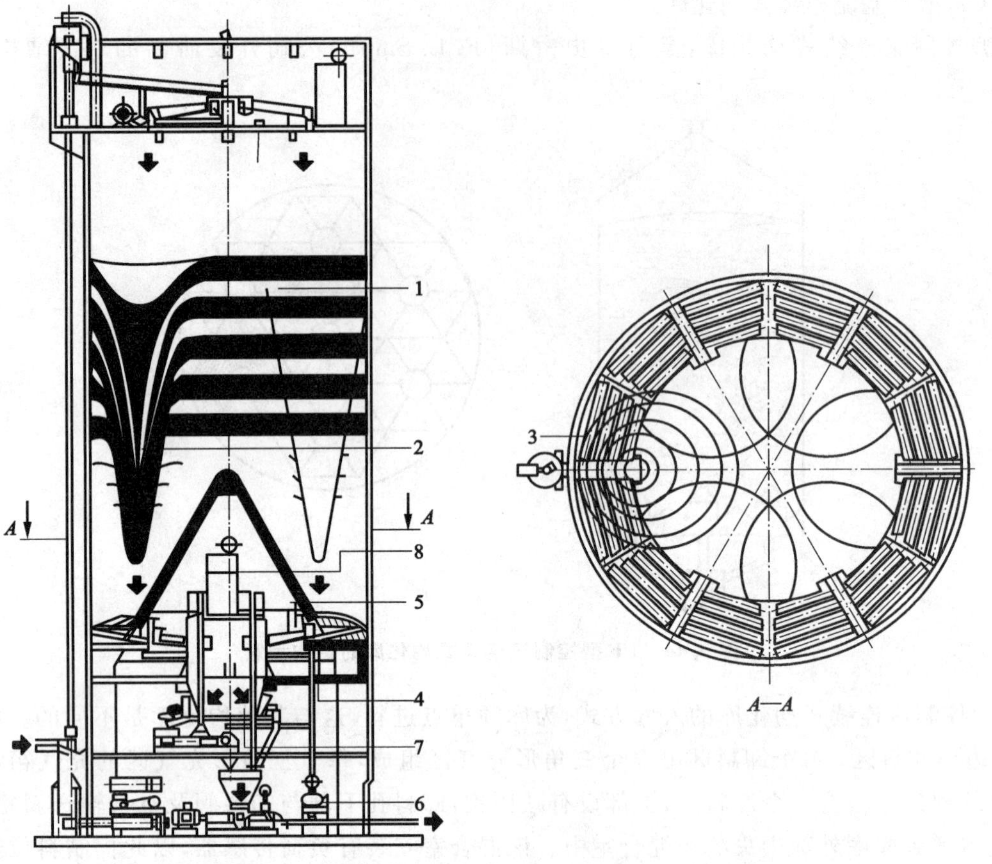

图 3.47 IBAU 中心锥体连续式均化库的结构示意

1—料层;2—漏斗;3—充气区;4—阀门;5—流量控制阀门;6—回转空气压缩机;7—集料斗;8—收尘器

备停机后才允许停收尘系统。

② 卸料阀的开关取决于计量仓内生料量的多少,卸料量可根据实际生产情况随时调节。

③ 料库库底轮流分区充气顺序由顺序控制器控制。当混合室内压力达到最小值时,外环罗茨风机启动;当混合室内压力达到最大值时,外环罗茨风机停止充气;而内环风机则一直轮流充气,保证生料顺利卸出。

3.10.3.3 生料均化库的停机检查与维护

① 每次定期停机维修均应放空空气输送斜槽、生料均化库顶分配系统内的生料,清扫干净,仔细检查充气层的情况和密封是否良好。若充气层黏堵、破损,必须马上更换。

② 经常检查各料区气路电磁阀,确保其开闭到位,使各料区的充气均衡、有序地进行。如采用空气分配器,须定期查看磨损情况,必要时更换阀芯。

③ 定期查看生料分配器透气层是否堵塞和损坏,并及时地清除分配器底部的杂质。

④ 严防雨水渗入输送设备和库内,以免形成大块湿料团,影响均化库的正常运行。

⑤ 检查空气输送斜槽帆布是否破损,如破损应及时更换;对运转中漏灰、漏风的地方进行重新密封;定期清除空气室内的积灰和下料口处的积灰;检查风机叶片是否有磨损、裂缝或变形。

⑥ 经常检查流量控制调节阀的阀体内表面是否损伤,清除杂物,防止堵料损伤阀门。经长期运转后,衬垫与阀芯之间的间隙会因磨损而增大,此时可均匀地调整固定衬垫与阀体法兰的调节螺栓,把间隙调整到需要值。如磨损量过大,则必须更换零部件,否则会影响流量阀的调节线性。

3.10.3.4 生料均化库设备运行中的检查

生料均化库设备运行中的巡检内容和方法,如表 3.25 所示。

表 3.25　生料均化库巡检表

巡检点	巡检内容	工具/方法
空气输送斜槽	1. 检查槽体有无漏风、漏灰现象，紧固螺栓是否松动	目视
	2. 检查物料流动情况，据此调整风机入口阀门和收尘阀门	目视
	3. 检查风机运转是否正常，有无异常声响或振动	目视、耳听
	4. 检查电动机是否有异响、异振、异温、异味	耳听、手感、鼻嗅
生料分配器	1. 通过观察孔检查料粉的输送是否通畅，有无堵塞等现象	目视
	2. 检查多嘴库顶生料分配器的连接是否牢固，有无漏气、漏灰现象	目视
	3. 检查风机系统的工作情况是否良好，有无异常振动和噪声	目视、耳听、手感
	4. 检查各部分的连接是否可靠，紧固螺栓有无松动和脱落	目视
库底卸料控制系统	1. 检查闸阀启闭是否灵活，固定是否可靠	目视
	2. 检查气动蝶阀、电子流量阀启闭是否灵敏、准确，有无漏气、漏灰现象	目视
	3. 检查气动蝶阀、电子流量阀的执行机构的润滑和零件磨损情况，及时添加油脂	目视
	4. 检查均化仓的称重计量（单位时间内）是否准确可靠；检查均化仓、空气输送斜槽的密封状况，有无漏气、漏灰等现象	目视
库底充气系统	1. 检查充气管路是否有漏气或堵塞现象，库底孔洞和设备部件连接处有无冒灰	目视
	2. 检查管路上各个截止阀是否按要求开启	目视
	3. 检查压缩空气、冷却用水的管路上仪表显示是否正常	仪表显示
	4. 检查设备轴承温度是否超限和润滑是否良好，及时添加油脂	目视、手感、红外线测温仪

3.10.3.4　生料均化库的常见故障分析与排除方法

生料均化库的常见故障分析与排除方法，如表 3.26 所示。

表 3.26　生料均化库的常见故障分析与排除方法

常见故障	故障原因	排除方法
库内物料下落不均	1. 入库生料水分控制不好； 2. 库内形成大的漏斗流	1. 限制入库生料水分； 2. 检查充气系统，消除大漏斗流
充气材料损坏	异物落入或清库时工具刮碰损坏	若损坏过多，应清库处理
充气材料堵塞	压缩空气中水分含量大或含有微粒	对空气过滤装置进行良好的维护管理
计量仓内料重逐渐增大	1. 充气管道漏气； 2. 供气压力降低	1. 检查管道，及时补漏； 2. 调节供气压力
阀动作迟缓或不到位	1. 压缩空气管路漏气或堵塞； 2. 启动执行元件弯曲或卡住； 3. 罗茨风机出口压力降低	1. 疏通管路和补漏； 2. 拆卸执行元件，消除机械故障； 3. 调整罗茨风机出口压力数值
空气输送斜槽堵料	1. 负压风不足； 2. 下部吹风压力不足； 3. 斜槽帆布破损	1. 检查收尘器管路有无阻塞、漏风现象，密封好壳体； 2. 检查斜槽风机有无故障，吹风口是否阻塞； 3. 更换帆布

思考题

1. 简述生料均化库的工作原理及结构组成。

2.分析生料均化库的巡检位置及主要巡检内容。生料均化库常见故障的原因是什么？如何排除？

项目小结

生料制备是水泥生产过程中的重要环节之一，制备过程需要破碎、输送、预均化及生料粉磨等设备共同完成。随着新型干法水泥生产装备制造业的发展，单段锤式破碎机以其破碎流程少、破碎能力大的优点，以及辊式磨以优越的粉磨特性广泛地应用于新型干法水泥生料制备过程中。本项目通过对生料制备工段的主要设备的结构与工作原理的学习与了解，要求重点掌握板式喂料机、单段锤式破碎机、气箱脉冲袋式收尘器、带式输送机、石灰石预均化堆场主要设备、原料配料站主要设备、辊式磨、斗式提升机及生料均化库巡检点的确定，开、停机及运行中的检查维护内容与常见故障的分析处理。

项目实训

实训1　板式喂料机、单段锤式破碎机、气箱脉冲袋式收尘器的巡检

任务描述：

以新型干法水泥厂生产线上的板式喂料机、单段锤式破碎机、气箱脉冲袋式收尘器为载体，在企业兼职教师（或技术人员）的指导下，安排学生进行板式喂料机、单段锤式破碎机、气箱脉冲袋式收尘器的开机检查、运行中的检查、停机维护及故障处理等实训工作任务。

实训内容：

（1）编制板式喂料机、单段锤式破碎机、气箱脉冲袋式收尘器的巡检表；

（2）根据巡检表完成板式喂料机、单段锤式破碎机、气箱脉冲袋式收尘器的巡检工作，填写巡检记录表。

实训2　带式输送机、石灰石预均化设备、原料配料站设备的巡检

任务描述：

以新型干法水泥厂生产线上的带式输送机、石灰石预均化设备、原料配料站设备为载体，在企业兼职教师（或技术人员）的指导下，安排学生进行带式输送机、石灰石预均化设备、原料配料站设备的开机检查、运行中的巡检、停机维护及故障处理等实训工作任务。

实训内容：

（1）编制带式输送机、石灰石预均化设备、原料配料站设备的巡检表；

（2）根据巡检表完成带式输送机、石灰石预均化设备、原料配料站设备的巡检工作，填写巡检记录表。

实训3　辊式磨、旋风式收尘器、斗式提升机及生料均化库的巡检

任务描述：

以新型干法水泥厂生产线上的辊式磨、旋风式收尘器、斗式提升机及生料均化库为载体，在企业兼职教师（或技术人员）的指导下，安排学生进行辊式磨、旋风式收尘器、斗式提升机及生料均化库的开机检查、运行中的巡检、停机维护及故障处理等实训工作任务。

实训内容：

（1）编制辊式磨、旋风式收尘器、斗式提升机及生料均化库设备的巡检表；

（2）根据巡检表完成辊式磨、旋风式收尘器、斗式提升机及生料均化库的巡检工作，填写巡检记录表。

项目4　熟料煅烧工段设备的巡检

【项 目 描 述】

本项目要求完成熟料煅烧工段设备的巡检工作，准确判断设备运行状况，及时处理常见故障，反馈设备存在的问题，认真填写巡检记录。

任务4.1　悬浮预热器与分解炉的巡检

任务描述：

(1) 了解悬浮预热器与分解炉的结构、工作原理；

(2) 熟悉悬浮预热器与分解炉的日常维护；

(3) 掌握悬浮预热器与分解炉的巡检工作内容，以及常见故障分析和排除方法。

知识目标：

(1) 正确表述悬浮预热器与分解炉的基本结构和工作原理；

(2) 正确表述悬浮预热器与分解炉的开机检查、停机检查与维护内容；

(3) 熟练表述悬浮预热器与分解炉的巡检点、巡检内容，以及常见故障分析和排除方法。

能力目标：

能够完成水泥厂悬浮预热器与分解炉的巡检任务。

4.1.1　任务分析

新型干法水泥生产的熟料烧成系统，包括从生料喂入1级旋风筒进风管道开始，经预热、预分解后进入回转窑煅烧成水泥熟料，通过推动箅式冷却机的冷却和破碎并卸到链斗输送机为止。该系统可分为：生料预热与分解（烧成窑尾）、窑头至分解炉热风管道（3次风管）、熟料煅烧（烧成窑中）、熟料冷却和破碎（烧成窑头）4大部分。

一般窑外预分解熟料煅烧工段的工艺流程，其主要设备有：悬浮预热器和分解炉、回转窑、箅式冷却机等。其工艺流程的大体布置情况，如图4.1所示。

悬浮预热、预分解技术，是新型干法水泥生产技术的核心。其最大特点是将原来回转窑内呈堆积状态的气-固换热和传质，变为悬浮态气-固传递，并增加了分解炉进行窑外预分解，从而使窑内需要较长时间的干燥、预热和碳酸盐分解过程，在窑外悬浮状态下迅速完成。这有利于提高窑的生产能力，降低熟料烧成的热耗。该技术具有运动部件少、附属设备不多、维修简单、占地面积小、投资费用低等优点。其不足之处是：预热器系统流体阻力大，气体流量大，需要大功率的窑尾高温风机，电耗较高；建筑物高度较大（大于60 m），增加了设备的检修难度；需严格限制原料中有害成分——碱、氯和硫的含量，否则容易使预热器因产生结皮而堵塞。

悬浮预热、预分解系统，由预热器和分解炉构成，其性能的优劣直接影响烧成系统的热耗、电耗、环保及整个系统的性能。对悬浮预热、预分解系统来说，其最容易发生因结皮而堵塞的现象，且主要

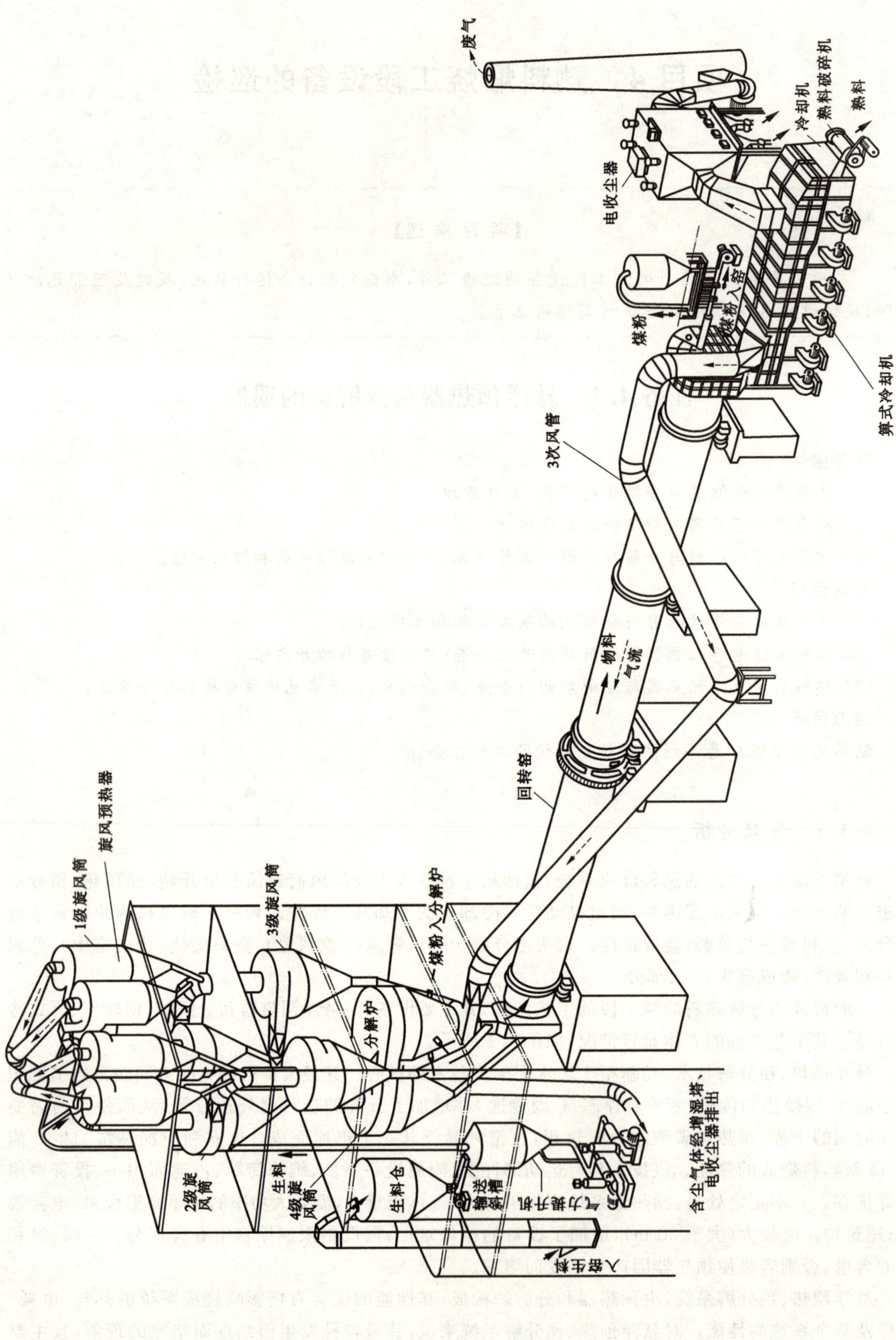

图4.1　窑外预分解熟料煅烧工段工艺流程

发生在窑尾的烟室、下料的斜坡、缩口及最下一级旋风筒的锥体、最下两级旋风筒等高温部位。结皮增厚时，不仅会使通风道有效面积减小，阻力增大，而且还会影响系统通风。结皮严重或塌落时，还容易发生堵塞事故，影响正常生产。因此，悬浮预热、预分解系统在生产中，必须充分重视可能发生的结皮堵塞现象，应通过加强巡检防范工作，及时发现并予以清除。

4.1.2　知识链接

4.1.2.1　悬浮预热器与分解炉的功用

(1) 悬浮预热器的功用

悬浮预热器的主要功用，在于利用回转窑及分解炉内排出的高温气流加热生料，使之进行预热及部分碳酸盐分解，然后进入分解炉或回转窑内继续加热分解，直至完成熟料烧成。

因此，悬浮预热器必须具有使气-固两相能充分分散均匀、迅速换热、高效分离3个功能。只有兼备这3个功能，并尽力使之高效化，才可以最大限度地提高换热效率，为全窑系统优质、高效、低耗和稳定生产创造条件。

(2) 分解炉的功用

新型干法水泥生产技术，即窑外预分解技术，是指在预热器与回转窑之间增加一个分解炉，将生料分解过程转移到分解炉中进行。分解炉的功用，是完成燃料的燃烧、换热和碳酸盐分解。

分解炉，是预分解系统的核心设备。作为一种高温多相反应器，它承担着熟料烧成所需的约60%的燃料燃烧和90%以上的碳酸钙分解任务。正是由于预分解技术的出现，将碳酸钙分解过程移至窑外进行，从而减轻了窑内煅烧带的热负荷，使热耗明显降低，有利于缩小窑的规格及生产大型化，节约单位建设投资，延长衬料使用寿命，减少大气污染。

分解炉生产工艺，对热工条件有如下要求：

① 炉内气流温度不超过950 ℃，以防系统产生结皮而堵塞。

② 燃烧速度要快，以保证供给碳酸盐分解所需要的大量热量。

③ 保持窑炉系统有较高的热效率和生产效率。

4.1.2.2　悬浮预热器与分解炉的工作原理

(1) 悬浮预热器的工作原理

悬浮预热器，由各级旋风筒和连接管道所组成的热交换单元构成，一般为5级悬浮预热器。在每一级悬浮预热器中，生料总是从本级旋风筒及下一级旋风筒之间的连接管道的近下一级旋风筒出口处的上升管道区段加入，并随即被撒料装置分散；首先被风速16～22 m/s的气流携带做加速运动，然后做等速运动，在此过程中进行高效率的热交换；之后进入旋风筒进行气固分离，分离出来的料通过翻板阀进到下一级旋风筒，气体则进入连接上一级的上升管道。

悬浮预热器的工作原理，如图4.2所示。

理论研究及实践证明，生料的热交换，主要发生在连接管道中，而旋风筒在换热单元中所起的作用，主要是气-固分离，传热只占6%～12%。

由于单级换热不利于热气流中余热的有效利用，因此，在实际应用中，采用多级换热器以提高换热效率。预热器级数越多，回收余热则越多。但每级所回收的热量，将随级数的增加而递减。根据原料综合水分及余热利用的不同要求，一般预热器均设计为4～6级。由于5级的综合能耗（热耗、电耗）最低，所以大多数设计为5级。各级预热器之间的连接，参见图4.1～图4.4。

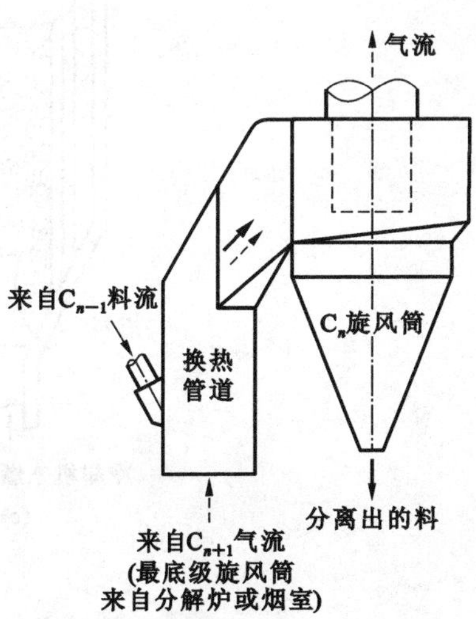

图4.2　悬浮预热器的工作原理

生料在 C_2～C_1 级的风管处进入预热器，然后自上而下与热气体悬浮换热升温，入分解炉分解后，由 C_5 级收集，经窑尾烟室喂入回转窑进行煅烧。废气则自下而上与生料悬浮换热降温，最后从 C_1 级排出，进入废气处理系统。

预热器的列数，一般为单列或双列。单列预热器不仅系统的操作容易，而且散热损失低，热耗也低，目前多用于熟料生产能力为 5000 t/d 以下的烧成系统。对于产能大的预热器，考虑到旋风筒规格过大，其分离效率会下降，因此目前国内外各大公司在熟料生产能力为 10000～12000 t/d 的烧成系统中，均采用双列预热器。

(2) 分解炉的工作原理

分解炉，属于高温气-固多相反应器。气流在炉内的运动状态有 4 种基本型式：涡旋式、喷腾式、悬浮式和流化床式。在这 4 种型式的分解炉内，生料和燃料分别依靠涡旋效应、喷腾效应、悬浮效应和流态化效应分散于气流中，完成燃烧、分解及气-固两相的分散、换热、传质、输送等一系列过程。由于物料在炉内流场中产生相对运动，从而实现高度分散、均匀混合和分布、迅速换热、延长物料在炉内的滞留时间，达到提高燃烧效率、换热效率和入窑物料碳酸盐分解率的目的。

喷腾-旋流式分解炉，以 N-SF 型为代表；涡流式分解炉，以 RSP 型为代表；喷腾式分解炉，以 FLS 型为代表；沸腾式（悬浮、流化）分解炉，以 MFC 型为代表。这几种基本型分解炉的工作原理，如图 4.3所示。

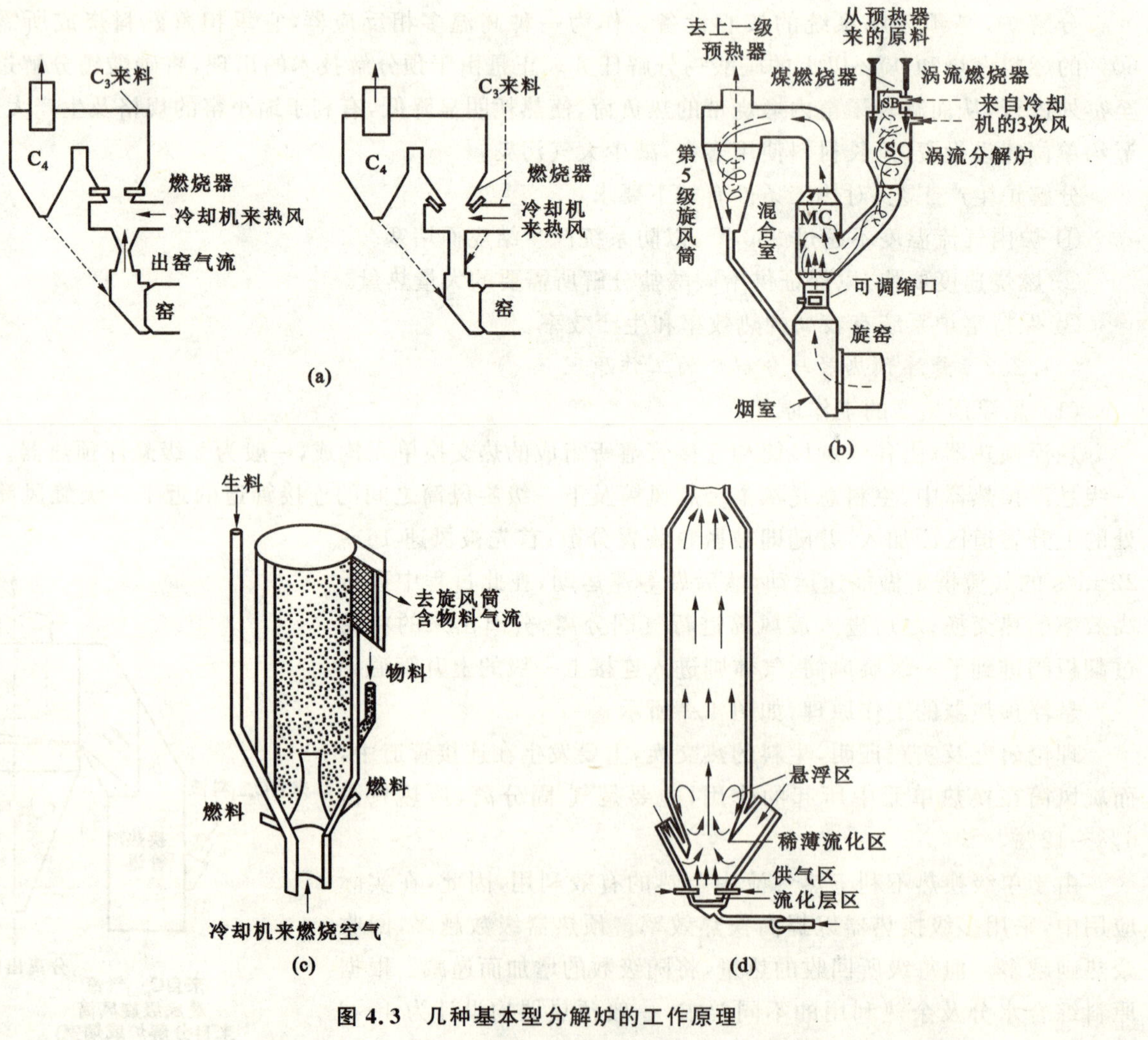

图 4.3　几种基本型分解炉的工作原理

(a) N-SF 型分解炉；(b) RSP 型分解炉；(c) FLS 型分解炉；(d) MFC 型分解炉

4.1.2.3　悬浮预热器与分解炉的结构

(1) 悬浮预热器的结构

悬浮预热器，主要由旋风筒、换热管道、撒料装置、锁风阀等装置组成。其结构示意，如图 4.4 所示。

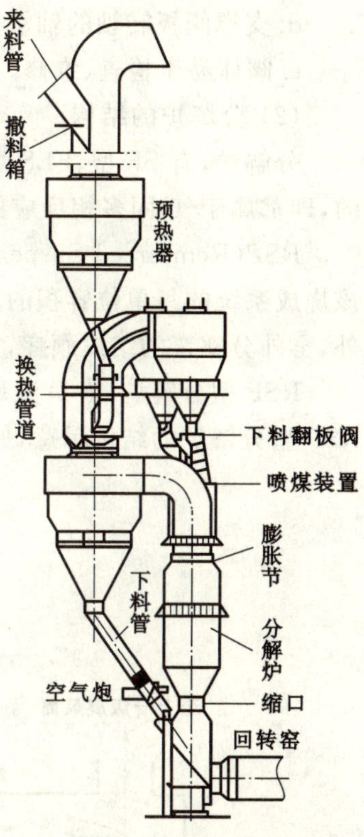

图 4.4　悬浮预热器的结构示意

① 旋风筒

旋风筒是悬浮预热器最重要的单体，承担着物料分离、气-固换热和小部分碳酸钙分解的任务。它是悬浮预热器阻力的主要来源，其阻力和分离效率两个指标，对系统的电耗及热耗至关重要。

各级旋风筒，依其所处的地位和作用侧重不同，分别采用不同的高径比和内部结构形式。1 级旋风筒采用高柱长内筒形式，以提高分离效率，减少废气带走的飞灰量。各级旋风筒均采用蜗壳进口方式，减小旋风筒直径，使进入旋风筒的气流通道逐渐变窄，有利于减少小颗粒向筒壁移动的距离，增加气流通向出风管的距离，这样可将内筒缩短并加粗，以降低阻力损失。各级旋风筒之间连接风管均采用方圆变换形式，增强局部涡流，使气流得以充分地进行混合与热交换。

旋风筒巡检时应注意及时发现并清除结皮及其引起的堵塞；清除各级旋风筒及下料管内的积料；检查 4、5 级翻板磨损、变形情况；检查 4、5 级内筒磨损、变形情况。

② 换热管道和撒料装置

换热管道，是悬浮预热器中的重要装备。它不但承担着上下两级旋风筒间的连接和气-固流的输送，同时还承担着物料分散、均布、锁风和气-固两相间的换热。换热管道除管道本身外，还设有下料管、撒料器、锁风阀等装备，与旋风筒一起组合成一个换热单元。

一般情况下，管道换热占整个换热量的 80%，旋风筒内换热仅占 20%。换热管道内的风速一般为 16～25 m/s。

撒料装置，其作用在于防止下料管中的下行物料进入换热管道时向下冲料，直接进入下一级旋风筒造成物料短路，并促使下冲物料冲至撒料板后分散、飞溅。撒料装置有两种类型和结构：一是板式撒料器，二是撒料箱。

此处的巡检重点是撒料板的磨损及变形情况。

③ 锁风阀(下料翻板阀)

锁风阀，也是悬浮预热器的重要附属设备。它装于上级旋风筒下料管与下级旋风筒出口的换热管道入料口之间的适当位置。其作用在于保持下料管道经常处于密闭状态，既保持下料均匀畅通，又能密封物料不能填充的下料管空间，最大限度地防止上级旋风筒与下级旋风筒出口换热管道间由于压强差容易产生的气流短路、漏风，而降低分离效率和换热效率。

正常生产中应注意检查各翻板阀动作是否灵活，必要时应调整重锤位置，控制翻板动作幅度小而频繁，以保证物料均匀，避免大幅度地脉冲下料。在调整重锤时，首先将阀杆用力按到最低位置(即关闭)，然后放手，锁风阀应自动回复一段距离，然后再回到最低位置，此时即为锁风阀配重的合理位置。

悬浮预热器锁风阀，一般有 3 种形式：单板式、双板式和瓣式。一般来说，在倾斜式或料流量较小的下料管上，多采用单板阀；在垂直或料流量较大的下料管上，多装设双板阀。

锁风阀的结构设计，应满足以下要求：

a. 阀体及内部零件坚固、耐热；

b. 阀板摆动灵活，重锤易于调整；

c. 阀体具有良好的气密性；

d. 支撑阀板转轴的轴承密封良好；

e. 阀体易于检查、维修。

（2）分解炉的结构

分解炉，有 SF 型、FLS 型、MFC 型、KSV 型、DD 型和 RSP 型等。但是，它们具备的功能是相同的，即都属于气-固多相反应器。下面以 RSP 型分解炉为例，说明其结构及工作原理。

RSP(Reinforced Suspension Preheater)，意为"强化悬浮反应器"，属于带预热室半离线分解炉。该烧成系统的每单位容积的熟料产量，可达 160 kg/(m³ · h⁻¹)，熟料的热耗可降至 3093 kJ/kg。另外，窑外分解窑的结皮顽症，在 RSP 系统中也得以有效根治。这都充分展现了它自身独特的优越性。

RSP 型分解炉，由涡流燃烧室(SB)、涡流分解室(SC)、混合室(MC)、上升管道(RD)等构成。RSP 型分解炉的结构示意，如图 4.5 所示。

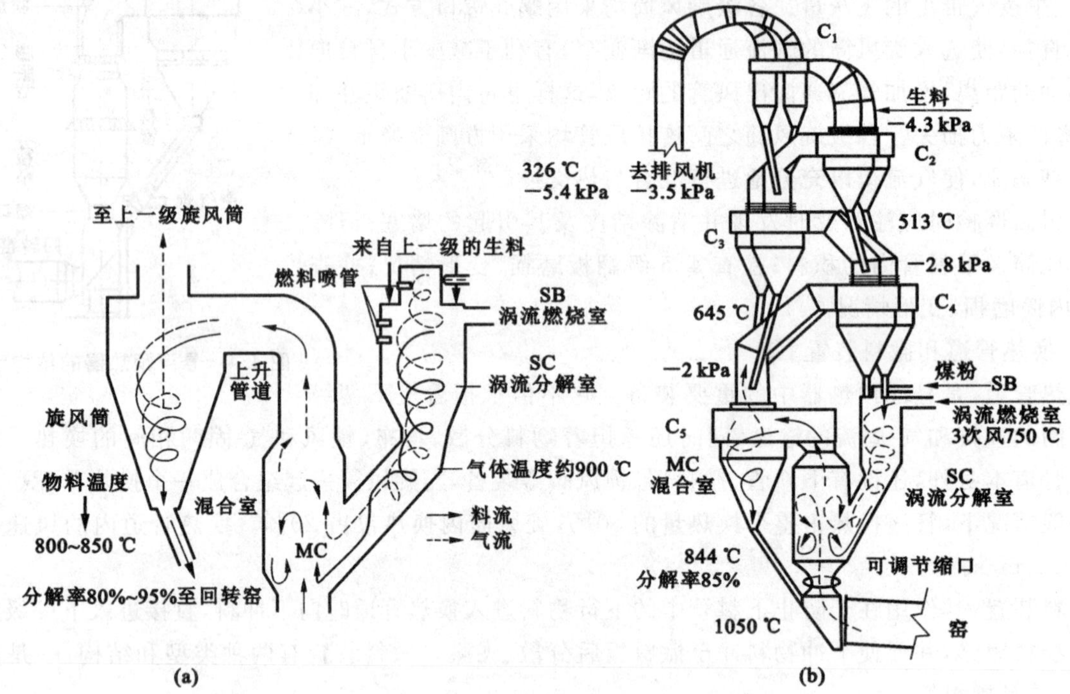

图 4.5　RSP 型分解炉的结构示意

(a) 分解炉的构造；(b) 系统工艺状态

在窑尾室与 MC 室之间设有电动调节阀，用于调节窑气和 3 次风用量的平衡。煤粉随送煤风由预燃室顶部煤粉燃烧器喷入，燃烧器为单通道燃烧器，设有旋流器，不设 1 次风机。SC 室 3 次风入口形式为直切式，次最下级(C_4 级)旋风筒的料随 3 次风进入 SC 室，并设有撒料棒以分散物料。

各部分主要功能为：SB 室的为加速燃料的起火预燃；SC 室的为燃料在 3 次风中迅速裂解，加速燃烧进程；MC 室及 RD 的为最后完成燃料燃烧和生料分解。

① 涡流燃烧室

煤喷管从 SB 室顶部伸入，使煤粉以 30 m/s 的速度向下呈旋涡状喷入。在 SB 室内主燃料喷管旁设有辅助燃烧管以作点火用。由于 SB 室很小，温度易于升高。煤风旋转方向与 SC 室 3 次风气流方向相反，有利于煤粉与 3 次风的混合。

② 涡流分解室

煤粉在 SC 室内与新鲜 3 次风混合燃烧，燃烧速度较快，是主要燃烧区，使多于 50% 的煤粉完成燃烧。而随切向 3 次风进来的生料汇集在 SC 炉内壁形成一层料幕，对炉壁耐火砖起保护作用，同时吸收火焰热量，使约 40% 的生料分解。SC 室内的截面风速为 10～12 m/s。

③ 混合室

MC室是主要功能室，完成大部分生料分解任务。由SC室下来的热气流、生料粉及未燃尽的煤粉，进入MC室后与呈喷腾状态进入的高温窑烟气相混合，使燃料继续燃烧，生料进一步分解。

在巡检时，应重点检查分解炉喷煤嘴是否堵塞、因高温而变形。

4.1.3　任务实施

4.1.3.1　悬浮预热器与分解炉开机前的检查

① 检查系统各级翻板阀轴承是否已补加润滑脂，并确认翻板动作灵活。

② 清除各级旋风筒及溜管内的一切杂物。

③ 检查热风管连接的密封性，拆除膨胀节保护螺栓。

④ 检查设备紧固情况，如地脚螺栓、传动连杆等易松部位的连接螺栓。

⑤ 检查系统内耐火砖是否完好，重点是下料管、锥体、撒料板上下部位。

⑥ 关闭所有的人孔门及检查孔。

⑦ 检查现场仪表，要求显示正确，与中控室保持一致。

⑧ 点火升温或烘干时，要将悬浮预热器各下料溜子挡板用铁丝吊起，并将旋风筒顶部的排气阀打开，使筒内蒸汽排出；当窑系统开始投料时，各下料溜子挡板放下后，再开始投料。

⑨ 断开分解炉喂煤管路，生料入预热器溜子，防止烘干时水汽倒流；断开高温风机出口（或入口）管路，防止水汽进入生料粉磨系统和废气处理系统。

⑩ 旋风筒顶部、分解炉顶部及各级上升管道顶部的浇注排气孔打开。

⑪ 备齐清堵工具、安全用品。加强现场巡检，密切注意悬浮预热器各部位的压力监测，发现积料堵塞情况要及时处理。清料时要注意安全，严防烫伤。

4.1.3.2　悬浮预热器与分解炉停机后的检查与维护

① 对运行中发现的漏风点进行补焊；

② 检查各级悬浮预热器的内筒是否完好，重点检查记录4、5级内筒、撒料板等耐热件的烧损情况，必要时更换；

③ 待温度降至常温后，应对系统耐火材料及结皮积料情况进行彻底检查，并进行修补，清除积料，为检修及运转提供保障和依据；

④ 检查悬浮预热器各下料翻板阀动作是否灵活正常，密封叶片是否变形损坏，重锤是否松动移位，是否应补加润滑脂；

⑤ 检查分解炉喷嘴有无堵塞、变形，必要时更换；

⑥ 检查3次风管闸门的浇注料磨损及存料情况，如无保护作用必须更换闸门；

⑦ 检查入窑斜槽滤布有无漏料情况；

⑧ 检查废气分析仪取样器及测温、测压元件，确保其工作正常；

⑨ 检查系统压缩空气管道是否畅通，电磁阀工作是否正常，喷头是否被烧损堵塞。

4.1.3.3　悬浮预热器与分解炉运行中的检查

悬浮预热器与分解炉运行中的巡检内容和方法，如表4.1所示。

4.1.3.4　悬浮预热器与分解炉的常见故障分析与排除方法

悬浮预热器与分解炉的常见故障分析与排除方法，如表4.2所示。

表 4.1 悬浮预热器与分解炉巡检表

巡检点	巡检内容	工具/方法
悬浮预热器和分解炉	1. 检查壳体有无变形凸起和裂纹	目视
	2. 检查密封处有无漏料、漏风等情况	目视
	3. 检查有无过热部位、发红现象	目视、红外线测温仪
	4. 检查上、下管道连接是否牢靠	目视、手感
	5. 检查分解炉各点连接是否良好	目视、手感
	6. 平均 4 h 检查旋风筒锥体和烟室是否有沉积物	目视
	7. 每 24 h 检查旋风筒的气体进口管道有无沉积物	目视
	8. 检查 3 次风管道、分解炉、预热器管道有无掉砖，各膨胀节伸缩状态是否正常，3 次风闸门外部传动部分是否灵活、有无漏风现象	目视、手感
换热管道及撒料装置	1. 检查管道壳体是否有变形和焊接脱焊、裂纹等现象	目视
	2. 检查撒料箱与管道连接处密封有无漏料、漏风现象	目视、手感
	3. 通过观察孔观察变形及浇注料是否脱落，检查是否有积料、撒料板的位置是否合适，并及时调整	目视、手感
锁风阀（翻板排灰阀）	1. 每 4 h 检查锁风阀动作频率	目视、手感
	2. 观察锁风阀孔盖处密封是否漏风、漏料	目视、手感
	3. 观察壳体有无破损	目视、手感
	4. 检查锁风阀开启角度是否符合要求，动作是否灵活，必要时调整重锤的距离	目视、手感
	5. 检查轴承润滑情况，及时添加润滑剂	目视、手感
一次风机	检查振动是否过大（<3 mm/s），轴承温度是否正常（<75 ℃，手摸不少于 8 s），油位是否正常	目视、手感
入窑斜槽	检查斜槽及风机运行是否正常，有无漏风及振动情况	目视、手感
监测仪表	检查温度、压力仪表外观是否完好，接线有无松动，有无积灰，现场实测与中控室显示数值是否一致，是否超过允许界限值	目视
清堵装置	1. 耳听空气炮工作情况，观察喷吹间隔是否正常	耳听、手感、目视
	2. 观察输气管路、储气罐等密封是否良好，排污阀是否排放污水，气压表是否正常	目视
	3. 检查指示压力是否正确且不小于 0.5 MPa	目视
	4. 及时关闭各捅孔门，检查大气排放口有无漏风现象	目视、手感

表 4.2 悬浮预热器与分解炉的常见故障分析与排除方法

常见故障	故障原因	排除方法
悬浮预热器与分解炉堵塞	1. 燃烧温度过高造成结皮； 2. 内部结皮塌料，高温物料来不及排出而堵塞在缩口处； 3. 拉风量不足，排风不畅或拉风变化引起平台积料塌落； 4. 悬浮预热器内部耐火材料或内筒脱落卡在锥体部位； 5. 翻板阀失灵，漏风严重，引起结块，煤粉燃烧不好，C_5 内仍有煤粉在继续燃烧； 6. 生料喂料波动过大	在发现锥体压力逐渐变小时，应及时进行吹扫和加强捅堵，同时减料和调整操作参数；当压力为零时，应立刻止料、停窑

续表 4.2

常见故障	故障原因	排除方法
烟室结皮	1.温度过高； 2.窑内通风不良； 3.火焰长，火点后移； 4.煤质差，硫含量高，煤粉燃烧不好； 5.生料成分波动大，*KH* 忽高忽低； 6.生料中有害成分(硫、碱)高； 7.烟室斜坡耐火材料磨损不平整，造成积料； 8.窑尾密封不严，渗入冷风	窑运转时，要定时清理烟室结皮，一般用空气炮清除，效果理想；如果结皮严重，空气炮难起作用时，从壁孔人工清除；特别严重时，只能停窑处理。 在操作中应严格执行要求的参数，三班统一操作，稳定热工制度，防止还原气氛出现，确保煤粉完全燃烧。当生料和煤粉波动较大时，更要特别注意，必要时，可适当降低产量
预热器掉耐火砖	砌筑质量不好，热影响或清料振动过大	根据掉砖面积采取临时紧急措施或停窑检修
预热器结皮、积料	工艺温度控制问题，空气炮喷吹间隔时间长	空气炮喷吹或人工清堵
炉入口、出口积料	清除不及时或空气炮喷吹间隔时间长	空气炮或人工清理
喷煤嘴悬挂附着物	燃烧物燃烧不充分，清除不及时	人工清理

思 考 题

1.悬浮预热器及分解炉的巡检内容有哪些？

2.悬浮预热器及分解炉发生堵塞的主要原因有哪些？堵塞时会出现什么现象？应如何处理？

3.造成分解炉烟室结皮严重的主要原因有哪些？应采取哪些防范措施？

任务 4.2 回转窑与燃烧器的巡检

任务描述：

(1) 了解回转窑与燃烧器的基本结构及工作原理；

(2) 熟悉回转窑与燃烧器的开机检查、停机检查与维护内容；

(3) 掌握回转窑与燃烧器的巡检内容和方法，以及常见故障分析和排除方法。

知识目标：

(1) 熟练表述回转窑与燃烧器的基本结构和工作原理；

(2) 正确表述回转窑与燃烧器的开机检查、停机维护内容；

(3) 熟练表述回转窑与燃烧器的巡检点、巡检内容，以及常见故障分析和排除方法。

能力目标：

能够完成水泥厂回转窑和燃烧器的巡检任务。

4.2.1 任务分析

回转窑的主要功能，是完成出分解炉后余下部分碳酸盐的分解过程和全部熟料烧成的任务。预热分解后的生料，被喂入回转窑的进料端(窑尾)，并借助回转窑的斜度和旋转，慢慢向窑头运动，在烧成带利用窑头燃烧器喷入煤粉所提供的燃烧热，将其煅烧成水泥熟料。

在正常运转时，回转窑的筒体，处于高温、重载、交变载荷且长期连续运转的恶劣工况下工作。因此，要特别注意在此情形下传动部分各润滑点的润滑情况；维护好托轮装置，注意检查托轮带与托轮间的磨损是否均匀，托轮冷却水是否通畅，筒体是否出现发红现象等。一旦出现事故停窑，恢复生产所需时间较长,窑的生产效率大为降低。因此,要求巡检人员有较好的技术和责任心,通过勤看火、勤观察、勤检查、勤联系,及时发现问题,采取正确的应变措施,确保系统工作状态的稳定。

4.2.2 知识链接

4.2.2.1 回转窑与燃烧器的功用

(1) 回转窑的功用

在预分解窑系统中,回转窑在水泥熟料生产过程中的功用,就是进行燃料燃烧、热量交换、化学反应和物料输送。

作为燃料燃烧装置,它具有较大的空间和热力场,供应足够的空气,保证燃料充分燃烧,为熟料煅烧提供必要的热量;

作为热量交换装置,它具有较为均匀的温度场,可以满足水泥熟料形成过程各个阶段的换热要求;

作为化学反应器,随着水泥熟料矿物形成不同阶段的不同要求,既可分阶段地满足不同矿物形成对热量、温度的要求,又可以满足它们对时间的要求;

作为输送设备,由于物料在回转窑断面内的填充率、窑斜度和转速都很低,因此它具有较大的潜力。

(2) 多通道燃烧器的功用

目前,回转窑的煤粉燃烧器,已由单风道发展到3风道、4风道和烧两种以上燃料的5风道的燃烧器。该燃烧器对燃料有较强的适应性,在燃烧无烟煤和劣质煤时,能够保证完全燃烧,为回转窑内熟料煅烧提供足够热量;火焰形状稳定,受喂煤量、煤质和窑情变化的影响小;结构简单,火焰调整方便。

4.2.2.2 回转窑与燃烧器的工作原理

(1) 回转窑的工作原理

预分解窑,将物料预热转移到悬浮预热器,将物料分解转移到分解炉,在回转窑内只进行小部分的分解反应、放热反应、烧结反应和熟料冷却。因此,一般将预分解窑划分为3个工艺带:过渡带、烧成带及冷却带。从窑尾起至物料温度为1280 ℃止,为过渡带。其主要任务是物料升温及小部分碳酸盐分解和固相反应;物料温度为1280 ℃～1450 ℃～1300 ℃的区间为烧成带;窑头端部为冷却带。

物料进入回转窑后,由于筒体以一定速度回转并有一定斜度,物料逐渐由窑尾移向窑头。影响物料运动速度的因素很多,当窑型一定后,影响物料运动速度的主要因素,是窑的转速,次要因素是物料的填充率、物料性质、窑壁的光滑程度。

回转窑内不同带,其物料的运动速度相差很大,以过渡带运动速度为最快,烧成带的运动速度最慢。物料在各带的运动速度决定着物料在各带内的停留时间。在操作中,根据窑内温度高低和燃料燃烧情况,经常以调整回转窑的转速来控制物料的运动速度。窑的转速,一般为3～4 r/min。

物料运动速度还必须与喂料量成一定比例,要求回转窑的电动机与喂料机的电动机能同步运转,即窑速快,下料量大;窑速慢,下料量小。

(2) 多通道燃烧器的工作原理

多通道燃烧器的工作原理,如图4.6所示。

从煤风和空气混合的效果来看,燃烧器可分为旋流式和分割式,但在形成火焰完整性方面,旋流式会更好一些。

旋流式煤粉燃烧器,是利用直流风和旋流风所形成的组合射流以及中心风所形成的平衡流的方式,来强化煤粉在回转窑内的燃烧。由于燃烧器的结构特殊,煤粉被送入燃烧区域内,通过涡流、回流等方式和喷射效能,使煤粉与空气充分混合、迅速点燃并充分燃烧。燃烧器的1次风风量,仅为5%～7%,有时甚至为3%～4%。因此,CO和NO_x的排放量较低,有利于环保。

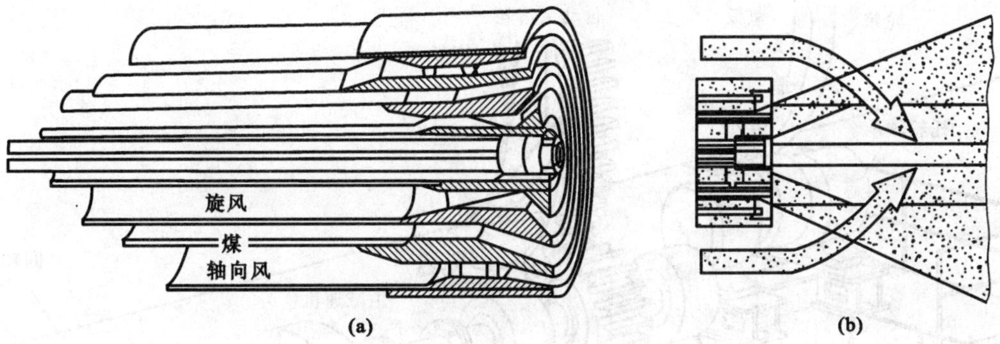

图 4.6　多通道燃烧器的工作原理

(a) 燃烧器内部构造;(b) 热回流状态

4.2.2.3　回转窑与燃烧器的结构

(1) 回转窑的结构

回转窑,由回转体(筒体和窑衬)、轮带及托轮、支承装置、液压挡轮装置、窑头和窑尾的密封装置、燃料喷入装置等几部分组成。其结构示意,如图 4.7 所示。

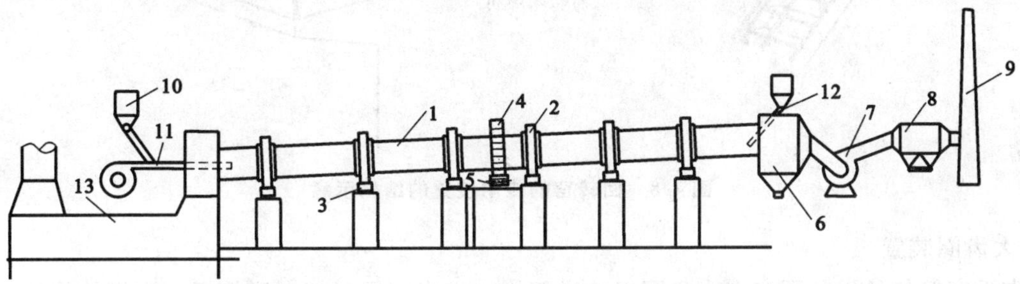

图 4.7　回转窑的结构示意

1—筒体;2—轮带;3—托轮;4—大齿轮;5—小齿轮;6—烟室;7—排风机; 8—电收尘;
9—烟囱;10—煤粉仓;11—喷煤管;12—喂料管;13—冷却机

回转窑的斜度,一般为 3.5%~4%,绝大多数为 3 档支承。在回转窑的窑头和窑尾,配有特殊的密封圈;主电动机一般为单转动装置。除主电动机外,还设有辅助传动电动机,以在特殊情况下使用。各托轮轴承为油润滑水冷却。配置的液压挡轮可限制调节筒体上下窜动。

① 筒体部分

筒体,是回转窑的躯干,由钢板卷制并焊接而成。窑的筒体倾斜地安装在数对托轮上。在窑的筒体底端,装有高温耐磨损的窑口护板并组成套筒空间,并设有专用风机对窑口部分进行冷却。沿窑筒体的长度方向,套有数个矩形轮带。它承受窑的筒体、窑衬、物料等所有回转部分的重力,并将其传到支承装置上。轮带下采用浮动垫板,可根据运转后的间隙调整或更换,以获得最佳间隙。垫板起到增加窑筒体的刚度、避免由于轮带与窑筒体有圆周方向的相对滑动而使窑筒体遭受磨损和降低轮带内外表面温差的作用。

② 传动装置

回转窑是 1 个慢速转动的设备。主传动系统,由主电动机、主减速机和小齿轮等组成,同时采用了组合弹性联轴器来提高传动的平稳性。为保证主电源中断时仍能盘窑操作,防止窑筒体弯曲变形,也便于检修时盘窑,设有辅助传动装置。它由电动机、减速机等组成。辅助电动机上配有制动器,防止窑在电动机停转后在物料、窑皮的偏重作用下产生反转。

回转窑的传动装置的结构示意,如图 4.8 所示。

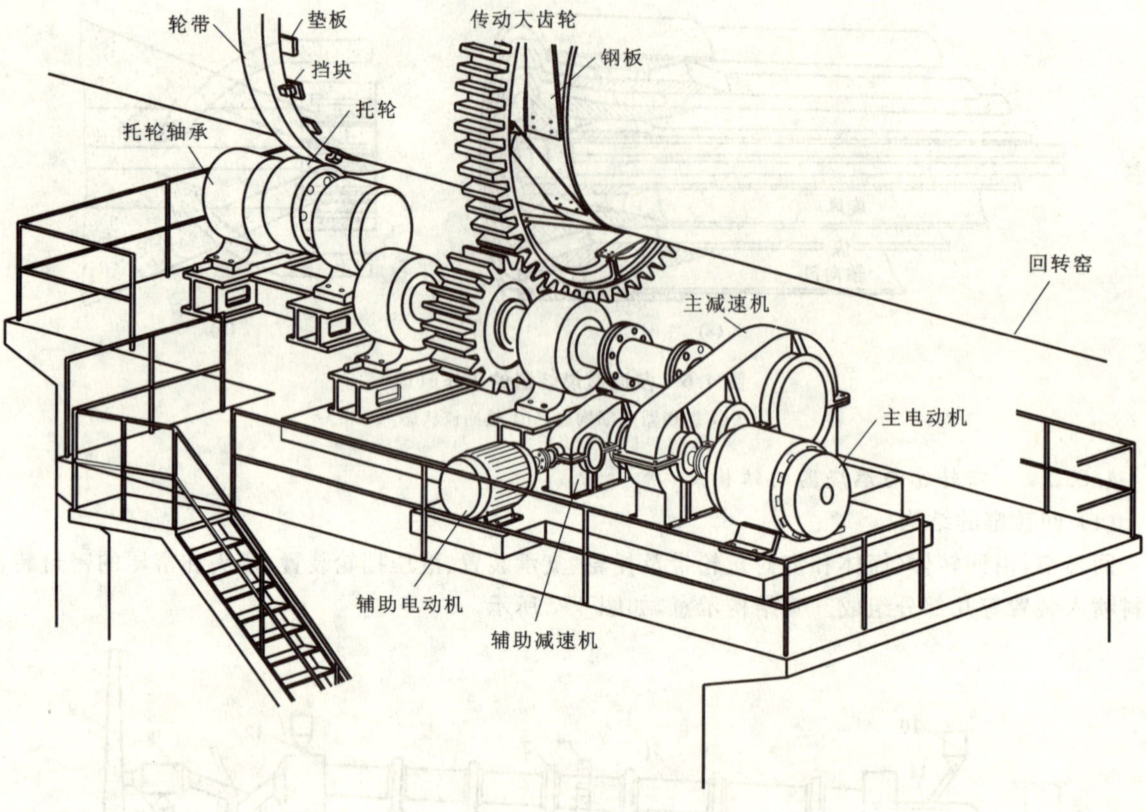

图 4.8　回转窑的传动装置的结构示意

③ 大齿圈装置

在靠近窑筒体的尾部固定有大齿圈以传递扭矩。大齿圈通过切向弹簧板与窑筒体连接。这种使大齿圈悬挂在窑筒体上的连接结构，能使齿圈与窑筒体间留有足够的散热空间，并能减少窑筒体弯曲变形等对啮合精度的影响，还能起一定的减振缓冲作用，有利于延长窑衬的寿命。大齿圈的切向连接，如图 4.9 所示。

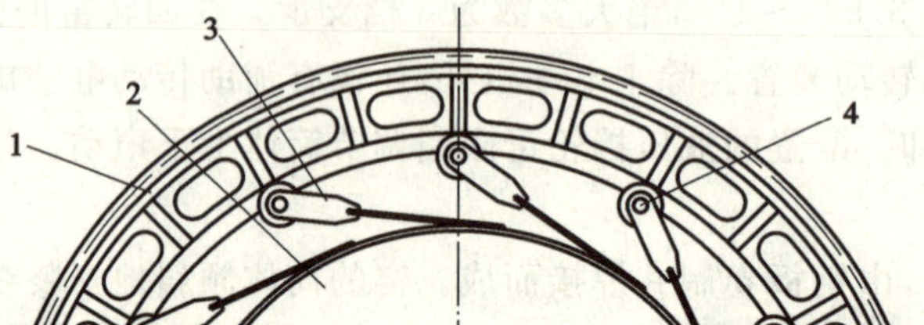

图 4.9　大齿圈的切向连接

1—大齿轮；2—筒体；3—弹簧板；4—螺栓

④ 支承装置

支承装置，是回转窑的重要组成部分。它承受着窑筒体的全部重力，并对窑筒体起定位作用，使其能安全平稳地运转。支承装置为调心式滑动轴承结构，其结构紧凑、质量轻，并配置了润滑油的自动加热、温控装置及测温装置，运行可靠，适应性强。

回转窑的支承装置的结构示意，如图 4.10 所示。

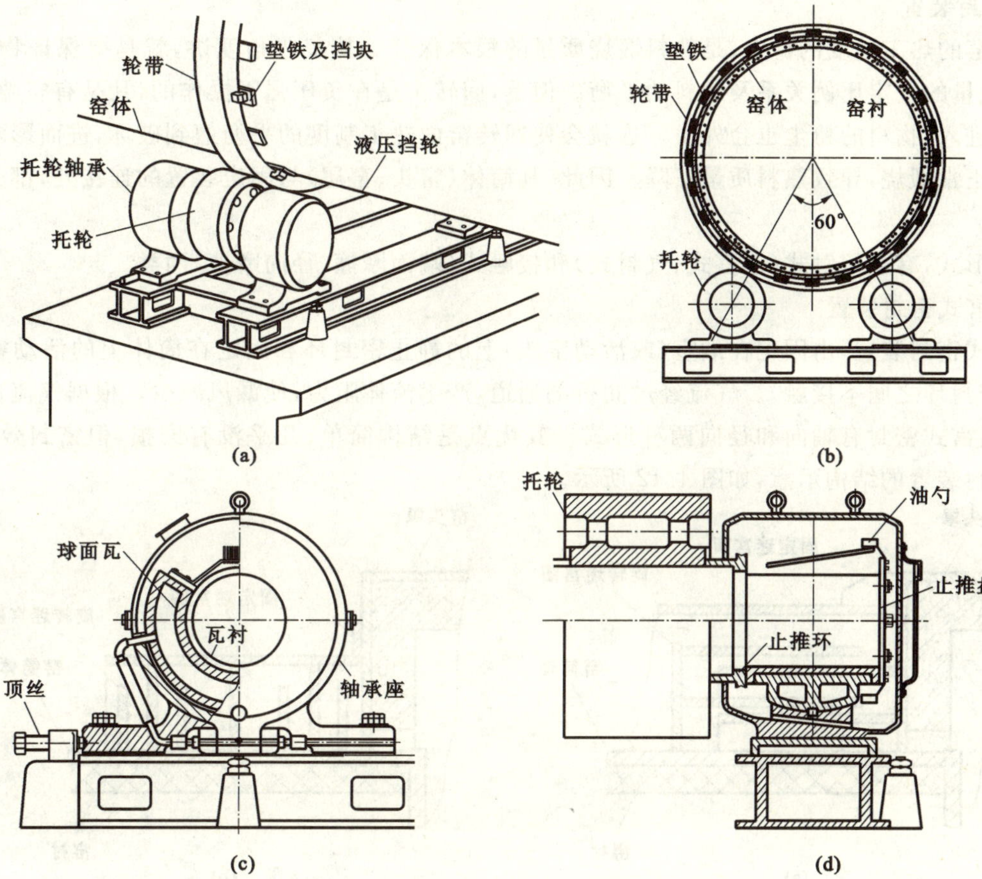

图 4.10　回转窑的支撑装置的结构示意

(a) 立体图；(b) 托轮的安装位置；(c) 主视图；(d) 侧视图

⑤ 液压挡轮装置

液压挡轮装置设置在靠近大齿圈邻近轮带的下侧。通过液压挡轮迫使轮带与窑筒体一起，按一定的速度和行程，沿窑中心线方向在托轮上往复移动，使轮带和托轮在全宽上能均匀磨损，以延长使用寿命。

回转窑的液压挡轮装置的结构示意，如图 4.11 所示。

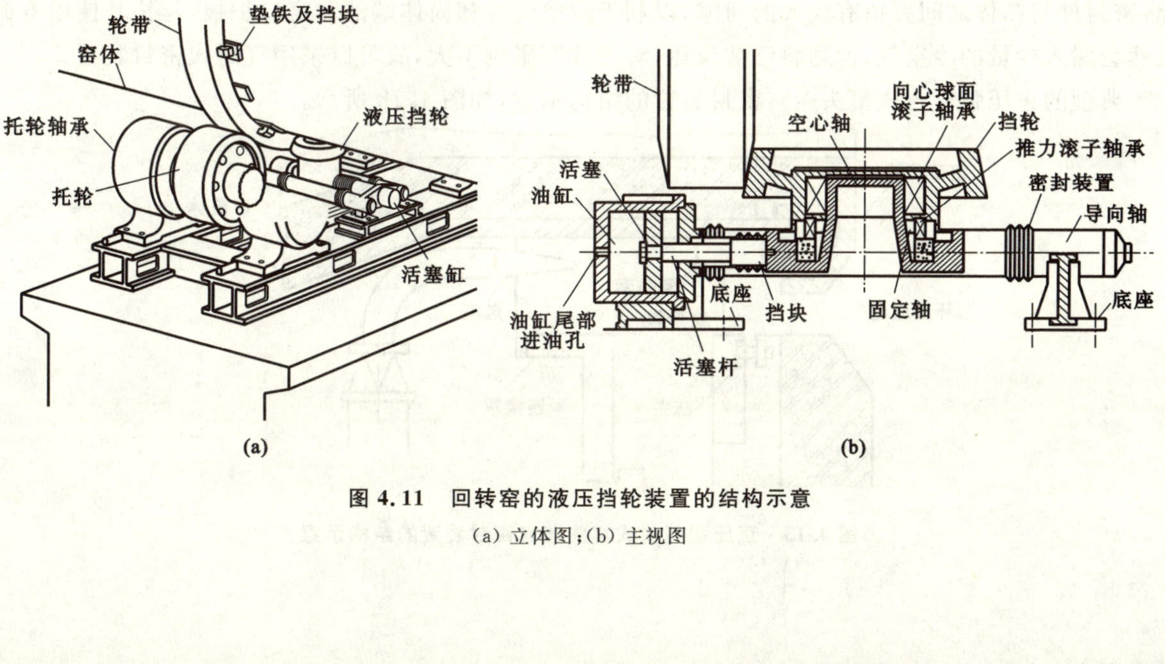

图 4.11　回转窑的液压挡轮装置的结构示意

(a) 立体图；(b) 主视图

⑥ 密封装置

回转窑的热工制度的稳定，是熟料煅烧质量的根本保证。从工艺角度讲，就是要保证物料量、燃料量、空气量的一定比例关系及物料的平衡。但是，回转窑是在负压强下操作的，凡是有空隙的地方，空气就要进入，物料的粉尘也会外溢。这就会使回转窑内热工制度的平衡遭到破坏，进而影响回转窑内物料的正常煅烧，导致熟料质量下降。因此，凡筒体（窑头、窑尾）与固定装置的连接处，都必须设有密封装置。

密封形式，有非接触式（迷宫式、气封式）和接触式（端面摩擦、径向摩擦）两类。

a. 迷宫式密封装置

迷宫式密封装置，由固定在烟室（或活动窑头）上的静止密封环和固定在筒体上的活动密封环所组成（两密封环之间不接触）。气流经过曲折的通道，产生流体阻力，使漏风减少。根据气流通过方向的不同，迷宫式密封有轴向和径向两种形式。其优点是结构简单、几乎没有磨损，但密封效果较差。迷宫式密封装置的结构示意，如图 4.12 所示。

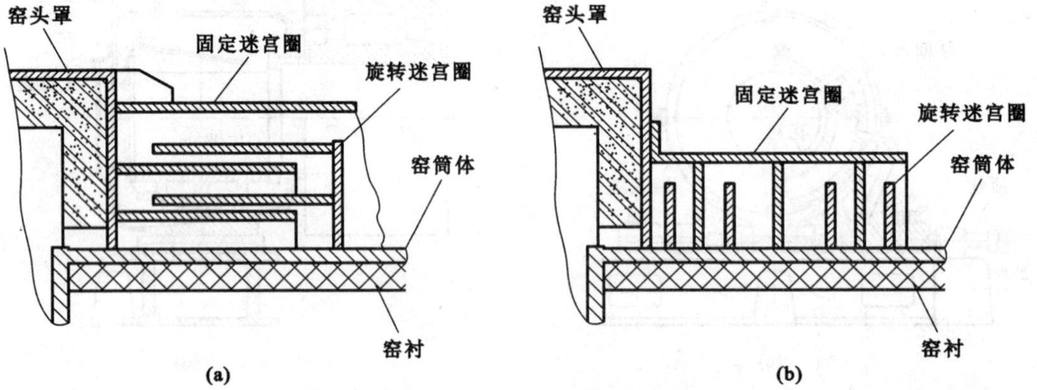

图 4.12　迷宫式密封装置的结构示意

(a) 轴向迷宫式；(b) 径向迷宫式

b. 气封式密封装置

气封式密封装置，是运动件与静止件完全脱离接触，全靠气体密封，在密封处形成正压强或负压强（因负压强时所抽出的气体含有粉尘，需要净化后排入大气，使系统变得复杂了，故不被采用），一般用于窑头密封。预分解窑窑头物料温度达 1300 ℃以上，窑口处采用耐热钢扇形护板保护，使筒体钢板免受高温的直接辐射。即使是这样，筒体端部仍然会被烧成喇叭口，且窑口护板使用寿命短。为此，密封件与筒体之间要留有较大的间隙，以利于冷空气冷却筒体端部和窑口护板，延长其使用寿命。虽然会漏入少量的冷空气，但物料已被预热，对热效率影响不大，故可以采用气封式密封装置。

典型的正压强气封式窑头迷宫密封装置的结构示意，如图 4.13 所示。

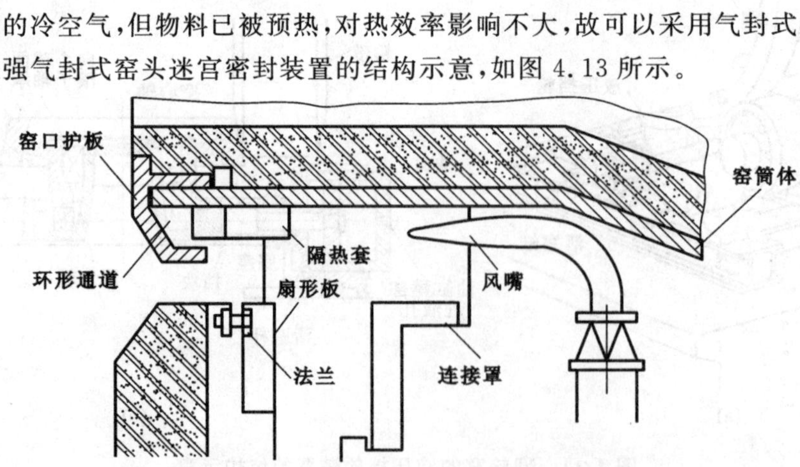

图 4.13　正压强气封式窑头迷宫密封装置的结构示意

这种密封装置，采用法兰将风嘴、密封罩与活动窑头连接，外边设专用鼓风机，少量冷空气由若干个风嘴吹入。由于隔热套（风冷套）把冷空气引入位于筒体断面的环形通道内，在整个圆周上形成一股自下而上的气流，然后再从隔热套和窑护板所形成的环形缝隙出来。这部分空气的压强高于活动窑头内的压强，故能形成气幕密封。

c. 气缸式密封装置

气缸式密封装置，主要靠两个大直径的摩擦环（一动一静）端面保持接触，由若干个气缸加压来实现密封。为了使静止密封环能做微小的浮动（以适应筒体的轴向位移），缠绕一周石棉绳进行填料式密封。这种密封装置既适应于窑头，也适应于窑尾。

窑尾气缸式端面摩擦密封装置的结构示意，如图 4.14 所示。

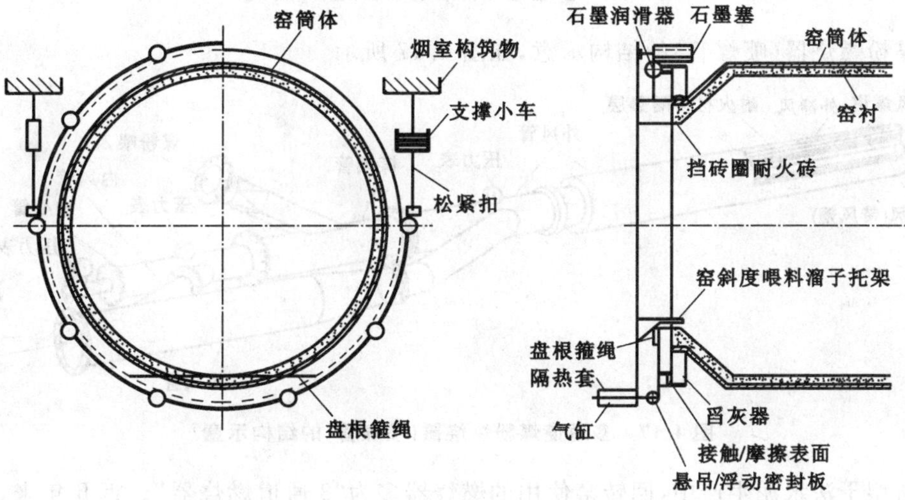

图 4.14　窑尾气缸式端面摩擦密封装置的结构示意

这种密封装置，其浮动密封板悬吊在小车上，在一周均布 10 个气缸（装有隔热罩，防止窑温辐射）的作用下，压紧在随窑转动的密封环上。采用石墨润滑接触表面（为了减少衬板磨损）。石墨塞装在转动环衬板的固定螺栓头上，在浮动密封板上装有若干个受弹簧压紧的石墨棒，穿过静止的衬板压在回转的衬板面上。随窑回转的深勺舀灰器及时舀起窑尾漏灰，撒入进料溜子并重新送回窑内。一圈具有钢丝芯的石棉绳装在填料压盖内，通过箍绳和重锤的作用缠紧在烟室的颈部上，既允许浮动，又保证密封。下部的两个气缸与其他气缸反向安装（固定在烟室而不是浮动密封板上），以平衡接触环面在一周上的压力，并且躲开可能出现的漏料，采用两套压缩空气管路分别向上、下两部分气缸供气，由各自的调节器控制气缸的压强。

d. 石墨密封装置

石墨块在钢丝绳及钢带的压力下紧贴筒体外壁周围（阻止环境空气从缝隙处漏入窑内），并可以沿固定槽自由活动。石墨块之外套有一圈钢丝绳，此钢丝绳绕过滑轮后，两端各悬挂重锤。石墨有自润滑性，摩擦消耗功率小，窑筒体不易磨损。

石墨密封装置的结构示意，如图 4.15 所示。

(2) 多通道燃烧器的结构

多通道煤粉燃烧装置，由多通道煤粉燃烧器（喷煤管）、点火油枪、行走小车、轨道吊架等组成。

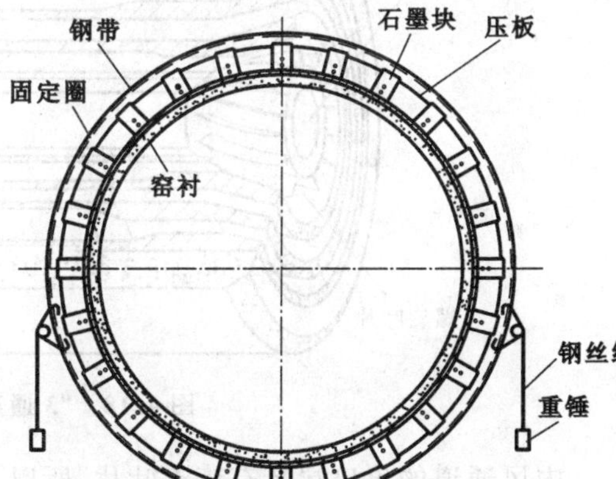

图 4.15　石墨密封装置的结构示意

多通道煤粉燃烧装置的结构示意，如图 4.16 所示。

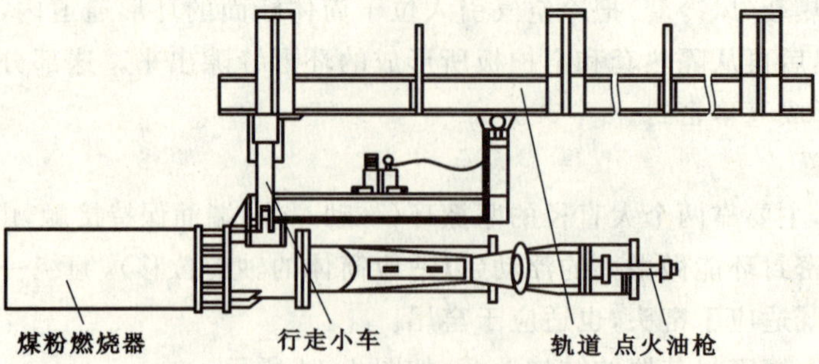

图 4.16　多通道煤粉燃烧装置的结构示意

多通道煤粉燃烧器（喷煤管）的结构示意，如图 4.17 所示。

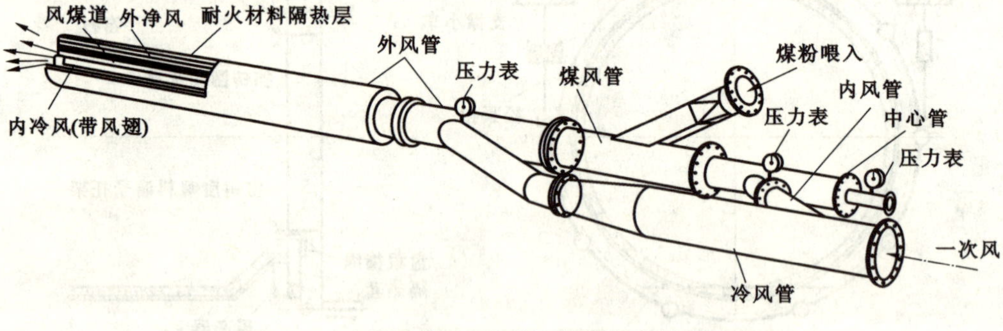

图 4.17　多通道煤粉燃烧器（喷煤管）的结构示意

在我国新型干法水泥生产中，回转窑使用的燃烧器多为“3 通道燃烧器”。近几年来，性能更好的“4 通道燃烧器”也得到了广泛应用。其作用是将燃料与空气充分混合，提高燃料燃烧的热效率，以保障熟料的烧成质量。

“3 通道燃烧器”利用直流和旋流所组成的射流方式，来强化煤粉燃烧过程。其特点是将喷出的空气分为多股，即内风、外风和煤风，各有不同的风速和方向，从而形成多个通道。

“3 通道煤粉燃烧器”的头部结构示意，如图 4.18 所示。

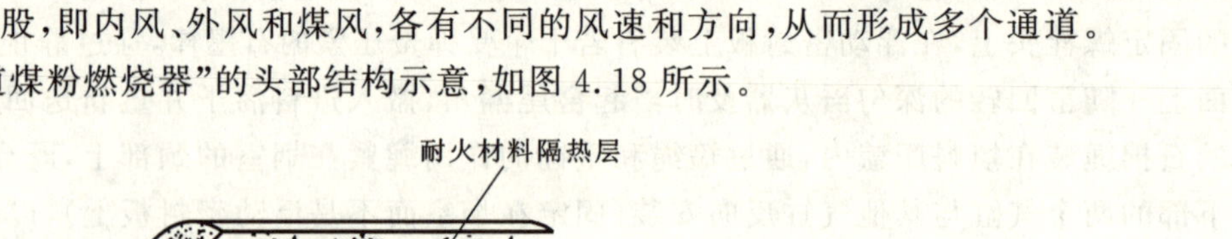

图 4.18　“3 通道煤粉燃烧器”的头部结构示意

内风通道的出口端装有旋流叶片，所以又称旋流风。采用旋流可以在中心造成回流，以便卷吸高温烟气。旋转射流在初期，湍流强度大、混合强烈，动量和热量传递迅速。外风采用直流风。直流射流早期，湍流强度并不是很大，但具有很强的穿透能力，使得煤粉气流着火后的末端湍流强度增加，大大强化了固定碳燃尽。煤风采用高压输送，煤粉浓度高，流速较低，且风量较小，着火所需要的热量就比较少，所以有良好的着火性能。

"4 通道燃烧器"与"3 通道燃烧器"一个重要的区别，在于多加了一股中心风和拢烟罩。中心风一般约占 1 次风量的 1.0%。它的作用，主要是抵消射流中心负压的回流，防止煤粉回流堵塞喷燃管头部的喷出孔隙，避免回火烧坏喷燃管头部，以延长使用寿命；其次是从中心供一部分氧气，使煤粉更易燃烧。

"4 通道煤粉燃烧器"的头部结构示意，如图 4.19 所示。

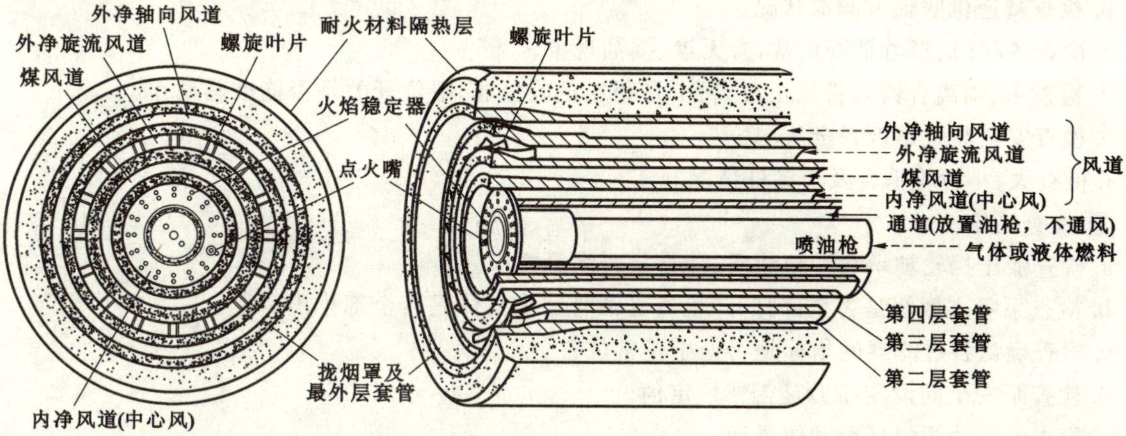

图 4.19　"4 通道煤粉燃烧器"的头部结构示意

4.2.3　任务实施

4.2.3.1　回转窑与燃烧器开机前的检查

(1) 燃烧器开机前的检查

① 检查燃烧器的耐火材料是否剥落，筒体是否变形，头部磨损及烧损情况，通道是否畅通，各部间隙是否符合要求。

② 检查喷煤管入口，查看其磨损情况。

③ 确认燃烧器与窑口的位置是否合适，以防烧坏窑衬。

④ 确认燃烧器活动小车移动是否灵活，调整装置是否灵活。

⑤ 检查 1 次风总阀调整是否灵活、可靠。

(2) 回转窑开机前的检查

① 检查轮带

a. 检查轮带与垫片之间的间隙有无异物。

b. 检查轮带与垫片之间是否加足石墨锂基脂。

c. 检查轮带与托轮之间接触面有无异物。

d. 检查轮带与托轮旋转时是否碰到其他物体。

② 检查托轮

a. 检查各螺母有无松动。

b. 检查石墨是否装好，托轮轴温检装置是否完好。

c. 检查润滑油位及冷却水阀是否打开。

③ 检查筒体及 3 次风管

a. 检查出入口处密封装置及窑口护板的安装螺栓是否松动。

b. 检查窑内耐火材料是否符合砌筑要求，并清除杂物。

c. 检查烟室斜坡与下料管相接处砌筑是否光滑。检查后人孔门、捅料孔是否关闭。

④ 检查密封装置

a. 检查密封件间隙大小。

b. 检查密封件间有无异物。

c. 检查密封件磨损情况。

⑤ 检查传动系统

a. 检查油箱油位。

b. 检查减速机联轴节润滑状况。

c. 检查各阀门、管道是否正常，有无渗、漏油现象。

d. 检查主、辅离合器是否能正常离合，是否在正确位置，限位开关是否能准确动作。

e. 检查安全装置是否齐全。

f. 检查大、小齿轮啮合及连接件情况。

⑥ 检查挡轮

a. 检查液压挡轮轴承和油箱油质、油量是否满足要求。

b. 检查泵吸入侧阀是否全部打开，检查送油管路内气体是否全部排出。

c. 检查确认各过滤器的指标是否处于正常位置。

d. 检查泵安全阀设定压力是否在规定值。

e. 检查各手动阀门是否动作灵活。

f. 检查液压挡轮的石墨润滑情况，保持石墨块与挡轮接触面接触良好。

4.2.3.2　回转窑与燃烧器的停机检查与维护

(1) 燃烧器的停机检查与维护

① 窑头止煤后应运转 1 次风机，转动约 4 h，适当打开挡板(15%)以保护燃烧器。

② 检查燃烧器耐火材料烧损情况，确认是否更换耐火材料。

③ 定期进行解体检查保养，必要时更换备件。

④ 检查燃烧器各处调节挡板是否灵活自如，指示值是否正确。

(2) 回转窑的停机检查与维护

① 轮带的维护

a. 确认轮带的内径与轮带下垫片外径之间的间隙达 20 mm 时，应做相应处理。轮带断面厚度磨损 20%，或表面出现锥形多边形、穿通裂纹时，应及时更换。

b. 当托轮厚度磨损 10%，或表面出现锥形多边形、穿通裂纹时，应更换；如轴更换，则衬瓦重新研配。

c. 确认托轮润滑石墨块的消耗情况，必要时更换。

d. 检查托轮轴的润滑油勺，要求完好、牢靠。

e. 确认冷却水是否正常，润滑油是否应更换和补充。

f. 紧固托轮上各部位松动螺栓，清除托轮下水槽中沉淀物。

g. 检查联轴器的间隙、同轴度和橡胶块磨损情况。

h. 检查轮带与托轮的接触情况，要求全线 100% 受力。

② 筒体的维护

a. 检查窑头、窑尾护板，如损坏，应更换。

b. 更换耐火砖时，打窑皮、打砖及砌筑操作要符合要求。

③ 传动系统的维护

a. 检查传动大、小齿轮的啮合、磨损情况，沿齿高不小于 50%，沿齿长不小于 75%，检查磨损、拉伤、点蚀等情况。

b. 按规范调整大、小齿轮的齿顶间隙[0.25m+(2～3)]mm，m 为模数。

c. 检查并紧固各连接螺栓。

d. 定期清洗稀油站过滤器。

e. 定期加油、换油，注意油种、油量。

f. 保持设备清洗完好，清理控制柜。

④ 回转窑密封的维护

a. 各密封件要定期更换，关键阀要定期更换，防止漏气、漏油。

b. 清洗和清扫过滤器及油管。

c. 各磨损部位要经常检查，超过极限时应更换。

d. 检查油箱油位，根据需要补充或更换，油站要加强维护保养，保持卫生清洁。

⑤ 维护工作安全注意事项

a. 戴好安全帽，束紧工作服。

b. 任何维修工作必须在停窑后进行，并在电动机开关上悬挂"禁止开动"标志。

c. 在运转中不能用手或其他东西探入轴承、减速机或大齿轮罩内部进行任何修理或清洗工作。不能拆除安全防护装置。

d. 在回转机件附近，不准用绑在手或手指上的抹布擦机器外表，注意不要将擦抹材料缠绕到回转机件上。

e. 检修工具及零件不得放在回转机件特别是托轮上。

f. 向窑门内看火时，必须用看火镜，不允许直接观看，不看火时关闭视孔。点火时不得站在窑门前。

g. 开窑前必须严格检查，确认窑内无人，并发出警告，才能启动窑。

4.2.3.3　回转窑与燃烧器运行中的检查

回转窑与燃烧器运行中的检查内容和方法，如表4.3所示。

表4.3　回转窑与燃烧器巡检表

巡检点	巡检内容	工具/方法
燃烧器	1. 观察喷嘴烧损情况，喷嘴上有无悬挂物，即有无"蜡烛"现象	目视
	2. 观察管道是否变形，喷管上浇注料是否损坏、脱落	目视
	3. 观察喷管连接处密封情况，是否漏风、漏料	目视、手感
	4. 检查油罐内是否有足够的柴油(喷油后检查)	目视
	5. 检查油泵、油管是否泄漏(喷油后检查)	目视
燃烧器仪表及调节阀	1. 检查仪表指示是否正确	目视
	2. 检查调节阀位置是否准确，调节阀是否灵敏	目视
轮带	1. 检查有无不正常磨损、裂纹	目视
	2. 检查轮带、挡块上有无开裂、脱焊	目视
托轮	1. 检查轴承的润滑是否符合润滑要求	目视
	2. 检查轴承温度是否符合要求(≤50 ℃)	手感、红外线测温仪
	3. 检查油勺工作是否正常	目视
	4. 检查冷却水是否畅通、水面高度是否合适	目视
	5. 检查托轮面有无因受力过大产生的剥落、麻面	目视

续表 4.3

巡检点	巡检内容	工具/方法
大小齿轮	1. 检查振动是否符合要求	手感、测振仪
	2. 检查润滑是否符合要求	目视
大齿圈与筒体连接	检查连接弹簧板是否有裂纹，连接件是否松动	目视、手感
液压挡轮	每 1 h 检查 1 次，要求无异响、振动和过热现象，若出现应及时处理	耳听、手感、目视
液压系统	1. 检查泵的油量是否稳定，油压波动范围是否正常	目视
	2. 检查各部位是否有渗漏现象	目视
	3. 检查油位、油的透明度及油的起泡现象	目视
	4. 检查油路有无泄漏；油泵运行时油压是否为 14 MPa	目视
筒体	1. 检查筒体是否上下窜动自如(±20 mm)	目视
	2. 检查筒体焊接是否有裂纹，筒体是否变形	目视
	3. 检查筒体是否有异常抖动	目视
	4. 检查烧成带的温度，应不小于 350 ℃(是否偶然情况下可达 410 ℃)，是否有红窑(特别是轮带下部)	红外线测温仪
窑前后密封	1. 检查有无漏料现象，石墨块是否完好	目视
	2. 检查弹簧片、拉紧装置是否完好	目视、手感
	3. 检查气缸压力(应不小于 0.6 MPa)	目视
底座及地脚螺栓	检查是否松动	目视
辅助传动装置	每星期检查 1 次，要确保主电源断电时能顺利启动	目视
窑口浇注料	检查是否脱落	目视
冷却风机	检查风机是否有异响、振动(＜3 mm/s)，轴承油位、温度(≤75 ℃)是否正常，地脚螺栓是否松动	耳听、手感、测振仪、红外线测温仪

4.2.3.4　回转窑与燃烧器的常见故障分析与排除方法

回转窑与燃烧器的常见故障分析与排除方法，如表 4.4 所示。

表 4.4　回转窑与燃烧器的常见故障分析与排除方法

常见故障		故障原因	排除方法
燃烧器	送煤管漏煤粉	管道磨损	可临时进行绑扎处理，待停窑进行检修
	火焰形状不正常	1. 喷煤管头部中有杂物； 2. 喷煤管头部变形； 3. 罗茨风机过滤器积灰太多，管道内有杂物，造成送煤粉空气量不足	1. 清除； 2. 更换； 3. 清除或加大风量
	火焰形状不佳	1. 径向、轴向风比例不佳； 2. 1 次风过大或过小； 3. 喷煤管出口风速低； 4. 燃烧器头部积料、挂料	1. 调节内外风阀门； 2. 适当调节 1 次风进口阀； 3. 增大阀门开度； 4. 及时进行人工清理
	耐火浇注料脱落	燃烧器耐火材料浇注料烧损	进行检修

续表 4.4

常见故障		故障原因	排除方法
窑体和支承装置	窑筒体局部温度高	1. 燃烧器位置不当，火焰直接冲击耐火砖； 2. 操作不当	停窑修补，不允许热补
	掉砖	窑体中心线不直，变形大，窑体散热不良，操作不当	停窑修补
	托轮轴瓦温度高	1. 冷却水量少或温度高； 2. 润滑不良； 3. 托轮位置不正确； 4. 窑筒体热辐射	1. 加大冷却水量； 2. 更换或调整润滑油； 3. 调整托轮位置； 4. 采取隔热措施
	短期停窑后启动困难	盘窑不及时，引起窑中心线弯曲	将窑转 180°，加热弯曲部分
	窑体上下窜动过于频繁	液压挡轮的液压系统动作频繁	调整液压挡轮的液压系统
	托轮基础振动过大	1. 筒体变形； 2. 筒体中心线不正； 3. 轮带与托轮脱空，或托轮不转	1. 通过窑操作，控制窑筒体温度； 2. 检查筒体中心线的直线度； 3. 慢速转窑，维持运转，逐步纠直中心线
	运行时有尖锐异响	1. 窑头密封内部密封板脱落或变形； 2. 窑头冷风套变形不正或冷风套隔板脱落； 3. 窑头密封鱼鳞片脱落或损坏； 4. 窑筒体变形导致窑头或窑尾密封处回转部位与固定件磨损； 5. 大齿轮摩擦齿轮罩	1. 确认后处理密封板； 2. 确认后处理冷风套及隔板； 3. 更换鱼鳞片； 4. 检查确认后处理； 5. 调整窑体上、下行程位置
传动装置	供油压力低	1. 油位低； 2. 油泵工作不正常； 3. 油温高	1. 及时补加润滑油； 2. 保持油泵的良好工作状态； 3. 增加冷却水量
	供油压力高	1. 供油管道堵塞； 2. 油过滤器堵塞	1. 保持油管的良好工作状态； 2. 保持油过滤器的良好工作状态
	齿轮磨损快	1. 齿轮啮合不准确； 2. 窑体中心线不直	1. 调整大小齿轮位置； 2. 调整窑体中心
	大齿轮振动	1. 窑体变形； 2. 传动小齿轮与大齿轮顶间隙过小	1. 如果只是轻微变形，运行时注意观察是否振动有加剧趋势，一般运行一定时间后会有好转； 2. 调整齿顶间隙
	主减速机高速轴有异响	1. 电动机轴与减速机轴不同心； 2. 联轴器尼龙销子磨损严重； 3. 轴承损坏	1. 找正； 2. 检查更换； 3. 更换轴承
液压挡轮装置	供油压力低	1. 油泵故障； 2. 油温偏高； 3. 油量调速阀未调节合适	1. 检查油泵； 2. 采取降温措施； 3. 调节油量调速阀到合适位置
	回油速度太快	1. 窑筒体轴向下滑力大； 2. 截止阀工作不正常	1. 调整窑筒体轮带与托辊之间的受力情况； 2. 修理、调节截止阀
	运行时有异响	轴承损坏	更换轴承

思　考　题

1. 简述回转窑和燃烧器的工作原理及主要结构组成。

2. 分析回转窑和燃烧器的巡检位置及主要巡检内容。回转窑和燃烧器常见故障的原因是什么？如何排除？

任务 4.3　箅式冷却机与链斗式输送机的巡检

任务描述：

(1) 了解箅式冷却机与链斗式输送机的结构和工作原理；

(2) 熟悉箅式冷却机与链斗式输送机的开机检查、停机检查与维护内容；

(3) 掌握箅式冷却机与链斗式输送机的巡检内容和方法，以及其常见故障分析和排除方法。

知识目标：

(1) 熟练表述箅式冷却机与链斗式输送机的基本结构和工作原理；

(2) 正确表述箅式冷却机与链斗式输送机的开机检查、停机检查与维护内容；

(3) 熟练表述箅式冷却机与链斗式输送机的巡检点、巡检内容，以及常见故障分析和排除方法。

能力目标：

能够完成水泥厂箅式冷却机和链斗式输送机的巡检任务。

4.3.1　任务分析

箅式冷却机的作用，是将回转窑卸出的温度约为 1300 ℃的熟料进行冷却，达到下游输送、储存库和水泥磨所能承受的温度（设计规定为：环境温度＋65 ℃），同时回收高温物料的显热，以提高系统的热效率和熟料的质量。由于箅式冷却机是在高温、工况条件多变的环境下工作，本身结构复杂、操作难度大、故障率高，因此，它是直接影响回转窑运转率的关键设备。

由于箅板在高温和高磨粒磨损的工况下工作，且产量波动大，最高达 30％以上，最易出现箅板损坏、松动、漏料，进出料口被大块熟料或窑皮堵死，破碎机锤头被卡死等故障。所以，应着重加强这些部位的巡检工作，发现问题要及时采取措施，同时要确保传动系统润滑良好，喷水冷却系统工作正常。

4.3.2　知识链接

4.3.2.1　箅式冷却机与链斗式输送机的功用

(1) 箅式冷却机的功用

箅式冷却机是用一定压强的空气以相互垂直的运动方向对箅床上运动着的热熟料进行骤冷的冷却设备，其功用有以下 3 方面：

① 工艺方面

熟料急冷可以保持细小的 C_3S 晶体和在液相中形成细小的方镁石结晶，有利于熟料易磨性、安定性的改善和水泥强度的提高。同时，骤冷可以使液相凝固成玻璃体，C_3A 大部分呈玻璃态，有利于水泥抗化学侵蚀性能的提高。

② 热回收方面

在对熟料进行冷却的同时，冷却空气温度升高，但沿整个箅式冷却机长度方向，气体的温度也存在梯度，高温气体一部分作为 2 次风入窑、一部分作为 3 次风入分解炉，中温段的气体用来进行余热发电或者是烘干物料，末端的低温余风作为废气经净化后排入大气。

③ 熟料输送方面

如果直接输送高温熟料，则输送设备需用耐高温的材料，又很容易磨损，使得制造成本高，维护费也高，不利于熟料的储存和水泥的粉磨。

(2) 链斗式输送机的功用

链斗式输送机是用来将从箅式冷却机出来的磨蚀性强、仍有较高温度的熟料输送至几十米高的熟料库储存，以消除生产的不均衡性及熟料温度、组分变化的影响。链斗式输送机的输送倾角一般不超过60°，较经济的倾角是45°。

4.3.2.2　箅式冷却机与链斗式输送机的工作原理

(1) 箅式冷却机的工作原理

烧结后的高温水泥熟料，在出窑后落入箅式冷却机的箅床上，冷却风从箅板下部鼓入对其进行冷却。箅床的运动速度可根据箅下压强进行调节，以保持一定的熟料层厚度。箅下风室各配有单独的风机，各室间隔密封，风量和风压均可单独调节，从而确保冷风能克服相应区段的箅板及料层阻力，均匀穿透料层，使箅床上的熟料得到有效冷却。出窑熟料的温度为1350～1400 ℃，冷却后的出箅式冷却机的熟料温度，可降至"环境温度＋65 ℃"。熟料通过活动箅板的往复推动，逐渐被推移到箅式冷却机的尾部，部分小颗粒通过箅孔落入风室，经拉链式输送机送入链斗式输送机，或直接经风室下的料斗汇入链斗式输送机；大部分熟料进入箅式冷却机尾部的锤式破碎机，经破碎机破碎后的大颗粒熟料，和落入箅条下的细熟料一起，落到链斗式输送机上。

通过物料层后的气体，可用作2次风直接入窑，或用作3次风抽往窑尾的分解炉，以及供煤磨烘干原煤用热风。多余废气(温度约为180～300 ℃)，可通过窑头的电收尘器净化后，由离心锅炉引入风机排入大气。箅式冷却机的喷水装置，可调节其废气温度及含湿量，以满足电收尘器的操作要求，提高除尘效率。

箅式冷却机的主要技术参数如下：

① 箅式冷却机的规格

箅式冷却机的规格，采用"箅床宽度×箅床长度"表示。箅式冷却机的规格与单位箅床面积的产量有关，单位箅床面积的产量大，箅式冷却机的规格就小，反之就大。第3代箅式冷却机单位箅床面积的产量，已达40～50 $t/(m^2 \cdot d)$以上。

② 箅床运动的速度

活动箅板往复运动以推动熟料，行程为120～130 mm，运动频率一般为5～20 次/min。箅床运动的速度是一个经常变化的参数。若箅床上的熟料减少，料层减薄，就要放慢速度，保持箅床上有一定的料层厚度；若箅床上的熟料量增加，料层增厚，就要加快箅床运动，加快排料量，恢复原料层厚度。

③ 箅式冷却机的风量

箅式冷却机的风量，一般采用"风载"这一概念，即每1 min每1 m^2箅床面积所承载的风量。第3代箅式冷却机入料端的风载为100～130 $m^3/(m^2 \cdot min)$。由于第3代箅式冷却机采用高阻力箅板，箅缝窄而均匀，空气高速(达40 m/s)、均匀地穿过箅板缝隙，箅板的通风面积很小，所以不需要太大的风量。

(2) 链斗式输送机的工作原理

链斗式输送机由传动装置、头部罩壳、头部装置、运行部分、尾部装置和进料装置组成。由传动装置驱动头部装置中的链轮，牵引装有物料的输送斗沿轨道运行，物料从头部罩壳卸出，从而达到输送物料的目的。链斗式输送机是一种既能水平输送，又能倾斜提升的输送设备。

在输送物料过程中，由于输送速度慢，仅为0.2～0.3 m/s，熟料和料斗之间无相对错动，因此磨损较少，运转故障也少，几乎不产生粉尘，单机输送能力可达400 t/h以上。

4.3.2.3　箅式冷却机与链斗式输送机的结构

(1) 箅式冷却机的结构

第 3 代箅式冷却机，主要由箅式冷却机本体、液压传动系统、破碎机、拉链机和鼓风机等辅助装置组成。

第 3 代箅式冷却机的结构示意，如图 4.20 所示。

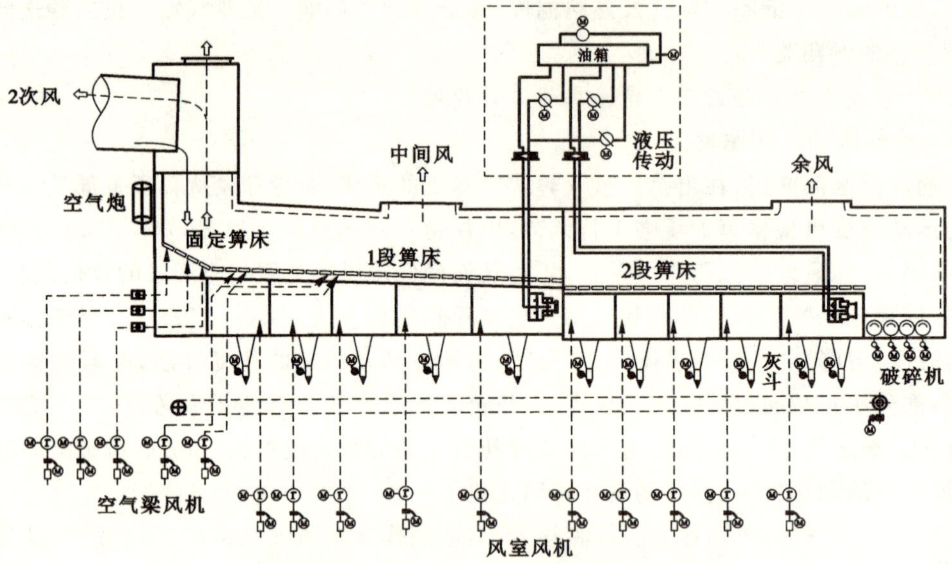

图 4.20　第 3 代箅式冷却机的结构示意

箅式冷却机的本体一般由机体、固定梁、支承梁、活动框架、活动箅板梁、箅板、盲板、耐火砖等组成。

第 3 代箅式冷却机的结构，有以下特点：

① 箅床由多排箅板组成，下设若干小室，每室配备专用风机，风量可调整。熟料在箅床上随活动箅板的推动而前进。活动箅板的推动，采用液压传动，无级调速。较细的粉粒熟料从箅孔中漏到箅床下，由拉链式输送机送入链斗式输送机。在箅床上的大块熟料，在出口处经破碎机破碎后进入输送机。

② 箅床分为数段，各段箅床单独传动并可调速。箅床分段数与产量成正比。当产量为 1000～2000 t/d 时，箅床分为 2 段；当产量为 2000～3000 t/d 时，箅床分为 2～3 段；当产量超过 3000 t/d 时，箅床分为 3～4 段。热端采用倾斜箅床，倾斜度为 3°～5°；冷端为水平箅床。

③ 在箅式冷却机的进口区和热回收区，采用阻力箅板，鼓入高压风或脉冲高压风。在非热回收区，增加箅床的宽度、降低熟料层的厚度，采用低泄漏箅板，以降低箅下室的漏料量，延长箅板的寿命，提高冷却效率。在箅床两侧设置盲板，以增加料层的厚度，防止细料侧产生“红河”现象。

④ 采用梁室组合供风系统，克服了单纯室供风的不足。空气通过输入管道，经连接软管与移动梁相连(移动梁是密闭的，作支管用)，然后通向活动的箅板支承空气梁。另外，还有一路空气，通过控制阀进入空气梁。

空气梁的结构示意，如图 4.21 所示。

(2) 链斗式输送机的结构

链斗式输送机，主要由头部装置、尾部装置、传动装置、链斗运行装置、轨道及支架组成。其结构示意，如图 4.22 所示。

4.3.2.4　第 4 代箅式冷却机的介绍

SF 型第 4 代箅式冷却机，是由丹麦史密斯公司和美国富勒公司共同开发研制的，是目前应用最广的第 4 代箅式冷却机。

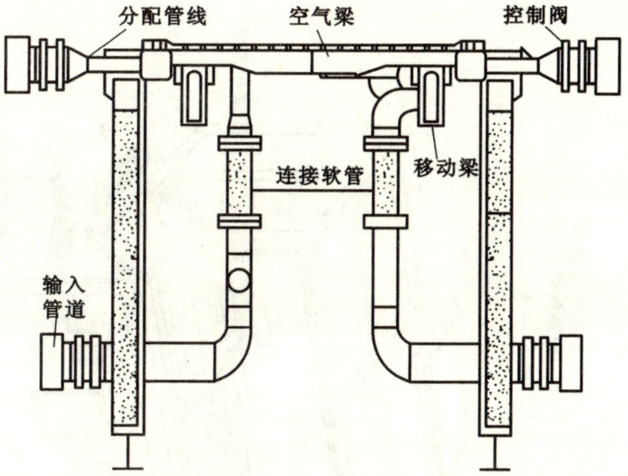

图 4.21　空气梁的结构示意

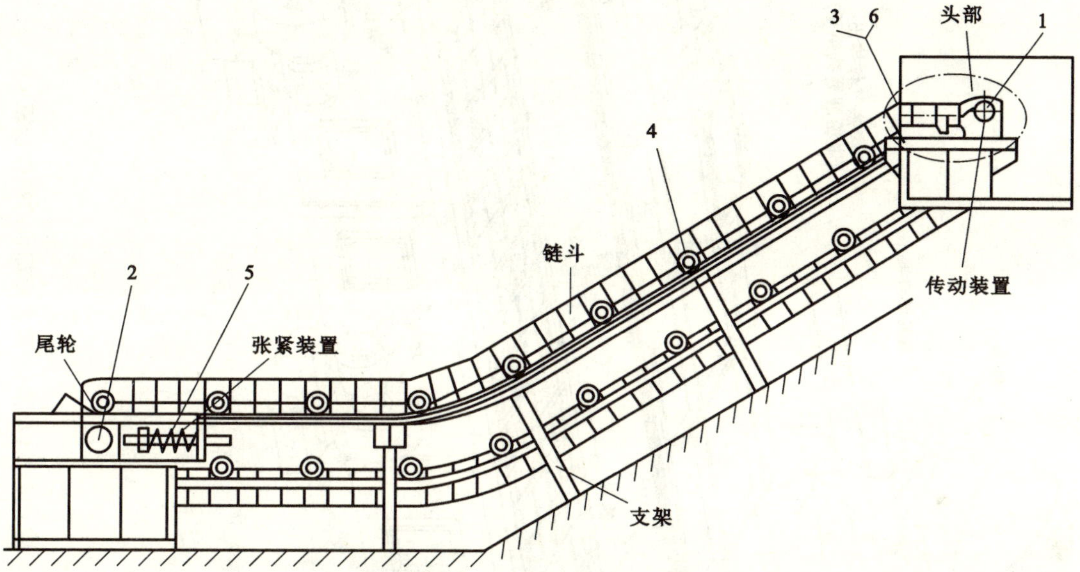

图 4.22　链斗式输送机的结构示意

1—头部链轮轴承；2—尾部链轮轴承；3—滚柱逆止器；4—滚轮；5—张紧装置丝杆；6—减速机

SF 型第 4 代箅式冷却机的结构示意，如图 4.23 所示。

SF 型第 4 代箅式冷却机中的熟料输送与熟料冷却，是两个独立的结构。箅床上的箅板全部固定不动，熟料由箅床上部的推料棒(由箅床下部的液压缸做往复运动而带动)往复运动，推动熟料向尾部运动。每个风室由 1 台风机供风。风被送至装有自动调节阀的箅板，再穿透熟料层，对熟料进行冷却。固定的箅板便于密封，熟料对箅板的磨蚀量小，没有漏料，箅下不需设置拉链式输送机，降低了箅式冷却机的高度。SF 型第 4 代箅式冷却机具有模块化、无漏料、磨损少、列运动、输送效率高、热回收效率高、运转率高、自重轻等特点。

SF 型第 4 代箅式冷却机的推料棒的列运动情况，如图 4.24 所示。

4.3.3　任务实施

4.3.3.1　箅式冷却机与链斗式输送机开机前的检查

(1) 箅式冷却机开机前的检查

① 逐点检查箅板紧固情况，箅板固定螺栓锁紧螺母是否点焊牢靠。

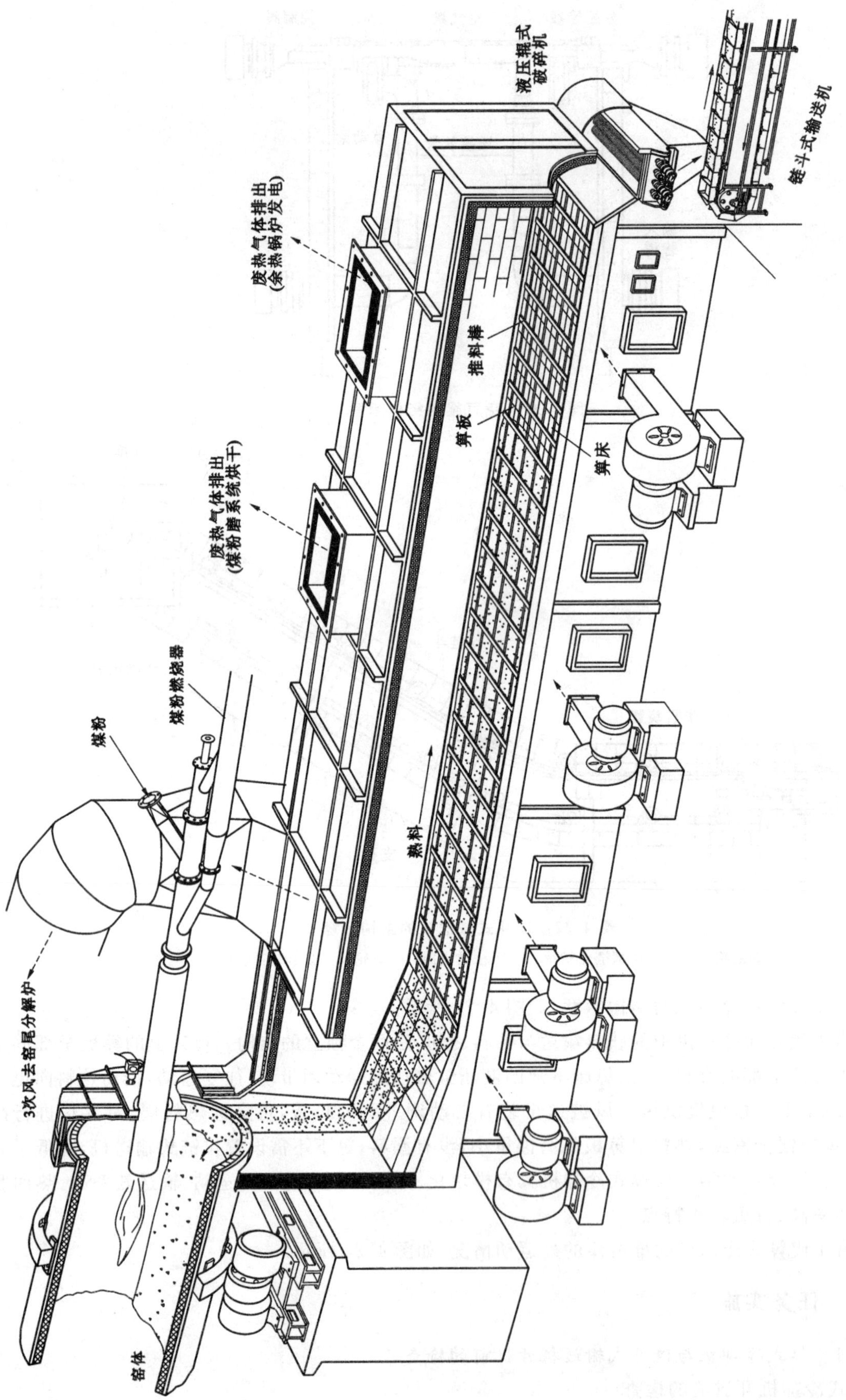

图4.23　SF型第4代箅式冷却机的结构示意

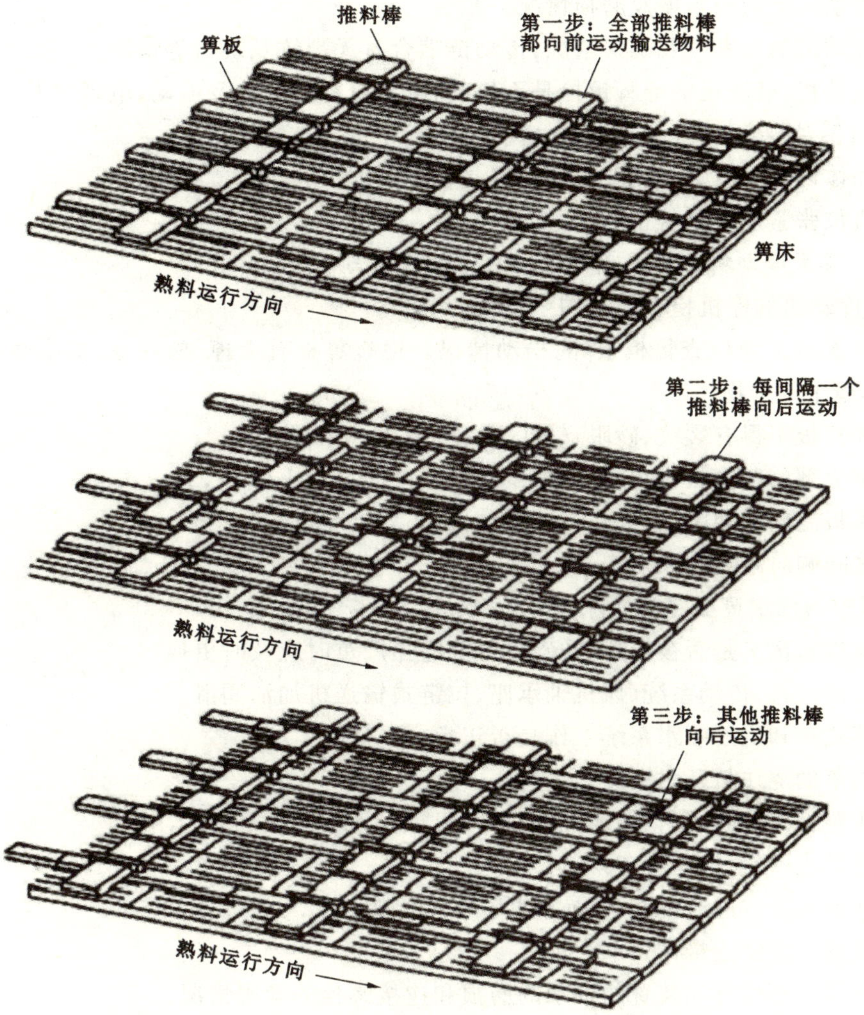

图 4.24　SF 型第 4 代篦式冷却机的推料棒的列运动情况

② 检查破碎机，检查锤头与篦条之间的间隙是否为 25 mm。

③ 在篦式冷却机的第 1、2 室的篦床上，铺厚度为 200～250 mm 的熟料，以减小烘窑期间的热量辐射损失。

④ 检查篦式冷却机的各风管是否漏风，冷却风机是否正常。

⑤ 检查篦式冷却机的耐火材料砌筑是否合格。检查各空气室之间的密封是否完好，壳体密封是否完好。

⑥ 检查泵的自动间隙时间是否符合要求；检查泵的工作压力是否能达到要求，液压缸是否漏油。

(2) 链斗式输送机开机前的检查

① 检查润滑油量、油质是否符合要求。

② 检查托辊与轨道板的接触情况，应全线接触，100%受力。

③ 检查电动执行机构是否在规定位置。

④ 检查十字头转轴与活动框架可动部位的挤压螺栓、销子、螺母是否拧紧。

⑤ 检查主传动轴有无磨损，焊缝有无开裂。

⑥ 检查连杆销子和销定螺母是否拧紧点焊。

⑦ 检查滚端、链导向、空气密封套等是否符合规定要求。

⑧ 检查分配器、油管、弯头、卡口是否漏油。

⑨ 检查传动皮带的松紧度及磨损情况。

⑩ 检查传动链的张紧度及润滑情况,传动链啮合有无裂纹及跳齿等情况。

⑪ 检查电动机、减速机的地脚螺栓是否松动,电动机有无异响及振动,电动机及减速机的油位是否正常,是否有漏油现象。

⑫ 检查壳体内有无异物,盖板、观察孔等是否关闭。

⑬ 检查机位张紧装置是否正常。

4.3.3.2 箅式冷却机与链斗式输送机的停机检查与维护

(1) 箅式冷却机的停机检查与维护

① 停窑 1 次以上须检查箅板损坏、松动情况。检查箅板有无掉、松现象,更换磨损严重的箅板、护板。清除箅缝中的杂物。

② 箅板和盲板不得有裂纹、砂眼、气孔、黏砂、飞边、毛刺等。

③ 箅板梁上部的各箅板应在同一水平面内,其平面度为 1 mm。

④ 检查箅板之间的间隙:

a. 箅板之间侧向间隙为 3^{+2}_{-1} mm;

b. 活动箅板与固定箅板之间间隙为 5±1 mm。

⑤ 检查破碎机锤头是否被卡死,破碎机锤头磨损严重时应及时更换。

⑥ 按时给破碎机、传动系统、风机轴承座、拉链式输送机加油润滑。

⑦ 检查箅式冷却机的喷水系统工作是否正常。

⑧ 修补剥落的浇注料及耐火砖。

⑨ 若箅床跑偏,检查并调整挡轮位置。

⑩ 检查电动机、干油站是否正常工作。

⑪ 对漏油的液压缸进行维修,更换油封。

⑫ 检查风管的挠性连接件。

⑬ 检查箅式冷却机传动装置的轴承的磨损和连接螺栓的紧固情况。

⑭ 检查锤式破碎机锤头的连接是否可靠,锤头旋转外缘与栅条表面间隙应为 25±5 mm。

⑮ 擦拭机器设备,保持机器设备的清洁。

⑯ 工作场地的物品摆放整齐,环境清洁。

(2) 链斗式输送机的停机检查与维护

① 检查内部是否有存料。

② 检查链板的磨损情况,是否有裂纹。

③ 检查头轮齿块、传动链的磨损情况。

④ 检查拉链销轴是否有过于紧固、断裂、脱落现象。

⑤ 检查链条传动情况,细料拉链机是否堵料卡壳。

⑥ 检查导轨是否变形,磨损是否严重。

⑦ 检查输送链轮是否变形,输送链板是否开裂,销子是否脱落,输送链是否跑偏;链轮用手应能轻松盘动。

⑧ 料斗不得歪斜,运行时搭接部分不得相碰。

⑨ 所有滚轮与轨道应均匀接触。

4.3.3.3 箅式冷却机与链斗式输送机运行中的检查

(1) 箅式冷却机运行中的检查

箅式冷却机运行中的检查内容和方法,如表 4.5 所示。

表 4.5　箅式冷却机巡检表

巡检点	巡 检 内 容	工具/方法
物料状况	1. 通过观察孔查看箅床上熟料是否均匀，通过熟料的冷却程度来判断用风量的大小	目视
	2. 目测观察壳体是否有漏料、漏风情况	目视、手感、耳听
	3. 观察物料漏料粒径的变化情况，判断箅板的磨损、烧损、脱落情况	目视
	4. 检查破碎机入料口有无大块物料卡住	目视
液压传动系统	1. 各点润滑必须正常并符合润滑要求，其中干油泵压力为40 MPa	目视
	2. 运动部件不许有异常损坏，液压缸工作安全压力为22 MPa，液压缸轴向推力为250 kN，油泵电机应无异响、振动、漏油现象	目视、耳听、手感、测振仪
	3. 板式冷却器进出口水温度差应不少于5℃	手感、红外线测温仪
	4. 各部位螺栓应无松动	目视、手感
箅式冷却机内部	1. 检查机内是否有“雪人”、大块熟料、“红河”现象，观察料层厚度是否符合要求	目视
	2. 箅板不应有漏料现象	目视
	3. 检查机内耐火材料有无脱落现象	目视
冷却风机	1. 检查壳体是否有异常振动，地脚螺栓是否松动	目视
	2. 检查风机轴承温度（<75 ℃，手摸不超过 3 s）、声音是否正常，是否有异常振动，润滑油位是否正常	目视、手感、耳听
	3. 检查各风机风管是否漏风，是否有焊口开焊部位	目视
气室卸料机构	1. 开启应灵活，应按时排灰	目视、手动
	2. 气室压力应正常，熟料存量应适宜	目视
	3. 传动机件不应松动	手感
喷水系统	喷雾状态应良好	目视
破碎机	1. 检查破碎机是否有异常振动、声音	手感、测振仪
	2. 检查轴承温度是否小于 75 ℃（手摸不超过 3 s），声音是否正常，是否有异常振动；检查轴承座地脚螺栓是否有松动	手感、耳听、红外线测温仪、测振仪
	3. 检查传动皮带是否松动、断裂	目视

(2) 链斗式输送机运行中的检查

链斗式输送机运行中的检查内容及方法，如表 4.6 所示。

表 4.6　链斗式输送机巡检表

巡检点	巡 检 内 容	工具/方法
轨道	1. 保持每个辊轮转动，轨道上不应有杂物	目视
	2. 轨道与辊轮应全部接触	目视
头尾轮	润滑符合要求	目视
物料	检查输送的物料量，有无物料泄漏现象	目视
机架	应无变形损坏	目视
拉紧装置	应完好	目视
料斗	应无变形	目视

4.3.3.4 箅式冷却机与链斗式输送机的常见故障分析与排除方法

箅式冷却机和链斗式输送机的常见故障分析和排除方法，如表 4.7 所示。

表 4.7 箅式冷却机和链斗式输送机的常见故障分析和排除方法

设备	常见故障	故障原因	排除方法
箅式冷却机	箅板翻起，大量漏料	1. 连接板脱离托轮，固定板碰链齿，箅板成排顶起，翻倒； 2. 丁字形挡风板受热变形凸起，固定板受阻，箅板成排翻转	1. 将链托轮复位，拧紧对开螺栓，拼紧挡圈； 2. 烤红后平整丁字形挡风板，变形严重者，应予更新
	漏风、漏料	漏料主要是风压太低	调整风压，使其满足要求的压力；修补漏风部位
	箅板变形	1. 箅板受高温； 2. 箅板材质缺陷； 3. 空气梁被堵死，冷空气无法进入； 4. 空气梁进风管漏风	1. 控制合理的料层厚度，调整箅式冷却机用风； 2. 对新箅板进行材质检验，保证使用要求； 3. 检查并清除异物； 4. 焊补进风管
	箅板间隙过大	1. 箅床托辊和轨道磨损不均，造成箅床框架下沉； 2. 箅板磨损； 3. 箅梁调整垫片松动或者脱落，造成箅梁不平	1. 更换托辊或轨道并调节托辊和轨道垫片，垫高箅床保证箅板间隙(正常值 3～5 mm)； 2. 更换箅板； 3. 重新处理调整垫片，保证箅梁平面度，使箅板间隙达到要求
	箅床跑偏	1. 三个首轮链槽位置不对应一致； 2. 三个导向轮外径误差太大； 3. 每组上下托轮和链压轮的踏面直径误差太大； 4. 连接板节距误差大，安装未选配，造成三排链条总长度差值很大； 5. 单边更换连接板，造成链条总长度相差很大； 6. 首、尾轴，上、下托轴和链压轮轴安装不平行	1. 重新插削链槽，对应一致； 2. 选配踏面直径接近的导轮、上下托轮和链压轮，各应 3 个 1 组成套使用； 3. 控制连接板节距制造误差，安装时选配使用； 4. 单边更换连接板时，应根据旧连接板孔磨损情况，加工新连接板钻孔节距和孔径； 5. 全部轴的安装要精心，力求平行，应参照更换前的尺寸； 6. 调整各部件安装位置，至相应平行
	机件振动突然加剧	1. 锤头脱落或者损坏，造成转子失去平衡； 2. 窑内塌窑皮或大块掉入破碎机	1. 调节中控系统参数，适当减慢箅速，现场巡检监控破碎机运行情况； 2. 停车清理破碎室
	箅式冷却机的破碎机内部产生敲击声	1. 不可破碎物料进入机器内部； 2. 衬板紧固件松弛，致使锤敲击在衬板上； 3. 锤或其他零件断裂	1. 停车清理破碎室； 2. 检查衬板紧固状况及调整锤与筛板的间隙； 3. 更换断裂零件
	箅式冷却机的破碎机传动皮带打滑	1. 皮带磨损，张紧力不够； 2. 内部有大块物料或者异物卡住； 3. 机壳变形或者轴窜位与机壳抵死； 4. 锤盘两端与机壳摩擦	1. 更换皮带，调整皮带张紧力； 2. 停机进行清理； 3. 使机壳或轴复位； 4. 调整锤盘和机壳间隙
	破碎机轴承易烧毁	在高温工况下作业，两边轴承润滑油很容易烧干，润滑失效后烧毁轴承	在两侧轴承处各加 1 台小型轴流风机，加强冷却；按要求及时、足量加润滑油
	箅式冷却机的破碎机出料尺寸过大	1. 锤头磨损过多； 2. 筛板断裂或筛缝过大	1. 更换锤头； 2. 更换筛板

续表 4.7

设备	常见故障	故障原因	排除方法
链斗式输送机	链板拉断，开式齿轮牙断裂	1. 放料端操作不当，8个风斗同时骤然放料，拉链式输送机负荷猛增； 2. 箅板顶翻或严重破损，红料大量进入拉链式输送机，链板受热节距拉长，小轴套管卡死在头轮上； 3. 头、尾轮轴不平行或两侧链板链长短不等，链板链节严重跑刮边，甚至卡死在槽壳衔接处； 4. 箅板碎块或挡圈掉进拉链式输送机中，楔进小轴端部，链板链节卡死不动	1. 避免风斗积料太多，每隔20 min放1次料，应从头部风斗开始，逐个开启； 2. 防止箅板顶翻，更换破损的箅板，避免红料下落； 3. 调整尾轮轴，使其与头轮平行，局部更换链板时，要按节距选配链板； 4. 防止箅板碎块掉进拉链式输送机，发现小轴上的挡圈松脱时，应及时焊牢，严防脱落
	传动减速机有齿轮碰撞响声	1. 齿轮损坏； 2. 传动链条抖动造成齿轮冲击； 3. 齿轮轴承损坏	停机打开减速机，观察孔盖，检查判断后处理
	减速机对轮摆动	1. 高速轴两端锥形轴承轴向间隙不合适； 2. 轴承损坏； 3. 对轮锁子磨损； 4. 高速轴对轮键磨坏失效，对轮窜动	1. 更换轴承； 2. 更换轴承； 3. 更换对轮锁子； 4. 更换高速轴、键及对轮
	链斗运行跑偏	1. 两条链长度相差过大，牵引链磨损后伸长； 2. 尾部张紧装置未调整正确，尾轴与输送机中心线不垂直； 3. 下料中心加料不均匀，偏向输送机纵向中心线一侧； 4. 输送机同水平面上两轨道高低差超过安装要求	1. 左、右链板部分链节对调，或更换链板，修理或更换头部链轮轮齿； 2. 调整尾部张紧链轮，使尾轴与输送机纵向中心线垂直； 3. 调整加料溜子位置，使加料均匀； 4. 通过在托架与轨道之间加调整垫片，使同水平上的两轨道高度一致
	链斗运行速度低	1. 液力耦合器内工作液体的数量少于说明书中所规定的加入量； 2. 整个运行部分的运行阻力增大	1. 检查液力耦合器内工作液体的液位，按使用说明书要求补充工作液体； 2. 消除引起链斗运行部分运行阻力增大的因素，如跑偏、滚轮不滚动、链板运行时出现抖动等

思考题

1.简述箅式冷却机和链斗式输送机的工作原理及主要结构组成。

2.分析箅式冷却机和链斗式输送机的巡检位置及主要巡检内容。箅式冷却机和链斗式输送机常见故障的原因是什么？如何排除？

任务 4.4　废气处理装置的巡检

任务描述：

(1) 了解废气处理装置的结构和工作原理；

(2) 掌握废气处理装置的开机检查、停机检查与维护；

(3) 掌握废气处理装置的巡检内容和方法，以及其常见故障分析与排除方法。

知识目标：

(1) 正确表述废气处理装置的基本结构和工作原理；

(2) 正确表述废气处理装置的开机检查、停机检查与维护内容；

(3) 熟练表述废气处理装置的巡检点、巡检内容，以及常见故障分析与排除方法。

能力目标：

能够完成水泥厂废气处理装置的巡检任务。

4.4.1 任务分析

目前，新型干法水泥生产线的窑头收尘系统，可采用电收尘器，也很适合采用袋式收尘器；而窑尾收尘系统，大多采用袋式收尘器。窑尾废气的来源，主要是两个方面：一是窑尾预热完成后的废气；二是箅式冷却机释放的部分余气。新型干法水泥生产线的废气处理装置，是指从 1 级悬浮预热器热风出口到窑尾的排放烟囱为止的一套系统，主要设备有增湿塔、窑尾高温风机、袋式收尘器等。

对于废气处理装置的各设备，增湿塔的生产故障点相对较多，由于采用高压喷雾(水压强为 4～6 MPa)，喷头及水泵都需要维护并及时更换；增湿塔下部的螺旋式输送机有密封要求，而又很难满足；如果喷头或水压强出现故障，还会出现“湿底”问题而威胁生产。所以，巡检时应对增湿塔予以重点关注。

4.4.2 知识链接

4.4.2.1 废气处理装置的功用

(1) 增湿塔的功用

增湿塔的作用，就是对烟气进行增湿降温，以保护窑尾风机和降低粉尘的电阻率。在水泥行业，增湿塔的主要功用，就是配合各种收尘器，使烟气的性质更适合收尘器的要求。它是一种烟气预处理设备。

新型干法水泥生产中的废气，因温度高(320～350 ℃)、水分含量低，粉尘电阻率 $\rho>10^{10}$ Ω·m。如果不降低粉尘电阻率，会极大影响电收尘器的收尘效率。所以，若废气处理装置中采用电收尘器，此时，增湿塔的作用则为：在废气进入电收尘器之前，采用喷雾增湿调质处理，使烟气增湿至露点，温度从 320～350 ℃降至 120～150 ℃，粉尘电阻率 ρ 降至 10^2～10^9 Ω·m，从而提高电收尘器的收尘效率。对袋式收尘器来说，不存在电阻率的问题，主要影响因素是温度和湿度。此时，增湿塔主要起降低废气温度和增加湿度的作用。

(2) 电收尘器的功用

电收尘器，是一种利用高压静电使固体或液体悬浮粒子与气体分离的装置。电收尘器的收尘效率高，与袋式收尘器同属于高效收尘设备。特别是在处理大烟气量及高温的场合，电收尘器愈发具有优越性。因此，它在冶金、电力、建材及化工行业中得到广泛应用。

电收尘器不仅收尘效率高，而且电能消耗少、气流阻力小、维护费用少，可直接收集亚微米级的粉尘和高浓度粉尘。但是，电收尘器只能有效收集电阻率 ρ 为 10^2～10^9 Ω·m 的粉尘，否则，会影响其收尘效率。这使其在使用上受到一定限制。

在新型干法水泥生产中，电收尘器主要用于窑头和窑尾收尘。现阶段，窑尾收尘一般采用袋式收尘器。

(3) 窑尾高温风机的功用

窑尾高温风机，用于回转窑系统的排风。它运行于高温、粉尘浓度大、磨损较严重的恶劣工况，而且其拖动电动机容量较大，约为 2000 kW。电动机一般情况下不允许直接停机，而是通过关闭液力耦合器来关闭风机，通过电动执行机构调节风板来调节风量。

4.4.2.2 废气处理装置的工作原理

(1) 增湿塔的工作原理

当增湿塔内通入高温烟气后，由水泵产生的高压水，通过安装在塔体上的喷水装置向塔内喷入一定量的雾化水，蒸发为水蒸气。由于蒸发的吸热作用，烟气温度降低而湿度增加，同时大量的水蒸气吸附在粉尘表面，使粉尘的表面电阻降低，从而降低了粉尘的电阻率。这一过程即称为调质。高温含尘废气经过调质，使电收尘器在结构制造上可以采用普通碳素钢，且有很高的收尘效率，运行状况稳定，收尘器的规格也可大大缩小。

用于窑系统的收尘设备，都有一个最佳工况适用条件。在此条件下，设备的收尘效率最高、投资最省、能耗最低、运行最稳定。当工艺条件不在收尘器的适用条件下时，利用增湿塔可使其变成最佳适用条件，从而增加了收尘系统的适应性。若要满足生产工艺要求，则增湿塔在生产每 1 kg 水泥熟料时的喷水量，应为 0.18～0.22 kg。

(2) 电收尘器的工作原理

电收尘器在收尘区内设计有线状的放电极(阴极线)和板状的收尘极(阳极板)，当在两极之间施加高压直流电后，由于放电极和收尘极形状不同，两极间产生一个不均匀电场。当施加的直流电压达到一定值后，在放电极局部区域的电场中气体发生电离，产生大量的电子和正、负离子。其中，正离子很快到达放电极而中和，而电子和负离子在电场力的作用下向收尘极方向移动，从而形成电晕电流。

当含尘气体通过两极间的通道时，电晕电流中的电子和正、负离子(正离子由于其作用区域很小，绝大部分粉尘靠电子和负离子吸附)就会以极快的速度吸附到粉尘颗粒上，使粉尘颗粒荷电。荷电的粉尘颗粒，在电场力的作用下迅速向其极性相反的方向运动，最后吸附到电极上并释放出电荷。当粉尘沉积到一定厚度时，通过振打装置敲击，沉积的粉尘振落到下部灰斗中，而净化气体则通过出气口排入大气，完成气体净化。

(3) 窑尾的高温风机的工作原理

窑尾的高温风机，属于中压(风压强为 1000～3000 Pa)或高压离心式风机(风压强大于 3000 Pa)。它依靠在机壳内高速旋转的叶轮，使离心式通风机内气体受到叶片的作用而产生离心力，来增加离心式通风机内气体的动能和压强。

4.4.2.3 废气处理装置的结构

(1) 增湿塔的结构

增湿塔的塔体一般为圆形筒体，塔体分为上部锥体、筒体和下部灰斗 3 个部分。

增湿塔的结构示意，如图 4.25 所示。

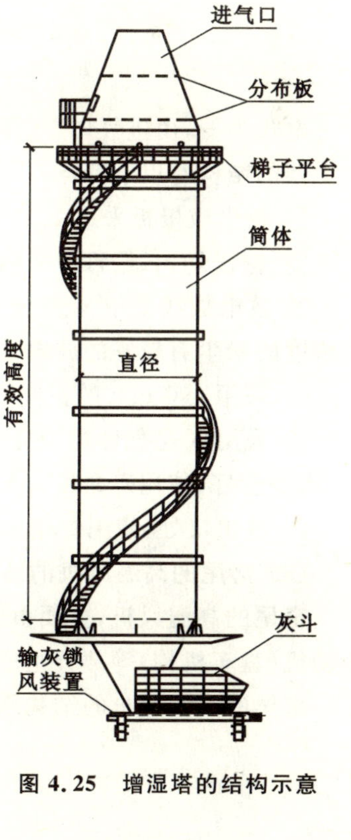

图 4.25 增湿塔的结构示意

上部锥体，是一个用于连接烟气道和筒体的扩散器。其内设分布板，以使烟气均匀分布。喷枪喷入的雾化水，与高温烟气在筒体内进行热交换。下部灰斗，包括灰斗、输灰装置和锁风装置。输灰装置，采用可逆式的螺旋式输送机，有两个出料口。当正常工作时，螺旋式输送机正向运转，粉尘由正常出料口排出。当发生“湿底”现象时，螺旋式输送机反向运转，粉尘由另一端的事故出料口排出，以清除废料和保护下游输灰设备。

(2) 电收尘器的结构

电收尘器有多种类型。从收尘极的形式来分，有管式电收尘器和板式电收尘器；从气流运动方向来分，有立式电收尘器和卧式电收尘器；从清灰方式来分，有干式电收尘器和湿式电收尘器。

目前，应用最多的是卧式、干式和板式电收尘器。水泥行业，大多数采用按德国 LURGI 公司技术制造的产品。

电收尘器的结构示意，如图 4.26 所示。

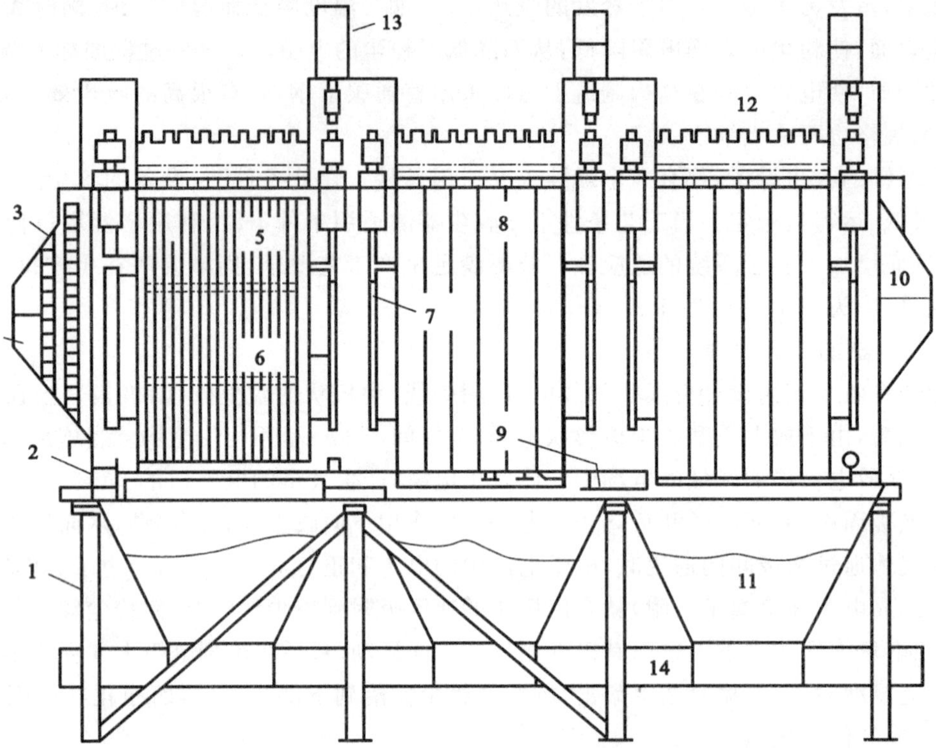

图 4.26　电收尘器的结构示意

1—壳体；2—支架（混凝土或钢结构）；3—进风口；4—分布图；5—放电极；
6—放电极振打结构；7—放电极悬挂框架；8—沉淀极；9—沉淀极振打传动装置；
10—出气口；11—灰斗；12—防雨盖；13—放电极振打传动装置；14—拉链式输送机

电收尘器，由进气口、气体分布板、壳体、内部构件、出气口、灰斗及梯子平台等 8 个部分组成。电收尘器的结构有以下特点：

① 收尘极极板采用 1.25 mm 冷轧板轧制而成，它的特点是电流密度分布均匀、不易产生二次粉尘飞扬、振击均匀、振打清灰效果好。

② 放电极线采用 V 型线，起晕电压低，电晕电流大，因此能获得较高的收尘效率。特别是对捕集高浓度的粉尘有较好的放电性能，且使用寿命较长。

③ 采用 400 mm 的极间距，与以往采用 300 mm 的极间距时相比，其收尘效率有较大提高。

④ 采用 X 型气体均匀分布板，它与普通圆孔型分布板相比，气流分布均匀度提高 20%，且刚度大、耐磨性好，使用寿命长。

⑤ 进出口处，使用专用风撑，增强了壳体的稳定性。

(3) 窑尾的高温风机的结构

窑尾的高温风机，主要由风机壳体、叶轮、调节风门、主传动电动机、液力耦合器、稀油站、辅传动电动机（盘车机构）等部分组成。

窑尾的高温风机的结构示意，如图 4.27 所示。

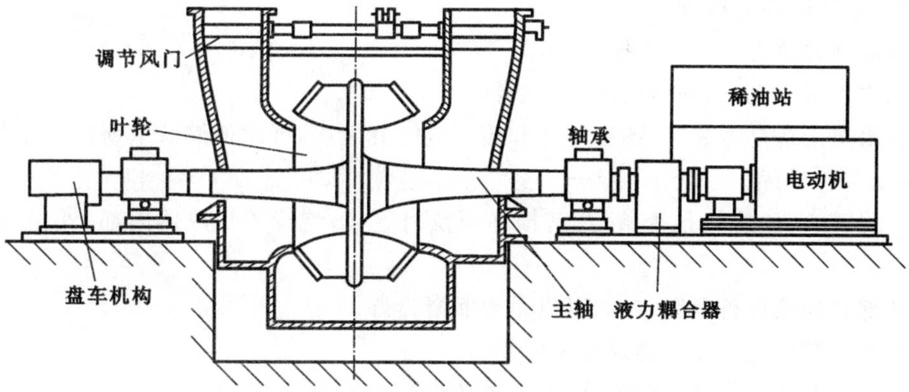

图 4.27　窑尾的高温风机的结构示意

4.4.3　任务实施

4.4.3.1　废气处理装置开机前的检查

(1) 高温风机开机前的检查

① 检查风门内杂物是否清理干净。

② 检查人孔门是否密封好，运转部位与静止部位是否正常。

③ 检查各检测装置是否完好。

④ 检查液力耦合器油量是否足够。

⑤ 检查入口挡板动作是否灵活，是否能关闭到位，指示与中控室显示是否一致。

⑥ 检查各地脚螺栓、连接螺栓是否紧固。

⑦ 检查旋转部位和静止部位是否接触。

⑧ 关闭入口挡板，启动电动机润滑油油泵，启动风机主电动机(启动前应检查高温风机辅助传动是否处于脱开状态)，然后根据需要选择合适的风机挡板开度。

(2) 增湿塔开机前的检查

① 检查全部喷枪的雾化及调节情况，要求全部雾化且喷雾角度在 60°～90°之间，回流调节阀关闭时，喷水量能达到设计要求的最大值。

② 检查塔内是否留有异物(铁丝、工具和螺栓等)。

③ 检查所有检查门是否都关闭。

④ 检查各部位紧固螺栓有无松动。

⑤ 检查翻板阀阀板与阀座的接触情况，检查内部有无异物。

⑥ 检查回转和轴承部位的供油情况。

⑦ 检查在中控室位置时的运行参数与设定值是否一致。

⑧ 螺旋式输送机的检查

a. 检查外壳和螺旋是否弯曲(中心线侧向弯曲左右偏差不大于 3 mm；中心线上下弯曲不大于 8 mm)。

b. 检查内部是否留有异物，检查旋转部位、轴承和传动链等的供油情况。

⑨ 喷水系统的检查

a. 观察供水管各个连接部位是否漏水。

b. 将水箱注满水，并检查水位控制阀是否动作可靠。

c. 确认高压水泵“出水阀”关闭；“电动调节阀”打开“2 通阀”、关闭“3 通阀”；确认喷嘴“截止阀”打开。

(3) 电收尘器开机前的检查

① 检查现场开关是否已打到中控位置。

② 确认电收尘器内无人，并确认机内无杂物。

③ 检查各附属设备是否完好，各密封件和接头应完好无损，拆除伸缩节上所有固定螺栓，使壳体受热膨胀时能够自由伸缩。

④ 检查绝缘套管、绝缘棒是否清洁，若损坏须及时更换，绝缘子加热器内部、外壳应清洁、干燥、无损坏。

⑤ 检查各部位螺栓是否紧固，各润滑点是否润滑良好。

⑥ 接地装置及其他安全设施必须安全可靠。

⑦ 检查振打装置是否符合工作条件，振打连接件是否牢固可靠。

⑧ 检查粉尘输送拉链式输送机、回转阀是否正常运行，下游设备是否正常运行。

⑨ 检查系统有无破损点，不能有系统漏风；带电设备、电动机、高压柜的防雨棚是否漏雨。

4.4.3.2　废气处理装置的停机检查与维护

(1) 高温风机的停机检查与维护

① 清理机内积灰。

② 修补风机叶轮磨损部位，以保证静平衡，并做动平衡检测。

③ 及时补充、更换轴承润滑油。

④ 检查并拧紧各地脚螺栓，挡板调节应灵活。

⑤ 检查液力耦合器油质、油量，并及时补充、更换。

(2) 增湿塔的停机检查与维护

① 检查塔内粉尘有无异常堆积，如堆积过多，应设法将堆积粉尘排出。

② 打开螺旋式输送机的检查门，检查叶片有无黏灰和损坏情况，如有要进行清扫和修补。

③ 增湿塔通风只作沉降室使用时，喷嘴不喷水，为避免堵塞喷嘴，喷嘴内必须通压缩空气。

④ 由于长时间停水，水泵不能正常工作，要求每月启动一次，运转 1 h。

⑤ 烟气对筒体有腐蚀作用，因此使用 3～5 年之后，要求每半年用测厚仪检测筒体钢板的减薄情况。

⑥ 检查增湿塔各个装置有无异常现象。

⑦ 定期取下喷嘴，检查是否被粉尘堵塞。如喷嘴顶端附着很多粉尘，应将喷嘴交替取下进行清理。

⑧ 增湿塔各组喷嘴用过的过滤器要定期检查滤网，如网孔堵塞，要进行清扫。

⑨ 检查水泵、螺旋式输送机的运行状况，并向轴承和链补充润滑油脂。

⑩ 冬季增湿塔系统停止运转时，必须将所有水排出，以防设备冻裂损坏。

(3) 电收尘器的停机检查与维护

① 进入电场前应先做好各种安全措施：切断电源，将电收尘器电晕极系统接地，挂上警示牌，打开人孔门，确认内部无有害气体后，方能进入。

② 检查沉降室内导流板、多孔板是否磨损变形，积灰斗是否积灰，电收尘器内部阻流板是否变形、断裂。

③ 检查电晕电极和收尘电极系统有无变形，极间距离是否变化(同极间距误差应不超过±10 mm，异极间距误差应不超过±15 mm)，检查电晕电极是否松动。

④ 检查电晕电极和收尘电极振打锤轴系统是否完好，启动振打装置，看全部振打锤是否准确有力地敲打在相应的砧子上，查看有无位移松动现象。检查振打轴能否灵活转动，及时补充耐高温润滑油脂(氮化硼高温油脂)，振打轴上各连接螺栓是否松动，振打锤是否会轴向移动。确认提升锤提升角合适，转动灵活。

⑤ 检查全部收尘极振打杆是否在一个平面上，全部振打杆的砧子应在一条直线上。

⑥ 检查绝缘套管内极防尘管的内部是否有积灰，检查顶部挡风板和两侧边缘挡风板的位置是否正常，检查内部走台上的挡风板和灰斗阻流板的位置是否正常。

⑦ 检查并清理各灰斗内积灰。

⑧ 检查各传动部位电动机能否正常运行，各润滑点是否润滑良好，并及时补充润滑油脂。

⑨ 检查拉链式输送机：

a. 物料输送完后才能停拉链式输送机。

b. 检查设备磨损情况。

c. 检查设备润滑情况，及时补充、更换润滑油；调整链条松紧状况。

4.4.3.3　废气处理装置运行中的检查

(1) 窑尾的高温风机运行中的检查

窑尾的高温风机运行中的检查内容及方法，如表4.8所示。

表4.8　窑尾的高温风机巡检表

巡检点	巡检内容	工具/方法
调节阀	1. 查看挡板开度与中控室显示是否一致	目视
	2. 查看挡板轴润滑是否充分，转动是否灵活，并进行润滑	目视、手感
	3. 目视检查门有无破损，连接是否良好	目视、手感
机壳	1. 壳体变形与裂纹 (1) 目测观察高温风机是否有变形凸起和裂纹现象； (2) 目测检查壳体连接螺栓是否松动、脱落	目视、手感
	2. 壳体声音与振动 (1) 眼看、耳听振动是否正常，有无碰撞声，噪声不超过85 dB； (2) 用手触摸检查主轴承的温升、振动情况是否超过允许值	耳听、手感、测振仪、分贝仪
	3. 检查有无刮蹭进风口的响声	耳听
	4. 检查壳体人孔门是否漏风	手感
液力耦合器	1. 检查液力耦合器进口油的温度(不超过60 ℃)、出口油的温度(不超过80 ℃)、油的压强(0.07～0.15 MPa)	手感、红外线测温仪
	2. 目测检查联轴器的连接是否可靠，螺栓有无松动	手感
	3. 用油量观测计检查泵的供油情况	目视
电动机与轴承	1. 目测查看电动机与轴承是否平稳，耳听声音、振动是否正常	目视、耳听、手感、测振仪
	2. 查看轴承润滑是否正常，冷却水流量是否正常，温度是否超标	目视、手感、红外线测温仪
稀油站	1. 油位应符合说明书和油标	目视
	2. 高压油泵的供油压力应为31.5 MPa	目视
	3. 低压油泵的供油压力应为0.2～0.4 MPa	目视
	4. 供油温度应为40±3 ℃	手感、红外线测温仪
	5. 供水量应符合要求，进出口温差应为5 ℃	目视、手感、红外线测温仪
	6. 油管、水管及接头应无泄漏	目视
	7. 冷却水应无油花	目视

(2) 增湿塔运行中的检查

增湿塔运行中的检查内容及方法，如表4.9所示。

表 4.9　增湿塔巡检表

巡检点	巡检内容	工具/方法
轴承	定期检查各轴承的温度(小于 75 ℃)是否正常,润滑油要按时补充	目视、手感、红外线测温仪
喷枪	检查雾化是否良好,喷嘴、过滤器是否堵塞	目视
水路	检查有无泄漏,水压是否正常,冬季运转时注意防冻	目视
气路	检查气压是否正常。压缩空气压强 0.6 MPa,气体工作压强 0.3～0.45 MPa	目视
水箱	检查水位是否正常,自控是否有效	目视
水泵	1. 检查泵体运行是否正常,与备用泵是否定期切换使用	目视
	2. 检查水压是否正常,水压强应符合 0.4～0.6 MPa 要求	目视
底部	检查积料是否过多,有无"湿底"现象	目视
卸灰装置	检查螺旋输送机是否运行正常,传动链片有无松动现象,有无漏风、漏料,轴承润滑是否良好	目视、手感
出口挡板	检查挡板曲柄、连杆、销钉是否松动,轴转动是否灵活	目视、手感

(3) 电收尘器运行中的检查

电收尘器运行中的检查内容及方法,如表 4.10 所示。

表 4.10　电收尘器巡检表

巡检点	巡检内容	工具/方法
高压柜	检查有无闪络放电	目视
低压柜	检查柜内接触器,空气开关,PLC,一二次电压、电流表,进出口温度值是否在正常范围内	目视
卸料器	检查回转卸料器有无卡料或糊料	目视
拉链式输送机	发现配件有缺失时,检查收尘灰斗内是否有异物	目视
进出风道	检查有无漏风现象,目测排放是否达标	目视
保温箱	检查石英套管内有无冷凝结露、积灰现象,有无裂纹损坏现象	目视
振打装置	检查是否按要求振打极板,振打后电晕极线上积灰是否清除干净	目视
电缆	检查有无漏电、被击穿现象	目视、摇表

4.4.3.4　废气处理装置的常见故障分析与排除方法

废气处理装置的常见故障分析与排除方法,如表 4.11 所示。

表 4.11　废气处理装置的常见故障分析与排除方法

设备	故障名称	故障原因	排除方法
高温风机	振动过大	1. 地脚螺栓松动; 2. 叶轮积灰; 3. 风机叶片磨损严重,轴承座轴承损坏,风机轴变形	1. 拧紧地脚螺栓; 2. 清除积灰; 3. 更换风机叶片、轴承座轴承、风机轴
	轴承发热	1. 轴承磨损严重、损坏; 2. 轴承缺油; 3. 轴承冷却水或水压不足	1. 更换轴承; 2. 加注润滑油; 3. 打开阀门供水
	电流大或电动机温升高	1. 电动机反转; 2. 进出口阀门未打开	1. 对换电动机接丝头; 2. 打开阀门
	停车	1. 叶轮变形、磨损、振动过大; 2. 轴承温度高:润滑不良; 3. 超负荷运转:叶片结皮	1. 停窑检修; 2. 检查润滑,消除润滑不良; 3. 检查叶片,清除积污

续表 4.11

设备	故障名称	故障原因	排除方法
增湿塔	塔内出口温度过高	1. 喷嘴堵塞； 2. 水压过低（如缺水、阀门未正确开启、管道堵塞、水泵调节阀操作不正确）； 3. 温度检测或调节不准确	1. 清理喷嘴； 2. 调整供水压力； 3. 校正检测仪表
	排出粉尘过湿或过少	1. 喷嘴口粉尘堆积过厚（这种情况经常出现在有的喷嘴一段时间没有工作而又没有拆卸下来时）； 2. 调节系统失灵（由热敏元件的严重污染而造成）； 3. 气体均布板缺损造成气体分布不良	1. 清理喷嘴； 2. 清理并调节热敏元件； 3. 修补气体均布板
	喷头雾化不良	1. 喷嘴调整欠佳； 2. 喷嘴结垢堵塞或密封失效漏水； 3. 压力不足； 4. 水泵故障	1. 重新调整喷嘴； 2. 清洗或更换喷嘴； 3. 堵漏和调整压力； 4. 启用备用水泵，查明原因，尽快检修更换部件；若回灰过湿，直接外排
电收尘器	二次工作电流大，二次电压升不高，甚至接近于零	1. 收尘极板和电晕极之间短路； 2. 石英套管内壁冷凝结露，造成高压对地短路； 3. 电晕极振打装置的绝缘瓷轴瓶破损，导致对地短路； 4. 高压电缆或电缆终端接头击穿，导致短路； 5. 灰斗内积灰过多，粉尘堆积至电晕极框架	1. 清除短路杂物； 2. 提高保温箱内温度； 3. 修复损坏的绝缘瓷瓶； 4. 更换损坏的电缆或电缆接头； 5. 清除下灰斗内的积灰
	一、二次电流不稳定，毫安表指针急剧摆动	1. 气流分布板孔眼被堵； 2. 灰斗的阻流板脱落，气流发生短路； 3. 靠出口处的排灰装置严重漏风	1. 检查气流分布板的振打装置； 2. 检查阻流板； 3. 加强排灰装置的密闭性
	高压设备跳闸	1. 电晕极线断裂造成两极短路； 2. 灰斗积灰过多，造成二次回路短路	1. 剪掉断的电晕极线，更换新电晕极线； 2. 清除灰斗积灰
	工作时发生周期性击穿	因振打放电极框架产生摇摆，间距固定螺栓松脱	调整放电极框架，固定间距螺栓
	电流、电压无显著变化，但收尘效果恶化	分布板孔堵塞，造成气流分布严重不均	清理被堵塞的分布板
	极板、极线锈蚀变形	1. 腐蚀性气体； 2. 壳体焊缝漏焊而进冷风，各法兰接口处漏风，排灰装置漏风； 3. 烟气温度高	1. 更换极板、极线材质，改用不锈钢； 2. 将漏焊处补焊，接口法兰处加垫； 3. 调节增湿塔喷水量，降温

思考题

1. 简述废气处理装置的工作原理及主要结构组成。

2. 分析废气处理装置的巡检位置及主要巡检内容。废气处理装置常见故障的原因是什么？如何排除？

项目小结

熟料烧成系统，因采用悬浮预热窑外分解生产工艺，使得系统流程的复杂程度增加，对操作、巡检、维修人员的素质及设备质量，都提出了更高的要求。巡检工作对于及时发现、消除设备隐患，从而提高窑系统设备利用率、提高产品质量、降低生产成本，无疑具有极其重要的作用。

烧成系统的巡检与维护工作，主要包括：锁风阀是否灵活；系统密封是否良好；分解炉、旋风筒及连接管道壳体有无异常；各旋风筒的吹堵装置是否动作灵活，吹堵气压强是否达到标准；人工清堵工具是否准备妥当；系统测温、测压装置是否稳定可靠；分解炉燃烧器燃烧有无异常；3 次风阀动作是否灵活；系统安全防护措施是否完备；高温风机运转是否平稳、正常；增湿塔水的雾化情况是否良好，是否会出现“湿底”；袋式收尘器滤袋有无破损。

项目实训

实训 1　悬浮预热器与分解炉的巡检

任务描述：

本实训以新型干法水泥生产线上的悬浮预热器与分解炉为对象，在企业兼职教师（或技术人员）的指导下，安排学生进行悬浮预热器与分解炉的开机检查、运行中的检查、停机维护及故障处理等实训工作任务。

实训内容：

(1) 绘制该熟料煅烧工段设备巡检线路图；

(2) 制定悬浮预热器和分解炉巡检表；

(3) 根据巡检线路和巡检表，完成 1 次悬浮预热器与分解炉的巡检工作，填写巡检记录表；

(4) 根据实际情况灵活安排开机检查、停机检查和维护与故障处理等实训内容。

实训 2　回转窑与多通道燃烧器的巡检

任务描述：

本实训以新型干法水泥生产线上的回转窑与多通道燃烧器为对象，在企业兼职教师（或技术人员）的指导下，安排学生进行回转窑、多通道燃烧器的开机检查、运行中的检查、停机维护及故障处理等实训工作任务。

实训内容：

(1) 制定回转窑与多通道燃烧器的巡检表；

(2) 根据巡检线路、巡检表，完成 1 次回转窑与多通道燃烧器的巡检工作，填写巡检记录表；

(3) 根据实际情况灵活安排回转窑与多通道燃烧器的开机检查、停机检查和维护与故障处理等实训内容。

实训 3　箅式冷却机与链斗式输送机的巡检

任务描述：

本实训以新型干法水泥生产线上的箅式冷却机与链斗式输送机为对象，在企业兼职教师（或技术人员）的指导下，安排学生进行箅式冷却机与链斗式输送机的开机检查、运行中的检查、停机维护及故障处理等实训工作任务。

实训内容：

(1) 制定箅式冷却机与链斗式输送机巡检表；

(2) 根据巡检线路、巡检表，完成 1 次箅式冷却机与链斗式输送机的巡检工作，填写巡检记录表；

(3) 根据实际情况，灵活安排箅式冷却机与链斗式输送机的开机检查、停机检查和维护与故障处理等实训内容。

实训4　废气处理装置的巡检

任务描述：

本实训以新型干法水泥生产线上的废气处理装置为对象，在企业兼职教师（或技术人员）的指导下，安排学生进行废气处理装置的开机检查、运行中的检查、停机维护及故障处理等实训工作任务。

实训内容：

(1) 制定废气处理装置的巡检表；

(2) 根据巡检线路、巡检表，完成1次废气处理装置的巡检工作，填写巡检记录表；

(3) 根据实际情况灵活安排废气处理装置的开机检查、停机检查和维护与故障处理等实训内容。

项目5　水泥制成工段设备的巡检

【项目描述】

本项目要制定水泥制成工段设备的巡检点、巡检线路，并依据标准规程完成水泥制成设备的巡检工作，准确判断设备运行状况，及时处理或反馈设备存在的问题，认真填写巡检记录。

任务5.1　辊压机的巡检

任务描述：

(1) 了解辊压机的结构和工作原理；

(2) 熟悉辊压机的开机检查、停机检查与维护；

(3) 掌握辊压机的巡检内容、方法，及常见故障产生的原因与排除方法。

知识目标：

(1) 正确表述辊压机的基本结构和工作原理；

(2) 正确表述辊压机的开机检查及停机检查与维护内容；

(3) 熟练表述辊压机的巡检点、巡检内容及常见故障产生的原因与排除方法。

能力目标：

能够完成水泥厂辊压机的巡检任务。

5.1.1　任务分析

辊压机的最大问题是辊压机辊面的寿命问题。由于辊面直接与物料表面接触，负荷大(50～350 MPa)，磨损剥落是其主要的失效形式。国内一般采用多层合金堆焊法，使表面获得高强度、高硬度和耐磨性的辊面护层。

多年来，辊压机辊面的损坏多是掉入对辊间隙的金属物造成的。辊压机辊面一旦发生局部剥落后，整个辊面的内聚力会受到溃性破坏，运行中极易引起连接部位损坏，对此，巡检时要引起高度重视。

使用的辊压机辊面硬度低于55 HRC或不够均匀时，会出现早期磨损。国内外经验证明，辊面磨损8 mm以上就一定要进行堆焊修补。其原因是，磨损后辊面的硬度已经降低许多，甚至有的破坏了过渡层，继续使用将加速辊面的磨损，进而酿成大事故。

5.1.2　知识链接

5.1.2.1　辊压机的功用

通常，水泥企业的熟料粉磨作业，都是采用球磨机来完成的。但是，球磨机能量利用率很低。一般，水泥生产总耗电量的60%～70%用于粉磨作业，而球磨机有效功的利用率仅占总能耗的约2%。辊压机的作用，就是作为闭路粉磨系统的预粉磨，粉碎水泥熟料及选粉机回料中的粗粉，使之达到一定粒度并改善其易磨性，从而提高产量，降低电耗。

预粉磨系统的工艺流程，如图5.1所示。

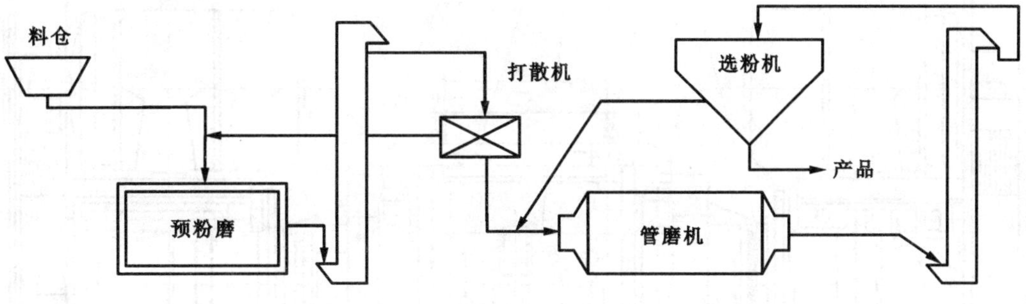

图5.1　预粉磨系统的工艺流程

5.1.2.2　辊压机的工作原理

辊压机，是根据料床粉碎原理而设计的。物料在两个相对做慢速运动的磨辊之间被压成密集料层。受到压力作用的料层，从进入 α 角开始，随着料层向下移动，密度逐渐增大。料层中的任一颗粒，都受到来自各个方向的相邻颗粒的挤压。不断加大的压力使颗粒之间的空隙逐渐消失，颗粒在受到巨大压力时发生应变，出现粉碎和微裂纹，这就是粒间粉碎效应，即料床粉碎。在辊缝的最狭处，压力达到最大值，物料被高压彻底粉碎，在形成薄片状料饼后被卸出。在整个挤压过程中，物料被封闭在狭小的空间里，既不能逸出，也不产生相对运动，很少有动能与热能转换而带来的浪费。这就大大减少了粉碎功的损失，提高了能量利用率。

辊压机的工作原理，如图5.2所示。

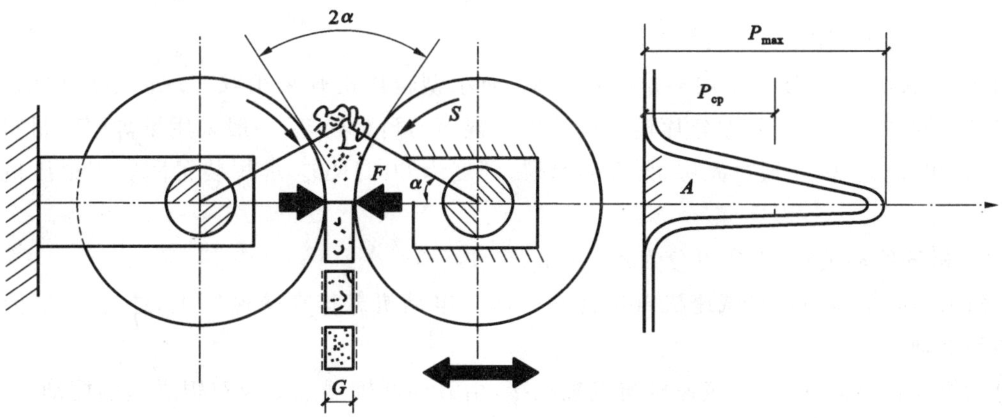

图5.2　辊压机的工作原理

G—缝隙；A—压力区；P_{max}—最大压强；P_{cp}—平均压强；F—作用力；2α—钳角；S—转速

一般，水泥厂粉碎水泥熟料时，辊压机的辊轮之间的平均压强约为150 MPa，此时的粉碎效果最好。由于辊压机是运用料床粉碎机理破碎物料的，这就要求喂料不能时断时续，料流必须是连续地充满整个破碎腔。如果做不到这一点，辊压机就无法正常工作。这是用好辊压机的关键。

辊压机的粉碎效果与辊压强的关系，如图5.3所示。

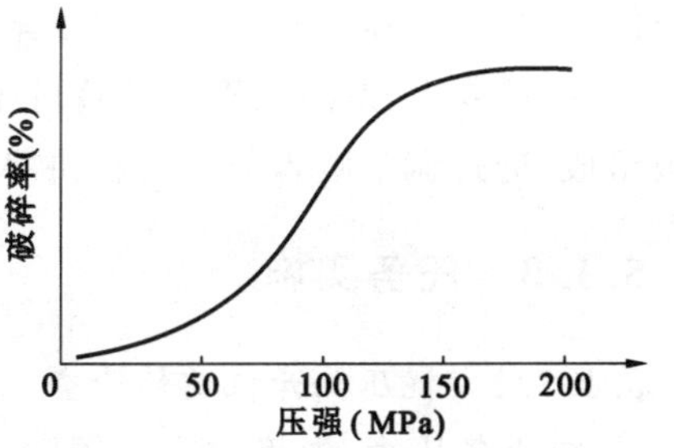

图5.3　辊压机的粉碎效果与辊压强的关系

5.1.2.3　辊压机的结构

辊压机的结构，主要由压辊轴系、传动装置、主机架、液压系统、进料装置等部分组成。

德国洪堡公司 RPV100-63 型辊压机的结构示意，如图 5.4 所示。

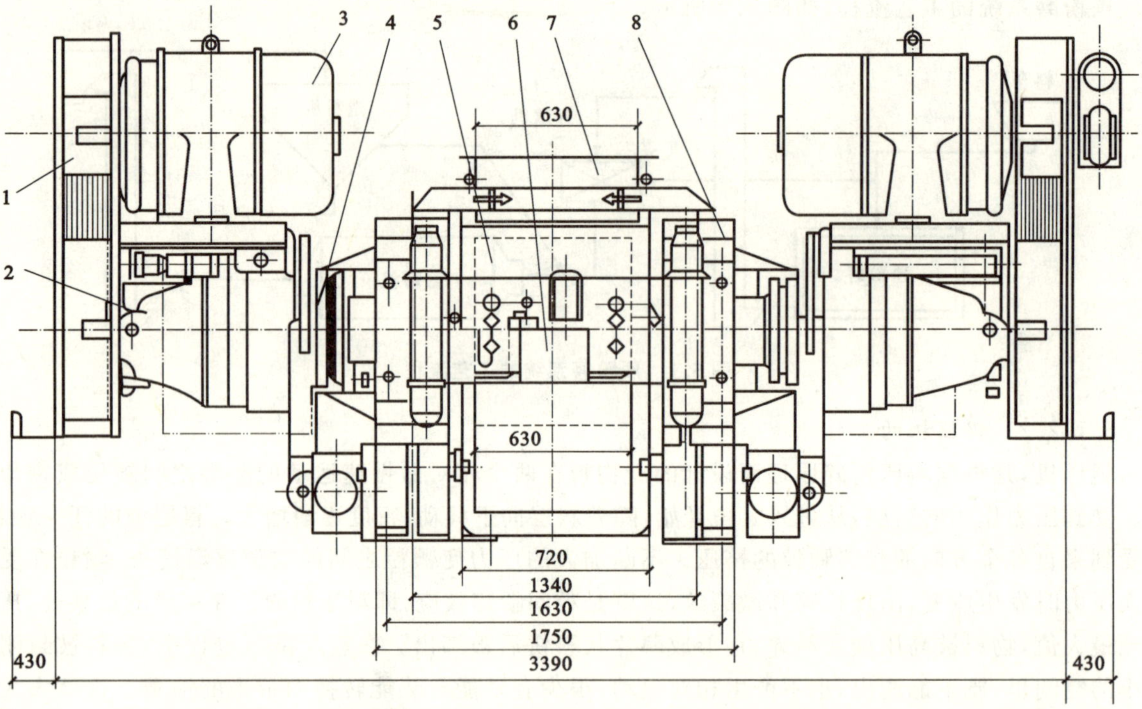

图 5.4　德国洪堡公司 RPV100-63 型辊压机的结构示意(单位：mm)

1—带传动；2—行星减速机；3—主电动机；4—扭矩支承装置；5—压辊轴系；6—主机架；7—液压系统；8—进料装置

辊压机在结构上有以下特点：

① 压辊轴承，大型辊压机采用多排圆柱轴承，而小型辊压机则采用双列球面滚珠轴承。主轴与压辊，有整体式结构，也有分开加分片辊套式结构。辊面的耐磨处理，一般采用堆焊耐磨材料的方法。在焊接时，先在母材上焊一层过渡层，再焊耐磨层，硬度为 60 HRC。堆焊装置固定于辊压机上，维修方便。

② 辊压机的传动装置，大致可分为：

a. 辊轴采用联轴器与行星减速机直接连在一起。电动机悬挂在减速机上，通过 V 带传动，整个传动机构和辊轴同时运动。

b. 电动机通过万向联轴器、减速机与辊轴相接，由万向联轴器来适应双辊之间的摆动。

③ 主机架，采用焊接结构，由上、下横梁及立柱组成，相互之间通过螺栓连接。

④ 液压系统，主要由油泵、蓄能器、液压缸和控制阀件组成。蓄能器预先充压至小于正常操作压强，当系统压强达到一定值时喂料，辊子后退，继续供压至操作设定值后，油泵停止。正常工作情况下，油泵不工作。系统中如压强过大，液压油排至蓄能器，以使压强降低，保护设备。若压强继续超过上限值，则自动卸压。若压强低于下限值，则自动启动油泵增压。

⑤ 喂料装置，是满足辊压机满料操作的重要装置。它由弹性支承的侧挡板和调整喂料量的调节插板组成，通过调节喂料量而与料饼厚度相适应。

5.1.3　任务实施

5.1.3.1　辊压机开机前的检查

① 检查各压力、温度、料位、辊隙、电器等仪表是否有指示，工作是否正常，核实中控室联系信号的准确性；

② 检查液压系统油箱是否达到指定的油位，润滑站油路与油量是否正常；

③ 检查电动机、减速机、联轴器等润滑点是否加好润滑油脂；

④ 检查各部位的连接螺栓、地脚螺栓等连接紧固情况；

⑤ 检查进出料设备，核查、调整各阀门的位置与开度。

5.1.3.2　辊压机的停机检查与维护

辊压机停机后，巡检工对设备进行的检查工作应包括对磨损件（如液压辊、齿轮、轴承、进料插板、液压元件、连接螺栓等）进行检查、修复或更换，对润滑部位添加或更换润滑油脂，清洗内部脏污或清除外部污垢，对油箱加油等，以确保设备正常开机运行。

辊压机停机后的主要维护项目有：

① 检查液压辊间隙和辊面磨损情况；

② 检查液压系统，蓄能器的压强应大于 6.5 MPa；

③ 检查并清洗减速机过滤器；

④ 检查并紧固辊套顶位螺栓，检查并紧固地脚螺栓、连接螺栓，必须用力矩扳手拧紧；

⑤ 调整使两辊端面对齐，然后调节两夹板使其与压辊端面相平行并保持 1 mm 的间隙；

⑥ 检查进料装置中衬板的磨损情况；

⑦ 检查侧挡板的磨损量，通过丝杠调节间隙；

⑧处理行星减速机的漏油部位。

5.1.3.3　辊压机运行中的检查

辊压机运行中的检查内容及方法，如表 5.1 所示。

表 5.1　辊压机巡检表

巡检点		巡检内容	工具/方法
辊压机	液压系统	1. 检查油缸压力是否为 10～16 MPa，油位是否正常，油温是否正常（环境温度）	目视
		2. 检查是否有渗漏现象	目视
		3. 检查液压泵是否会长时间运转不停，电动机有无过热（>75 ℃）、振动、异响现象	目视、手感、测振仪
		4. 检查活动辊两侧油缸压力是否平衡，有无异常波动	目视
		5. 检查地脚螺栓是否松动，活塞运动是否平稳	目视、手感
	机架	1. 检查有无不正常振动，地脚螺栓有无松动	目视、手感
		2. 检查活动辊滑道是否得到润滑	目视
	壳体	1. 检查有无异常刮擦	耳听
		2. 检查连接螺栓有无松动	目视、手感
		3. 检查壳体是否漏料	目视
	干油泵	1. 检查干油泵是否周期性供油，油泵电动机是否过热、振动、有异响	目视、手感、红外线测温仪、测振仪
		2. 检查分配器有无动作	目视
		3. 检查各供油管路是否漏油	目视
	辊子	1. 检查辊子轴承温度显示是否正常	手感、目视
		2. 检查辊子轴承有无异响、过热（>50 ℃）现象	耳听、红外线测温仪
	扭矩支承	1. 检查支承架是否振动过大，有无裂缝、脱焊、断裂现象	目视、测振仪
		2. 检查地脚螺栓是否松动，活动连接处是否受损	目视、手感

续表 5.1

巡检点		巡 检 内 容	工具/方法
行星减速机	机体	1. 紧固减速机底座连接螺栓	目视、手感、红外线测温仪
		2. 检查轴承温升是否超过允许值(<60 ℃)	手感、红外线测温仪
		3. 检查是否有异常撞击声	耳听
		4. 检查其正常振动速度是否不大于 2.8 mm/s,符合堆积要求,噪声满负荷时是否小于(85±5)dB	手感、测振仪、分贝仪
		5. 检查冷却水温:正常 25 ℃,最高 35 ℃	手感、红外线测温仪
		6. 减速机漏油严重时应及时补充	目视

5.1.3.4 辊压机的常见故障分析与排除方法

辊压机的常见故障分析与排除方法,如表 5.2 所示。

表 5.2 辊压机的常见故障分析与排除方法

常见故障	故障原因	排除方法
辊压机产量过大,但挤压的物料质量下降	1. 辊缝过大,压力与喂料量及料饼厚度不匹配; 2. 液压系统压力过低,达不到预定粉碎效果; 3. 进料装置调节板过低,使液压系统施加的挤压粉碎力未完全作用于被挤压物料; 4. 主电动机电流较小; 5. 两挤压辊间辊隙过大; 6. 侧挡板下端衬板过度磨损	1. 调节喂料插板,增加插入深度,从而使辊缝减小,通过量减少; 2. 调整辊压机的压力,使之与喂料量及料饼厚度匹配; 3. 重新调节系统工作压力,调高进料装置调节板; 4. 处理主电动机电流过小的问题; 5. 适当调小两挤压辊间的辊缝; 6. 更换侧挡板下端衬板
挤压辊辊面损坏	1. 喂入辊压机的物料中混入了金属杂物; 2. 辊面堆焊耐磨层的材料、波纹形式、热处理方式、堆焊工艺措施与技术质量等方面有问题	1. 装设除铁器和金属探测器; 2. 改进堆焊工艺质量,选用质量高的挤压辊
辊压机浮动辊倾斜	1. 物料质量不稳定; 2. 料流不均匀; 3. 液压系统两个储能器两边的液压缸补油速度不等,使两边压力不平衡	1. 控制不同速度的颗粒物料混合比例; 2. 解决料流不均匀问题; 3. 配置规格与精度相同的液压缸
辊缝检测报警	1. 辊缝中有较大的坚硬物料; 2. 进料插板调得过大; 3. 系统操作失误,也有可能造成报警	1. 查明异物,应立即停车,排出异物; 2. 调节进料斜插板位置,避免下料产生的冲击力过大; 3. 调整辊压机两侧的初始压力,其值应不低于 7 MPa
电动机跳闸、过载	1. 辊压机跳闸,有不可挤压的较大异物进入(如钢球等); 2. 辊压机过载,是因为入料量过大或辊压间隙过小	1. 停机取出异物或停液压泵使硬物自动下落,并人工去除; 2. 调整入料量,调整液压泵工作压力

思 考 题

1. 简述辊压机的工作原理及主要结构组成。
2. 分析辊压机的巡检位置及主要巡检内容。辊压机常见故障的原因是什么?如何排除?

任务 5.2　滑履磨的巡检

任务描述：

(1) 了解滑履磨的基本结构及工作原理；

(2) 掌握滑履磨的巡检内容和方法，以及常见故障产生的原因及排除方法。

知识目标：

(1) 熟练表述滑履磨的基本结构和工作原理；

(2) 正确表述滑履磨的开机检查、停机检查与维护内容；

(3) 熟练表述滑履磨的巡检点、巡检内容及常见故障分析与排除方法。

能力目标：

能够完成水泥厂滑履磨的巡检任务。

5.2.1　任务分析

实际应用表明，球磨机的主要故障发生在磨机的传动系统，约占全部故障的 80%。滑履磨属于球磨机中的一种，只是磨机的两端或一端不用通常的主轴承支承，而是采用滑履支承。

滑履磨的结构示意，如图 5.5 所示。

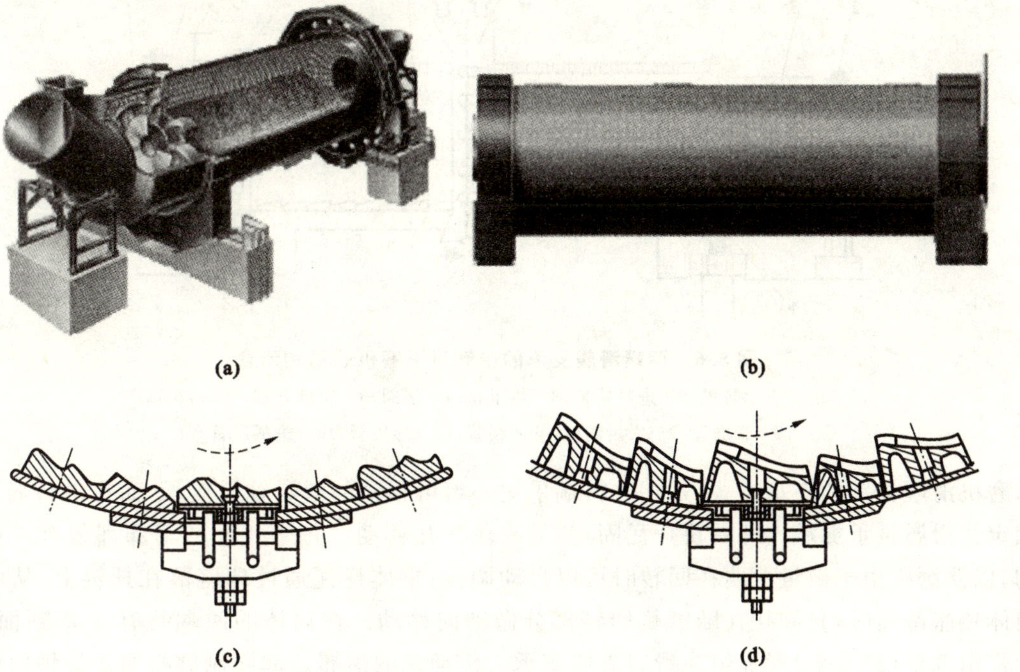

图 5.5　滑履磨的结构示意

(a) 局部剖视图；(b) 外观立体图；(c) 粗磨仓采用的波形阶梯衬板；(d) 细磨仓采用的双曲面衬板

滑履磨的巡检，主要应注意以下几个方面：

① 滑履轴承应保证润滑良好，不许有进灰、漏油现象；

② 冷却水系统工作必须保持正常；

③ 防止衬板、隔仓板、箅板等处松动漏料；

④ 入磨物料进料粒度、水分应符合要求。

5.2.2 知识链接

5.2.2.1 *滑履磨的功用*

在水泥制成系统中，滑履磨的作用，是把经过破碎或预粉磨达到一定粒度的水泥熟料、石膏及混合材料在磨机中进行粉磨以达到一定细度，并与选粉机、收尘器合作，生产出合格的水泥。滑履支承装置，主要应用在大型球磨机上，尤其是在带烘干仓的磨机上，其优越性显得更突出。对于大型磨机，采用滑履支承，与一般采用主轴支承的球磨机相比，具有以下优点：

① 磨机较短，尤其是进料端缩短很多；

② 由于磨机两端支承距离缩短，壳体承受的弯曲应力较小，磨机筒体可以采用较薄的钢板制造，减轻了磨机的重量；

③ 由于取消了中空轴，进料口可设计得更为合理，便于使粉磨的物料和大量热风通过；

④ 磨机筒体可以分成 3 段而通过法兰组装，便于运输和安装；

⑤ 滚圈的线速度比中空轴颈高得多，对于润滑油膜的形成比较有利。

5.2.2.2 *滑履磨的结构*

磨机的筒体，由烘干仓、粉磨仓(包括粗磨仓和细磨仓)、中间卸料装置和安装大齿轮的段节等 5 段组成。

两端滑履支承的中卸烘干磨机的结构示意，如图 5.6 所示。

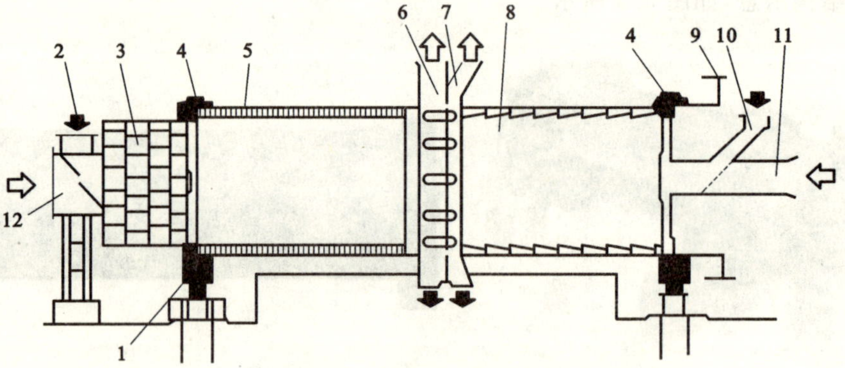

图 5.6 两端滑履支承的中卸烘干磨机的结构示意

1—滑履支承装置；2—进料装置；3—烘干仓；4—滚圈；5—粗磨仓；6，7—出料罩；

8—细磨仓；9—大齿轮；10—回料管；11—热风管；12—进料风管

球磨机滑履轴承的支承方式，是在进料端采用一组可移动的滑履轴承支承，而在出料端采用一组单侧固定式滑履轴承支承。即一块托瓦固定，另一块托瓦移动。每个托瓦的下部都装有一对凹凸球体结构，以便磨机由于微量弯曲在回转时可以自动调位，整体托瓦通过球座落在托辊上，从而可以在磨机筒体热胀冷缩时，允许托瓦随磨机回转部分做轴向移动。在筒体的两端装有 T 形断面的滚圈，每个轮带由 3 个(或 2 个)履瓦组成滑履支座支承。传动侧的滑履还起限制磨机筒体沿轴向窜动的作用。粗磨仓和烘干仓，通过滚圈轮辐用螺栓连接起来，从而可将磨机筒体分成几段来制造。每个滚圈都设有防尘罩，以防止灰尘进到滚圈而污染润滑油，其下座起油箱的作用。

履瓦支承的结构示意，如图 5.7 所示。

5.2.2.3 *滑履磨的工作原理*

由于滑履磨属于球磨机中的一种，其粉磨工作原理与一般的球磨机相同，不再赘述。

在此，仅简述一下其润滑原理。

滑履磨的润滑与动静压主轴承相同。磨机启动前先开动高压油泵，然后开动低压油泵。当高压

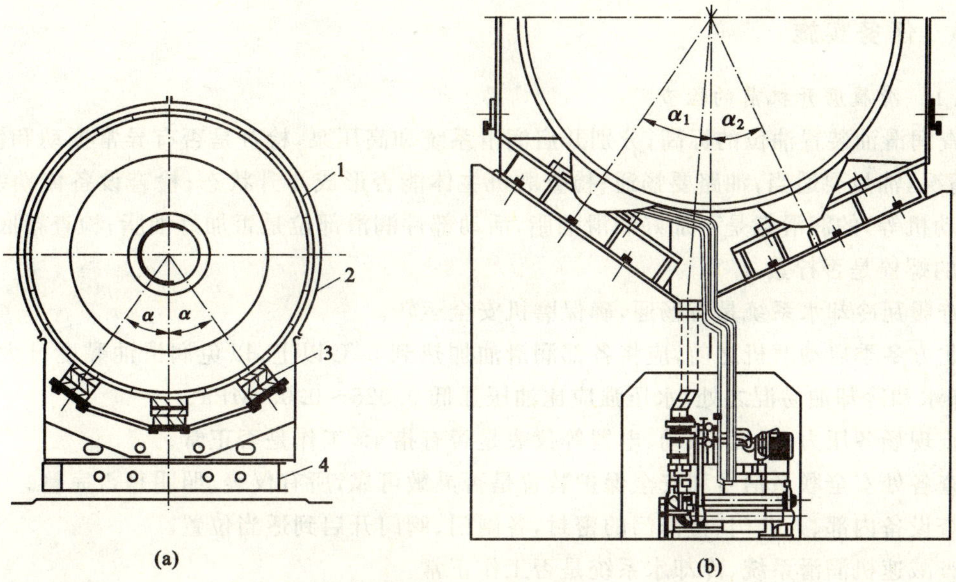

图 5.7　履瓦支承的结构示意

(a) 3 履瓦支承；(b) 2 履瓦支承

1—滚圈；2—防尘罩；3—履瓦；4—机座

油通过管路进到履瓦中的静压油腔，将磨机浮起后，再启动磨机，待磨机正常运行后，高压油泵停止供油，此后的润滑是依靠低压稀油润滑站供油润滑，或者靠滚圈浸在油池中带油润滑。

滑履支承及润滑系统的结构示意，如图 5.8 所示。

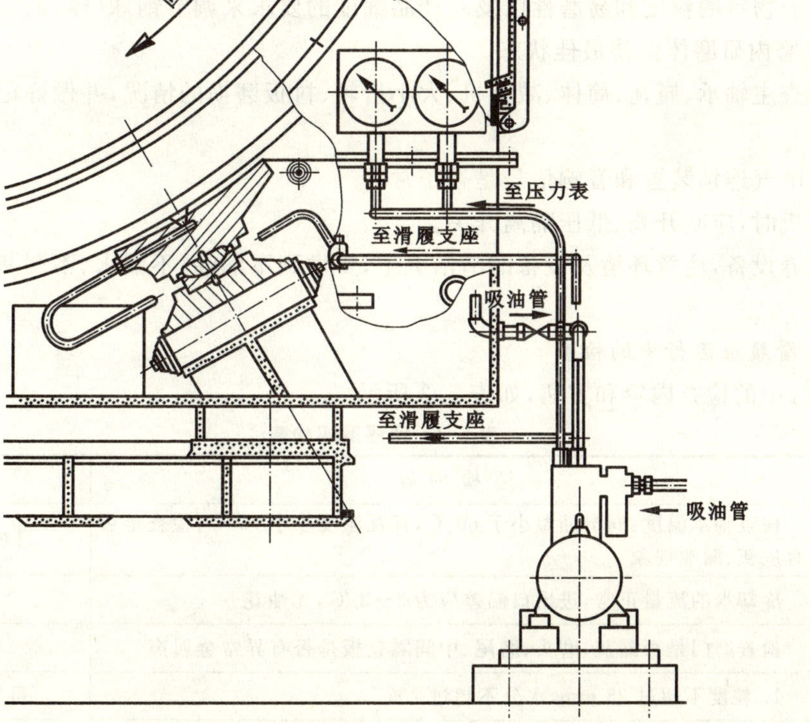

图 5.8　滑履支承及润滑系统的结构示意

5.2.3 任务实施

5.2.3.1 滑履磨开机前的检查

① 检查润滑油装置油位的标高；分别开启润滑系统和高压泵，检查是否有异常振动和漏油现象；检查供油情况，油量要适当，油路要畅通；检查磨机主体能否形成浮升状态；检查设备传动装置（包括减速机、电动机等）的润滑点是否加好润滑油脂，活动部件润滑部位是否加好油脂；检查箱底部的放水孔、放油孔的螺栓是否拧紧。

② 检查履瓦冷却水系统是否畅通，确保磨机安全运转。

③ 在北方冬季启动磨机之前，应将各部润滑油加热到 5 ℃以上，以免润滑油黏度过大影响正常运转。冷却水和冷却油易混之处，水压强应比油压强低 0.025～0.05 MPa。

④ 检查现场各压力、温度、振动、电器等仪表是否有指示，工作是否正常。

⑤ 检查各处安全联系信号和安全保护装置是否灵敏可靠，所有仪表、照明是否完整。

⑥ 检查设备内部、人孔门、检修门的密封，各闸门、阀门开启到适当位置。

⑦ 检查减速机润滑系统、冷却水系统是否工作正常。

⑧ 清理现场、擦拭设备，并排除影响磨机转动的障碍物，开磨时磨机两边严禁站人。

⑨ 检查各处螺栓是否拧紧。

⑩ 检查辅助传动装置的爪形离合器是否操作灵活。

5.2.3.2 滑履磨的停机维护

① 经常检查和保证各润滑点有足够和清洁的润滑油（脂），对稀油润滑站的回油过滤器每月最少检查 1 次，每半年要检查 1 次润滑油的质量，必要时更换新油。

② 冬季加油或换油时，应预先将油加热至约 15 ℃，已变质或不干净的油禁止使用。

③ 定期检查磨机筒体内部的衬板磨损情况，对磨穿和破裂的衬板，应及时更换，对松动或折断的螺栓应及时拧紧或更换。新装的衬板螺栓，在运行初期易发生松动，因此必须隔一段时间检查并拧紧。

④ 根据入磨物料的粒度和易磨性以及对产品细度的要求来调节钢球（棒）的级配，并及时向磨内补充研磨体，使磨内研磨体保持最佳状态。

⑤ 定期检查主轴承、履瓦、筒体、减速机、大小齿轮、衬板磨损的情况，并做好记录，发现问题及时处理。

⑥ 检查各电气连锁装置和音响信号是否正常。

⑦ 设备停机时，应断开高、低压隔离开关。

⑧ 精心保养设备，注意环境及设备的清洁卫生，要做到不漏油、不漏水、不漏灰和无油污，螺栓无松动。

5.2.3.3 滑履磨运行中的检查

滑履磨运行中的检查内容和方法，如表 5.3 所示。

表 5.3 滑履磨巡检表

巡检点	巡 检 内 容	工具/方法
滑履轴承	检查轴承温度：润滑油温小于 60 ℃，托瓦温度小于 75 ℃；检查是否有进灰、漏油现象	目视、红外线测温仪
冷却水系统	冷却水的流量正常，进出口温差应为 2～3 ℃，无油花	目视
筒体	检查磨门是否漏灰，磨头、磨尾、中间隔仓板是否有异常金属声	目视、耳听
入磨物料	1. 粒度不超过 25 mm，水分不超过 2%	目视、手感、分析筛
	2. 喂料过多，则磨音低，磨机电流变小，提升机功率上升，磨机出口负压上升；喂料过少，则相反	目视、耳听

续表 5.3

巡检点	巡 检 内 容	工具/方法
慢传动装置（辅助传动装置）	检查是否完好、可靠	目视
进出料装置	1. 检查密封是否完好	目视
	2. 检查出料是否顺畅	目视
	3. 检查出料箅板是否破损，若破损，则出料磨槽上有较大钢球排出	目视
稀油站	1. 检查高、低压油站仪表显示是否正常	目视
	2. 检查供油系统有无漏油	目视
回转部分	观察电耳信号及耳听磨音，判断内部零件有无脱落	目视、耳听
传动装置	1. 检查仪表显示温度、润滑是否正常	目视
	2. 检查电动机有无异常声响，温度是否正常	耳听、红外线测温仪
	3. 检查运动件连接有无松动	手感
减速机	检查是否有异常振动、噪声，滚动轴承温度应小于 70 ℃	目视、测振仪

5.2.3.4 滑履磨的常见故障分析与排除方法

滑履磨的常见故障分析与排除方法，如表 5.4 所示。

表 5.4 滑履磨的常见故障分析与排除方法

常见故障	故障原因	排除方法
磨机启动困难或启动时电动机过负荷	1. 电气系统发生故障； 2. 回转部位卡住	1. 检修电气系统； 2. 检查并清除障碍物
磨音沉闷，电耳信号低，电流表读数下降，出料少	1. 喂料量过多，喂料粒度过大； 2. 物料水分过大，糊球，箅板孔堵塞； 3. 研磨体级配不当，研磨体窜仓	1. 调整供料量； 2. 降低物料水分，加强通风； 3. 调整研磨体级配，解决研磨体的窜仓问题
磨机排料量减少，每小时产量过低	1. 供料不足； 2. 研磨体磨损过多或数量不足； 3. 入磨物料水分过大； 4. 通风不良，箅孔堵塞	1. 调整供料量； 2. 减少或补充研磨体； 3. 降低入磨物料水分； 4. 加强通风，清除箅孔堵塞物
磨机电流表读数明显增大，电流不稳定	1. 磨机超载运行； 2. 轴承润滑不良； 3. 传动系统磨损或发生故障	1. 降低入料量，使之合适； 2. 检查并调整轴承润滑系统； 3. 检查轴承、轴、齿轮等传动件并进行修理
高压供油系统压力上不去	1. 液压泵或液压元件磨损； 2. 液压系统有泄漏； 3. 履瓦瓦衬磨损严重，高压油腔封不住油	1. 更换液压泵或液压元件； 2. 检查出液压系统泄漏处并修理； 3. 若磨损由润滑冷却不良造成，则应更换履瓦后加强润滑冷却；若由材料加工质量问题造成，则应与生产厂商协调
履瓦及动压润滑所用润滑油温度过高	1. 润滑油量不足； 2. 循环水冷却装置存在问题	1. 检查油量不足原因并加以解决，保证润滑冷却用油足够； 2. 检查并解决水冷系统问题
润滑系统油压过高或过低	1. 油管堵塞； 2. 供油量不足； 3. 油泵或油管渗入空气或漏油	1. 检查、清洗油管； 2. 补充润滑油； 3. 检修

续表 5.4

常见故障	故障原因	排除方法
衬板连接螺栓处漏料	1. 衬板连接螺栓松动或折断； 2. 衬板磨损严重； 3. 油泵或油管渗入空气或漏油	1. 拧紧或更换螺栓； 2. 更换衬板； 3. 更换密封垫圈
磨机内部响声异常，电耳信号异常	喂料量过大，物料潮湿，隔仓板或出料箅板堵塞，通风不足	1. 降低或停止喂料并进行观察； 2. 增大磨机通风量
齿轮齿面磨损过快，齿轮打牙或断裂，齿轮传动有撞击声	1. 润滑不足； 2. 啮合间隙过大或过小； 3. 冲击载荷及附加载荷过大； 4. 固定轴承座的螺栓松动	1. 停车清洗检查，更换润滑油； 2. 调整齿轮啮合间隙； 3. 控制载荷大小，防止过载； 4. 拧紧轴承座的螺栓
传动轴及轴承座连接螺栓断裂	1. 传动轴上负荷过大； 2. 大小齿轮啮合不良，特别是齿面磨损严重，振动剧烈； 3. 轴承安装不正确或其连接螺栓松动（或过紧）	1. 预防过载发生； 2. 正确安装齿轮，当齿面磨损到一定程度时，应及时更换； 3. 安装调整轴承，拧紧螺栓，拧紧程度应合适
小齿轮在齿轮轴肩处断裂	1. 水平度、同轴度偏差大，轴受扭力大； 2. 在接触表面产生微振腐蚀磨损； 3. 轴承连接螺栓或地脚螺栓松动或突然断裂	1. 更换断轴后，应调整中心线、水平度； 2. 查明振源，尽可能减小磨机振动； 3. 加强检查，及时紧固螺栓
减速机温升过高，声音异常，振动大	1. 润滑油稀，油质差； 2. 冷却水量不足，管路堵塞； 3. 排气孔堵塞； 4. 齿轮啮合间隙过小或过大； 5. 基础不均匀下沉，机组中心线偏差大	1. 换油； 2. 加大水量，疏通管道； 3. 疏通排气孔； 4. 调整啮合间隙； 5. 重新调整机组中心线

思考题

1. 简述滑履磨的工作原理及主要结构组成。

2. 分析滑履磨的巡检位置及主要巡检内容。滑履磨常见故障的原因是什么？如何排除？

任务 5.3　O-Sepa 选粉机的巡检

任务描述：

（1）了解 O-Sepa 选粉机的结构、工作原理；

（2）熟悉 O-Sepa 选粉机的开机检查、停机检查与维护内容；

（3）掌握 O-Sepa 选粉机的巡检内容和方法以及常见故障产生的原因和排除方法。

知识目标：

（1）熟练表述 O-Sepa 选粉机的基本结构和工作原理；

（2）正确表述 O-Sepa 选粉机的开机检查、停机检查与维护内容；

（3）熟练表述 O-Sepa 选粉机的巡检点、巡检内容，以及常见故障分析与排除方法。

能力目标：

能够完成水泥厂 O-Sepa 选粉机的巡检任务。

5.3.1　任务分析

O-Sepa 选粉机是笼式高效选粉机的代表，它具有节能、高效的特点。其巡检主要应注意以下几个方面：

① 转子的运转情况(平稳、振动、磨损等)；

② 进 2 次风、3 次风的风门位置是否适合；

③ 锁风阀动作是否灵活，是否不漏风；

④ 经常检查耐磨陶瓷衬是否磨损严重、有无脱落等情况。

5.3.2　知识链接

5.3.2.1　O-Sepa 选粉机的功用

O-Sepa 选粉机是一种通过气流的作用，使颗粒按尺寸大小进行分级的设备。这种设备用于干法圈流的粉磨系统中。其作用在于使颗粒在空气介质中进行分级，及时将小于一定粒径的细粉作为成品选出，避免物料在磨内产生过粉碎，产生粘球和衬垫作用，从而提高粉磨效率；同时将粗粉分出，引回磨机中再粉磨，减少成品中的粗粉，调节产品细度，保证粉磨质量。在产品细度相同的情况下，产量可提高 10%～20%。

在由 O-Sepa 选粉机组成的粉磨系统中，系统 1 次风来自于磨机排风，2 次风来自于提升机或其他扬尘点或大气，3 次风来自于大气。出选粉机的高浓度气体直接进入收尘器，产品由高效收尘器全部收下，净化后的气体由风机排出。

O-Sepa 选粉机的工艺流程布置，如图 5.9 所示。

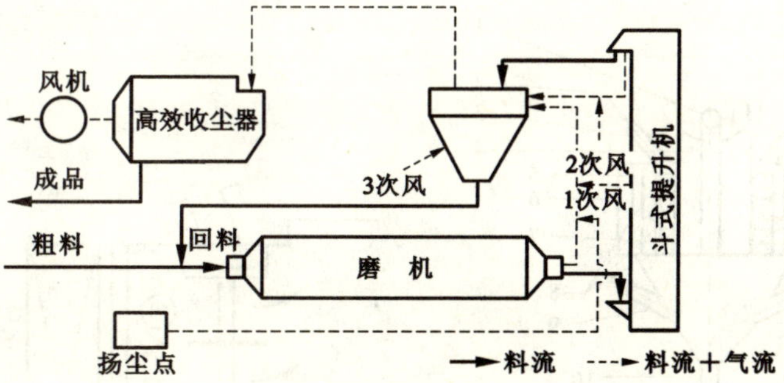

图 5.9　O-Sepa 选粉机的工艺流程布置

5.3.2.2　O-Sepa 选粉机的结构

O-Sepa 选粉机，由壳体部分、传动部分、回转部分、润滑系统等部件组成。

O-Sepa 选粉机的结构示意，如图 5.10 所示。

壳体部分，由壳体、灰斗、进料斗、弯管等组成。在壳体内装设导向叶片、缓冲板、空气密封圈，在壳体侧面及顶盖开有 1 次风、2 次风的进风口，在弯管内均粘贴有耐磨瓷片，进料斗、导向叶片、缓冲板处均采用堆焊复合耐磨材料板，灰斗内形成的料衬可防止磨损。

转子，是选粉机的主要部件，由撒料盘及水平垂直格板、上下轴套、连接板等组成。

5.3.2.3　O-Sepa 选粉机的工作原理

O-Sepa 选粉机的的基本结构与工作原理，如图 5.11 所示。

待选物料，由上部的两个喂料管喂入，通过撒料盘、缓冲板充分分散，落入选粉区。选粉气流，大部分来自磨机，通过 1 次风进口进入。来自扬尘点的含尘气体，通过 2 次风进口进入，经导向叶片水平进入选粉区。在选粉机内，垂直叶片和水平叶片组成笼式转子，回转时使内外压强差在整个选粉区

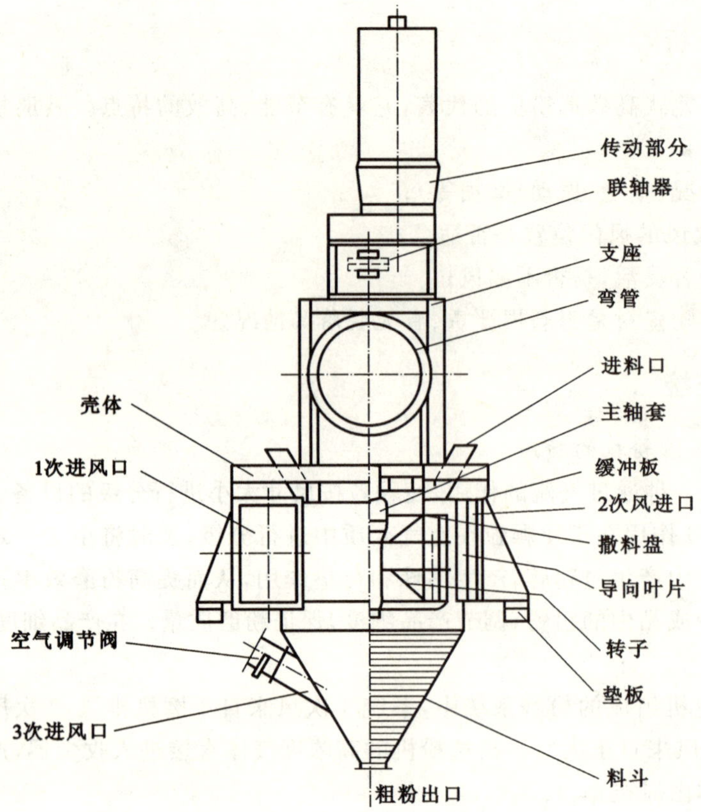

图 5.10　O-Sepa 选粉机的结构示意

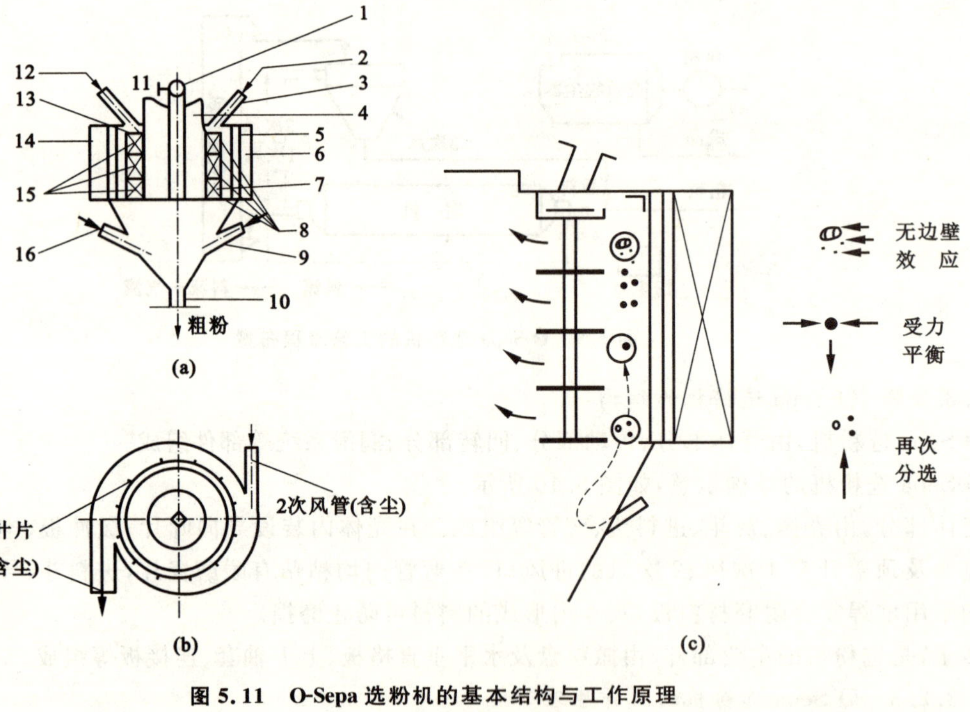

图 5.11　O-Sepa 选粉机的基本结构与工作原理

(a) 主视图；(b) 俯视图；(c) 原理图

1—竖式旋转轴；2,12—喂料口；3—下料管；4—细粉出料管；5—导流叶片；6—2 次风管(含尘)；7—缓冲板；8—隔板；9,16—3 次风管(净气)；10—粗粉出料口；11—细粉出口；13—撒料器；14—1 次风管(含尘)；15—竖向叶片；

高度上下维持一定值，使气流稳定均匀。细粉从外向内运动，克服了边壁效应，从而做到精确选粉。物料自上而下经过长距离、多次重复分选，合格的细粉通过涡流叶片，被气流从上部的出风管带走。落入锥体部分的粗颗粒，还要经过3次风的再次分选。最后选下的粗粉，经灰斗出料口排出。

O-Sepa选粉机，当正常工作时，其工作风量一般保持不变，1次风、2次风、3次风的比例，为68%、22%、10%。空气调节阀的开度，要经过风量测量来确定，一旦确定后，一般不需要经常调整。

5.3.3　任务实施

5.3.3.1　O-Sepa选粉机开机前的检查

① 检查转子是否旋转平稳，有无卡滞、碰撞等现象。

② 检查减速机的油位是否达到指定的油位。

③ 检查轴套内是否充满足够的润滑油。

④ 检查主电动机转向是否正确。

⑤ 检查润滑系统的仪表是否齐全，管路是否畅通。

⑥ 检查并紧固各处连接螺栓。

5.3.3.2　O-Sepa选粉机的停机检查与维护

① 按时加油、换油。第1次加入润滑油运转1个月后，必须更换新油。若长期停止运转，周围温度在10 ℃以下，应将机内润滑油排出。

② 检查油站过滤器、过滤网。

③ 检查导风叶片磨损情况。

④ 检查下锥体、撒料板、挡料板磨损情况。

⑤ 检查轴、轴承及各连接处的密封情况，若磨损过度，立即更换。

⑥ 检查联轴器柱销磨损情况。

⑦ 各风管、管道要定期清灰，防止粉尘积累。

⑧ 紧固各部位松动螺栓。

⑨ 检查转子是否灵活，有无摩擦，有无撞击声；检查转子的磨损情况，转子上如有黏料，应予清除，清除后要保持动平衡。

⑩ 检查耐磨陶瓷有无脱落，对脱落部位必须补齐。

⑪ 对壳体磨损、漏风、漏料部位及时焊补。

⑫ 做好设备及工作现场的卫生工作。

5.3.3.3　O-Sepa选粉机运行中的检查

O-Sepa选粉机运行中的检查内容与方法，如表5.5所示。

表5.5　O-Sepa选粉机巡检表

巡检点	巡检内容	工具/方法
壳体	检查是否密封良好，有无漏风、漏灰、漏油现象	目视
润滑系统	1. 检查油泵、电动机运转是否有异响、振动、过热(>75 ℃)现象	耳听、手感、红外线测温仪、测振仪
	2. 检查油泵出口压强是否正常(>0.2 MPa)，压差是否正常	目视
	3. 检查润滑油路有无渗漏	目视
	4. 检查冷却器出口油温有无差异(>5 ℃)	手感、红外线测温仪
	5. 检查轴承位有无异响、温度是否正常	手感、红外线测温仪

续表 5.5

巡检点	巡 检 内 容	工具/方法
2、3 次风门	检查风门是否在要求位置	目视
锁风阀	检查动作是否灵活，是否漏风	目视
减速机	1. 检查油位是否正常，润滑是否良好	目视
	2. 检查电动机有无异响，各联轴器有无异响，紧固螺栓是否松动	耳听、手感

5.3.3.4　O-Sepa 选粉机的常见故障分析与排除方法

O-Sepa 选粉机的常见故障分析与排除方法，如表 5.6 所示。

表 5.6　O-Sepa 选粉机的常见故障分析与排除方法

常见故障	故障原因	排除方法
选粉机运转中发现异常的振动和噪声	1. 回转部分磨损、损坏引起不平衡； 2. 撒料不均造成冲击； 3. 不正常的润滑引起轴承损坏	1. 及时停机，检修回转部分并重新定平衡； 2. 设法保证均匀撒料； 3. 检修轴承，清洗并换油，保证密封和润滑
产品细度偏粗，选粉效率偏低，循环负荷大	1. 1 次风、2 次风、3 次风风量不合理； 2. 转子转速过高	1. 减小 1 次风风量，适当增加 2 次风、3 次风风量； 2. 降低转子转速
产品细度偏细，选粉效率偏高，循环负荷小	1. 风量不合理； 2. 转子速度过低	1. 适当增大 1 次风风量，减小 2 次风、3 次风风量； 2. 提高选粉机转速
壳体、风口、排气弯管、缓冲板、导向叶片等零件磨损严重	1. 连接部位安装不正、接口不严； 2. 缺少密封垫或密封垫损坏； 3. 壳体或管路被磨透	1. 重新安装、找正、连接固定； 2. 接口处采用新密封垫； 3. 补焊壳体，维修管路
电动机、减速机运转声音异常，温度过高	耐磨瓷片等耐磨衬垫磨损严重、破碎或黏接不牢而脱落	加强内部保护耐磨层的巡检与黏接固定的质量，及时修补与更换
壳体部分漏料、漏灰、漏气	1. 润滑冷却损坏； 2. 密封不良，摩擦部位阻力增大； 3. 轴承损坏； 4. 电动机或减速机振动； 5. 齿面磨损严重	1. 检查、清洗润滑部位，更换新的润滑油或脂； 2. 检查并更换密封垫； 3. 更换轴承； 4. 紧固电动机或减速机与机体的连接； 5. 更换齿轮
转子不平衡，设备振动	转子由于检修或磨损不均造成不平衡	对转子进行检修并重新定平衡
滚动轴承温度过高（＞65 ℃）	1. 润滑油过少，润滑冷却效果差； 2. 轴承密封损坏； 3. 轴承损坏； 4. 供油管路漏油	1. 加足或更换新的润滑油，加大供油量； 2. 检修、更换轴承密封垫； 3. 更换新轴承； 4. 检修供油管路
转子磨损严重	1. 喂料量过大； 2. 进气温度过高； 3. 转子未进行定期检修、保养； 4. 进料粒度过大	1. 减少喂料量； 2. 进气温度要保持在合理的范围； 3. 对转子按规定进行定期检修与维护保养； 4. 控制进料粒度

思 考 题

1. 简述 O-Sepa 选粉机的工作原理及主要结构组成。

2. 分析 O-Sepa 选粉机的巡检位置及主要巡检内容。O-Sepa 选粉机常见故障的原因是什么？如何排除？

项目小结

水泥粉磨系统设备的特点是液压设备较多。辊压机工作时应严禁金属掉入对辊间隙，以免造成整个辊面的溃性破坏。滑履磨运行时应密切注意滑履轴承温度，润滑油温度和托瓦温度均不能超过规定值。

水泥粉磨系统的巡检与维护工作，主要包括：辊压机整体振动、温度等是否正常，液压系统压力、油温是否正常；行星减速机有无异常声响和温升；滑履磨整体有无异常声响、破损漏料，冷却系统是否正常；O-Sepa选粉机运转时是否振动过大。

项目实训

实训1　辊压机的巡检

任务描述：

本实训以水泥粉磨系统中的辊压机为对象，在企业兼职教师（或技术人员）的指导下，安排学生进行辊压机的开机检查、运行中的检查、停机检查与维护及故障处理等实训工作任务。

实训内容：

(1) 制定辊压机的巡检表；

(2) 根据巡检表，完成1次辊压机巡检工作，填写巡检记录表；

(3) 根据实际情况灵活安排开机检查、停机检查与维护和故障处理等实训内容。

实训2　滑履磨的巡检

任务描述：

本实训以水泥粉磨系统中的滑履磨为对象，在企业兼职教师（或技术人员）的指导下，安排学生进行滑履磨的开机检查、运行中的检查、停机检查维护及故障处理等实训工作任务。

实训内容：

(1) 制定滑履磨的巡检表；

(2) 根据巡检表，完成1次滑履磨巡检工作，填写巡检记录表；

(3) 根据实际情况灵活安排开机检查、停机检查与维护和故障处理等实训内容。

实训3　O-Sepa选粉机的巡检

任务描述：

本实训以水泥粉磨系统中的O-Sepa选粉机为对象，在企业兼职教师（或技术人员）的指导下，安排学生进行O-Sepa选粉机的开机检查、运行中的检查、停机检查维护及故障处理等实训工作任务。

实训内容：

(1) 制定O-Sepa选粉机的巡检表；

(2) 根据巡检表，完成1次O-Sepa选粉机巡检工作，填写巡检记录表；

(3) 根据实际情况灵活安排开机检查、停机检查与维护和故障处理等实训内容。

参考文献

［1］ 刘志江.新型干法水泥技术［M］.北京：中国建材工业出版社，2005.

［2］ 于兴敏.新型干法水泥实用技术全书（上、下册）［M］.北京：中国建材工业出版社，2006.

［3］ 熊会思，熊然.新型干法水泥厂设备选型使用手册［M］.北京：中国建材工业出版社，2007.

［4］ 黄书谋.第五届全国新型干法水泥生产技术交流会论文集［C］.北京：中国建材工业出版社，2003.

［5］ 黄书谋，谭仲明.第六届全国新型干法水泥生产技术交流会论文集［C］.北京：中国建材工业出版社，2006.

［6］ 严生，常捷，程麟.新型干法水泥厂工艺设计手册［M］.北京：中国建材工业出版社，2007.

［7］ 谢克平.水泥新型干法生产精细操作与管理［M］.北京：化学工业出版社，2008.

［8］ 汤蕴璆，史乃.电机学［M］.北京：机械工业出版社，2012.

［9］ 许实章.电机学［M］.北京：机械工业出版社，2008.

［10］ 戴高男.通用机械设备［M］.北京：电子工业出版社，2002.

［11］ 周惠群.水泥煅烧技术及设备（回转窑篇）［M］.武汉：武汉理工大学出版社，2006.

［12］ 寇长青.工程机械基础［M］.成都：西南交通大学出版社，2001.

［13］ 郑祖斌.通用机械设备［M］.北京：机械工业出版社，2004.

［14］ 熊会思.新型干法烧成水泥熟料设备设计、制造、安装与使用［M］.北京：中国建材工业出版社，2004.

［15］ 赵应武.预分解窑水泥生产技术与操作［M］.北京：中国建材工业出版社，2004.

［16］ 李海涛.新型干法水泥生产技术与设备［M］.北京：化学工业出版社，2006.

［17］ 陈全德.新型干法水泥技术原理与应用［M］.北京：中国建材工业出版社，2004.

［18］ 王健群，谷剑峰.建材机械设备管理与安装修理技术（上、下册）［M］.武汉：武汉工业大学出版社，1991.

［19］ 芮君渭，彭宝利.水泥粉磨工艺及设备［M］.北京：化学工业出版社，2006.

［20］ 刘建寿，赵红霞.水泥生产粉碎过程设备［M］.武汉：武汉理工大学出版社，2005.

［21］ 赵海晋，农荣.新型干法水泥辅助机械设备［M］.武汉：武汉理工大学出版社，2009.

［22］ 刘景州.水泥机械设备安装、修理及典型实例分析［M］.武汉：武汉理工大学出版社，2002.

［23］ 丁奇生.水泥熟料烧成工艺与装备［M］.北京：化学工业出版社，2008.

［24］ 周来.水泥设备巡检［M］.北京：化学工业出版社，2013.

［25］ 彭宝利.水泥生产巡检工［M］.2 版.北京：中国建材工业出版社，2014.